KB201951

여호수아가 이끄는 가나안 정복 전쟁으로 대표되는 하나님의 폭력은 아주 오래된 주제이며 여전히 논쟁적인 주제다. 이미 이에 대한 여러 저술이 존재하지만, 저자는 이 고전적인 주제를 다시 다루되, 이 문제에 대해 확정적이면서 모든 것을 다 설명하는 포괄적 설명을 제공하려고 시도하지 않는다. 예수 그리스도를 통하여 드러난 비폭력적이며 평화적 자기희생이 가장 숭고한 가치임을 보여주지만, 저자는 구약에서 보듯이 하나님조차 구속사적 목적을 성취하기 위해 현실에 이상을 적용시키고 폭력적 체계에 참여해야 했다고 설명한다. 그래서 저자에 따르면 구약에서 볼 수 있는 하나님의 폭력은 현실을 살아가는 이들에게 매우 구체적이고 솔직한 견해를 보여준다. 저자는 한 가지 해석학적 견해만을 제시하는 것이 아니라 하나님의 폭력 이야기가 그리스도인의 생각과 실천에 좋은 가르침을 줄 수 있는 다수의 방법이 있음을 말한다. 그의 말대로, "영감성이 반드시 통일성을 의미할 필요는 없다." 책 마지막 부분에서 저자는 이 문제에 대한 다양한 견해가 모두 존중될 수 있다고 말하면서 최소한의 기본 토대, 최소한의 합의점이 무엇인지 제시하는데 이 역시 매우 유익하다. 결국 오늘 우리에게 필요한 것은 다양성에 대한 존중이다. '성경적 세계관', '성경적 경제관', '성경적 이성 교제', '성경적 성교육'까지 온갖 문제에 대한 '성경적 대답'이 난무한다. 그러나 이러한 '성경적 무엇무엇'에 대한 지나친 확신이 사라질수록 오히려 성경이 더 큰 폭력에 기여하는 것을 줄일 수 있다는 저자의 진술은 참으로 귀 기울일 만하다.

김근주 | 기독연구원 느헤미야 연구위원

대니얼 호크는 이 책에서 구약성서의 하나님이 폭력적인 인간들의 투쟁과 갈등의 영역에 초월적으로 이격된 하나님이 아니라 하나님 자신도 폭력 행사의 이모저모에 연루된 모습을 에누리 없이 보여준다. 저자는 신명기, 여호수아, 사사기의 몰살 명령, 인종 청소적 수준의 폭력적 전쟁의 뿌리에 하나님이 있다는 사실 또한 부인하지 않는다. 그런데 저자는 이 평면적인 본문 읽기를 한층 더 세심하고 유의미하게 극복하며 하나님의 폭력 명령, 폭력 사용이 어떤 맥락에서 등장하는지를 보여준다. 하나님의 폭력적 전쟁 연루는 폭력적인 인간들의 세계에 성육신하기로 한 결단의 대가다. 하나님은 자신의 동역자인 인간의 폭력 호소 및 폭력 사용의 문법을 도외시하는 전능자의 문법으로 행동하지 않는다. 폭력이나 전쟁을 통해 타자를 멸절하고 정복하는 방식의 원시적 인간들과 동역하시고 동행하시는 과정에서 하나님의 거룩한 신성성이 폭력의 유혈로 얼룩졌다. 하나님의 폭력은 어떤 의미에서 인류, 피조물 전체를 인간의 무제한적 폭력과 파괴로부터 건져내려는 차선적이며 차악적이고 현실적인 대응이었다. 하나님의 본마음은 산상수훈의 예수님에게서 드러났다. 독생자 예수님이 하나님의 품속에 있는 생각을 다 드러내신다. 산상수훈의 평화를 이해하고 체득한 인류가 출현할 때까지는 불완전하고 거칠며 결함투성이인 인간의 동사와 인간의 형용사에 의해 수식되고 서술되고 규정되는 감금된 하나님이었다. 산상수훈에 소개된 예수 그리스도의 평화, 그것이 한때 폭력적 전쟁을 통해서라도 인간의 근원적 악을 무효화하고 근절하려 하셨던 하나님의 본마음이었다. 대니얼 호크의 이 책은 구약성서의 폭력적인 하나님 이미지 때문에 실족하고 상처 입은 그리스도인들에게 해방적인 영감을 제공할 것이다.

김회권 | 숭실대학교 기독교학과 구약학 교수

어떻게 선하신 하나님이 상상을 초월하는 끔찍한 일을 명령하실 수 있을까? 구약을 보면 그렇다는 것이다. 신약의 하나님과 구약의 하나님이 어쩌면 이렇게 다를 수 있을까 하는 생각이 든다. 초기 기독교의 이단으로 정죄된 마르키온의 유령이 지금껏 정통교회의 언저리에 얼씬거린다. 그렇다면 구약성경에 기록된 폭력(예. 헤렘)은 어떻게 이해해야 할까? 고대로부터 현대에 이르기까지 다양한 해석이 제안되었다. 사실상 그 제안들은 폭력성을 어떻게 하든 완화하여 설명하려는 시도들이었다. 그들은 역사비평적으로, 그리스도 중심적으로, 알레고리적으로, 심지어 명령을 받은 자들의 잘못으로 돌리거나 하는 방식으로 하나님의 폭력성을 감싸거나 완화한다. 우리의 저자 대니얼 호크는 문예-신학적 여호수아 주석(*Joshua: Studies in Hebrew Narrative and Poetry*, 2000)의 저자로 그 이름을 알린 학자다. 달리 말해 상당히 오랫동안 하나님의 폭력성을 연구한 학자라는 뜻이다. 그는 정경적 주석 방법론을 채택하면서 내러티브 본문을 문예-신학적으로 자세히 읽는다. 텍스트의 세계에 초점을 맞춘다. 즉 성경이 이야기를 어떻게 전개하는지에 초점을 맞추어야 한다고 주장한다. 거기로부터 그는 성서 안의 폭력에 관한 내러티브와 반-내러티브 사이의 수사학적 복잡성을 조심스레 캐낸다. 동시에 히브리 내러티브의 과장적 수사가 어떻게 작동하는지를 독자들에게 일깨워준다. 그것을 통해 저자는 거칠고 사악한 세상을 새롭게 하시려는 하나님의 궁극적인 의도를 찾는다. 이 책은 구약성경에서 가장 까다롭고 어려운 문제에 대해 쉬운 대답을 제시하기보다는 더 많은 질문과 깊은 생각을 하게 한다. 텍스트에 대한 신중하고 사려 깊은 논지 전개와 윤리 신학적 성찰은 모범적이다. 저자의 성경신학적 스펙트럼을 종합적으로 보여주는 마지막 장은 이 책의 정수다. 저자의 주장들에 동의하지 않은 사람일지라도 그로부터 많은 것을 배우게 될 것이다.

류호준 | 백석대학교 신학대학원 은퇴 교수

성경의 권위를 인정하는, 그래서 마음에 들지 않는 성경 구절을 비판하고 거부하지 못하는 보수적 그리스도인들에게, 하나님의 폭력성은 심각한 해석학적 도전을 제기한다. "네 이웃을 네 몸같이 사랑하라"고 명령하는 그 하나님이 다름 아닌 홍수로 인간을 수장하고 반역한 무리를 땅속으로 집어삼키며 통치자의 죄를 물어 온 백성이 전염병에 시달리게 하는 믿기 어려울 정도로 폭력적인 존재이기 때문이다. 신적 폭력이라는 난감한 주제를 솜씨 있게 다룬 이 책은 통쾌하고 창의적인 해답을 주려 서두르지 않는다. 호크는 다양한 해법들을 균형감 있게 다루는 겸손함, 그리고 본문을 끈질기게 파고드는 집요함을 겸비한 훌륭한 해석가이자, 독자들이 스스로 문제의 본질을 파악하고 나름의 해답을 찾도록 인도하는 좋은 스승이다. 텍스트가 그려 보이는 '성경 내러티브의 하나님'과 기독교가 고백하는 '성경적 신앙의 하나님' 사이의 긴장을 이해하며 그 간극을 좁혀보려 애쓰는 독자에게 기꺼이 추천한다.

유선명 | 백석대학교 구약학 교수

"구약의 용사 하나님"과 "신약의 자기희생적 하나님"은 같은 하나님을 반영하는가? 이 질문은 성서를 진지하게 연구하는 사람들은 물론, 성서를 한 번이라도 읽어본 사람들이라면 누구나 부딪치는 문제이다. 저자는 우선 폭력적인 하나님의 문제를 초기 기독교의 접근방법, 역사비평적 접근법, 대표적인 현대 방법론으로 나누어 기존의 연구결과를 개략적으로 서술한다. 저자는 정경의 모순(하나님의 폭력과 자비)을 해결하기 위해, 무엇보다도 성서 그 자체로 이해하려고 한다. 즉 어떻게 하나님이 이 폭력적인 세상을 경험하고, 또 이 폭력적인 세상에서 일하시는지에 초점을 맞춰 정경 본문을 읽음으로써 성서의 하나님의 폭력을 다루려고 한다. 폭력이라는 주제로 구약과 신약 전체를 관통하는 저자의 혜안이 도드라지게 돋보인다. 이 주제를 붙잡고 지난 40년간 씨름한 연구자답다. 그러나 이 책은 폭력의 문제에 관하여 무모하게 정답을 제공하려고 하지 않는다. 저자는 성서가 하나님의 폭력에 대하여 명쾌하고도 결정적인 답안을 제시하거나 기독교 신앙과 삶에 길잡이를 제시하지 않는다고 주장한다. "성서적 답변"보다는 "성서적 사고"를 진지하게 탐구하는 것이 더 중요하다는 것이다. 성서에 나타난 하나님의 폭력에 대하여 이보다 깊고 넓고 진지하게 탐구한 연구서는 아직 없는 것 같다.

차준희 | 한세대학교 구약학 교수, 한국구약학연구소 소장, 한국구약학회 회장 역임

"성서에 나타난 하나님의 폭력"의 문제는 로마 교회 이후 세계사의 중심을 형성해온 교회의 역사를 고려할 때 더욱 심각하게 다가온다. 너무나 많은 전쟁과 폭력이 성서의 하나님의 이름으로 정당화되었고 지금도 여전히 그러한 위험성을 안고 있기 때문이다. 그러나 이 주제는 풀기 어려운 문제다. 다양한 해석이 있었으나 논쟁은 여전하다. 그렇다면 저자는 이 어려운 주제를 어떻게 풀어가는가? 저자가 제시하는 해법의 최대 장점은 문제를 직

면하는 데 있다. 저자는 성서의 진술을 외면하지도 않고, 폭력의 현실을 미화하지도 않는다. 저자는 '내레이터'의 관점으로 성서의 진술을 있는 그대로 고찰하면서 그것이 가지는 함의를 추적한다. 저자에 따르면 성서는 세상과 인간에 대해 관계하시는 하나님의 모습을 보여준다. 하나님의 창조는 창조주로서 '자기 제한'을 동반하며, 자신의 대리자 인간과 관계하신다는 것은 하나님이 혼돈의 세계 안으로 들어오시는 것을 의미한다. 이러한 하나님의 '성육신'은 폭력의 소용돌이 속에 있는 인간과 함께 폭력의 문제를 피해갈 수 없게 한다. 저자는 성서의 증언을 통해 이러한 '자기비하'의 하나님이 보여주시는 '폭력성'이 지향하는 바가 무엇인지를 보게 함으로써 오늘날의 폭력의 문제를 이해하도록 한다. 저자는 구약성서의 하나님의 역사에 대한 증언이 단순히 예수 그리스도를 통한 계시를 통해 폐기되거나 대체되지 않고, 여전히 하나님의 사람들이 직면하는 폭력적인 세계에서 경험하는 "위험, 결단 그리고 그 체계에 대한 꾸밈없이 솔직한 견해"를 제시한다는 점을 분명히 한다. 무엇보다 성서 자체가 복합성과 다양성을 지닌 다성적인 계시의 책이라는 사실을 직시하게 함으로써 "대위법적인 독법"의 필요성을 일깨운다. 이로써 저자는 "결정적인 답변"을 제시하는 것이 아니라 "성서에 나타난 하나님의 폭력" 문제에 대한 "대화"에 이바지하기 위함이라는 자신의 겸손한 저술목적을 성과 있게 이루어낸다.

하경택 | 장로회신학대학교 구약학 교수

대니얼 호크는 성경의 다양한 증언의 내러티브 수사학을 검토함으로써 성경에 나타난 하나님의 폭력의 여러 기능을 불요불굴의 의지를 갖고 파고드는 탁월한 연구서를 우리에게 선사한다. 저자는 포괄적인 개요와 더불어 섬세하고 면밀한 본문 읽기를 통해 본 주제에 대한 논의를 상당 부분 발전시킨다. 그는 하나님이 인간관계라는 치열한 경쟁 체계 안에서와 밖에서 어떻게 역사하시는지에 관해 내러티브 안에서 신학적으로 심오한 진리를 파헤친다. 그의 목적은 치열한 논쟁을 넘어 성경 자체가 모범으로 제시하는 신실한 대화로 이동하는 것이다.

윌리엄 P. 브라운 | 컬럼비아 신학대학교 구약학 교수

그리스도인들은 2천 년 동안 성경에 나타난 하나님의 폭력을 놓고 씨름해왔지만, 오늘날 이 문제는 교회 안에서뿐만 아니라 공공의 광장에서도 더 많은 관심을 끌고 있다. 그러나 최근의 논의에서 결여된 것을 본서가 제공해준다. 즉 이 책은 성경의 모든 본문에 대해 그 난해한 복잡성과 더불어 면밀한 독법을 제공한다. 저자는 이 어려운 주제를 놓고 전개되는 상호 존중의 대화로 독자들을 초대한다. 열린 성경을 손에 들고 그의 초대에 응하기를 바란다.

M. 대니얼 캐럴 R | 휘튼 칼리지 구약학 교수

The Violence of the Biblical God

Canonical Narrative and Christian Faith

L. Daniel Hawk

Copyright © 2019 by Wm. B. Eerdmans Publishing Co.
Originally published in English under the title
The Violence of the Biblical God by L. Daniel Hawk
Published by Wm. B. Eerdmans Publishing Co.

4035 Park East Court SE, Grand Rapids, MI 49546 USA

All rights reserved.

This Korean edition is translated and used by permission of through arrangement of
rMaeng2, Seoul, Republic of Korea.

This Korean Edition Copyright © 2021 by Holy Wave Plus, Seoul, Republic of Korea.

이 한국어판의 저작권은 알맹2를 통하여 미국 Wm. B. Eerdmans Publishing Co.와
독점 계약한 새물결플러스에 있습니다. 신저작권법에 의하여 한국 내에서 보호받
는 저작물이므로 무단 전재와 무단 복제를 금합니다.

하나님은 왜 폭력에 연루되시는가?

하 나

님 은

왜 폭

력 에

연 루

되 시

는 가

성서 내러티브에 나타난 하나님의 폭력

L. 대니얼 호크 지음

홍수연 옮김

새물결플러스

쉽고 단순한 답변에 감동하지 않는 나의 두 아들

대니와 앤드루에게

차례

나는 성서에 나타난 하나님의 폭력이란 주제가 지루하게 느껴진다(다만 댄 호크가 이 주제에 관해 글을 쓸 때를 제외하면 말이다). 내가 이 주제에 지루함을 느끼는 이유는 이에 관해 질문을 하거나 글을 쓰는 이들이 예수는 당연히 폭력에 반대한다는 것을 우리가 잘 알고 있다는 인상을 주기 때문이다. 결국 이 문제는 성서의 많은 부분에서 전쟁과 폭력에 관해 말하고 있는 것을 우리가 어떻게 설명(또는 해명)할 수 있느냐는 질문으로 귀결된다. 이와 관련하여 우리는 성서가 문화의 영향을 받았다고 말하기는 쉽다. 하지만 우리의 기독교적인 관점이 얼마나 문화의 영향을 받았는지를 탐구하는 것은 더 어렵다. 아무튼 우리는 그리스도인으로서 성서의 권위를 받아들이기 때문에 우리의 직감은 기본적으로 옳을 것이다. 그렇지 않은가? 우리는 (다른 여러 주제 가운데) 성서와 폭력에 관한 우리 사고의 틀이 얼마나 문화의 영향을 받고 있는지를 인식하지 못한다.

하지만 나는 댄 호크가 이 주제에 관해 글을 쓸 때는 전혀 지루함을 느끼지 않는다. 성서학자 가운데는 연구의 대상이 (성서의) 이 주제에서 저 주제로, 이 책에서 저 책으로 바뀌는 경우가 종종 있다. 그들은 시편 연구가 끝나면 이사야로, 창세기로, 그다음엔 또 다른 책으로 넘어간다. 내가 바로 이런 학자 가운데 하나다. 다른 성서학자들은 그들의 학문 인생 대부분을 (성서의) 어떤 한 책이나 주제를 가지고 씨름하며 보낸다. 그들은 계속 그 주제로 되돌아와 새로운 각도에서 그 주제를 계속 바라보며 생각하고 씨름한다. 댄 호크가 바로 그런 학자다. 그는 전쟁과 폭력이란 주제를 끊임없이 무려 40년간이나 연구해왔다.

이 주제에 관한 그의 처녀작인 『성취된 모든 언약』(*Every Promise Fulfilled*)은 우리가 어떤 주제에 대한 전제(이 경우에는 "여호수아는 전적으로 폭력에 관한 책이다")를 잠시 접어두고 오직 본문에 집중하여 그것을 주의 깊게 읽어 내려가면 어떤 통찰력이 생기는지를 잘 보여주었다. 그 결과 여호수아는 "전적으로 하나님의 약속과 이스라엘의 약속에 관한 것"이며, 양측이 그 약속을 얼마나 잘 이행했는지, 그리고 그것이 지닌 함의는 무엇인지를 다루는 책임이 밝혀졌다.

댄 호크는 하나님은 선하신 분이며, 오래 참으시고, 탕자의 아버지처럼 항상 양팔을 벌리고 달려오시는 분이라는 하나님에 대한 핵심 진리와, 인간관계는 조화와 관용과 자비에 있다는 핵심 진리를 잘 알고 있다. 그러나 그는 또한 성서에는 하나님에 대해 그리 핵심적이지 않은 진리를 반영하는 내용도 많다는 것을 잘 알고 있다. 예를 들면 하나님이 "좋아, 이젠 됐어"라고 말씀하시면 인간은 그 선언을 따를 수밖에 없다는 것 말이다. 또한 그는 하나님이 이 세상에서 자신의 목적을 이루어나가는 형태의 내러티브가 있으며, 또 이러한 형태의 내러티브가 성서의 다양한 관점 사이에 존재하는 일부 긴장을 이해하고 해결해나가는 데 도움을 준다는 것을 알고 있고, 또 그 사실을 이 책에서 잘 보여준다.

　　나의 학생들 가운데 일부는 종종 자신에게 고민을 안겨준 질문에 대한 답을 찾기 위해 신학교에 입학한다. 그들은 수년에 걸쳐 그런 질문에 대한 쉽고도 단순한 답을 얻었지만, 사실 이러한 답이 진정한 해결책이 되지 못한다는 것도 깨닫게 된다. 그들은 종종 나 역시 궁금해하던 문제에 관해 질문을 갖고 있었으며, 때로는 내가 그 답을 알고 있고 그들에게 그 답을 줄 수 있다고 생각한다. 신학교 교수로 일하면서 내가 정말로 좋아하는 경험은 가끔 내가 학생들에게 그런 답을 제시하고 그들이 그 답에서 실마리를 찾아 그들의 눈빛이 반짝거리는 것을 보는 순간이다. 어떤 경우에는 그들이 내가 제시한 답을 별로 탐탁히 여기지 않거나 이에 설득되지 않을 때도 있다. 나는 또 기독교 신앙이 때로는 답을 얻기보다는 질문을 갖고 살아야 한다고 그들에게 말할 때도 있다. 악과 고통의 "문제"가 한 예라고 할 수 있다. 하나님의 주권과 인간의 책임의 관계처럼 말이다. 댄 호크는 이와 비슷한 방식으로 폭력의 문제에 접근한다. 즉 그는 폭력의 문제와 관련하여 성서적 답변을 찾기보다는 성서적으로 사고하는 것이 더 중요할 수도 있다고 생각한다.

　　나의 의붓딸 케이티와 그녀의 남편인 게이브리얼 스토링은 최근 10년 동안 폭력의 희생자들을 대신하여 정치적·실천적 행동에 동참해왔다. 그들은 특히 대학살을 경험하고 크나큰 정신적 외상을 입은 채 차드의 난민 수용소에서 생활하는 수단의 다르푸르 주민들을 위해 그들의 삶을 바쳤다. 나는 2년 전에 "성서의 가르침을 가장 중요하게 여기는"(Bible-believing) 어떤 교회에서 성서와 폭력에 관한 강연을 해달라는 부탁을 받았다. 사람들이 원하는 것과 내가 그들에게 전하고자 한 것은 성서가 폭력에 대해 말하는 바를 어떻게 사고해야 할지에 관한 것이었다. 하지만 내 아내와 나는 다르푸르 주민들의 삶과 케이티 제이와 게이브리얼이 거기 관여하는 사역에 관한 영상을 보여주었고, 청중들에게 폭력에 대한 그들의 관심이 단지 그들의 머릿속에만 있는 것인지 아니면 그 관심을 그들의 삶 속에서 표현하고 있는지 스스로에게 질문하도록 도전했다. 나는 이것이 이 책에서 제시하는 댄의 메시지와 일치한다고 믿는다. 그는 우리가 폭력과 마주할 때 성서적 해답이 우리에게 준비되어 있어야 할 뿐만 아니라 성서가 일러주는 방식에 따라 우리가 구속적으로 반응하도록 유도한다.

전도서를 접하는 방법이 하나 있다면 그것은 이 책을 통해 사람들에게 인생이 얼마나 공허한지를 보여줌으로써 예수가 바로 그 공허함에 대한 "해답"이라고 말해주는 것이다. 나는 전도서를 이런 식으로 사용하는 것이 성서에 이 책이 포함된 목적과 일치한다고 생각하지는 않지만, 이러한 방식이 사람들로 하여금 예수를 믿게 한다면 하나님은 크게 개의치 않을 것으로 생각한다. 달리 말하자면 나는 왜 하나님께서 성서 저자들로 하여금 하나님의 폭력과 하나님이 위임한 폭력에 관해 이토록 많이 언급하도록 영감을 주었는지 완전히 이해할 수는 없지만, 우리가 만약 이 문제와 씨름하고 폭력이란 현실과 마주함으로써 폭력에 관해 그저 논의만 하지 않고 이 문제를 위해 무엇이라도 하게 된다면 하나님은 기뻐하실 것이라고 생각한다.

존 골딩게이
풀러 신학교

서문

나는 성서에 나타난 하나님의 폭력에 관해 오랫동안 생각해왔다. 애즈버리 신학교에 다니면서 나는 당시 신약 해석학 교수였던 고(故) 로버트 라이언(Robert Lyon) 교수님이 친히 자택에서 인도하는 소그룹에 참석하는 특권을 누렸다. 교수님은 이 그룹을 LO 소사이어티―여기서 "LO"는 "충성스러운 반대파"(Loyal Opposition)를 의미함―라고 불렀다. 그는 권력, 민족주의, 물질주의에 빠져 있던 미국 복음주의에 대항하여 평화, 정의, 비폭력을 추구하던 예언자적 복음주의에 대한 꿈을 갖고 있었다. 이 꿈은 1970년대에 복음주의 주류보다 훨씬 더 앞서 있던 비전이었다. 본보기와 지도를 통한 그의 가르침은 내가 예수 그리스도의 자기희생적인 사랑을 실천하는 비폭력 윤리를 추구하도록 만들었다. 나는 목회의 길에 들어섰고 향후 여러 학문 관련 직책을 맡았는데, 그때마다 나는 이 윤리가 예수의 모범과 가르침을 진정으로 따르는 참된 길이라는 확신을 갖게 되었다.

그러나 그 이후로 LO를 통해 얻은 나의 확신은 두 가지 도전에 부딪혀 흔들리게 되었다. 첫 번째 도전은 성서, 특히 구약의 하나님 주변에서 흔히 볼 수 있는 폭력의 규모와 예수 그리스도 안에서 자신을 드러내신 하나님의 계시에 비추어 폭력을 이해하는 것이 어렵다는 점과 관련이 있다. 여호수아서는 특히 더 골치 아프다. 왜 이 책이 정경 안에 포함되었을까? 이처럼 잔인한 책이 기독교적인 사고를 형성하고 증언하는 데 있어 어떤 긍정적인 역할을 할 수 있을까? 두 번째 도전은 내가 성숙하고 사려 깊은 그리스도인들과 나눈 대화에서 비롯되었는데, 그들은 내가 폭력이란 주제에 관한 성서의 분명한 메시지라고 여기는 것을 이해하지 못하거나 이에 대한 확신이 없었던 사람들이었다. 그들 가운데는 사법 집행 기관과 군대에서 근무하는 믿음 좋은 그리스도인들도 있었는데, 그들은 자신들이 하나님의 소명으로 알고 수행하고 있는 일을 설명하는 것으로 내 주장에 응답했다. 나는 이 친구들 가운데 다수가 나처럼 (혹은 나보다 훨씬 더) 성령의 사역에 기꺼이 응답하는 자들임을 잘 알만큼 이들과 친분이 있다. 몇몇 친구들은 자신들도 동참했던 폭력으로 인해 얼마나 죄책감을 느꼈는지 또 이로 인해 더 거대한 폭력을 예방하는 것이 얼마나 중요한지에 관해 자신들의 생각과 경험을 공유했다. 만약 그들의 폭력 수용과 폭력 참여가 단순히 성서의 잘못된 가르침으로부터 부정적인 영향을 받은 결과라면 성령은 왜 그들에게 올바른 깨달음을 주지 않으며, 성령의 음성에 귀 기울이는 이 신실한 자들을 올바른 방향으로 인도하지 않는 것일까? 마지막으로 불안정하고 폭력이 난무하는 곳에서 지냈던 학생들과 동료들은 내가 폭력을 좀 더 직접적으로 경험했다면 나의 견해가 보다 더 설득력이 있었을 것이라고 조언해주었다.

그동안 내가 이 문제를 놓고 숙고해온 내용과 더불어 내가 이들과 나눈 이러한 의견 교환은 그간 내가 갖고 있던 신념에 대한 강한 확신을 떨어뜨리는 결과를 가져왔다. 비록 하나님의 폭력이란 주제에 관한 최근 연구에서 귀한 통찰을 얻긴 했지만, 대체로 나는 여전히 만족하지 못한 상태에 있다. 무엇 때문일까? 나는 성서가 하나님의 폭력이란 문제에 관해 어떤 명쾌하고도 결정적인 답안을 제시하거나 기독교 신앙과 삶에 어떤 길잡이를 제시하지 않는다는 결론에 도달했다. 나는 오히려 성서적 답변을 찾기보다는 성서적으로 사고하는 것이 더 중요하다고 말하고 싶다. 다시 말하면 성서는 이 세상에 넘쳐나는 폭력을 우리가 어떻게 구속적으로 이해하고 반응해야 할지 일러줄 때 비로소 우리의 사고와 행동을 가장 효과적으로 형성해나간다는 것이다. 성서는 하나님의 사랑과 처참하게 망가진 세상 및 인생의 복잡다단함을 분명히 보여줌으로써 그 목적을 달성한다. 인간 공동체의 다양한 장소에서 역사하시는 하나님에 대한 정경의 증언은 신실한 독자들을 다양하고도 상반된 목소리가 공존하는 정경의 대화 속으로 이끈다. 정경은 교회를 구성하는 다양한 관점과 지역을 반영하므로 모든 사람이 참여할 수 있는 대화의 장을 조성하여 그리스도인들이 언제든지 효율적으로 올바른 의사 결정을 내릴 수 있도록 안내할 수 있다. 따라서 내가 이 책을 쓴 목적은 이 주제에 관한 결정적인 답변을 제시한다기보다는 하나님의 이야기를 서술해나가는 방식을 통해 성서가 폭력의 문제를 어떻게 다루고 있는지를 탐구함으로써 이러한 대화에 조금이나마 기여하기 위한 것이다.

성서는 내러티브라는 큰 뼈대를 갖고 있다. 즉 성서의 다양한 내용은 하나님이 이 세상에서 하시는 일을 서술하는 성서의 이야기와 연관되어 있을 뿐 아니라 그 연관성을 통해 그 의미를 발견한다. 신약과 구약은 하나님의 이야기를 다양한 형태(구약에서는 창세기부터 열왕기상하와 역대상하까지, 그리고 신약에서는 사복음서와 사도행전)로 서술하며 시작한다. 구약의 예언서는 이 내러티브에 그 뿌리를 두고 있으며, 지혜서는 이 내러티브에 여러 담론을 덧붙이거나(욥기처럼) 또는 암묵적으로든 명시적으로든 솔로몬을 재차 언급하며 그 이야기를 이어나간다(잠언과 전도서처럼). 시편에서는 이 이야기에 대한 언급이 표제와 이야기의 재서술의 형태로 나타난다(시 105편, 78편). 신약의 서신서 또한 예수와 사도들을 통해 일하시는 하나님의 사역에 관한 내러티브를 전제하고 확대해나가고, 요한계시록은 은유를 사용하여 그 이야기를 마무리하며 요약한다.

나는 성서를 시작하는 내러티브(창세기-열왕기하)와 신약에서 이어지는 2부 내러티브(누가-행전)를 통해 이 이야기를 추적한다. 전자는 (다윗의 이야기로 시작하는 역대기와는 대조적으로) 천지창조부터 이스라엘의 포로기까지 이어지는 하나님의 이야기를 서술하는 반면, 후자는 예수와 사도들의 이야기를 그 이전 내러티브의 폭넓은 정황 안에 배치하고, 예수의 부활 이후에 이 세상에서 전개되는 하나님의 지속적인 사역을 설명한다.

나의 해석은 히브리어 성서와 그리스어 신약에 기초하는데, 이는 내가 해석뿐 아니라 번역도 병행한다는 것을 의미한다. 본서에 실린 성서 본문은 모두 내가 직접 번역한 것이다. 이와 관련하여 나는 이해에 도움을 준다면 역사적 자료도 활용하는데, 이는 마치 내가 내레이터에게 "이것이 무슨 의미입니까? 혹은 왜 아무개가 이런 행동을 하는 거죠?"라고 묻는 것과 같다. 나는 본문을 있는 그대로 읽으려고 노력한다. 이것은 단순히 내가 모든 것을 문자적으로 받아들인다는 의미가 아니다. 현명한 내레이터(혹은 내레이터들)는 우리가 읽고 있는 것을 그대로 받아들이지 말고 걸러서 들어야 한다고 일러줄 때가 있는데, 나는 그런 표시에 주목한다.

이러한 이야기의 핵심은 비뚤어진 세상을 다시 회복시키기 위해 끊임없이 단호하게 일하시는 하나님을 보여준다. 이러한 이야기는 하나님이 폭력에 관여하게 된 원인이 이 세상을 완전히 새롭게 갱생하기로 결정하신 데 있다고 설명한다. 즉 하나님은 회복된 관계를 활용하여 모든 상황을 완전히 바로잡기 위해 혼돈의 세계, 곧 폭력의 소용돌이 속으로 들어오신 것이다. **이 이야기는 이러한 결정으로 인해 하나님이 어떤 대가를 치르고 계신지를 말해준다.** 이 이야기가 전개되는 가운데 우리는 인간 파트너와 자신을 동일시하고 그들과의 관계가 발전함으로 말미암아 하나님은 반항적인 인간이 만들어낸 비뚤어진 체계(systems)를 형성하고 있는 폭력의 메커니즘 속에 얽히게 되는 것을 볼 수 있다. 이 이야기는 하나님이 인간 파트너의 상황과 그들의 행동에 적응하기 위해 내린 결정에 관해 말하고 있으며, 이러한 결정은 하나님을 한 걸음씩 더 폭력의 세계로 깊이 끌어들인다.

　내레이터는 야웨가 세상에 "내려오셨다"고 하는 다섯 가지의 예를 우리에게 전함으로써 그 이야기의 초반에 이러한 역동성을 우리에게 일러둔다. 첫 번째 예는 바벨탑 사건에서 하나로 결속한 인간이 꾸미고 있는 문제를 일으키는 계획에 대응하고자 야웨가 내려오시는 것을 묘사한다. 그다음에 내려오신 사건은 야웨가 인간(아브라함)과 참된 관계를 맺기로 한 자신의 결정을 전하고, 가장 강력한 인간의 권력(파라오와 이집트)을 물리치신 것을 통해 야웨의 주권을 알리고, 시내산에서 야웨가 전적으로 자신을 이스라엘 민족과 동일시하고, 이스라엘이 그 관계에 있어 그들의 역할을 저버릴 때도(금송아지를 숭배할 때) 야웨는 그들에게만 헌신할 것을 약속한다.

　야웨가 자신을 이스라엘 민족과 동일시하고 그들과 함께 일하기로 한 결정은 더 많은 도전을 불러온다. 야웨는 왕이 필요하다는 이스라엘의 요구에 마지못해 동의하고, 자신의 반대에도 불구하고 사람들이 요구했던 왕정을 수용하고자 자신의 계획을 조정하고, 결국 이스라엘이 끈질기게 고집스럽고 불순종적인 태도를 보이자 그 계획을 포기한다. 하나님이 이스라엘 뒤로 물러나 계셨던 시대 이후 하나님은 마지막으로 세상에 들어오시지만, 하나님의 아들 예수를 통해 세워진 대안적인 군주제를 통해 창조세계를 새롭게 회복하기 위해 그 체계의 밖으로 나간다.

　전체적으로 내러티브들은 인간 대리인과 협력하여 폭력적인 세상을 새롭게 회복하기 위해 하나님이 내리신 결정과 이 세상에서 신실하게 살아가기 위해 인간들이 반드시 내려야 할 결정의 복합성을 생동감 있게 묘사한다. 이 내러티브들은 그리스도인 독자들에게 복잡한 상황에서 길을 찾는 다양한 방법을 제시함으로써 그들 각자가 처한 장소와 시간 속에서 하나님이 세상을 새롭게 회복하는 사역을 계속하기 위해 그리스도인 독자들을 어떻게 부르고 계시는지에 관한 대화 속으로 그들을 초대하고 있다.

나는 지난 23년간 애쉴랜드 신학교에서 가르치는 특권을 누렸다. 애쉴랜드 신학교는 형제교회(Brethren Church)와 관련이 있는 신학 교육자들의 공동체이며 성서 해석과 공동체의 의사결정 과정에서 모든 사람의 견해를 고려하는 형제교회 관행을 따라 형성되었다. 여러 동료 및 학생들과 나눈 수많은 대화는 나에게 상당한 영향과 도전을 주었으며, 그 대화들은 가끔 과격하기도 했지만 그리스도 안에서 형제자매인 우리의 관계를 유지하기 위해 존경과 깊은 헌신을 표하며 진행되었다. 내가 이 책에서 추천하는 공동체적 해석 방법은 바로 이러한 윤리와 내가 공동체의 한 사람으로서 배우고 경험한 것에 많은 빚을 지고 있다. 나는 또한 신학교의 교수발전위원회와 원고 작성을 위해 연구년을 허락해준 자문 위원회 위원장 및 위원들, 그리고 이 책의 내용과 윤곽을 계획해나가는 동안 나를 격려해준 교수들과 학생 친구들에게 감사를 전한다.

　　나는 앨런 비비어 박사와 조이 존슨 주교의 조언과 지지를 통해서도 큰 유익을 얻었다. 앨런은 이 연구 과제의 시작부터 끝까지 소중한 격려를 아끼지 않았으며 나의 이야기를 경청해주었다. 자신의 블로그(www.allanbevere.com)에 초대 손님으로 글을 써달라는 그의 제안은 초기에 내가 나의 생각을 종합하고 중요한 피드백을 얻을 수 있는 기회를 제공해주었다. 폭넓은 독서와 관심사와 깊은 사고를 자랑하는 조이 주교는 우리가 커피를 마시면서 나눈 광범위한 대화 속에서 나의 생각을 들어줄 뿐 아니라 열정적이며 사려 깊은 의견을 제시해주었다. 나는 대위법적 독법이라는 에드워드 사이드의 개념이 17세기 음악보다는 재즈 방식으로 이해한다면 성서학계에서 더 나은 결과를 얻을 수 있을 것이라는 그의 견해에 큰 빚을 졌다.

나는 일찍이 이 주제에 관한 나의 생각을 지지하고 이 프로젝트의 기획부터 승인까지 전 과정을 이끌어준 앨런 마이어스에게 감사드린다. 앤드루 내퍼는 세밀한 원고 편집 및 시의적절한 소통을 통해 이 프로젝트가 신속하게 출판될 수 있도록 탁월한 편집, 감독, 피드백을 제공해주었다. 어드먼스 출판사의 팀 전체와 함께 일한 경험은 나에게 큰 기쁨이었으며, 나는 그들의 창의력, 전문성, 협동심에 깊은 감사를 표한다.

마지막으로 나는 여느 때와 마찬가지로 나의 아내 린다의 인내와 관용에 고마움을 표한다. 그녀는 내가 받은 모든 선물 가운데 가장 최고의 선물이며 그녀의 지혜와 사랑은 내 생각이 뿌리를 내리고 성장하는 데 필요한 토양이 되었다.

1장

폭력적인 하나님의 문제

살인하지 말지니라(신 5:17).

오직 네 하나님 [야웨]께서 네게 기업으로 주시는 이 민족들의 성읍에서
는 호흡 있는 자를 하나도 살리지 말지니 곧 헷 족속과 아모리 족속과 가
나안 족속과 브리스 족속과 히위 족속과 여부스 족속을 네가 진멸하되
네 하나님 [야웨]께서 네게 명령하신 대로 하라(신 20:16-17).

이질적이면서도 폭력적인 하나님에 대한 성서의 묘사를 포괄적으로 설
명하려는 현대의 탐구는 만물의 이론을 설명하려는 물리학자들의 탐구
와 유사하다. 현대 물리학자들이 소립자 간의 복잡한 상호작용에서부터
우주의 근본적인 힘의 작용에 이르기까지 물리적인 우주에 관해 알려진
모든 현상을 통합하는 이론의 기초를 탐구하는 것처럼, 현대의 성서 해
석자들도 정경의 다양한 증언―하나님의 폭력을 증언하는 기본 텍스트
들이 지닌 셀 수 없을 정도로 다양한 혼란에서부터 성서 전반에 나타나
있는 광범위한 신학적 주제에 이르기까지―을 단일 의미 체계로 통합하
여 설명하는 틀을 마련하기 위해 노력해왔다. 이것은 매우 힘든 도전이

다. 우리는 가나안을 침략하는 이스라엘 백성을 향해 그곳 주민들을 학살하라는 하나님의 명령이 담긴 본문과 십자가를 통해 가장 생생하게 드러난 하나님의 사랑, 곧 세상을 구원하기 위해 자신을 내어주는 하나님의 사랑을 말하는 본문을 서로 조화시키는 방법을 찾아내야 한다. 우리는 성서의 어떤 부분에서는 이집트인들을 죽임으로써 구원하시고, 또 다른 부분에서는 로마인들에 의해 죽임을 당함으로써 구원하시는 자비로우신 하나님을 말하는 것에 대해 적절한 설명이 필요하다.

　　이러한 탐구는 특별히 21세기 초에 절박하게 진행되었다. 폭력적인 성향의 종교적 극단주의가 부상하면서 그리스도인들은 종교적으로 승인된 폭력이 교회의 삶과 사명에 얼마나 큰 영향을 미치고 있는지, 그리고 얼마나 많은 영향을 미쳤는지를 깨닫게 되었다. 제국과 식민지 체제의 붕괴와 더불어 대학살이라는 폭력이 가져온 결과는 정복과 탄압, 그리고 토착 문화의 말살(그리고 이를 합리화하는 데 성서가 수행한 역할) 과정에 기독교가 연루되어 있었다는 문제를 제기했다. 핵폭탄으로 인한 인류의 전멸에 대한 망령은 사악한 정권에 의해 새로운 서식지를 찾았다. 오래된 인종 간의 반목과 종교 간의 반목은 새로운 민족주의적 정서와 더불어 세계 곳곳에서 새로운 탄력을 받고 있었다.

　　평화의 왕을 따르는 자들은 폭력을 초래하고 이를 합리화하는 데 성서가 어떤 역할을 했는지에 대한 질문에 답해야 한다. 성서에 기록된 하나님의 폭력적인 행동은 과연 기독교 신앙과 실천에 영향을 미쳤을까? 폭력이 난무한 이 세상에서 하나님의 폭력은 그리스도인들의 행동 양식에 어떤 영향을 주었을까? 구약의 용사 하나님과 신약의 자기희생적인 하나님은 같은 하나님을 반영하는가? 성서의 한 부분에서는 율법을 준수하지 않는 자에게 죽음을 요구하는 반면, 또 다른 부분에서는 죄인을 용서하시는 하나님의 인격과 사역을 그리스도인들은 어떻게 이해해야 할까? 어떤 본문에서는 원수한테 자비를 베풀지 말라고 명령하시고, 다른 본문에서는 네 이웃을 사랑하라고 명령하시는 하나님을 어떻게 이해해야 할까? 신실한 독자들은 자신들이 처한 상황과 시대에 일어나는 폭력 앞에서 과연 성서의 어떤 이미지와 가르침을 받아들여야 할까? 만약 하나님이 특정한 방식으로, 그리고 특정한 이유에서 폭력을 행사하신다면 성서의 가르침을 따르는 자들도 이와 똑같이 행동을 취해야 하지 않을까?

폭력적인 하나님에 관한 이러한 질문과 이와 관련된 질문은 서로 연관된 두 가지 문제를 반영한다. 첫째, 폭력에 관여하시는 하나님의 역설적인 성품을 어떻게 이해할 것인지 결정해야 하는 과제가 있다. 신자들에게는 "살인하지 말라"라고 말씀하시면서 다른 경우에는 대규모 학살을 명하시는 하나님을 어떻게 받아들여야 할까? 이와 관련된 질문은 폭력적인 하나님을 묘사하는 성서가 기독교적인 사고에 어떤 영향을 미치며(혹은 어떤 영향을 미쳐야 하며), 그러한 성서의 묘사가 다양한 기독교적인 행동에 어떻게 작용해왔으며, 또 어떻게 작용하고 있는지에 관한 것이다. 해석과 실천과 증언 간의 이러한 관계는 교회의 존재 시초부터 이에 대한 포괄적이고 신뢰할 만한 설명을 계발하는 원동력이 되었다.

초기 기독교의 접근 방법

하나님의 폭력을 정통적이며 포괄적으로 이해하는 해석학적 틀을 마련하는 작업은 오랫동안 실현되지 못했다. 교부 시대 해석자들은 그리스 및 로마 신화에 등장하는 수많은 신들의 경우처럼 하나님의 분노와 폭력이 충동이나 변덕에서 비롯된 것이 아님을 밝히는 데 주력했다. 일부 해석자는 철학적 사고를 근거로 하나님은 분노를 초월하시거나, 분노는 하나님의 불변하는 성품과 모순된다고 주장했다. 다른 해석자들은 분노와 적개심은 정의와 하나님의 법을 유지하는 데 필요한 하나님의 행위라고 주장하거나, 하나님의 사랑과 선하심은 하나님의 분노를 전제한다고 주장했다. 테르툴리아누스는 이 두 가지 생각을 하나로 결합하여 하나님은 "동요 없이도 분노하실 수 있으며, 위험에 빠지지 않고서도 화나실 수 있으며, 전복되지 않고서도 움직일 수 있다"라고 말했다.[1]

하나님의 폭력을 이해하기 위해 가장 먼저 노력한 사람은 영지주의를 가르쳤던 마르키온과 알렉산드리아 출신 교사였던 오리게네스였다. 이 두 사람은 구약성서의 하나님은 예수 그리스도 안에, 그리고 신약성서에 나타난 하나님과 양립할 수 없다고 생각했다. 마르키온은 지극히 선하신 하나님은 구약성서에 묘사된 폭력적인 하나님처럼 행동할 수 없

<hr>

1   Michael C. McCarthy, "Divine Wrath and Human Anger: Embarrassment Ancient and Modern," *TS* 70 (2009): 861.

다고 주장했다. 마르키온은 물질 세계의 가변성과 불완전성이라는 영지주의 사상에 기초하여 구약성서에서 묘사하는 하나님은 악하신 하나님, 즉 비참한 세상을 창조하고, 율법의 언약을 강요하며, 그것을 위반한 자들을 잔인하게 심판하시는 불완전하고 결함이 많은 하나님이라고 주장했다. 한편 신약성서—특히 바울의 특정 서신—은 예수 그리스도 안에 나타나시고, 사랑의 복음을 선포하시며, 악한 하나님과 그의 사역을 파괴하려는 선하신 하나님을 보여준다. 따라서 요약하자면 마르키온은 구약성서와 신약성서가 서로 다른 두 하나님을 증언한다고 생각했다. 마르키온은 구약성서는 예수를 보내신 선하신 하나님이 아닌 이스라엘의 무자비한 하나님에 관한 책으로 간주하고 신약의 많은 부분과 더불어 구약을 완전히 거부했다.

마르키온의 이러한 가르침은 교회가 구약과 신약의 연관성에 관해 더 깊이 고려할 것을 촉구했지만, 그 가르침은 단호하게 거절당했다. 그의 적대자들은 예수가 자신의 가르침과 사역을 구약성서에 근거하여 설명했으며, 신약성서 저자들도 그것을 그대로 따랐다고 생각했다. 따라서 그리스도인들 가운데 대다수는 복음을 하나님이 이스라엘을 통해 행하신 일의 연장이자 성취로 보았다. 하나님의 모든 계시는 구약과 신약 전반에 걸쳐 나타나 있다. 신약과 구약을 모두 인정하는 교회의 결정은 이 세상을 창조하시고 이스라엘과 언약을 체결하신 하나님이 예수 그리스도 안에서 성육신하신 하나님과 같은 하나님임을 확증했다.

오리게네스는 이와는 다른 방법을 선택했다. 비록 구약을 성서로 간주하긴 했지만, 오리게네스는 하나님에 대한 폭력적이고 불미스러운 묘사를 액면 그대로 받아들일 경우 예수 그리스도의 인격 안에서 제자들에게 다른 이들을 사랑하라고 가르치신 하나님과 조화를 이룰 수 없다고 믿었다. 그는 서로 양립할 수 없는 하나님에 대한 묘사를 수용하기 위해 그리스-로마 세계에서 대다수가 그들의 신들에 관한 신화들을 해석하기 위해 사용했던 방법을 채택했다. 고대 그리스-로마 세계 전반에 걸쳐 나타난 철학 체계로의 광범위한 전환은 전혀 모범의 대상이 될 수 없고 도덕성조차 결여된 품위 없고 음탕하며 변덕스러운 신들로 가득한 옛 신화에 집착하던 이들에게 문제를 제기했다. 해석자들은 이러한 신화를 유지하고 복원하기 위한 하나의 방편으로 이 신화들을 도덕적 메시지가 담긴 알레고리로 변형시켰다. 신화에 대한 이러한 알레고리 접근법은 향후 기원전 2세기부터 알렉산드리아라는 그리스 식민지에 살던 유대인들에 의해 채택되었다. 이 가운데 가장 탁월한 인물은 필론이었다. 필론은 오리게네스보다 2세기 전 인물로서 플라톤 철학을 유대 사상과 통합하고 모세를 고대의 위대한 철학 선생으로 제시하기 위해 성서를 알레고리적으로 해석했다.

오리게네스는 필론의 알레고리적 해석을 받아들인 알렉산드리아의 유명한 학파의 수장이었다. 성서 본문의 문법적·역사적 의미에 초점을 맞춘 안디옥의 다른 유명한 학파와 달리 오리게네스는 구약의 모형론적인 관점을 따르면 알레고리를 통해 심오한 영적 의미를 발견할 수 있다고 믿었다. 이러한 그의 해석 방법은 정경 전체를 일관된 단일 진리 체계로 본 철학적 견해와 메시아적 해석을 서로 결합했다. 오리게네스는 이를 근거로 구약에 나타난 하나님의 폭력에 관한 이야기를 예수의 생애 및 가르침과 일치하는 방식으로 해석할 수 있었다. 그의 가장 탁월하면서도 설득력 있는 적용 사례는 아마도 그가 집필한 일련의 여호수아 설교였을 것이다. 오리게네스는 여호수아와 예수의 이름이 그리스어로 동일하다는 것을 인식하고 여호수아서 전체를 신자의 삶에서 일어나는 그리스도의 구원 사역과 인간의 마음을 지배하는 죄의 세력을 무너뜨리기 위해 그리스도와 함께 일하는 신자의 사역에 대한 알레고리로 해석했다.

결국 서방 교회는 오리게네스와 알렉산드리아 학파의 알레고리적 방법을 채택했다. 이 방법은 하나님의 계시로서 성서에 대한 경외심을 높여주었고, 그 성서의 계시가 일관성이 있고 교훈적임을 보여주었으며, 교회의 가르침을 뒷받침해주었고, 교회의 불신을 조장하기 위한 수단으로서 성서에 나타난 하나님의 폭력을 악용하는 자들에 대한 강력한 대응책을 제공해주었다.

그러나 종교개혁은 개신교 신자들이 고대의 안디옥 학파에서 가르쳤던 것과 유사한 현실적·문법적 접근 방법으로 회귀하는 현상을 보여준다. 이러한 문자적 의미로의 회귀는 이신론자들이 주창했듯이 폭력적인 하나님을 거부한 마르키온의 견해에 공감을 표명한 비판적 성서 읽기의 길을 열어주었다. 이신론자들은 거룩하고 완전하신 하나님은 이성과 자연의 법칙에 따라 행동해야 한다고 주장하긴 했지만, 성서에 기록된 하나님의 폭력은 결코 사실일 수 없다고 믿었다. 그런 이유로 이신론자들은 폭력을 자행하며 진노하는 하나님에 대한 성서의 묘사는 비이성적이고 무가치하며, 오직 신자들을 통제하기 위한 미신과 공포의 수단으로 그 같은 묘사를 이용하고자 했던 제사장들에게만 유용한 것으로 간주하며 거부했다. 더 나아가 그들은 분노와 후회를 표현하고, 맹세하고 약속을 깨뜨리는 하나님에 대한 성서의 신인동형론적인 묘사는 하나님의 영원한 불변성과 결코 조화를 이룰 수 없다고 주장했다. 그들은 성서의 이러한 결함을 수용하려는 시도가 하나님의 이름으로 더욱더 열성적으로 폭력을 자행하는 결과를 가져왔다고 주장했다. 매튜 틴달(Matthew Tindal)이라는 이신론 작가는 이 문제를 요약하는 차원에서 존 틸롯슨(John Tillotson) 대주교의 글을 인용한다.

하나님에 대한 사람들의 개념처럼 그들의 종교도 그와 유사하게 될 것이다. 만약 그들이 하나님에 대한 괴이하고 거짓된 개념을 갖고 있다면 그들의 종교는 불합리하고 미신적이 될 것이다. 만약 인간이 하나님을 거대한 힘으로 무장하고 자신이 만든 피조물들의 고통과 파멸을 기뻐하고 그들에게서 모든 이익을 착취할 태세를 갖춘 심술궂은 존재로 상상한다면, 그들은 그를 두려워할 수는 있겠지만 그를 미워할 것이다. 또한 그들은 자신들을 대하는 그러한 하나님을 상상하기 때문에 타인에게도 서로 그렇게 대하기 쉬울 것이다. 왜냐하면 모든 종교는 자연히 인간들이 자신들

이 섬기는 신을 닮고 싶도록 만들기 때문이다.[2]

이어서 틴달은 다음과 같이 설명한다.

> 하나님 안에는 하나님을 닮은 것 외에는 다른 것이 있을 수 없으므로 그
> 는 완벽하게 선하거나 아니면 전혀 그렇지 않을 수밖에 없다. 만약 하나
> 님의 이러한 성품을 말로 전하는 사람이 스스로 일관된 모습을 보이고,
> 마치 그를 최악의 존재와 같이 만들어 철저한 악마주의에 빠지듯이 그러
> 한 행동을 그에게 귀속시키지 않는다면 참으로 다행이다.[3]

하나님의 폭력적인 모습은 비이성적이고 모순적이며 선동적이라는 견해
는 일부 이신론자들이 마르키온의 견해를 따르고 성서의 많은 부분을 거
부하도록 만들었다.

　비록 이신론자들은 신학적으로 전성기를 얻지는 못했지만, 그들
의 비판적 사고는 향후 개신교의 성서 해석에서 하나님의 폭력을 어떻
게 다루고 설명할 것인지에 영향을 미쳤다. 우선 모순과 역설은 해석자

◇◇◇◇◇

2　Matthew Tindal, *Christianity as Old as Creation; or, the Gospel, a Republication of the Religion of Nature* (London, 1730), 75.

3　Tindal, *Christianity as Old as Creation*, 78. 다음도 보라. Henning Graf Reventlow, *The Authority of the Bible and the Rise of the Modern World*, trans. John Bowden (Philadelphia: Fortress, 1985), 289-410.

에게 받아들여질 수 없었는데, 이는 이성에도 어울리지 않았기 때문이었다. 역설은 해결되어야 했고 모순은 조화를 이루어야 했다. 왜냐하면 역설과 모순은 비합리적인 사고방식을 반영하고, 하나님에 관해서도 진실을 말하지 않기 때문이다. 이와 마찬가지로 하나님께 (분노 혹은 질투와 같은) 감정을 부여하는 성서 본문은 하나님을 비이성적이거나 충동적인 분으로 묘사하는 것으로 비추어졌다. 하나님은 이성적인 존재로 여겨졌기 때문에 이처럼 곤혹스러운 묘사는 은유나 인간의 속성 정도로 여겨질 수는 있어도 결코 하나님의 속성으로 여겨질 수는 없었다.

역사비평적 접근법

성서 해석에 대한 비평적·서술적 접근법의 발전은 해석의 초점을 현저하게 성서의 인간 저작설로 바꾸어놓았다. 역사비평적 접근법은 성서 본문의 저작과 그 의미를 특정한 장소와 사회 및 시대 안에 배치함으로써 인간의 경험이라는 문맥 안에 두었다. 이로써 사건과 문화가 성서 저자의 사고에 미친 영향을 파악하는 것이 성서 해석에서 매우 중요한 요소가 되었다. 따라서 해석의 초점은 인간 저자가 구체적인 시간과 문화라는 맥락 안에서 전달하고자 하는 바에 맞추어졌는데, 이는 하나님이 그 인간 저자를 통해 말씀하신 것을 발견하는 수단이기도 했다. 성서 계시의 전체 기간을 진화적인 관점에서 바라보는 것은 폭력적인 하나님에 대한 묘사를 설명하는 새로운 길을 열어주었다. 오래된 성서 문헌은 이스라엘의 종교적 의식(意識)에 대한 원시적인 표현으로서 시간이 지남에 따라 성숙한 윤리적·신학적 관점으로 발전하여 예수 그리스도의 가르침과 사역에서 완전하게 드러났다고 볼 수 있다. 홍수, 출애굽, 가나안 주민 학살 등 다른 폭력 관련 본문들은 하나님의 계획이 예수를 통해 드러나는 과정의 필수적인 단계로도 볼 수 있다. 고대 근동 문화에 관해 지식이 더 많이 쌓이면서 이스라엘의 발전하는 의식을 당대의 다른 사회가 지닌 사상 및 관습과 비교하는 것이 가능해졌다. 이스라엘과 다른 이웃 국가들의 신학적·도덕적 감수성을 서로 비교한 결과, 해석자들은 하나님에 대한 폭력적인 묘사가 다른 민족들의 잔인한 행위에 비해 윤리적으로 발전된 모습임을 보여주면서도 그 시대의 산물임을 깨달았다. 따라서 예를 들어 성서에 기록된 전쟁은 사실 당대의 다른 세력들이 일으킨 전쟁보다 더 인도적이었거나 더 높은 윤리적 요구를 따르는 절제된 것이었다고 볼 수 있다.

신학적 관점에서 보면 이러한 사고는 점진적 계시라는 개념으로 이어졌다. 이 개념은 하나님이 이스라엘 백성이 이해하는 수준에서 그들과 그 조상들을 만났고, 또 이스라엘을 한층 더 고귀하고 참된 하나님의 비전과 인간의 존엄함으로 끌어올리는 진리를 점진적으로 계시하셨다고 보았다. 이는 하나님이 이스라엘을 점진적으로 다신론에서 윤리적 유일신론으로 이끄셨고, 예수 그리스도 안에서 하나님의 계시가 온전히 드러나는 계기를 마련했다고도 볼 수 있다. 모든 면에서 하나님은 새로운 진리를 전달하는 데 있어 당대의 사람들에게 친숙한 방법을 사용하면서 그들의 가치관과 견해를 받아들이셨다. 전쟁을 실행하는 데 그 목적이 있는 하나님의 이러한 계획은 하나님이 이스라엘의 전쟁에 관여하는 것이 이스라엘을 수용하고 가르치는 수단이었다고 설명할 수 있다. 하나님은 전쟁에서 이스라엘 백성에게 자신의 주도권을 인정하고 자신의 지시를 따를 것을 명령함으로써 인간의 손에서 전쟁에 대한 결정권을 박탈했다. 약탈을 금지한 명령은 전쟁이 전리품에 대한 욕망으로 합리화될 수 없음을 가르쳤다. 심지어 인구 전체를 전멸하라는 명령도 인간의 존엄성에 관한 교훈으로 받아들일 수 있는데, 이는 즉각적인 살해 명령에 고문 행위를 사전에 방지하기 위한 의도가 암시되어 있기 때문이다.[4]

하나님의 폭력을 해명하기 위한 수단으로서 제시되는 점진적 계시는 하나님과 이스라엘의 관계에 매우 중요한 성육신적인 특성이 있음을 보여준다는 의미에서 상당히 유용하다. 하나님은 이스라엘이 시내산에서 그들과 하나님을 묶은 언약 관계를 이해할 수 있도록 국제관계의 영역에서 종주국-속국 조약을 이용/승인하셨다. 하나님은 농업 축제를 이용하시고 역사화하셔서 이 축제를 통해 자신이 이스라엘을 위해 행하신 일을 백성들이 기억하는 기회로 삼으셨다. 하나님은 이스라엘이 왕을 요구하는 것을 묵인했고, 이스라엘을 통하여 자신이 하고자 하는 사역을

◇◇◇◇◇

4   보다 더 상세한 내용은 다음을 보라. Eryl W. Davies, "The Morally Dubious Passages of the Hebrew Bible: An Examination of Some Proposed Solutions," *CBR* 3 (2005): 199-208.

주변 국가들의 정치체제와 유사한 왕정 체제에 순응시켰다. 예수 그리스도 안에 나타난 하나님의 성육신은 인간의 경험이라는 정황 속에서 하나님이 자신을 계시하는 매우 의미심장한 행위를 나타낸다.

하지만 진화적 접근법은, 이스라엘 종교의 점진적 계시로 보든지 또는 역사적 발전으로 보든지 간에, 성서에 나타난 하나님의 폭력에 대한 포괄적인 설명을 제공해주지 못한다. 한편으로는 이스라엘의 하나님이 주변 국가들의 신들보다 덜 폭력적이거나 이방 민족들이 이스라엘보다 더 잔인했는지가 분명하지 않다. 성서에서 가나안 주민 전체를 말살하는 기사는 다른 민족의 군사 문헌에 기록된 내용을 능가한다. 이 군사 문헌을 보면 일반적으로 반항하는 도시를 향해 대량 살상이 이루어지지만, 민족 전체를 말살하지는 않는다. 또 다른 한편으로는 발전적 틀 자체에 문제가 있다. 성서 저작의 연대를 어떤 특정 시기로 책정한다는 것은 무척 위험하고 신뢰하기 쉽지 않은 작업이다. 다수의 경우 우리에게 주어진 텍스트가 과연 초기의 사상을 반영하는지 아니면 후대의 사상을 반영하는지를 절대적으로 확신할 수준으로 알기는 어렵다. 더 나아가 이스라엘의 사상에 대한 후대의 표현을 반영하는 다수의 텍스트는 매우 폭력적인 이미지와 감성을 담고 있다. 자신이 짓밟은 민족들의 선혈이 튄 옷을 입고 에돔으로부터 오시는 하나님에 관한 이사야의 예언이 가장 두드러진 예다(사 63:1-6).

대표적인 현대 방법론

최근 10년 동안 역사적 분석과 기독교 신학을 결합하는 방식을 통해 하나님의 폭력 문제를 다루는 연구가 급증하는 추세를 보였다. 수많은 단행본 분량의 연구와 보다 더 짧은 연구가 나왔다는 점을 고려할 때 가장 두드러진 세 개의 연구를 검토하는 것이 현대의 성서적 논의에 대한 감을 잡기에 가장 적절해 보인다. 내가 아래에서 검토할 연구는, 비록 각각 주장하는 바가 다르지만, 유사한 전제를 갖고 있을 뿐만 아니라, 하나님의 폭력 가운데 보다 더 곤혹스러운 측면을 설명하는 데 도움을 주는 역사적 요소에 관심을 둔다. 각 연구는 성서 자체는 말할 것도 없고, 신앙의 문맥 안에서 하나님의 폭력 문제를 접근하며, 폭력 관련 본문들을 교회의 유익을 위해 솔직 담백하고 신실하게 다루고자 한다. 작가들은 통상적인 해석에 도전하며, 지나치게 단순한 답변을 거부하고, 성서에 나타난 윤리적 관점의 다양성을 고려하는 비평적 접근법을 사용한다.

　　『성서에 나타난 폭력』(*The Violence in Scripture*)에서 에릭 사이버트(Eric Seibert)는, 직접적으로든 또는 인간 대리인을 통해서든, 하나님을 폭력에 연루시키는 구약성서의 본문과 이미지와 주제를 포괄적으로 탐구하는 연구를 수행한다. 그는 기독교 해석과 실천을 하나님의 이름으로 폭력을 허용하는 것에서 탈피하여 예수 그리스도를 통해 드러난 사랑스럽고 정의로우신 하나님의 이미지에 들어맞는 비폭력적 독법을 견지하는 입장으로 선회하고자 노력한다.[5] 사이버트는 자신의 접근법을 단순한 전제에 기초시킨다. "성서는 절대로 폭력 행위를 고무하거나 장려하거나 정당화하는 데 사용해서는 안 된다."[6] 이 전제는 사이버트가 『충격적인 하나님의 행동』(Disturbing Divine Behavior)에서 논의하듯이 하나님의 도덕성은 예수 그리스도 안에서 가장 분명하고 온전하게 나타난다는 확신에 근거한다.[7] 두 번째 전제는 하나님의 성품은 시간이 지나도 변함없이 한결같다고 여긴다.

이러한 전제하에 사이버트는 그리스도 중심의 해석학을 활용하는데, 이 해석학은 "예수가 계시하는 하나님이 구약성서에 나타난 하나님의 모든 묘사를 평가하는 표준 또는 기준이 되어야 한다"고 주장한다.[8] 사이버트는 예수가 계시한 하나님은 폭력을 거부하시므로 구약성서에 나타난 하나님에 대한 폭력적인 묘사는 사실일 수 없다고 주장한다. 이러한 하나님에 대한 묘사는 오히려 고대 근동의 신 개념에 따라 하나님에 대한 자신들의 경험을 표현한 인간 저자들의 산물로 이해해야 한다. 신약성서에 나타난 하나님과 양립할 수 없는 구약성서의 전사 하나님은 고대 근동의 폭력적인 사고관을 나타내며 "전쟁하는 하나님에 대한 문화

---

5   Eric A. Seibert, *The Violence of Scripture: Overcoming the Old Testament's Troubling Legacy* (Minneapolis: Fortress, 2012).

6   Seibert, *The Violence of Scripture*, 148.

7   Eric A. Seibert, *Disturbing Divine Behavior: Troubling Old Testament Images of God* (Minneapolis: Fortress, 2009).

8   Seibert, *Disturbing Divine Behavior*, 185.

적으로 제한된 설명"을 반영하고, "하나님이 실제로 말씀하시고 행하신 것"을 반영하지 않는다.[9] 요약하자면 폭력적인 이미지는 하나님이 실제로 말씀하시고 행하신 것과 혼동해서는 안 된다. 예수 그리스도 안에 나타난 하나님의 계시의 기준으로 보면 폭력에 대한 성서의 이미지는 그릇되고 왜곡된 것이며, 하나님이 어떤 분이신지를 진정으로 반영하는 것으로 받아들일 수 없다.

사이버트와 마찬가지로 제롬 크리치(Jerome Creach)는 『성서에 나타난 폭력』(The Violence in Scripture)에서 "성서는 그리스도를 가리키는 작품이다"라는 확신을 가지고 성서를 읽는 것을 지지한다.[10] 하지만 크리치는 사이버트와 달리 하나님에 대한 폭력적인 묘사를 노골적으로 거부하지 않고, 오히려 이를 "교회에 주는 하나님의 권위 있는 말씀의 본질적인 부분"으로 본다.[11] 크리치에 의하면 그리스도를 정경의 기본 중심에 놓고 성서를 읽을 때 해석자는 전체적으로 무엇이 핵심적이며 또는 규범적인지를 보여주는 폭력 본문들의 다양한 측면을 파악하게 된다. 성서 전체의 문맥에 놓고 보면 많은 폭력 본문은 실제로 폭력을 정죄하고, 폭력이 하나님에 대한 모욕일뿐더러, 사실은 비폭력적인 이상을 가리킨다고 가르친다.

◇◇◇◇◇

9   Seibert, *The Violence of Scripture*, 117-18.

10   Jerome F. D. Creach, *Violence in Scripture*, Interpretation: Resources for the Use of Scripture in the Church (Louisville: Westminster John Knox, 2013), 5.

11   Creach, *Violence in Scripture*, 3.

크리치가 폭력 본문을 해석하는 방법은 다섯 가지 요소를 포함한다. 첫째, 정경 전체는 폭력을 하나님의 통치에 대항하는 인간의 행위로 소개한다. 둘째, 폭력을 지지하는 듯 보이는 많은 난해 본문은 그 본문이 보고하는 폭력을 축소하는 자체 수정 기능을 포함하고 있다. 셋째, 지나치게 단순화된 해석을 피하기 위해서는 성서 본문이 작성된 역사적 정황에 주의를 기울여야 한다. 특히 내러티브 본문의 경우에는 저자의 의도를 고려해야 한다. 넷째, 초기 교회에서 사용한 은유적 해석은 정경의 상징적 성격을 드러낸다. 파라오와 아말렉 사람들은 악과 타락의 상징으로서 정경 전체의 문맥 안에서 매우 중요한 의미를 가질 수 있다. 마지막으로 성서는 폭력이 하나님의 정의와 구원 사역을 진척시킬 경우에만 폭력을 허용하지만, 그런 경우에도 정의를 위해 폭력을 행사하는 것은 인간이 아닌 하나님의 영역에 속한다는 사실을 일러준다.

크리치는 역사비평 방법론을 몇몇 핵심 본문에 능숙하게 적용하고 그 과정에서 정경의 다양한 관점과 다양한 장르를 적절하게 다루어야 한다는 점을 잘 보여준다. 그는 폭력적인 구약 본문이 예수 그리스도 안에서 계시된 하나님의 회복 행위와 목적을 가리키는 방식에 주의를 기울이면서도 이 본문들이 서로 대화를 하는 과정에서 발생하는 불일치를 조화시키려 하지 않는다. 크리치는 하나님을 폭력과 연관시키는 본문과 이미지를 단번에 거부하지 않고, 오히려 성서 전체의 관점에서 각각의 묘사를 해석할 것을 촉구한다.

그레고리 보이드(Gregory Boyd)의 두 권으로 구성된 저서 『전사 하나님의 십자가 처형』(*Crucifixion of the Warrior God*)은 최근 들어 하나님에 대한 폭력적인 묘사를 해석하는 세 번째 방법을 제시했다.[12] 보이드는 예수 그리스도 안에서 계시된 하나님은 전적으로 비폭력적이시며, 따라서 하나님에 대한 폭력적인 묘사를 액면 그대로 받아들인다면 그리스도를 통한 하나님의 계시와 양립할 수 없다는 견해를 사이버트와 공유한다. 또한 그는 성서 전체가 교회에 주신 권위 있는 계시로 구성되어 있다는 견해를 크리치와 공유한다. 여기서 보이드가 감지하는 도전은 하나님을 폭력에 연루시키는 이러한 본문이 어떻게 "실제로 자신의 정체성과 삶과 사역을 십자가에서 가장 온전하게 드러난 하나님의 자기희생적인 '아가페' 사랑이라는 계시에 중점을 둔 예수를 가리키는지"를 간파하는 것이다.[13] 보이드는 오리게네스가 주창한 알레고리적 해석 방법을 활용하여 하나님에 대한 폭력적인 묘사는 그의 자기희생적 사랑을 증언하는 심오한 메시지를 이해할 수 있게 한다고 제안한다. 따라서 그는 "우리가 구약성서에서 하나님에 대한 폭력적인 묘사를 접할 때 '다른 무슨 일이 일어나고 있구나'"라고 가정하면서 폭력적인 본문들을 읽을 것을 제안한다.[14] 따라서 하나님의 폭력 본문을 다룰 때 해석자에게 주어지는 과제는 어떻게 그 본문이 하나님께 합당한 의미를 반영하는지를 발견하는 것이다.

12 Gregory A. Boyd, *The Crucifixion of the Warrior God: Interpreting the Old Testament's Violent Portraits of God in Light of the Cross*, 2 vols. (Minneapolis: Fortress, 2017).

13 Boyd, *The Crucifixion of the Warrior God*, 1:xxxii.

14 Boyd, *The Crucifixion of the Warrior God*, 2:633.

이 합당한 의미를 파악하기 위해 보이드는 우리가 하나님이 십자가에서 예수 그리스도를 통해 보여주신 자기희생적·무조건적·비폭력적 사랑이라는 최고의 계시를 통해 하나님의 폭력 본문들을 읽을 것을 제안한다. 십자가에서 하나님은 인간의 죄악의 추악함을 견디기 위해 자기 자신을 낮추셨다. 이와 마찬가지로 폭력을 하나님의 탓으로 돌리는 본문들은 인간의 죄악의 추악함을 수용하고 반영하기 위해 자신을 낮추신 하나님의 사랑을 나타낸다. 이 본문들에 담긴 추악함의 베일을 벗겨내고 하나님의 자기희생적 사랑의 아름다움을 드러내려면 믿음이 필요하다. 따라서 폭력 본문들은 인간의 죄악의 겉모습을 수용하면서도 하나님의 자기비하를 통해 나타난 자기희생적 사랑을 드러내는 "문학적인 십자가상"이 된다.

독자들을 거울에서 메시지로 안내하기 위해 보이드는 네 가지 원칙으로 구성된 "십자가를 구현하는 해석학"(Cruciform Hermeneutic)을 주장한다. 그가 "십자가를 구현하는 수용 원리"(Principle of Cruciform Accommodation)라고 부르는 첫 번째 원칙은 하나님이 십자가에서 드러난 자신의 사랑을 성서를 기록한 인간 저자들에게 불어넣어 주셨지만, 타락하고 문화적으로 제한된 그들의 생각이 하나님이 불어넣어 주신 것을 중간에 가로막았다고 제안한다. 보이드는 점진적 계시 교리가 십자가에서 하나님의 자기 계시로 끝난 궤적을 따라 하나님이 얼마만큼 인간의 초기 인식을 수용하셨는지를 깨닫기에 좋은 길이라고 여긴다. 하나님은 구약성서 전반에 걸쳐 인간의 부족한 방식으로 묘사될 뿐 아니라 십자가에서 죄의 모습을 취하시면서까지 자신을 비하하셨다. 이로써 십자가는 하나님이 모든 것을 위해 일하시는 것을 보여주는 계시이자 우리가 그 이전의 폭력적인 묘사의 결점을 깨닫게 되는 수단이 된다.

> 십자가를 우리의 기준으로 삼는다면 우리는 정경에 기록된 하나님에 대한 묘사가 십자가로 구현되는 하나님의 참된 성품을 반영하는 한, 이러한 묘사가 이를 향해 일하시는 하나님을 드러내는 십자가의 아름다움에 참여한다고 평가할 수 있다. 그러나 이러한 하나님에 대한 묘사가 십자가로 구현되는 하나님의 참된 성품에 미치지 못하는 한, 이러한 묘사는 겸손하게 세상의 죄가 자신에게 작용하도록 허락하시는 하나님을 드러내는 십자가의 추악함에 참여한다.[15]

보이드는 하나님이 자신의 성품과 일치하지 않는 것들을 말하고 행하는 것으로 묘사되는 것까지 수용하셨다고 주장한다. 이렇게 함으로써 하나님은 그의 백성의 죄와 저주의 추악한 모습까지 취하셨다. 하나님의 자기희생적 사랑을 보기 위해 우리가 십자가에서 우리 대신 죄가 된 예수를 바라보듯이 우리는 하나님의 참된 계시의 음성을 듣기 위해 성서의 하나님에 대한 죄에 얼룩진 증언을 들어야만 한다.

두 번째로, "구속적 철회 원리"(Principle of Redemptive Withdrawal)는

---

15 Boyd, *The Crucifixion of the Warrior God*, 1:495.

예수의 자발적 순종에 대한 반응으로 하나님이 자신의 보호의 임재를 철회하신 것이 그리스도가 우리의 죄를 위해 십자가에서 몸소 경험한 진노를 표현한다는 사실을 인정하는 데 기초를 둔다. 보이드는 이를 토대로 하나님은 강요하시는 하나님이 아니라 설득하시는 하나님이라고 주장한다. 따라서 그는 독자들이 폭력을 동반한 처벌을 명하시는 하나님을 보여주는 모든 성서 본문을 속죄의 목적을 달성하기 위해 죄 많은 인간으로부터 철회한 이와 유사한 사례로 간주하도록 안내한다. 다시 말하면 비록 많은 본문이 하나님이 폭력적으로 행하셨다고 보고하지만, 이러한 본문은 사실 하나님이 자신의 보호를 철회한 것에 불과한 사례로 소개한다는 것이다.

"우주적 갈등의 원리"(Principle of Cosmic Conflict)는 십자가와 성서의 계시 전체를 하나님과 사탄 및 타락한 영적 세력의 오래된 갈등의 틀 안에 배치한다. 따라서 하나님의 구속적 철회 원리는 하나님의 폭력에 대한 많은 사례(이집트에서 장자를 죽이는 사건 등)가 실제로 보호받지 못한 하나님의 심판의 대상에게 고통과 파멸을 가져다준 사탄의 세력에 의한 것임을 의미한다. 마지막으로 "반(半)자율적 능력의 원리"(Principle of Semi-Autonomous Power)는 성서의 하나님은 대리인들에게 초자연적 권위를 부여하지만, 그들이 어떻게 그 권위를 사용하는지를 통제하지는 않는다고 본다. 예수는 하나님의 권위를 신실하게 사용하는 전형적인 인물이지만, 타락한 인간 대리인들은 하나님의 능력을 불완전하게 사용하는 특징을 지니고 있다. 따라서 하나님의 탓으로 돌리는 일부 폭력은 실제로 하나님의 능력을 부여받은 자들에 의해 이 능력이 불완전하게 행사되는 것을 의미한다.

이러한 중요한 연구에 대한 나의 요약은 저자들의 통찰력과 솔직함에 대한 나의 고마운 마음을 충분히 표현해주지 못한다. 내가 이 세 연구를 선택한 이유는 이 연구들이 성서에 나타난 하나님의 폭력에 대한 현대 담론에서 두드러지게 나타나는 접근법을 도입하기 때문이다. 이 연구들은 각각 정경 전체와 이를 구성하는 다양한 문헌을 고려하려고 노력한다. 각 연구는 성서의 폭력적인 하나님에 대한 이질적인 묘사를 설명하기 위한 지침 또는 원리를 제시한다. 마지막으로 각 연구는 각자의 주장을 지지하기 위해 다양한 방식으로 역사비평 패러다임을 도입한다. 특히 저자들은 역사비평 프로젝트의 중심에 있는 본문의 저작 과정에 초점을 맞춘다. 각 연구는 성서 저자가 생각하고 의도한 것을 안다고 주장함으로써 폭력적인 하나님의 잘못을 완화하기 위해 역사적인 선택을 한다.

가나안 정복에 대한 해석—아마도 하나님을 폭력에 연루시키는 본문 중 가장 당혹스러운 본문—은 각각의 저자가 채택한 역사적-저작적 입장을 보여준다. 사이버트와 크리치는 현대 주류 학계를 따르면서 가나안 정복은 실제로 일어난 적이 없다고 주장한다. 오히려 그들은 이 내러티브를 야웨에 대한 헌신을 고취시키기 위해 요시아 왕 통치 기간에 작성된 경건한 날조로 본다. 따라서 이 책의 폭력은 앗수르 제국의 지배와 그것이 유다 민족에게 가져다준 정신적인 충격이라는 폭력적인 세계를 반영한다. 사이버트는 이 내러티브 및 이와 관련된 다른 내러티브들이 허구임을 인식하면 "도덕적으로 문제시되는 행동으로부터 하나님을 효과적으로 구제하며" 해석자들이 평이한 의미로부터 해방되어 다른 대안을 모색하게 만든다고 지적한다[16](비록 그도 이러한 해석이 궁극적으로 이 문제를 해결하지 못한다고 평가하지만 말이다).[17] 크리치는 여호수아서가 은유적인 의미로 읽기에 가장 좋은 책이라고 제안하는 반면, 사이버트는 여호수아서의 평이한 의미를 종교가 허용한 폭력의 허점을 드러내고 도전하는 방향으로 해석할 수도 있다고 제안한다.[18]

보이드는 하나님의 폭력 본문들이 문화적인 개념과 모티프의 영향을 반영한다는 사상을 채택하면서도 그가 가나안 정복 내러티브의 근본적인 역사성을 수용하도록 이끄는 "보수적인 해석학적 원리"(Conservative Hermeneutical Principle)를 채택한다. 결과적으로 그는 문화적 여과 장치가 이 드라마의 등장인물들이 하나님이 자신들에게 하신 말씀을 이해하는 방식을 왜곡했다고 주장한다. 여호수아서에서 "전멸하다"와 "쫓아내다" 동사가 이스라엘이 행하거나 행할 것을 묘사한다는 점에 근거하여 보이드는 하나님의 원래 의도는 가나안 주민들을 비폭력적으로 제거하는 것이었다고 주장한다. 그는 이것이 야웨가 벌레(말벌)와 다른 수단을 사용하여 그 땅의 삶을 너무 어렵게 만들어 가나안 주민들이 마침내 스스로 그

16   Seibert, *Disturbing Divine Behavior*, 112.

17   Seibert, *The Violence of Scripture*, 98.

18   Seibert, *The Violence of Scripture*, 95-112.

땅을 떠나게 만드는 것이었다고 제안한다. 그러나 이러한 비폭력적인 계획은 이스라엘의 "타락하고, 불신하며, 불순종하고, 문화적으로 제한된 마음과 생각"을 고려한 하나님의 계시를 오해한 이스라엘에 의해 수정되었다.[19] 이러한 오해는 이스라엘의 지도자들에게까지 확대되었다.

> 모세와 백성들의 낮은 영적 상태와 높은 수준의 문화 적응력이…야웨의 말씀을 그들이 듣고자 했던 것에 들어맞도록 왜곡하게 만들었다 하더라도 그리 놀랄 만한 일은 아니다. 야웨가 "너희는 이 땅을 소유할 것이다"라고 말씀하셨지만, 모세와 그 백성은 "너희는 원주민을 무자비하게 전멸해야 한다"라고 들었다. 그리고 야웨가 "나는 그 주민들을 쫓아낼 것이다"라고 말씀하셨지만, 모세와 그 백성은 "나는 그 주민들을 너희에게 넘겨주겠다"라고 들었다.…따라서 모든 폭력이 그러하듯이 하나님의 백성이 이 영토에 들어가면서 자행한 폭력은 하나님의 뜻에 기인한 것이 아니라 모세의 타락한 욕망에 기인한 것이다.[20]

가나안 주민의 학살이 발생한 이유는 한마디로 "모세와 그가 이끄는 백성들이 하나님을 완전히 믿지 못했거나 믿지 않으려고 했기 때문이며, 따라서 그 땅을 비폭력적으로 소유하는 하나님의 계획에 순종하는 대신

---

19   Boyd, *The Crucifixion of the Warrior God*, 2:974.

20   Boyd, *The Crucifixion of the Warrior God*, 2:979-80.

그 계획에 순종하지 못했거나 순종하지 않으려고 했기 때문이다."[21] 뒤이어 일어난 일은 이스라엘과 모세가 하나님의 뜻을 대대적으로 오해한 것이다. 야웨는 이로써 궁지에서 벗어났다.

비록 나도 역사비평적 해석을 추구하고 우리가 저자들의 의도를 어느 정도 파악할 수 있다는 데 동의하지만, 나는 역사비평이 이 연구들과 다른 유사한 연구들이 부여한 신학적 무게를 견딜 수 있다고 믿지 않는다. 비록 역사적 탐구가 성서를 탄생시킨 세계를 설명해줄 수 있다는 점에서 성서 본문을 이해하는 데 유용한 도구임이 입증되긴 했지만, 역사적 재구성은 성서 본문이 신학적 성찰의 기초로 대체될 때 그 목표에 미치지 못한다. 성서 본문이 제시하는 세계의 여러 측면을 구체적으로 상술하기 위해 역사적 탐구의 결실을 활용하는 것과 어떤 신학적 해석을 뒷받침하는 가상의 역사적 시나리오를 구성하고, 그 시나리오를 성서 내러티브의 배경으로 설정한 다음, 명백하게 표현된 성서 본문의 신학적 증언을 판단하기 위해 그것을 사용하는 것은 서로 엄연히 다른 문제다.

여기서 나의 관심사는 가나안 정복이 여호수아서에서 보고하는 것과 유사한 방식으로 실제로 일어났는지에 있지 않다. 그것은 역사적 해석 방법뿐만 아니라 문학적 해석 방법으로 다루어져야 할 문제다. 오히려 나의 관심사는 신학적 성찰의 초점이 성서 본문에서 역사적 사변으로 바뀌었다는 데 있다. 여기에는 단순히 절차상의 문제가 있다. 우선 조

◇◇◇◇◇
21   Boyd, *The Crucifixion of the Warrior God*, 2:971.

작된 가나안 정복 내러티브라는 가설은 하나의 추론에 불과하다(물론 근거 있는 추론이긴 하지만 추론이긴 마찬가지다). 비록 우리가 철기 시대의 고대 근동을 규정했던 사회, 사건, 문화적 배경에 대해 넓은 획으로 상당한 이해를 얻긴 했지만, 우리는 여전히 요시야 시대에 이스라엘 제사장들과 서기관들의 생각이 어떻게 형성되었는지를 정확하게 평가하고 재구성할 수 있는 증거가 거의 없다. 우리는 조작 가설을 확인할 확실한 증거를 갖고 있지 않으며, 고대 사회에서 어떤 기원을 나타내는 정복 내러티브를 만들어내고 그것을 그 땅과 연결한 사례에 대해 아는 바가 전혀 없다. 추론은 역사 조작을 제안하고, 역사 조작은 또한 하나님의 지휘하에 이루어지는 거대한 폭력 범죄를 제거한다.

나는 가나안 정복에 대한 보이드의 사려 깊은 해석 방법을 좋게 생각하면서도 그의 해석에서 문제점을 발견한다. 모세가 하나님이 전달한 내용을 왜곡하거나 오해했다는 주장은 모세를 하나님과 직접 대화를 나눈 자로 소개하며 그의 독특한 지위를 부각하는 모세 오경의 강조점과 잘 어울리지 않는다. 모세의 독특한 지위는 회막에서 일어난 어떤 극적인 장면에서도 강조되는데, 거기서 야웨는 자신이 의도하는 바를 모세에게 명확하게 전달한다는 사실을 미리암과 아론에게 일러준다.

너희 중에 선지자가 있으면 나 [야웨]가 환상으로 나를 그에게 알리기도 하고 꿈으로 그와 말하기도 하거니와, 내 종 모세와는 그렇지 아니하니 그는 내 온 집에 충성함이라. 그와는 내가 대면하여 명백히 말하고 은밀한 말로 하지 아니하며, 그는 또 [야웨]의 형상을 보거늘(민 12:6-8).

모세 오경은 모세가 하나님과 "대면하여", 즉 하나님의 말씀을 충분히 이해할 수 있을 만큼 그와 직접 대화했다고 선언함으로써 모세의 말의 신뢰도를 강화한다(출 33:11; 14:14; 신 34:10). 이러한 주장은 모세 오경의 권위의 기초가 된다. 야웨는 모세에게 명료하게 말씀하셨다. 이와 뭔가 다른 것을 생각한다는 것은 상당히 무리한 처사다.

역사적 재구성이나 고대인들이 어떤 생각을 하고 있었는지에 대한 추론에 근거하여 신학적 결론을 도출하는 것—그다음에 그 재구성에 근거하여 성서가 분명하게 말하고 있는 것을 거부하는 것—은 신학적 결론을 불안정한 토대 위에 놓이게 한다. 나는 이 접근법에 상응하는 다음과 같은 신학적 전제, 곧 인간 저자를 통해 전달되는 과정에서 하나님의 계시에 결함이 생겼고, 켄튼 스파크스(Kenton Sparks)의 말에 의하면, 그 결과 성서는 "우리의 타락 상태가 너무나도 심각한 나머지 우주뿐 아니라 심지어 기록된 말씀까지도 비뚤어지게 만들었음을 보여준다"[22]는 입장에 대해서도 동일하게 불편함을 느낀다. 내가 보기에 이러한 전략은 정경의 복잡한 증언에 지나치게 단순하게 반응하는 것으로 보인다. 왜냐하면 하나님의 폭력이 특히 구약성서에서 그 증언의 많은 부분을 차지하기

---

22 Kenton L. Sparks, *Sacred Word, Broken Word: Biblical Authority and the Dark Side of Scripture* (Grand Rapids: Eerdmans, 2012), 157.

때문이다.[23] 성서에 나오는 하나님의 폭력의 상당한 분량과 편만함은 그 것이 하나님이 폭력적인 세계와 소통하는 데 있어 중요한 요소로서 심각 하게 받아들여져야 한다고 요구하고 있지 않는가?

십자가 처형 내러티브 또는 산상수훈을 언급하며 구약성서에 나 타난 하나님의 폭력을 무효화시키기 위해 신약성서에 호소하는 것은 이 문제의 해결책이 되지 못한다. 왜냐하면 내가 나중에 주장하겠지만, 이 관련 본문의 의미는 다양하게 해석될 여지가 있기 때문이다. 우리는 정 경의 모순을 해결하기 위해 다른 접근법을 채택하기에 앞서 성서를 그 자체로 이해하기 위해 모든 노력을 아끼지 말아야 한다. 모욕적인 내용 이 담긴 본문을 일치시키거나 알레고리적으로 해석하거나 거부하려는 충동은 성서의 복잡하고 논쟁적인 신학적 증언을 평준화시킨다. 월터 브 루그만(Walter Brueggemann)이 쓴 것처럼 이러한 충동은 우리로 하여금 "하나님의 복잡하고 심오한 성품과 씨름하는 것을 거부하는 해석학적 관 행에 갇히게 만든다. 이 문제는 대단히 난해하며, 쉬운 답으로는 충분하 지 않을 것이다."[24] 나는 이러한 씨름을 거부하는 것은 역설에 대한 증오 와 정경 전체가 독자 앞에 제시하는 긴장과 모순을 해결하려는 충동과 밀접하게 연관되어 있다고 생각한다.

<><><>

23 나는 이 개념을 Craigie의 양질의 작은 책에서 빌려왔다. Peter C. Craigie, *The Problem of War in the Old Testament* (Grand Rapids: Eerdmans, 1978), 11-12.

24 Walter Brueggemann, "Warrior God," review of *Violence in Scripture*, by Jerome F. D. Creach, *Christian Century*, December 25, 2013, 30-31.

다시 책으로 돌아와서

나는 우리가 신학적인 프로그램을 구성하거나 성서 본문의 신학적 진실성을 평가하는 데 있어 역사 내러티브에 주요한 역할을 부여하는 것이 지나치게 많은 것을 양보하는 일이라고 믿는다. 성서가 말하는 진리는 성서 본문 자체를 통해 전해진다. 정경 본문에 기초한 신학적 성찰은 성서 전체가, 그리고 심지어 특정한 성서 본문이 하나님에 대해 다양하고 때로는 서로 상충하는 묘사를 제시한다는 것을 받아들인다. 나는 성서를 과거의 책이자 과거에 관한 책으로 접근하기보다는 하나님과 인간과 현재의 이 세상에 관한 진실을 말하는 계시의 책으로 접근할 것이다. 성서는 우리가 누구이며, 하나님이 누구시며, 우리가 이 세상에서 하나님과 더불어 어떻게 살아야 하는지를 설명해준다. 그런 의미에서 성서는 그리스도인 독자가 하나님의 눈으로 세상을 바라보고, 이로써 우리가 사는 이 세상에서 하나님이 행하시는 일에 참여할 수 있도록 우리의 삶을 정비하게 한다.

따라서 나는 정경 본문이 어떻게 하나님이 이 폭력적인 세상을 경험하시고, 또 이 폭력적인 세상에서 일하시는지에 초점을 맞춰 정경 본문을 읽음으로써 성서의 하나님의 폭력을 다루고자 한다. 이 과정에서 나는 월터 부르그만, 테렌스 프레타임, 존 골딩게이 같은 구약학자의 연구를 따른다.[25] 이 학자들은 고대 작가들이 하나님에 대해 어떻게 생각하거나 말했는지에 대한 가설에 대항하여 성서 본문이 묘사하는 하나님에 기초한 신학적 성찰을 전개한다. 나는 하나님에 관한 성서의 증언이 다음과 같다고 생각한다.

- 성서의 하나님은 **인격적**이다. "인격의 모든 특수성 및 완전하게 형성되고 실제화된 사람에게 속한 모든 특징과 행동을 완비한 완벽한 인격체."[26] 하나님은 이스라엘에게 알려졌고, 나중에는 이성과 감정을 모두 소유한 육체를 가진 존재로 예수의 추종자들에게도 알려졌다.
- 성서의 하나님은 극도로 **관계적인** 하나님이다. "관계성은 하나님의 본성의 기초가 된다."[27] 하나님은 관계를 추구하며, 관계를 통해 자신을 계시하고, 인간 파트너를 이 세상에서 자신이 행하시는 사역에 참여자로 부르신다. 하나님은 이 지구를 돌보고 이 급성장하는 창조세계

---

25 많은 연구 가운데 다음을 보라. Walter Brueggemann, *An Unsettling God: The Heart of the Hebrew Bible* (Minneapolis: Fortress, 2009). 또한 Walter Brueggemann, *Old Testament Theology: An Introduction* (Nashville: Abingdon, 2008); Michael J. Chan and Brent A. Strawn, eds., *What Kind of God? Collected Essays of Terence E. Fretheim*, Siphrut 14 (Winona Lake, IN: Eisenbrauns, 2015); Terence E. Fretheim, *God and World in the Old Testament: A Relational Theology of Creation* (Nashville: Abingdon, 2005); John Goldingay, *Old Testament Theology*, 3 vols. (Downers Grove, IL: InterVarsity Press, 2003-2009).

26 Brueggemann, *An Unsettling God*, 2.

27 Fretheim, *God and World*, 16.

를 관리하는 자로서 인간을 창조하신다(창 1:28; 2:8). 하나님이 이스라엘과 체결한 언약은 상호 선택의 관계를 확립하고, 여기서 이스라엘은 하나님의 보배로운 소유가 되고, 하나님은 이스라엘의 유일한 헌신의 대상이 된다. 예수 안에서 성육신하신 하나님은 제자를 찾으시고 부르시며 자신의 생명을 그들과 공유하신다.

• 인간 파트너와 진정한 관계를 맺겠다는 하나님의 결정은 **하나님이 어느 정도의 통제를 스스로 포기하기로 결정하신 것**을 의미하는데, 이는 "권력을 공유하면서 완벽한 관계를 유지한다는 것은 하나님이 이 세상에서 계획하신 일을 조정해야 하는 것을 의미하기 때문이다. 이 관계의 각 당사자는 관계를 위해 어떠한 권력 독점이라도 포기해야만 한다."[28] 이것은 비록 하나님이 성취하시고자 하는 목표와 목적이 있다 할지라도 그 목적을 달성하는 방법과 수단은 인간 파트너의 행동 및 반응과 밀접한 관계가 있다는 것을 의미한다. 결과적으로 하나님은 인간 파트너의 행동과 말에 반응하여 자신이 이 세상에서 행하시는 것을 조정하신다.

• 마지막으로, 하나님이 인류 및 세상과 맺으시는 관계는 **이 세상에서 발생하는 일이 하나님께 커다란 영향을 미친다**는 것을 의미한다. 인간 파트너와 관계를 맺고 협력하겠다는 하나님의 결정은 하나님의 삶

---

28 Terence E. Fretheim, *The Suffering of God: An Old Testament Perspective*, Overtures to Biblical Theology 14 (Philadelphia: Fortress, 1984), 36.

이 이 세상의 삶 및 하나님이 친구가 되어준 자들과 밀접하게 연관되어 있음을 의미한다. 이것은 위험과 취약성을 모두 포함한다. 하나님의 행동과 말씀을 통해 드러나는 감정의 언어는 기쁨으로 표현되든지 분노로 표현되든지 간에 하나님이 인간사에 관여하시는 모습의 강렬함을 드러낸다.

성서의 하나님의 폭력에 대한 내러티브 접근법

지금쯤은 분명해졌겠지만 나는 성서에 나타난 하나님의 폭력을 확정적이면서 포괄적으로 설명할 수 있다고 믿지 않는다. 그 어떤 본보기나 통일된 패러다임 또는 원리도 하나님에 대한 성서의 다양한 묘사를 충분히 설명할 수 없다. 내가 성서를 읽은 바에 의하면 성서도 폭력의 모든 사례나 맥락에 신실하게 대응하는 방법을 명시해주는 단정적이며 의문의 여지가 없는 지침을 제공해주지 못한다. 나는 성서적 만물론(Theory of Biblical Everything)에 대한 탐구에 깊은 매력을 느끼며, 그것이 불경스럽고 엉망이 된 이 세상에서 거룩한 백성으로 살고자 하는 거룩한 욕망으로부터 생겨난다는 것을 인정한다. 우리는 그 경계선이 무엇인지 알고 싶으며, 또 무엇이 옳은지를 알고 우리가 그 옳은 일을 행하고 있다는 확신을 갖게 해줄 확실한 도덕적 의무를 추구한다.

하지만 이러한 확신을 추구하는 데는 대가가 따른다. 이러한 추구는 윤리적인 결정이 항상 명확하며, 그 어떤 상황에서도 올바른 원리를 올바로 적용하는 것이 가장 중요하다는 착각을 동반한다. 이것은 때로는 좋은 답변을 허용하지 않는 세상에서 내려야 하는 윤리적 결정의 복잡성을 인정하지 않는다. 이런 세상에서는 이렇게 엉망이 된 지구의 고질적인 상태가 때로는 옳은 일을 하려는 가장 열렬한 노력까지도 죄로 얼룩지게 만들기도 하고, 순수한 의도가 반드시 거룩하게 표현될 기회를 제공해주지 못하기도 한다. 이러한 확실성의 추구는 또한 원칙에 의해 세워진 경계선에서 벗어난 결론에 도달하는 동료 그리스도인들을 무시하거나 배제하는 분열적인 감정을 불러일으킬 수도 있다.[29]

따라서 나는 하나님의 폭력에 관한 또 다른 포괄적인 연구를 제공하기보다는 성서가 이 세상에 관여하는 것에 관해 서술하는 이야기 안에서 폭력이 수행하는 역할을 탐구하고자 한다. 나는 하나님에 대한 성서의 증언이 근본적으로 **서술된** 증언이라고 주장한다. 비록 성서는 그 자체로 내러티브는 아니지만, 창세기에서 창조로 시작하여 요한계시록에서 새로워진 창조로 끝나는 정경의 구조는 그 내용이 어떤 기초를 이루는 이야기를 통해 서로 결합되어 있음을 암시한다. 구약성서와 신약성

◇◇◇◇◇

29 이 문제와 관련하여 John J. Collins는 성서비평학자들에게 추가적인 도전을 제기한다. 그는 다음과 같이 쓴다. "성서는 이 세상의 폭력에 기여했다. 그 이유는 성서가 인간의 논의와 논증을 초월하는 확실성을 주는 것으로 간주되었기 때문이다. 어쩌면 성서비평학자가 이 세상의 폭력에 대한 성서의 기여도를 낮추기 위해 할 수 있는 가장 건설적인 일은 그러한 확실성은 하나의 착각에 불과하다는 것을 보여주는 것이다." "The Zeal of Phinehas," *JBL* 122 (2003): 3-21.

서는 모두 내러티브와 내러티브 집합체로 시작함으로써 내러티브를 통한 비전의 탁월성을 강화한다. 기독교의 구약성서는 창조부터 포로기까지의 하나님의 사역을 서술하는 것으로 시작하여(창세기부터 열왕기하까지) 이 이야기를 다른 목소리를 통해 다시 서술하고 확대하기 위해 되돌아간다(역대상부터 에스더서까지). 신약성서는 서로 다른 네 관점에서 예수 그리스도를 통해 역사하시는 하나님의 사역에 관한 이야기를 서술하면서 시작한다. 내러티브를 신약과 구약의 도입부에 배치함으로써 성서는 하나님의 구원 사역에 관한 증언을 성서의 가장 중요한 부분으로 소개한다. 우리는 이어지는 다음 이야기를 해석하기 위해 반드시 이 이야기를 알아야만 한다.

더 나아가 성서 내러티브는 대다수의 다른 형태의 문학이 내재한 곳에서 매개체의 구실을 함으로써 이 이야기의 탁월성을 강화한다. 계보, 율법, 노래, 예배를 위한 지침과 다른 유형의 문학은 모세 오경 내러티브 전반에 걸쳐 전략적인 지점에 배치되어 있다. 특히 두드러진 예로는 율법을 꼽을 수 있다. 이른바 언약 법규(출 20:1-23:33)는 시내산 언약 체결 이야기 안에 들어 있다. 이 법규가 이 언약 체결 이야기 안에 배치되었다는 것은 이스라엘의 율법이 따로 분리된 독립체가 아니라 언약 백성 안에서, 그리고 이 백성을 통해 일하시는 하나님의 구원 사역에서 비롯되고 그 목적을 수행한다는 사실을 보여준다. 예수의 가르침도 이와 마찬가지로 대체로 그의 말씀이 등장하는 짧은 내러티브 문맥 안에 내재해 있다. 따라서 우리는 성서가 내러티브라는 축을 지닌 것으로 생각할 수 있다. 성서의 다른 모든 형태와 장르는 이 세상에서 역사하시는 하나님의 이야기와의 연관성 안에서 해석할 필요가 있다.

성서가 제시하는 내러티브 비전은 원리 추구 해석학을 거부한다. 일반적으로 내러티브는 일련의 사건을 어떤 설명 가능한 완전체로 연결하는 세상의 비전을 제시함으로써 시공간 안에서 일어나는 인간의 경험을 이해한다. 그 내용은 허구 또는 역사일 수 있고, 현세적 또는 내세적일 수도 있지만, 어떤 내러티브가 효과를 나타내기 위해서는 그 청중이 경험하는 것과 같이 삶에 대한 어떤 통찰을 제공해주어야만 한다. 내러티브는 어떤 세계를 구성하고 독자, 시청자, 또는 청자를 그 세계로 초대함으로써—즉 그 세계를 돌아다니고, 경험하고, 체험하고, 제대로 부합하고 통찰을 제공해주는지 살펴보도록—작동한다. 그리고 여기에는 내러티브가 그 이야기의 어떤 부분을 서술하는지, 그 내러티브가 그 이야기를 어떻게 서술하는지, 그리고 또 왜 그 내러티브가 그 이야기를 특정한 방식으로 서술하는지에 영향을 주는 신념, 가치, 이미지, 관점 등이 서로 복잡하게 얽혀 있다.

이야기를 서술하는 행위는 어떤 정체성—우리의 도덕적 비전과 행동의 기초를 형성하는 타인과 이 세상과의 관계에서 내가 또는 우리가 누구인지에 관한 개념—을 형성하고, 협상하고, 강화한다. 어떤 면에서 스토리텔링은 정체성을 형성하고 유지하는 행위다. 가족이 보통 한자리에 모일 때 하는 이야기가 하나의 좋은 예가 될 수 있다. 만약 당신의 가족이 나의 가족 같다면 가족이 한자리에 모이는 모임은 종종 그 이전에도 우리가 수차례 말하고 들은 이야기를 하는 곳이 되곤 한다. 이야기를 공유한다는 것은 흥미로울 뿐만 아니라 우리를 하나로 묶고 우리가 한 가족으로서 누구이며, 우리가 무엇을 우리의 독특한 점으로 여기고, 우리의 가치가 무엇이며, 우리가 어울리는 사람들이 누구인지 등을 상기시켜준다. 어떤 이야기는 자주 등장하는데, 이는 우리가 그 이야기를 잊어버릴까 우려하기 때문이 아니라 그 이야기가 어떤 의미에서는 우리가 타인이나 이 세상과의 관계에서 우리 자신을 어떻게 생각하는지에 대한 그 핵심을 표현해주기 때문이다.

한 가족이든 한 민족이든, 모든 집단은 각자의 이야기를 자기 나름대로 풀어낸다. 특히 집단 내러티브는 가치와 관점은 물론 그 집단이 생각하고 알아가는 독특한 방식을 표현하는 관습과 모티프를 내포한다. 우리가 더 이상 추적할 수 없는 문화에서 기록된 성서 내러티브의 경우에 역사적 탐구가 제공하는 통찰은 내레이터가 제시하는 세상을 구성하는 상징, 모티프, 관습 등에 대한 귀중한 통찰을 제공해줄 수 있다.

나는 의도적으로 "저자" 대신 "내레이터"라는 단어를 사용한다. "내레이터"는 그 내러티브를 실제로 작성한 "저자"와 달리 그 이야기를 전하는 목소리와 동일시된다. 이러한 구별은 중요하다. 왜냐하면 이는 그 이야기 세계를 독자들에게 전하는 목소리가 반드시 그 이야기를 작성한 사람의 목소리가 아닐 수 있다는 가능성을 일깨워주기 때문이다. 예를 들어 매우 다양한 요소가 다수의 성서 해석자로 하여금 다니엘이라는 사람이 서술한 비전이 느부갓네살 시대(그의 이야기도 그 책 앞부분에서 나온다)

에 포로 생활을 하던 어떤 유대인이 작성한 것이 아니라는 점을 깨닫게 해준다. 다니엘서가 어떻게 작성되었고, 왜 작성되었는지에 관한 문제를 탐구할 때 저자의 구별은 중요하지만, 이 책 전체가 어떻게 작동하는지를 결정하는 과정에서는 결정적이지 않다.

내레이터는 자신의 이야기를 특정한 관점에서 서술하고, 그 이야기가 의미하는 바가 무엇인지를 전달하고자 이야기를 전개해나간다. 만약 당신이 당신의 이야기를 공유할 것을 요구받은 적이 있다면—어쩌면 당신의 삶에서 역사하시는 하나님의 사역에 대한 간증으로서—당신은 나름 이것이 어떻게 작동하는지에 대한 생각이 있을 것이다. 당신의 청중에게 당신의 이야기가 지닌 의미를 전달하기 위해 당신은 중요한 결정을 내려야 한다. 나는 어디서, 그리고 어떻게 시작할 것인가? 무슨 사건들을 이야기할 것인가? 어떤 부분을 요약하고, 어떤 부분을 확대할 것인가? 어떤 사람이 내 이야기 안에서 중요한 역할을 했으며, 다른 사람들이 자신들이 했던 역할을 파악할 수 있도록 그들에 관해 나는 어떻게 이야기할 것인가? 어떻게 하면 나는 내 이야기가 끝나기 전에 그들이 미리 모든 것을 알아채지 못하도록 사람들의 관심을 유지해나갈 수 있을까? 내레이터는 청자나 독자가 이야기 안에서 발견하는 의미를 이해할 수 있도록 이야기의 형태를 잘 구성해나간다.

성서 내레이터는 간결함과 미묘함을 중요시하는 경향이 있다. 성서 내레이터는 종종 추측을 유발하기 위해 그 이야기 안에 큰 여백을 남긴다. (가인의 아내는 어디서 왔나? 도대체 네피림은 누구인가?) 성서 내레이터는 삶의 문제에 대한 해답과 확신을 주기 위해서가 아니라 하나님과의 관계 속에서의 삶의 복잡성과 항상 자명한 해답이 주어지지 않는 세상의 엄청나게 복잡한 혼란 속에서 삶의 복잡성을 제시하기 위해 자신의 이야기를 하는 것 같다. 성서 내레이터는 독자에게 이 세상의 비전을 전하고, 신실한 독자에게 성찰과 반응 그리고 어쩌면 심지어 기도까지 유발하기 위해, 그리고 궁극적으로 충실한 독자들을 그 이야기가 가리키는 그 한 분께로 인도하기 위해 자신의 이야기를 전개해나간다.

아울러 모든 성서 이야기가 단일 내레이터를 통해 서술되는 것은 아니다. 일부 성서 이야기는 마치 서로 떠들썩하게 논쟁하는 어떤 패널 참여자 그룹이 서로 경쟁하듯이 자신의 이야기를 들려주며, 때로는 이 이야기의 줄거리를 전개해나가거나 그 줄거리를 중단하기도 하고, 중간에 불쑥 끼어들기도 하고, 수정하기도 하고 논평하기도 한다. 이러한 패널을 통해 서술되는 본문 가운데 가장 대표적인 본문은 하나님을 가장 큰 폭력 사태에 연루시키는 이야기들, 즉 홍수, 이스라엘의 이집트 탈출, 이스라엘의 가나안 침략에 관한 내러티브를 중심으로 이루어져 있다. 마치 이러한 수준의 폭력이 지닌 의미를 설명하기에는 내레이터 한 명의 목소리로는 불충분하다는 듯이 말이다.[30]

◇◇◇◇◇

30 성서 본문에 대한 역사비평의 가장 중요한 공헌 중 하나는 많은 성서 내러티브의 다중 목소리 서술에 대한 인식과 묘사다. 역사비평은 이러한 목소리들이 이스라엘의 경험에 비추어 이야기를 수정하고, 시간의 흐름에 따라 이 내러티브의 형태를 만들어 온 다양한 저자와 편집자를 어떻게 반영하고 있는지에 관심을 보여 왔다. 이러한 해석학적 궤적은 오늘날에도 이 작가들이 누구였는지, 그들의 수정을 유발한 역사

한편 독자와 청자는 자신의 경험과 가치와 관점을 가지고 그 이야기 속으로 들어간다. 그들은 서로 다른 사물을 보고, 이야기의 서로 다른 부분에 끌리며, 또 서로 다른 인물과 자신을 동일시한다. 어떤 이는 심지어 내레이터가 제공하는 단서를 무시하고, 자기 마음대로 이야기를 만들어나간다. 나는 그리스도인 독자들은 이 마지막 부류에 속하지 않고(적어도 의도적으로는 아닐 것이다), 이야기에 관여하는 것뿐만 아니라 내레이터가 이야기에서 말하고자 하는 의미를 확인하기를 바라는 것은 당연하다고 생각한다. 나는 우선 내러티브의 해석을 도모하는 개방성과 유동성을 지적하는 차원에서 독자의 참여도를 높인다. 내레이터는 일정한 방식으로 이야기를 구성함으로써 의미의 궤적을 암시하면서도 또한 경험과 관점에 따라 그 공백을 메우고 윤곽을 그리는 데 상당한 공백을 남겨둔다. 마찬가지로 중요한 점은 독자가 이야기 속으로 가지고 들어오는 것이 독자가 이야기를 관찰하고 이해하는 데 중요한 역할을 한다는 것이다. 그리고 여기에는 성서 내러티브와 하나님의 폭력에 관한 책을 쓰는 사람들도 포함된다! 그렇다면 성서 내러티브를 읽는다는 것은 특정한 해석학적 자세를 필요로 한다. 그리스도인 독자에게 있어 이러한 해석학적인 자세는 이러한 내러티브를 하나님과 인간과 세상에 관한 진리를 말하는 증언으로서─현실과 인간의 존재를 규정하기 위해 상충하는 내러티브들에

<hr />

적·사회적 상황이 무엇이었는지, 그리고 그들이 이야기에 추가하고자 했던 관점이 무엇이었는지를 규정하는 프로젝트에서 계속해서 나타난다. 내러티브비평가들이 내레이터를 보는 곳에서 역사비평가들은 작가와 편집자를 본다.

이의를 제기하는 결정적인 진리로서—수용하는 것을 의미한다.

성서 내러티브에 묘사된 세상은 한결같이 폭력적이다. 성서의 내러티브는 다른 사람들과 이 세상을 지으신 창조자에 대한 인간의 태도와 관계에 스며들어 있다. 이 내러티브에 의하면 폭력은 인간이 만들어가는 세상으로부터 유기적으로 발생한다. 그러나 이 세상은 하나님이 만들거나 의도한 세상이 아니다. 그 세상은 이 이야기의 시작에서 잠깐 나타나다가 금방 사라진다. 그 뒤를 이어 하나님은 세상을 새롭게 회복하기 위해 세상으로 들어오시지만, 오히려 자신이 극복하고자 하는 폭력의 메커니즘과 체계에 말려들고 만다.

2장

망가진 창조세계와 재건된 창조세계

[야웨]께서 사람들이 건설하는 그 성읍과 탑을 보려고 내려오셨더라(창 11:5).

폭력은 자연스럽지 않다. 폭력은 우리가 알고 있듯이 이 세상에 존재하는 요소 가운데 하나이지만, 태초부터 존재했던 것은 아니다. 이 세상을 설명하는 이스라엘 주변국들의 창조 신화들은 창조를 파괴적인 세력들이 강한 힘으로 지배하는 것으로 묘사한다. 이러한 이야기에서 폭력은 세상의 질서를 확립하고 또 재확립하며 창조세계를 혼돈과 파멸로부터 보호하는 생성력이다. 따라서 폭력은 창조의 기본 요소로 여겨진다. 즉 폭력은 이 세상의 관계들을 규정하는 힘이자 질서 유지를 위한 필수 수단이다. 그러나 이스라엘의 창조 이야기는 발설 행위를 통해 이 세상을 창조하시고 운행하시는 하나님을 보여준다. 하나님이 세상을 창조하실 때 저항이나 위협의 흔적은 전혀 감지되지 않았다. 폭력은 하나님이 말씀하시는 이 세상에서나 그 세상에 사는 피조물 간의 상호작용에서 아무런 역할이 없었다. 창세기는 오히려 폭력이란 인간이 이 세상을 자신의 형상과 모습대로 만들려는 확고한 투지의 산물이라고 설명한다. 폭력은 일단 발생하면 마치 전염병처럼 이 세상을 온통 지배하고 창조주가 만드신 선한 창조세계를 무너뜨리는 엄청난 파괴력을 지닌다.

하나님의 창조 사역은 질서를 확립하고 생명이 번성할 수 있는 공간을 제공하는 울타리를 설정하는 사역이다(창 1:1-2:4a). 하나님은 먼저 무(無)라는 공허함, 곧 구분이 없는 단조로움에서 시작하여 어두운 밤에서 빛을, 궁창 아래에 있는 물에서 궁창 위에 있는 물을, 바다에서 마른 땅을 나눔으로써 기본 틀을 만드신다. 이어서 하나님은 대공(大空)에는 해와 달과 별들을, 하늘과 바다에는 새와 바다 생물을, 땅에는 동물을 창조하여 각각의 공간을 채우시고 마지막으로 인간을 창조하신다. 하나님은 각 단계를 마칠 때마다 창조 사역을 평가하시며 좋았다고 선언하신다. "좋다"라는 개념은 상당한 철학적·신학적 의미를 지니게 되었는데, 요약하자면 이 "좋다"라는 말은 하나님이 창조하신 이 세상의 본래 모습을 묘사한다고 할 수 있다. "좋다"라는 표현은 원래 계획된 창조 목적과 조화를 이루는 것을 의미한다.

첫 번째 창조 이야기는 또한 창조주의 핵심 속성을 드러낸다. 이러한 속성은 성서의 이야기 전반에 걸쳐 나타난 하나님의 사역을 해석하기 위한 방향을 제시한다. 나는 이미 발설 행위를 통한 하나님의 창조를 언급했다. 반복적인 발설 행위는 하나님의 주권, 권세, 창조세계와의 구별을 강조한다. 경쟁하거나 싸워야 할 신 혹은 세력이 없다. 하나님이 말씀하시면 그 세상이 창조된다. 하나님의 말씀은 우주의 질서를 확립하고 생명을 탄생시키는 수단이다. 따라서 하나님의 주권과 하나님의 말씀은 질서 정연하며 조화로운 세상을 이루는 데 필수 요소다. 더 나아가 창조주는 창조세계의 안녕, 곧 선(善)을 추구하신다. 우리는 이로부터 하나님은 창조세계를 위해 최초의 조화와 일치, 곧 선을 유지하는 것을 추구하신다는 점을 추론할 수 있다.

하나님은 인간을 신을 닮은 존재로 창조하신다. 그런데 아마도 여기에는 하나님을 수행하는 영적 존재들도 참여했을 것이다("**우리의** 형상을 따라 **우리의** 모양대로 **우리가** 사람을 만들고", 26절). 하나님의 형상이란 개념은 선이라는 개념과 마찬가지로 우리가 여기서 다룰 수 없는 방대한 논의를 불러일으켰다. 이 구절에는 인간이 창조주의 권위를 대신하는 역할을 한다는 개념이 포함되어 있다는 점을 지적하는 것만으로도 충분하다. 이러한 사실은 하나님이 인간에게 부여한 목적을 보면 명확해진다. "그들로 바다의 물고기와 하늘의 새와 가축과 온 땅과 땅에 기는 모든 것을 다스리게 하자 하시고"(26절). 인간은 이 땅에서 하나님의 권위와 주권을 대행하는 임무를 맡는다는 의미에서 고귀한 지위를 얻었다. 이러한 임무는 테렌스 프레타임(Terence Fretheim)이 지적했듯이 하나님이 창조와 관련하여 자신의 행동에 스스로 제한을 두셨음을 말해준다. 창조주는 "신적 능력과 자유를 사용하는 것을 스스로 제한하면서 관계 속에서 인간과 권력을 공유하기로 결의하신다."[1] 따라서 하나님은 피조물과 함께 일하는 것

---

1   Terence E. Fretheim, "The Self-Limiting God of the Old Testament," in *What Kind of God? Collected Essays of Terence E. Fretheim*, ed. Michael J. Chan and Brent A. Strawn (Winona Lake, IN: Eisenbrauns, 2015), 161.

을 선호하시며 신적 능력과 행동에 제한을 두는 것을 기꺼이 수용하시는 분으로 묘사된다.

28-30절에서 하나님이 인간에게 하신 말씀은 인간의 격상된 지위와 하나님의 권위 위임을 확인해주며 창조주의 은혜와 자비를 보여준다.

> 하나님이 그들에게 복을 주시며 하나님이 그들에게 이르시되 "생육하고 번성하여 땅에 충만하라, 땅을 정복하라, 바다의 물고기와 하늘의 새와 땅에 움직이는 모든 생물을 다스리라" 하시니라. 하나님이 이르시되 "내가 온 지면의 씨 맺는 모든 채소와 씨 가진 열매 맺는 모든 나무를 너희에게 주노니 너희의 먹을거리가 되리라. 또 땅의 모든 짐승과 하늘의 모든 새와 생명이 있어 땅에 기는 모든 것에게는 내가 모든 푸른 풀을 먹을거리로 주노라" 하시니 그대로 되니라.

이러한 축복과 명령은 하나님이 씨 맺는 채소를 인간과 짐승에게 똑같이 음식으로 주셨다는 선언처럼 인간이 번성하기를 원하시는 하나님의 소원을 나타낸다. "다스리라"(히: *radah*)는 명령에 두 번째 동사가 추가되었다는 점은 피조물을 다스리는 데 물리적인 힘이 필요할 것이며, 따라서 사실상 폭력이 필요할 수도 있음을 암시한다. 이 동사는 일반적으로 땅이나 백성을 예속시키는 것을 나타낼 때 사용되며(민 32:33; 수 18:1; 대상 22:18; 대하 28:10) 통상적으로 "정복하다"로 번역된다. 하지만 어떻게 여기서 이 의미가 이 문맥에 어울리는지는 이해하기 어렵다. 이 이야기에는 하나님이나 인간에게 저항하거나 반항하는 세력이 있다든가, 정복해야 할 적이나 장애물이 있다는 암시가 전혀 없다. "라다"(radah)가 의미하는 행위는 오히려 권력 행사를 위한 물리적인 힘의 사용을 의미하는 것으로 보인다. 문맥상으로나 다스린다는 의미의 동사와 짝을 이루고 있다는 점으로 미루어보아 이 행위는 인간의 다스리는 행위가 물리적 힘의 사용을 필요로 할 것임을 일러주는 것으로 이해하는 것이 가장 좋다. 창조세계는 이제 온 땅을 덮을 만큼 급증하는 생명과 함께 자생하고 있다. 하나님의 대리인은 이제 이 세상에서 폭발적으로 증가하는 생명을 관리하기 위해 어느 정도의 힘이 필요하게 되었다.

두 번째 창조 이야기(창 2:4b-25)는 인간을 창조세계를 돌보는 하나님의 대리인으로 창조하는 창조주의 결정을 소개한다. 이 기사에서 창조주—여기서는 야웨 하나님이란 이름으로 등장—는 자신이 말씀으로 창조한 창조세계 안에 임재하여 계신다. 한편 아담은 이 땅 및 신적 존재와 모두 연관되어 있으면서도 구별되어 있다. 싹이 나는 초목과 같이 아담은 흙에서 유래한 피조물이며, 히브리어 본문에서는 그의 이름을 통해 이러한 연관성이 드러난다. 야웨 하나님은 "아담"을 "아다마"(adamah, "흙")로 빚으신다. ("땅에 사는 사람"[earthling]이란 표현은 히브리어의 언어유희를 잘 보여준다.) 하지만 아담은 하나님의 생기도 받는데, 이는 인간이 하나님의 형상으로서 창조주를 닮은 것을 묘사하는 첫 번째 이야기를 뒷받침한다. 물질적인 것과 영적인 것을 결합한 피조물인 아담에게 주어진 임무는 여기서 앞의 기사에서처럼 하나님의 명령이 아닌 이야기 형태의 보고 방식으로 전달된다. 즉 흙을 취해 만들어진 아담은 그 땅을 경작하고 그가 배치된 동산을 돌보아 한다(15절). 그런 의미에서 이 이야기는 땅과 인간의 연관성을 통해 인간을 설명한다.

첫 번째 이야기에서처럼 이 땅에서 아담이 해야 할 역할에 대한 설명은 창조주의 풍성한 공급에 대한 설명으로 이어진다(2:16-17; 참조. 1:29-30). 야웨 하나님의 명령은 창조의 맥락에서 아담에게 너그럽게 주어진 하나님의 관대하심과 자유를 나타낸다.

> [야웨] 하나님이 그 사람에게 명하여 이르시되 "동산 각종 나무의 열매는 네가 임의로 먹되 선악을 알게 하는 나무의 열매는 먹지 말라. 네가 먹는 날에는 반드시 죽으리라" 하시니라(2:16-17).

"선악"은 ("하늘과 땅"처럼) 전체를 의미하는 비유적인 표현이다. 성서의 다른 본문에서처럼 여기서도 이 표현은 무엇이 옳고 적절하며(신 1:39; 레 27:12, 14) 창조에 부합한지(전 12:14)를 나타내는 의사 결정의 범주를 가리킨다. 이 선언을 통해 야웨 하나님은 인간이 창조세계를 마음껏 누릴 수 있도록 하셨지만, 창조세계를 위해 무엇이 선하고 악한지를 결정하는 권한은 그대로 보유하셨다. 이런 의미에서 보면 이 선언은 창조세계가 번성하기 위해 필요한 단 한 가지를 명시한다. 이 세상과 그 안에 있는 만물을 창조하시고, 그 세상을 "좋다"고 말씀하신 오직 그 한 분만이 그 "좋은" 것을 어떻게 유지할 수 있는지를 알고 계신다. 이 세상을 창조하신 오직 그 한 분만이 이 세상의 질서를 어떻게 유지해야 하는지를 결정할 충분한 지식과 지혜를 소유하고 계신다.

　　야웨 하나님은 아담에게 이 땅에 충만하도록 창조된 동물의 이름을 지으라고 명령하실 때 그를 이 땅을 다스리기 위한 대리인으로 고용하려는 의도를 강조한다. 각 피조물의 정체를 결정하는 행위는 모든 동물에 대한 권위(그리고 확대하자면 야웨의 권위)를 아담에게 부여하는 것이며, 이는 나중에 야웨 하나님이 아브람을 아브라함으로, 사래를 사라로, 야곱을 이스라엘로 개명한 것이 야웨의 권위를 재정립하고 인간 대리인을 통해 세상을 회복하기 위한 야웨 하나님의 사역의 시작임을 보여주는 것과 유사하다. 이 기사는 아담이 그 땅에 혼자 있다는 언급과 그를 위해 돕는 배필을 지으시겠다는 야웨 하나님의 결심에 대한 언급 사이에 들어 있다. 이 기사는 하나님이 아담이 혼자 지내는 것을 "좋지 않게" 여기시고 그를 위해 그에게 적합한 배필을 지으시겠다는 선언으로 시작하며(18절) 동물 가운데는 아담을 도울 배필이 없다고 말하는 내레이터의 말로 끝을 맺는다(20b절). 이러한 내러티브의 구조는 독자들이 동물의 행렬과 아담의 작명 행위를 아담의 고독을 덜어주기 위한 야웨 하나님의 노력으로 볼 수 있도록 유도한다. 야웨는 "아담이 무엇이라고 부르나 보시려고" 각 동물을 그에게 데려오시는데(19절), 이는 마치 야웨 하나님이 아담의 반응에 따라 아담에 관해 새로운 것을 배울 수 있는 과정처럼 보인다. 그렇다면 작명 행위는 창조주의 지상 권위를 소유한 자로서 아담의 역할을 보여줄 뿐만 아니라 아담의 피드백을 받으며 진정한 협력 정신을 가지고 아담과 함께 일하기를 원하시는 야웨의 의도도 함께 보여준다.

요약하자면 이 두 창조 이야기는 창조 행위와 관련하여 창조주의 성품과 그의 창조 사역, 그리고 그 창조 사역 안에서의 인간의 역할에 대한 비전을 보여준다. 야웨는 자신이 창조한 이 세상과 거리를 둠과 동시에 그 세상에 깊이 관여하시는데, 특별히 야웨 하나님이 다양한 피조물을 관리하는 것을 위임한 아담과의 관계에 있어서는 더더욱 그렇다. 이 두 이야기는 창조주가 이 세상을 향해 베푸신 은혜와 자비하심과 관심을 강조한다. 인간은 창조주의 흔적을 지니고 있으며, 영적인 면과 세속적인 면을 갖고 있고, 창조주의 통치권을 확립하고 유지하는 임무를 부여받았다. 인간은 창조주와 어느 정도 주고받는 관계를 유지한다. 그럼에도 인간은 야웨의 공급과 축복에 의존할 수밖에 없다(이것은 인간이 자발적으로 무엇이 창조세계에 좋은 것인지를 결정하는 능력을 제한하는 것을 말한다).

창조세계에 대한 창조주의 헌신, 하나님의 대리인으로서 인간의 역할, 야웨와 초기 인간 공동체의 교류에서 볼 수 있는 관계적 본질은 독자들의 시선을 창세기 3:1-24에서 설명하는 그 이후의 세상으로 유도한다. 이 기사는 모든 피조물 가운데 가장 교활한 존재의 말에 의해 창조주에 대한 인간의 인식에 미묘한 변화가 생기는 것으로 시작한다. 뱀은 창조주가 앞의 기사에서 묘사된 그런 너그러운 존재가 아니라고 말한다. "하나님이 참으로 너희에게 '동산 모든 나무의 열매를 먹지 말라' 하시더냐?"(1절) 야웨의 본래 명령("동산 각종 나무의 열매는 임의로 먹되 선악을 알게 하는 나무의 열매는 먹지 말라")을 부정적으로 표현함으로써 뱀은 그가 완전히 다른 존재임을 암시한다. 창조주가 본래 긍정적으로 하신 말씀을 부정적으로 바꾸어놓음으로써 뱀은 창조주가 선하기보다는 까다로운 분임을 암시한다. 뱀이 각색한 하나님의 명령은 창조주는 주로 규칙을 지키는 것에 관심을 두고 있으며, 인간에게는 사실상 번성하는 데 필요한 것들이 주어지지 않았음을 시사한다. 뱀의 질문에서 등장한 "각종 나무"는 문법상 "선악을 알게 하는 나무"에 해당하므로 여기서 뱀은 또한 창조주가 피조물을 사랑하기보다는 경계선을 긋는 데 더 큰 관심을 두고 있음을 암시한다. "절대 하면 안 된다"라고 말씀하시는 하나님은 "네 마음껏 해도 좋다"라고 말씀하시는 하나님과 전혀 다른 분이다.

하와는 쉽게 설득당하지 않는다. 그러나 뱀은 창조주를 계속해서 부정적으로 묘사한다. 이 교활한 피조물은 야웨가 두 사람을 속였다는 암시를 넌지시 던지면서 나무의 열매를 먹으면 죽을 것이라는 야웨의 경고를 대놓고 반박한다. 뱀은 이어서 야웨가 그들을 속인 이유를 설명한다. 즉 야웨는 그 나무의 열매를 먹으면 남자와 여자가 하나님과 같은 수준의 지식 및 이에 상응하는 권위를 소유할 만큼 놀라운 통찰력을 얻게 된다는 것을 알고 있다는 것이다. 아이러니한 것은 아담과 하와가 이미 하나님의 형상을 지닌 자로서 하나님과 같은 존재라는 점이다. 하지만 뱀의 말은 야웨가 피조물에 대한 자신의 주권을 보호하기 위해 그들을 속였다는 점을 암시한다. 우리에게는 아직 왜 아담과 하와가 뱀의 속임수에 넘어가게 되었는지를 곰곰이 살펴볼 일이 남아 있지만, 아무튼 뱀이 한 말에는 망가진 창조세계의 중심을 차지하고 있는 것, 즉 하나님과 동등한 존재가 되어 이 창조세계를 위해 좋은 것이 무엇인지를 결정하는 역할을 하고 싶은 인간의 욕망을 드러낸다. 내레이터는 이 나무의 탐스러운 지혜가 바로 아담과 하와가 야웨의 명령을 어기도록 유혹한 미끼임을 밝힘으로써 그들이 처한 상황을 확인한다(3:6).

결과는 즉각적이었다. 기존의 개방적인 관계는 상실되고 인간의 관계 속에 위험한 요소가 들어온다. 이제 인간은 타인에게 자신의 일부를 숨긴다. 아담과 하와는 무화과나무 잎을 엮어 각자 자신의 허리 부위(생명을 창조하는 그들의 인체 부위)를 가린다. 그리고 그들은 야웨 하나님으로부터 숨었으며, 그들이 발견되었을 때는 일어난 일에 대한 각자의 책임을 회피하고 서로를 비난하기에 바쁘다(8-13절).

뱀과 여자와 남자에 대한 야웨의 반응은 전통적으로 잘못을 저지른 존재에게 각각 처벌을 내리는 것으로 해석되어왔다. 즉 뱀은 흙을 먹고 발밑에 짓밟히는 벌을 받으며, 여자는 출산의 극심한 고통을 받고, 남자는 저항하는 땅에서 일하며 고생해야 하는 운명에 놓이게 된 것이다. 물론 야웨의 반응에서 처벌의 요소를 완전히 배제할 수는 없지만, 이전의 이야기에서 볼 수 있던 창조주에 대한 묘사는 야웨의 반응이 대체로 징벌적이라는 견해를 전혀 뒷받침해주지 못한다. 본문도 야웨가 분노를 표출하며 반응하고 있다는 인상을 주지 않는다. 야웨가 각자를 향해 하신 말씀은 단순히 "(야웨가) 이르시되…"로 시작한다.

이와 같은 이유에서 야웨의 말씀은 선고보다는 서술로 이해하는 것이 더 타당해 보인다. 즉 야웨의 말씀은 야심에 찬 신들이 만든 세상의 모습을 보여준다. 인간이 만든 세상에는 권력의 계급이 있을 것이며, 그 중 일부(주로 남자들)가 다른 이들을 지배할 것이며, 사람들은 간신히 생계를 유지하기 위해 고된 노동을 해야 하지만 결국 실망스러운 결과를 얻게 될 것이다. 인간이 만든 세상은 창조주가 좋다고 말한 세상과 양립할 수 없다. 따라서 야웨는 아담과 하와를 동산과 그 동산의 생명 나무로부터 내어쫓으신다. 원래의 에덴동산은 접근할 수 없는 낯선 장소로 변하고, 인간은 자신이 신의 역할을 하는 망가진 세상으로 들어가 무엇이 선하고 악한 것인지를 스스로 판단하는 삶을 살게 된다.

아기 출산과 형제 살인

내레이터는 생명을 창조하는 행위와 강탈하는 행위를 인간의 동산 밖에서의 삶을 묘사하는 기본적인 두 가지 요소로 소개한다. 그는 두 사람이 동산에서 쫓겨났다는 소식에 이어 곧바로 아담이 하와와 "동침"했고 하와가 임신하여 아들을 낳았는데, 그녀가 그 아들에게 "가인"이란 이름을 지어주었다고 서술한다. 하와가 최초로 세상에 태어난 인간에게 가인이란 이름을 지어주었다는 말은 난해하다. "내가 [야웨]와 함께 득남하였다(*qaniti*)"(4:1). 그녀가 사용한 동사(*qanah*)는 일반적으로 소유물의 취득을 가리킨다. 이제 동산 밖에서 사는 인류 최초의 어머니가 자식을 소유물로 여겼을까? "[야웨]와 함께"라는 어구는 또 어떤 의미인가? 번역자들 가운데 대다수는 야웨가 출산에 참여했음을 하와가 시인한 것으로 추정하며, 따라서 "[야웨]의 도우심으로"라는 표현을 덧붙인다(예. NRSV, TNIV, ESV). 그러나 이 어구는 모호할 뿐 아니라 공동 소유를 나타내는 것으로도 볼 수 있기 때문에 하와가 이 아기를 야웨의 소유물로도 보았음을 암시한다. 그 뒤로는 아벨의 출생이 이어지는데, 이 시점에서 내레이터는 아벨을 목자로, 가인은 농부로 묘사하면서 뒤이어 발생할 갈등을 예고한다(4:2).

그 뒤를 잇는 이야기 또한 난해하다(4:3-17). 야웨는 왜 동물을 죽여야 하는 아벨의 동물 제사는 받으시고, 아담에게 지시하신 대로 땅을 경작한 가인(3:23)의 제사는 무시하시는가? 하지만 우리의 관심은 폭력의 본질에 대한 이 이야기의 성찰로 집결된다. 이 최초의 폭력 행위는 분노와 질투에서 비롯된다. 이러한 파괴적인 충동은 인간의 교류와 불화의 문맥 안에서, 그리고 하나님의 불가해성에 대한 반응으로 발생한다. 가인은 야웨가 아벨의 제사는 받고 자신의 제사는 받지 않은 것에 격분한다(5b절).

아벨을 살해한 것에 대한 야웨의 반응은 가인의 충동적인 행동과 뚜렷하게 대조를 이룬다. 야웨는 아벨의 피를 받아들이기 위해 입을 벌린 땅으로부터 죽음의 소식을 듣고 분노가 아닌 자비로 대응하신다. 야웨는 가인을 죽이지도 않고 그가 저지른 일로 인해 죽어야 한다고 선언하지도 않으신다. 야웨는 대신 그를 내쫓으신다. 가인이 자신이 추방당하면 다른 사람의 손에 자신이 죽임을 당할 수도 있다고 항의하자 야웨는 살해 가능성을 방지하기 위한 표를 그에게 주시며 그를 보호하시고 안전을 보장하신다(14-15절).

우리에게 있어 가장 중요한 점은 바로 이 이야기가 폭력의 주제를 어떻게 다루는지에 있다. 첫째, 이 이야기는 폭력을 종교적인 경험과 연관시킨다. 가인과 아벨은 하나님을 서로 다른 방식으로 경험하고, 결과적으로 한 자식은 다른 자식을 죽인다. 둘째, 이 이야기는 폭력이 인간의 고질적인 문제이자 인간의 사악함의 직접적인 결과라고 소개한다. 이 이야기는 이 사실을 이 이야기가 배치된 위치와 구조를 통해 전달한다. 살인은 인류의 첫 번째 자녀에 관해 다룬 가장 첫 번째 이야기의 주제다. 내레이터는 가인에 대한 야웨의 반응을 아담과 하와에 대한 야웨의 반응과 동일한 방식으로 소개함으로써 동산에서 창조 질서를 파괴한 인간의 반항적인 자율성과 직접 연결한다(3:17-24). 앞의 이야기에서처럼 야웨는 가인에게 질문을 던지며 접근하는데(4:9-10; 참조 3:9-13), 심지어 하와에게 던졌던 질문을 가인에게 재차 반복한다. "네가 무엇을 하였느냐?" 야웨는 가인이 땅으로부터 격리될 것이며, 이번에는 땅과 관련하여 한 가지 저주가 더 추가된다고 선언한다(비록 그 저주의 대상이 땅이 아니라 가인이지만 말이다). 마지막으로 야웨는 아담과 하와를 추방한 것처럼 가인도 동산에서 추방하신다. 내레이터는 이런 방식으로 에덴동산의 이야기를 언급함으로써 독자들이 이 이야기에 나타난 인간의 폭력을 모든 인류의 특성으로 이해하도록 유도한다.

야웨는 가인에게 방랑의 삶을 선고하지만, 가인은 정착할 장소를 찾아 도시를 세운다(4:17). 이어서 짧은 계보가 나오는데, 6대에 이르러 라멕이 등장한다. 이 계보는 이 시점에서 라멕이 그의 아내 아다를 통해 얻은 두 아들이 장막에서 가축을 기르며 사는 삶을 선택했으며(4:20) 음악을 연주하는 악기를 개발했다는 내용(4:21)을 덧붙이면서 잠시 중단된다. 우리는 또한 여기서 라멕이 그의 아내 씰라를 통해 얻은 셋째 아들이 구리와 쇠로 만든 모든 종류의 기구를 제작했다는 이야기를 접한다. 이로써 라멕 및 그의 자녀의 세대는 새로운 문화와 사회의 기본 요소인 가축 관리, 예술, 기술과 연결된다.

그러나 이러한 기록은 라멕이 자신을 때린 사람을 죽였다는 내용과 가인을 해친 사람이 일곱 배로 보복을 받는다면 자신을 해친 사람은 칠십 배로 보복을 받을 것이라고 자랑하는 내용으로 이어진다(4:23-24). 이로써 인간이 만든 세상은 라멕의 모습을 통해 한층 더 심각해진 폭력과 뻔뻔함을 드러낸다. 이 이야기에서 하나님은 그 어디에서도 찾아볼 수 없다.

과거사 청산하기

인간 공동체 안에 폭력이 증가한 점을 고려하면 모든 삐뚤어진 생각과 행동의 근원이라고 할 수 있는 인간 내면에 깊숙이 자리 잡은 파괴적인 성향은 그리 놀랄 만한 것이 아니다(창 6:5). 내레이터는 인간을 지은 것을 후회하시는 야웨의 두 진술 사이에 그의 결심을 표현하는 말씀을 배치함으로써 독자들로 하여금 현재 상황이 그분께 미친 영향에 주목하도록 유도한다.

> [야웨는] **땅 위에 사람 지으셨음을 한탄하사** 마음에 근심하시고,
>
> 이르시되 "내가 창조한 사람을 내가 지면에서 쓸어버리되 사람으로부터 가축과 기는 것과 공중의 새까지 그리하리니
>
> **이는 내가 그것들을 지었음을 한탄함이니라**" 하시니라(6:6-7).

두 진술을 감싸는 하나님의 말씀은 우리가 인간의 사악함에 대한 야웨의 대대적인 반응을 분노나 변덕이 아닌 슬픔의 표현으로 보게 한다. 변해버린 인간의 모습은 하나님께 깊은 영향을 준다. 여기서 "한탄하다"로 번역된 히브리어 동사 "나함"(nacham)은 슬픔, 후회, 변심 등을 모두 포함한 감정을 담고 있다.[2] 인간의 폭력에 대해 야웨가 최초로 취한 **행동**은 가인을 추방하고 보호하는, 자비에서 비롯된 행동이었다. 인간의 폭력에 대해 야웨가 최초로 보인 **감정**은 슬픔이었다. 인간의 폭력에 대한 이러한 반

---

2   John Goldingay, *Old Testament Theology*, vol. 1: *Israel's Gospel* (Downers Grove, IL: InterVarsity Press, 2003), 168.

응은 나중에 나타날 하나님의 폭력을 관찰하는 데 중요한 기초를 제공한다. 첫째, 야웨는 인류에게 일어나는 일에 감정적으로 몰두한다. 인간이 파괴적인 존재로 전락했다는 사실은 창조주에게 혼란을 가져다준다. 둘째, 인간의 사악함에 대한 하나님의 최초의 반응으로서 슬픔은 성서 전반에 걸쳐 나타나는 하나님의 분노를 이해하는 데 중요한 해석학적 관점을 제공한다. 다시 말하면 하나님의 분노는 하나님의 슬픔이라는 정황에서 이해해야 한다.

두 번째 개요는 왜 하나님이 이토록 극단적인 결정을 내리게 되었는지를 밝혀준다. 인간의 병적인 행동은 창조세계 전체를 감염시켰다. 온 땅은 완전히 폐허가 되어버렸다. 살아 있는 것들은 모두 완전히 몰락했다. 모든 창조 질서는 절망적으로 폭력의 손아귀 안에 들어가 버렸다(6:11-13).

13절(히브리어 본문)에서 하나님은 자신의 계획을 노아에게 전달하는데, 이는 11절에서 하나님이 목격한 이 부패한 세상을 내레이터의 해설을 통해 묘사한 것과 같다. 여기서는 하나님 앞에서(lifne) 벌어진 일(예. 11절의 창조세계의 몰락과 13절의 모든 육체의 파멸), 폭력으로 가득 찬 세상, (흥미로운 언어유희를 통한) 창조세계의 파괴(shakhat) 등 유사한 언급이 등장하는데, 이는 하나님이 11절에서 목격하시고 13절에서 실행에 옮기신 것이다. 대다수 역본은 13절에 기록된 하나님의 말씀을 하나님의 의도를 나타낸 것으로 보고 거기에 나타나 있는 언어유희를 보존하고자 노력한다. 예를 들어 NRSV는 "나는 모든 육체를 멸하기로 결의했다. 왜냐하면 그들로 인해 온 땅이 폭력으로 가득 찼기 때문이다. 이제 나는 그들을 이 땅과 더불어 파괴할 것이다"라고 번역한다. 하지만 통상적인 번역은 의도를 선언하기보다는 사실을 진술하는 히브리어 본문의 문법을 무시해 버린다. 하지만 이 문장의 구조는 이미 하나님이 창조세계가 궁극적으로 파멸을 향해 치닫고 있음을 아시고 그 과정의 속도를 높이기로 결단하셨음을 암시한다. 배리 밴드스트라(Barry Bandstra)는 최근 그의 문법 연구에서 하나님의 말씀이 지닌 의미를 간결하게 적시한다.

> 하나님은 이 절의 주어도 아니며, 사용된 동사도 인지 동사(결심하다 혹은 결정하다)가 아니다. 오히려 이 절의 의미는, 마치 모든 육체의 멸망에 관한 생각이 하나님의 머릿속에서 분명해진 것처럼, 움직임을 나타내는 실제 과정에 내포되어 있다. 사실 히브리어 문장의 구조는 마치 이 결과가 불가피했던 것처럼 하나님을 의사결정 과정에서 배제한다.[3]

따라서 히브리어 본문의 12-13절을 직역하면 다음과 같다. "야웨는 온 땅을 바라보셨다. 보라! 다 망가졌다. 왜냐하면 모든 육체가 이 땅의 길을 파괴했기 때문이다. 하나님은 노아에게 말씀하셨다. '모든 육체의 종말이 내 앞에 이르렀다. 왜냐하면 온 땅이 그들 앞에 폭력으로 만연해 있

---

3   Barry Bandstra, *Genesis 1-11*, Baylor Handbook on the Hebrew Text (Waco, TX: Baylor University Press, 2008), 358.

기 때문이다. 보라! 나는 그들을 온 땅과 함께 멸할 것이다.'"[4] 따라서 히브리어 본문의 분명한 의미는 어쩌면 하나님을 분노하며 징벌하시는 분으로 생각하는 견해에 영향을 받은 영역본들과는 매우 다른 의미를 전달한다.

하나님은 나중에 이 땅의 멸망이 어떻게 이루어질지를 구체적으로 설명한다. "내가 홍수를 땅에 일으켜 무릇 생명의 기운이 있는 모든 육체를 천하에서 멸절하리니"(6:17). 고대 사회에서 파괴와 무질서를 상징적으로 표현해주는 홍수는 모든 경계를 무너뜨리고 창조세계를 원상태—야웨가 말씀으로 경계를 제정하시기 전에 존재했던 구별이 없는 "깊음"—로 되돌려놓듯이 창조세계를 해체하기에 적절한 수단이다. 고대 근동의 신화에서 홍수는 무섭고 통제 불가능한 힘이자 위협적이며 반(反)창조적인 혼돈의 세력이다(참조. 시 69:2, 15; 124:4; 나 1:8). 이스라엘의 하나님의 손 안에서 홍수는 이 세상에서 생명이 번성하게끔 하는 질서 체계와 구조를 무너뜨리는 반(反)창조 세력이다. 하지만 홍수는 이제 흔적도 없이 사라질 망각의 길에 이미 들어선 창조세계에 맞서는 하나님의 도구이기도 하다. 야웨는 시편 저자가 선포하듯이 홍수 위에 좌정해 계신다(29:10).

우리는 하나님이 세상을 벌하기 위해 홍수를 일으키셨다기보다

---

4 "종말이…이르렀다"는 어구는 타락 과정의 종점을 의미하며, 따라서 혼돈의 상태로의 회귀를 의미한다(참조. 렘 51:13; 겔 7:2-7; 암 8:2).

는, 홍수를 통해 인간의 파괴성과 폭력이 불러일으킨 불가피한 혼란의 상황을 조장하셨다는 생각이 든다. 하나님은 이미 망가진 창조세계를 망가뜨리시고, 이로써 질서의 확립과 갱생을 위한 환경을 조성하신다.

홍수를 일으키겠다는 야웨의 결의에 대한 이러한 더 절제된 견해는 이 이야기에서 내레이터가 하나님이 하시는 일을 서술하는 방식을 통해서도 지지를 받는다. 내레이터는 보는 것(5, 12절)과 말씀하시는 것(7, 13절) 외에는 야웨의 어떤 **행동**도 서술하지 않는다. 하나님은 홍수에 관해 많이 **말씀**하시지만, 적어도 내레이터가 그것을 서술하는 방식에 따르면 하나님은 많은 **행동**을 하지 않으신다. 야웨가 홍수를 일으키셨다든가 혹은 물이 불어나게 하셨다는 데 대한 직접적인 보도가 없다. 기사는 단순히 홍수가 일어났고, 물이 땅에서 터져 나왔으며, 하늘에서 비가 쏟아졌다고 말한다(7:10-12). 야웨가 노아를 위해 배의 문을 닫으셨다는 기록을 제외하면(7:16) 하나님은 홍수가 일어날 때 이 일에 전혀 관여하지 않으신다.

하나님은 홍수가 끝난 후에야 비로소 이 이야기에 다시 모습을 드러내시는데, 그것도 이야기 서두에서 그가 말씀하신 것을 반복하고 요약하는 형태로 등장하신다. 이 요약은 단순히 야웨가 예언하신 대로 행동하신 것을 확인한다. "[그가] 지면의 모든 생물을 쓸어버리시니 곧 사람과 가축과 기는 것과 공중의 새까지라. 이들은 땅에서 쓸어버림을 당하였으되 오직 노아와 그와 함께 방주에 있던 자들만 남았더라"(7:23; 참조. 6:7).

이 요약은 하나님의 두 가지 행동으로 시작하는 다음 장면으로 이어진다. "하나님이 노아와 그와 함께 방주에 있는 모든 들짐승과 가축을 기억하사 하나님이 바람을 땅 위에 불게 하시매 물이 줄어들었고"(8:1). 이 두 문장(첫 번째 문장은 생각에 관한 것, 두 번째 문장은 행동에 관한 것)은 이 사건을 일으킨 하나님의 생각과 행동을 반향한다. 또한 이 두 문장은 우리가 이미 일어난 일을 어떻게 이해하며 또 앞으로 일어날 일을 어떻게 보아야 할지를 일러준다. 첫 번째 문장은 일반적으로 "기억하다"로 번역되는 동사를 사용한다. 이것은 구약성서에서 하나님이 고난의 시기를 지나는 어떤 사람을 "기억하시고" 그를 구원하기 위해 개입하시는 많은 사례 가운데 첫 번째에 해당한다. 이러한 기억하심은 하나님이 소중히 여기시는 사전 관계를 전제하며, 하나님은 그 관계에 기초하여 행동하신다. 따라서 하나님은 아브라함을 기억하시고 소돔과 고모라의 멸망으로부터 롯을 구원하신다(19:29). 하나님은 자식이 없는 라헬을 기억하시며 그녀의 탄식을 들으시고 그녀의 태를 여신다(30:22). 하나님은 이집트에서 이스라엘 백성의 신음을 들으시고 아브라함과 이삭과 야곱과 맺은 언약을 기억하신다(출 2:24).

이 문장은 하나님이 차후에 행하실 행동을 구원의 행위로 보도록 유도한다. 물 위에 바람을 불게 하시는 특정한 행동은 고대 창조 내러티브의 전형적인 모티프를 환기시키며, 태초에 하나님의 바람(영)이 수면 위를 운행하는 것으로 시작하는 창조 기사를 암시한다(창 1:2). 이러한 연관성은 히브리어 "루아흐"를 홍수 기사에서는 "바람"으로 번역하고 창조 기사에서는 "영"으로 번역하는 영역본에서보다는 히브리어 원문에서 더 쉽게 발견할 수 있다. 이 중요한 시점에서 본 기사는 우리가 다음에 일어날 일을 창조의 행위 혹은 더 정확히 말하자면 재창조의 행위로 보아야 한다는 점을 일러준다. 홍수는 지구를 창조 이전의 상태로 되돌려 놓았으며, 이로써 창조 계획을 다시 추진할 수 있는 상태를 만들어주었다. 이제는 과거를 청산하고 새로운 계획을 추진할 수 있는 만반의 준비를 완료한 것이다. 하나님은 홍수가 온 땅에 내렸을 때는 소극적이셨지만, 옛 세상이 물에 잠기자 구원을 위해 개입하신다.

야웨가 세상을 재창조하기 위해 일하고 계신다는 사실은 노아와 그의 가족이 방주에서 나왔을 때 비로소 분명해진다. 마른 땅이 다시 드러난 후 하나님은 노아와 그의 가족에게 방주에서 나가 그 안에 있던 동물을 모두 풀어주어 "그들이 땅에서 생육하고 번성"케 하라고 말씀하신다(8:17b). 이 말씀은 창조 기사에 나오는 유사한 명령을 반향한다(1:22). 창조 기사에서처럼 이 명령은 향후 축복의 문맥에서 인간에게도 다시 주어진다. "하나님이 노아와 그 아들들에게 복을 주시며 그들에게 이르시되 '생육하고 번성하여 땅에 충만하라'"(참조. 9:7; 1:28). 더 나아가 야웨는 주기와 계절을 통해 볼 수 있는 창조 질서가 재확립되었으며 미래에도 계속될 것을 분명히 보여주신다(8:22).

그러나 이것이 완전히 새로운 창조는 아니다. 세상을 덮은 홍수는 옛 창조의 잔재, 즉 방주 안에 있던 노아와 그의 가족 및 동물들을 남겨두었다. 물론 창조세계는 갱생되었지만, 창조주와 인간과 창조세계 사이에 존재했던 원래의 조화는 완전히 회복되지 않았다. 이것은 야웨가 노아와 그의 가족에게 복을 주시고 생육하고 번성하라고 명령하신 후에 그들에게 하신 말씀에서 분명히 나타난다. 창조 기사에서 하나님은 남자와 여자에게 땅을 정복하고 땅의 피조물에 대한 통치권을 행사하라고 말씀하시고 그들에게 식물을 먹거리로 주신다(1:28-29). 하지만 하나님은 노아와 그의 가족에게 복을 주시고 땅에 충만할 것을 명령하시고 나서 모든 동물이 사람을 두려워할 것이지만 그들을 사람의 손에 넘겨주었다고 말씀하신다(9:2).

하나님은 인간이 동물을 먹는 것을 허용하시고 나서 동물의 피(3-4절)와 사람의 피(5-6절)를 흘리는 것에 대해 설명하신다. 후자의 경우 하나님은 누구든지 혹은 무엇이든지 사람의 피를 흘리게 하면 이에 대한 책임을 물을 것이며, 누구든지 사람의 피를 흘리게 하면 그 역시 피를 흘리게 될 것이라고 분명히 말씀하신다. 그 이유는 하나님이 사람을 하나님의 형상대로 만드셨기 때문이다(6절). 여기서 인간이 하나님의 형상을 소유한 자라는 언급은 창조 선언을 완전히 뒤엎는 것이다. 창조 이야기에서 인간의 창조는 다양하면서도 통일된 어떤 조화로운 창조세계의 최고 절정에 해당하며, 하나님의 형상은 인간을 고귀한 존재로 만든다(1:27). 하지만 홍수 이후에 하나님의 형상은 인간이 에덴동산에서 추방된 후 인간을 끝없이 괴롭히는 극단적인 폭력과 암묵적으로 연관된다. 폭력은 홍수가 휩쓸어버린 세상과 마찬가지로 홍수 이후에도 고질적인 병폐로 남게 될 것이다. 다시 말하면 옛 세상에서 살아 숨 쉬는 것을 모두 쓸어버렸다고 해서 인간의 폭력과 그 폭력이 창조세계에 가한 피해가 완전히 종식되지는 못했다는 것이다.

야웨는 이러한 현실을 인정하고 수용하는 듯 보이며, 이러한 상황에서도 이 세상에서, 그리고 이 세상을 통해 계속 일할 것을 결심하신다. 야웨는 이 세상을 또다시 홍수를 통해 멸하시지는 않을 것이다. 야웨의 이러한 태도의 변화는 노아가 방주에서 나온 후 하나님께 드린 제사의 결과로 나타난 것으로 보인다. 내레이터는 번제물의 연기가 하나님을 기쁘시게 했음을 밝히고 나서 우리가 하나님의 생각을 엿볼 수 있는 기회를 제공해준다. "내가 다시는 사람으로 말미암아 땅을 저주하지 아니하리니 이는 사람의 마음이 계획하는 바가 어려서부터 악함이라. 내가 전에 행한 것 같이 모든 생물을 다시 멸하지 아니하리니"(8:21). 하나님은 인간이 폭력적인 존재임을 자각하시지만, 이에 대한 그의 첫 번째 반응은 폭력으로 대응하는 것을 자제하는 것이었다. 노아가 드린 감사와 존경의 표현은 인간이 완전히 망가진 존재가 아니라는 희망을 하나님께 불어넣어 준 것으로 보인다.

이는 어쩌면 노아에게조차 낙관적인 생각을 불어넣어 주었는지도 모른다. 노아는 처음부터 도덕적으로 온전한 자로서 야웨의 관심을 끈 것으로 보인다(6:8, 9). 그는 폭력으로 가득한 옛 세상에서 살았지만, 이에 굴복하지 않았다. 노아는 아담과 하와와 달리 무지하거나 순진한 사람이 아니었다. 그는 충분히 검증받은 사람이었다. 폭력이 넘쳐나는 이 지옥 같은 세상에서 평생을 살면서 그는 인간의 사악함이 지닌 막강한 힘을 경험했지만 이에 잘 저항했다. 이 사실은 분명 창조세계의 초기화 과정에서 보다 더 희망적인 시나리오를 보여준다. 노아는 인간의 사악함 때문에 반복되는 악순환을 잘 알고 있다. 아담과 하와는 교활한 뱀의 말솜씨에 속아 넘어갔지만, 노아는 그 길의 종착점을 알고 있다. 모든 것을 다시 시작하기에 이 사람보다 더 좋은 인물이 또 어디 있을까?

야웨는 노아와 그의 후손 및 모든 피조물과 일방적인 언약을 체결함으로써 노아의 제사를 통한 존경 및 감사의 표명에 응답하신다. 이 언약은 야웨가 절대 홍수로 다시 이 땅을 멸할 수 없도록 하는 구속력을 지닌다(9:8-17). 우리는 많은 해석자에게 흥미를 불러일으킨 이 본문의 복잡한 논점을 여기서 다 다룰 수는 없다. 다만 우리는 하나님이 피조물과 이 언약을 맺음으로써 자발적으로 자신을 인류와 피조물에 매어놓으셨다는 점을 지적하는 것만으로 충분하다. 다시 말하면 야웨는 이 세상이 폭력으로 인해 엉망진창이 되었음에도 불구하고 이 세상에 모든 것을 "올인"하신다. 이제 이 세상의 폭력을 근절하기 위해 노력하는 것이 헛되다는 것을 잘 알고 있는 창조주에게 있어 이것은 매우 의미심장한 선택이 아닐 수 없다. 현시점에서 우리는 야웨가 앞으로 이 세상을 어떻게 다루어나가실지 전혀 알 수 없다. 하지만 우리는 야웨가 하신 말씀을 통해 그가 다시는 창조 질서를 파괴하지 않으실 것을 알고 있다. 따라서 하나님은 자발적으로 인간과 피조물에 자신을 매어놓으심으로써 지금부터 앞으로 인간의 사악함에 대응하는 방식에 어떤 한계를 정하신 것이다.

두 번째 창조는 구원 행위이기도 하므로 첫 번째 창조와 구별된다. 우리는 처음에 하나님이 어떤 이유에서 말씀으로 천지를 창조하셨는지 모른다. 하지만 하나님이 홍수 이후에 창조하신 세상의 경우는 다르다. 하나님은 옛 세상에서 살아남은 노아와 나머지 피조물을 위해 새 창조에 착수하신다. 구원의 행위가 창조의 행위와 하나가 된다. 하나님의 창조 사역은 다음 세상에서 이루어질 야웨의 사역에 선례를 제공하는데, 거기서 창조 행위는 구원 행위를 통해 이루어질 것이다.

　　하지만 하나님은 여전히 이 세상과 멀리 떨어져 계신다. 앞에서 이미 지적했듯이 야웨가 이 사건의 과정에 관여한 것에 대한 내레이터의 묘사는 어딘가 모르게 거리감이 느껴지게 한다. 이 이야기에서 야웨의 역할은 주로 직접 행동에 나서는 것이 아니라 말씀하시는 데 초점이 맞추어진다. 그런 의미에서 야웨는 본 이야기에서 암시하는 첫 번째 창조 이야기에서 등장하는 초월적인 창조주와 유사하다. 하나님은 멀리서 말씀하시고 그 결과 다양한 일이 일어난다. 하나님은 이 세상을 돌보시면서도 여전히 이를 초월해 계신다.

　　우리는 이 시점에서 홍수 내러티브에 관한 논의를 요약하는 의미에서 잠시 멈출 필요가 있다. 첫째, 성서에는 복수심에 가득 찬 분노하신 하나님이 인간의 사악함 및 이로 인해 피해를 당한 불쌍한 피조물을 벌하시기 위해 홍수를 일으키기로 결심하셨다는 암시가 거의 없다. 오히려 이 내러티브는 이 세상을 파멸로 몰고 간 폭력으로 인해 심하게 충격을 받고 괴로워하시는 야웨를 묘사한다. 야웨는 이 세상이 어디로 치닫고 있는지를 보시고, 세상의 종말을 가져오기 위해 개입하신다. 야웨는 이미 파괴된 창조세계를 파괴하신다. 둘째, 옛 세상을 무너뜨리려는 야웨의 결의는 이 세상 안에 있는 폭력의 존재와 영향력을 제거하는 데 성공하지 못한다. 야웨는 폭력이 모든 인간을 오염시킨다는 것을 인정하고 이러한 상황을 수용하는 것으로 보인다. 그러나 야웨는 자신이 만든 세상을 포기하지 않으시고 오히려 인간과 세상에 자신을 더욱더 철저하게 매어놓으신다. 셋째, 야웨는 세상과 그 안에 만연해 있는 폭력으로부터 거리를 두신다. 야웨는 노아가 안전하게 방주 안에 갇혀 있는 것을 보고 계실 뿐, 물이 온 땅을 뒤덮고 모든 육체를 쓸어버릴 때까지 등장하지 않으신다. 다르게 표현하자면 홍수가 온 세상을 뒤덮었을 때 야웨는 이 세상 안에 계시지 않고 그 밖에 계셨다. 첫 번째 창조 기사에서처럼 야웨는 여전히 앞으로 어떤 일이 벌어질지를 행동 대신 말씀으로 지시하는 전능하시고 냉담하신 존재로 남아 계신다. 마지막으로 야웨는 구원과 갱생을 가져오기 위해 직접 개입하여 세상의 질서를 새롭게 세우신다. 비록 자신이 폭력에 관여했음에도 불구하고 야웨는 오히려 감사와 존경을 표현하는 노아의 희생적 행위에 대한 반응으로써 그러한 폭력으로부터 돌이키겠다는 뜻을 표명하신다.

첫 번째 강림

만약 노아와 그의 가족이 보다 더 나은 삶을 시작할 것이라는 낙관적인 생각을 한다면 아마도 금방 실망하게 될 것이다. 그보다 앞서간 아담과 가인처럼 노아도 땅을 경작하는 일을 하지만(9:20; 참조. 3:23; 4:2), 그것도 좋은 결말을 보지 못한다. 그가 가꾼 포도원은 골치 아픈 결말을 고한다(9:20-27). 노아가 술에 취한 결과로 어떤 일이 벌어졌는지는 불분명하지만, 그 사건의 여파는 분명하다. 저주가 인간 사회에 다시 들어오고(25절), 불화와 반목이 가족을 괴롭히며, 권력과 축복의 불평등이 인류 앞에 펼쳐진 미래를 설정한다(26-28절).

원시 내러티브의 마지막 단락—바벨에서 인간이 사방으로 흩어진 사건(11:1-9)—은 세상을 구성하는 인간의 고집스러운 기질과 행위를 그리는 이야기의 절정으로 이해해야 한다. 이 이야기는 벽돌과 역청, 성읍과 탑, 그리고 이름 등 사람이 만드는 것에 초점을 맞춘다. 이 이야기의 배경은 적절하다. 바벨론은 고대 세계에서 위대한 문화적·정치적·기술적 중심지 가운데 하나였으며, 따라서 인간이 본래부터 지니고 있던 이 땅을 지배하려는 충동을 보여주는 적절한 사례다.

이 이야기는 공통 언어와 어휘로 결속된 단일 공동체가 방랑 생활을 중단하고 자신들을 위해 도시를 건설하기로 결심하는 모습을 그린다. 도시 건설은 정착으로 이어진다. 야웨는 인간이 거할 동산을 만드셨지만, 인간은 이제 자신을 위한 도시, 그것도 아주 거대한 도시를 건설하고자 한다. "성읍과 탑을 건설하여 그 탑 꼭대기를 하늘에 닿게 하여"(4절). 이 어구는 거대한 도시를 나타내는 관용구일 수도 있지만, 문맥을 고려하면 단순히 어떤 건축 사업 하나만이 아닌 그 이상을 암시한다. 인간은 자신들의 거처를 수평적뿐 아니라 수직적으로도 확대하기를 원한다. 그들이 도시를 건설하려는 평지는 널리 퍼져 살기에 충분한 공간을 제공하지만, 하나가 된 인류는 하늘까지도 차지하고 싶어 한다.

한곳에 결집한 인류가 도시 건설 사업이 필요한 이유로 제기한 두 가지 근거는 인상적이다. "우리 이름을 내고 온 지면에 흩어짐을 면하자." 도시와 탑을 건설하는 것은 명성을 떨치는 것과 흩어짐을 면하는 것을 모두 달성한다. 표면적으로 보면 이것은 도시 건설을 위해 제기하기에는 다소 이상한 이유다! 인간은 도대체 왜 명성을 떨치는 데 관심이 있는가? 도시가 어떻게 그들이 하나가 되는 것을 보장할 수 있단 말인가?

우리가 인접 문맥을 고려하여 본문을 읽으면 그 이유는 한층 더 분명해진다. 스스로 이름을 떨치기 위해 하나가 된 인류의 이야기는 명확하게 나뉜 두 계보 사이에 배치되어 있다. 이 이야기 앞에는 노아의 세 아들에게서 나온 민족의 목록이 있고, 거기서 각 민족은 "언어와 종족과 나라"에 따라 분류된다(10:5, 21, 31). 이 민족들의 계보는 민족이 서로 나뉘어 살게 되었다는 점을 밝히면서 시작하고 끝을 맺는다. 즉 처음에는 야벳의 후손들이 각자의 땅에 흩어져 살았다는 점을 밝히고, 나중에는 "홍수 후에 이들에게서 그 땅의 백성들이 나뉘었더라"(32절)라고 말하면서 끝을 맺는다. 바벨탑 이야기 다음에는 노아의 시대와 아브람의 시대를 연결하는 또 다른 계보가 이어진다.

앞의 계보를 중단시키는 이른바 "민족의 목록"(창 10:1-32)은 바벨탑 이야기와 직접 연관되어 있다. 이름이 차례대로 언급되다가 니므롯에 이르러서는 연속적으로 언급되던 이름이 중단되고 니므롯의 이름에 대한 설명이 이어진다.

> 그는 세상에 첫 용사라. 그가 [야웨] 앞에서 용감한 사냥꾼이 되었으므로 속담에 이르기를 "아무는 [야웨] 앞에 니므롯 같이 용감한 사냥꾼이로다" 하더라. 그의 나라는 시날 땅의 바벨과 에렉과 악갓과 갈레에서 시작되었으며(10:8b-10).

이러한 확대 설명은 바벨탑 이야기를 이해하기 위한 비판적 문맥을 제공한다. 니므롯은 이름을 가지고 있는데, 이는 그가 명성을 떨치고 있다는 의미다. 착취와 권력으로 얻은 명성이 너무나 커 심지어 그의 이름은 속담으로까지 널리 기억되었다. 니므롯은 명성뿐 아니라 왕국도 가지고 있다. 이것은 왕권에 관한 첫 번째 언급이며, 야웨와 인류와 창조세계 사이에 존재했던 본래의 관계를 인간이 잘못 모방한 사례라고 할 수 있다. 야웨 같이 왕은 명령하고 요구하며, 존경과 복종의 대상이 되고, 공경과 존중을 요구할 수 있는 힘을 갖는다. 그러나 왕은 분열과 억압과 탈취를 자행하는 불공평한 체계를 영구화할 경우에만 유지할 수 있는 권력의 최고 정점을 차지한다. 이 기사의 마지막 문장은 "그의 나라의 시작"이라고 할 수 있는 광대한 영토를 언급하는데, 이는 그가 더 많은 영토를 지배하는 더 큰 권력을 추구했음을 시사한다. 니므롯의 정체, 명성, 권력욕, 페르소나는 시대를 초월한다.

니므롯의 바벨론과 인간 공동체에 의해 세워진 바벨탑(히브리어로 이 두 이름은 같다)이 서로 연관되어 있다는 사실은 자신의 "이름을 떨치려는" 후자의 욕망이 자신의 정체성을 확립하고, 지위와 명예와 권력을 얻으며, 궁극적으로 생명을 초월하는 영원성을 쟁취하려는 인간의 근본적인 욕망을 표현하고 있음을 보여준다. 바로 이것이 야웨의 관심을 끈다. 시날 평지에 정착한 인간 공동체는 자신들의 방식으로, 자신들의 욕망을 채우기 위해 자신들의 정체성을 확립하고자 한다. 이 공동체는 존경받고 싶어 하고, 자신의 통치권을 온 땅과 하늘까지 확대하고 싶어 한다.

따라서 인간은 야웨가 그들을 창조하신 목적, 즉 다스리는 일을 계속해나간다. 하지만 에덴동산 이후에는 그 욕망이 내부로 향하며, 우주의 주권자 대신 세상의 왕들이 인간에게 정체성을 부여하고 현실을 좌우하는 불공평과 경쟁의 세상을 만든다. 야웨의 말씀대로 도시와 탑은 단지 시작에 불과하다. 어떤 조치를 취하지 않으면 사람들의 욕망을 도저히 저지할 수 없게 될 것이다.

따라서 야웨는 매우 중대한 결정을 내리신다. 야웨는 인간들이 만든 이 세상으로 **내려오기로** 결의하신다. 인간의 홍수 이전의 상태에 대한 하나님의 반응과 달리 야웨는 이제 인간의 세계로 들어오신다. 이것은 잠정적인 조치다. 마치 거친 파도에 발만 담근 것과 같이 말이다. 야웨는 그 어떤 인간과도 소통하지 않으신다. 그럼에도 야웨의 개입은 중대한 사건이며, 창조 때 함께했던 신적 존재들이 이를 목격하기 위해 다시 등장한다(참조. 7절). 이 시점부터 야웨는 기존 세상에서 자신의 사역을 펼쳐나가신다. 이것은 장차 야웨를 인류의 폭력의 소용돌이 속으로 끌어들일 뿐만 아니라 파괴적인 나르시시즘에 빠진 인류를 건져낼 일련의 강림 사건 가운데 첫 번째 사건이 된다.

　　이 이야기는 촘촘하게 짜여 있으면서도 간결하게 서술된다. 일련의 반복은 인간 공동체의 행동과 포부를 신적 반응으로 이어지는 도발로 묘사한다. 이야기의 전반부(1-4절)는 "언어가 하나요 말이 하나"(1절)라는 말로 시작하는 사람들의 행위를 소개하고, 이어서 그들이 평지를 발견하고 "거기"에 거류하며(2절) 그들이 "서로" 말하고(3절) 자신들을 위해 "성읍과 탑을 건설"하고 "이름을 내고 온 지면에 흩어짐을 면하자"(4절)라고 결단하는 것을 소개한다. 야웨의 반응도 이와 비슷한 순서를 따라 이어진다. 야웨는 모든 인간이 "한 족속이요 언어도 하나"(6절)임을 보시고 "거기서" 그들의 언어를 혼란스럽게 만들어 그들이 "서로" 이해하지 못하게 하겠다고 결심하신다(7절). 야웨가 이 일에 개입하심으로써 사람들은 그 도시 건설을 중단하는데(8절), 이 도시는 바벨론이란 "이름"으로 야웨가 "그들을 온 지면에" 흩으신 장소로 기억된다(9절). 여기서는 "[야웨]께서 아담의 자손들이 건설하는 그 성읍과 탑을 보려고 내려오셨

다"라고 말하는 5절이 중심축이다.[5]

정교한 대칭 구조는 야웨가 이 세상에 내려오셨다는 점을 강조한다. 고든 웬함은 이 사실을 다음과 같이 매우 간결하게 설명한다(강조는 덧붙여진 것임).

A "**온 땅**의 언어가 하나요"(1절)

  B "**거기**"(2절)

    C "[그들이] **서로**"(3절)

      D "**자, [우리가]** 벽돌을 만들**[자]**"(3절)

        E "자, [우리를 위해] **건설**[하자]"(4절)

          F "**성읍과 탑**을"

            G "[야웨]께서…내려오셨더라"(5절)

          F′ "**성읍과 탑**을"

        E′ "사람들이 **건설**하는"

      D′ "**자, 우리가** 내려가서…혼잡하게 **하여**"(7절)

    C′ "**서로**의 언어를"

  B′ "**거기서**"(8절)

A′ "**온 땅**의 언어"(9절)[6]

◇◇◇◇◇

5   John Goldingay, *Old Testament Theology*, vol. 1: *Israel's Gospel* (Downers Grove, IL: InterVarsity Press, 2003), 168.

6   Wenham, *Genesis 1-15*, 234-36. J. P. Fokkelman, *Narrative Art in Genesis: Specimens of*

이 구조는 야웨가 이 땅에 내려오신 것이 이 이야기의 핵심 요소임을 강조하고, 범위("온 땅"), 장소("거기"), 인간의 상호관계("서로"), 결정("자,…하자"), 인간의 행위("건설"), 의도된 결과("성읍과 탑") 등 인간의 계획과 야웨의 반응을 설명하는 부분을 강조한다. 이러한 요소는 모두 하나님이 세상에 내려오셔서 이 땅에서 일어나고 있는 일을 확인하고 인간의 계획을 뒤엎으실 정도로 이 계획의 규모가 얼마나 큰지를 보여준다. 이 이야기는 인간의 계획으로 시작하지만, 하나님의 행동으로 끝난다.

인간의 계획 가운데 무엇이 그토록 야웨가 하늘에서 땅으로 내려오실 만큼 심각한 문제를 안고 있었나? 그들의 계획은 벽돌을 만들고 성읍과 탑을 세우는 것이었다. 하지만 그 계획은 긍정적으로는 이름을 떨치고, 부정적으로는 온 세상에 흩어짐을 면하려는 정신적인 목적을 갖고 있었다. 그들은 자신들이 속한 지역에 정착하려 했을 뿐만 아니라 그 공간이 하늘을 향해 올라가기를 원했다. 그들은 마치 자신들의 노력과 방식으로 신-인 관계를 바로잡을 수 있는 양 그 평지를 새롭게 만들어 그 공간이 야웨가 거하는 장소와 다시 연결되기를 원했다.

"우리의 이름을 내자"라는 말이 문제의 정곡을 정확히 찌른다. 목적을 향한 행동은 계속되고 건축 계획은 확대되지만("자, [우리가 ~을] 하자"), 그것은 원하지 않는 결말을 회피하기 위한 것이었다("[우리가] 흩어짐

<hr />

Stylistic and Structural Analysis (Assen: Van Gorcum, 1975), 11-45는 이 본문을 구성하는 대칭 구조를 좀 더 상세하게 묘사한다.

을 면하자"). 이름은 다수의 의미를 나타낼 수 있다. 이 경우에는 종종 영속성 혹은 불멸성을 가리키는 것으로 해석된다. 이름이 기억된다는 것은 이 본문을 둘러싸고 있는 계보가 보여주듯이 누군가의 이름이 미래에도 계속 기억되는 것을 의미한다. 그러나 이름을 낸다는 것은 정체성과 지위를 의미할 수도 있다. 이것은 인정과 명성을 얻게 한다. 아담과 협력한다는 차원에서 야웨는 에덴동산에서 동물과 새를 창조하시고 인간이 그들의 이름을 짓게 하셨다(2:19-20). 아담은 그 당시 야웨와 대등한 존재가 아니라 창조세계의 질서에 대한 하나님의 지배권을 대행하는 야웨의 대리인으로서 동물에게 이름을 지어주었다(1:28). 다시 말해 동물에게 정체성을 부여하는 일은 아담에게 창조세계에 대한 지위와 권위를 부여해주었다. 이로써 이러한 창조 기사는 인간의 정체성이 자주적인 것이 아니라 파생적인 것임을 보여준다. 인간은 창조주로부터 자신의 정체성을 부여받기 때문에 이 땅에서 자주적인 존재로 거주해서는 안 된다.

하지만 시날 평지의 인간 공동체는 **자신들의** 이름을 떨치는 데 몰두한다. 즉 이것은 창조주와는 무관하게 자신들의 방식대로 자신들의 정체성을 확립하는 것이다. 그런 의미에서 바벨탑 이야기를 창조 이야기와 다시 연관 짓는 수많은 이름은 동산 밖에서 인간이 망가뜨린 인간관계 체계, 즉 동산에서 추방당한 직후 아담이 그의 아내를 "하와"라고 명명하면서 시작된 체계를 나타낸다(3:20). 창조주의 주권적인 사역 아래 다양성과 질서가 연합하여 하나를 이룬 본래의 창조의 계획과는 달리 계보를 구성하는 이름의 다양성은 한 사람의 가족과 친구와 적을 규정하는 인간 사회의 내부 분열을 의미한다. 인간 세상에서 분열은 하나로 묶어 질서를 세우기보다는 나누고 분열시킨다.

그러나 시날 평지에서 인간 공동체는 하나가 되고 서로 흩어져 살게 될 것을 불안해한다. 그들을 하나로 만든 것은 자신을 표현하고 서로 소통하게 하는 그들의 언어였다. 그들은 창조 기사 첫머리에 나오는 창조주처럼 그들이 거주할 질서 있는 세상을 건설하기 위해 자신들의 언어를 사용한다. 하지만 그들이 건설한 것이 제아무리 하늘에까지 닿는다 하더라도 그들이 만드는 세상은 자신들을 위한 것이다. 불안한 인간은 떠도는 생활을 멈추고, 자신만의 고유한 공간을 만들며, 창조주와의 관계와 무관한 그들의 정체성을 확립하기를 추구한다. 그들은 자신들의 방식대로, 자신들의 재능을 사용하여, 자신들의 세상을 하나님의 처소에까지 닿게 하여 이 세상을 완전히 새롭게 만들기를 열망한다. 결국 이 계획은 "가짜" 에덴동산—창조주가 위임한 임무를 실행하기보다는 자신들의 목적을 지향하는 자신들만을 위한 인간 사회—을 만드는 데 그 목적이 있는 것이다.

이것이 바로 야웨의 관심을 끈다. 이것은 그릇된 기초 위에서 오만한 목적을 이루기 위해 나아가는 그릇된 통일의 시작이다. 이것이 그 뿌리를 내리도록 내버려 두어서는 안 된다. 야웨는 건설 준비가 거대한 계획의 시작이며, 자신이 개입하지 않으면 반항적인 인간이 계속해서 제멋대로 자신들의 계획을 추진해나갈 것임을 신속하게 인식하신다(6절). 그래서 야웨는 모든 것을 뒤엎으신다. 야웨는 탑을 쌓아 하늘에까지 닿으려는 인간의 결심에 대응하기 위해 이 땅으로 내려오신다. 인간은 언어의 힘을 통해 결속력을 유지하고 자신들의 정체성을 확립하기를 추구했기 때문에 야웨는 공통된 생각이 형성되지 못하도록 언어를 뒤섞으신다. 창조주와의 관계가 소원해진 인간 공동체는 흩어지면 정체성과 권력을 잃게 될 것을 두려워하고, 야웨는 그들을 분열시키고 지면에서 흩으신다. 고대 세계에서 인간이 성취한 업적과 문화의 본보기라고 할 수 있는 바벨론은 서로 대립하는 언어의 불협화음으로 전락하고 만다.

야웨는 인간의 건축 계획을 혼란에 빠뜨리기 위해 개입하신다. 위에서 이미 지적했듯이 이것은 세상에 대한 야웨의 새로운 입장이다. 홍수 이후 창조세계를 원거리에서 회복하려는 자신의 계획이 실패로 돌아가자 야웨는 세상을 자신의 형상대로 재건하려는 인간의 시도를 좌절시키기 위해 이 세상으로 내려오신다. 따라서 이 이야기는 계보에 반영되어 있듯이 인간 체계를 분열된 세계(다양성이 연합과 번영을 가져오기보다는 분열과 무질서를 유발하는)와 창조세계를 회복하기 위한 야웨의 수단으로 소개한다. 또한 계보들은 아브람에게까지 이어지는데, 그는 이 세상을 회복하는 데 있어 새로운 전략을 수행할 야웨의 파트너가 될 것이다(12:1-2).

원시 사회의 폭력

창세기 초반의 여러 장은 이 세상의 비전을 야웨가 창조한 모습 그대로 소개한다. 즉 거기서는 각양각색의 피조물이 질서정연한 공간에서 조화를 이루며 산다. 인간은 이 세상에서 창조주의 권위를 대행하는 존재로서 창조세계를 관리하고 돌보기 위해 창조된다. 야웨는 인간에게 같은 땅에서 지어진 동물의 이름을 짓게 함으로써 창조주를 대행할 기회를 제공해주신다. 아담으로 대표되는 인간은 창조 질서에서 독특한 존재다. 그들은 흙으로 지어진 피조물이긴 하지만, 야웨의 형상을 지녔고 야웨의 생기로 살아 움직인다. 또한 야웨는 인간을 신적 돌보심과 관심의 대상으로 삼으시고, 그들에게 위임된 권한을 행사하는 데 있어 어느 정도의 자유와 상호관계에서 어느 정도의 주고받음을 허용하면서 결속력 있는 진정한 관계를 형성하신다.

두 가지 창조 기사는 창조주를 최고로 강할뿐더러 외부에 계시며, 근접할 수 없는 존재이면서도 권력을 공유할 의지가 있고, 창조세계 안에 임재하면서 인간 사회에 깊이 관여하시는 존재로 소개한다. 이 내러티브는 창조세계를 향한 선하고 관대하며 이 세상에 흡족해하시는 야웨의 마음을 강조한다. 야웨는 피조물마다 "좋다"고 말씀하시며 완성된 계획을 보시고는 "아주 좋다"고 말씀하신다. 창조세계는 야웨의 돌보심과 이 땅에 사는 인간의 노력에 힘입어 번성한다.

그러나 아담과 하와는 그들에게 위임된 권한과 창조세계 안에서 그들에게 주어진 지위의 한계를 뛰어넘어 창조세계에 좋은 것이 무엇인지를 스스로 결정할 수 있다고 생각한다. 그들의 결정은 즉각적으로 창조 질서를 혼란에 빠뜨린다. 인간은 자신의 정체성을 하나님으로부터 부여받도록 창조되었다. 인간은 자주적인 존재로 이 땅에 거주하도록 창조된 존재가 아니다. 그 여파는 한때 창조주에 의해 하나가 되었던 인류가 분열되고 나뉘는 결과를 초래한다. 인간은 자신의 일부를 서로에게 감추고, 자신들의 모든 것을 하나님께 숨긴다. 위계질서가 인간 관계 안으로 들어오며, 하나였던 본래의 모습은 산산 조각나고 서로를 배제하는 세상으로 변한다. 야웨는 두 사람이 생명 나무의 열매를 먹고 그들의 해로운 영향이 온 세상을 영구적으로 오염시키지 못하도록 그들을 동산에서 추방해야만 했다. 세상을 원상태로 되돌리기 위해 야웨는 그들을 동산에서 내쫓을 수밖에 없었다.

폭력은 초기의 인간 공동체가 하나님과는 별개로 선한 것이 무엇인지를 결정하기로 한 그들의 결심에서 비롯된 직접적인 결과다. 야웨는 이러한 폭력에 대해 인간의 폭력이 초래한 피해를 복구하려는 의지와 그들을 향한 연민으로 응답하신다. 여기에는 야웨가 변덕이나 앙심이나 개인적인 감정 때문에 인간에게 반격을 가하신다는 생각의 여지가 조금도 남아 있지 않다. 창세기 초반의 여러 장에서 야웨가 사람들이 행한 것에 분노하셨다는 언급은 그 어디에도 없다. 야웨는 가인이 아벨을 죽였다는 이유로 그를 죽이지 않으신다. 인류 최초의 살인자를 내어쫓으실 때도 그는 오히려 다른 사람에게 살해당할 가능성을 제기하는 가인의 말에 귀를 기울이신다. 야웨는 가인을 그의 운명에 맡기기보다는 그가 동생에게 가한 그 폭력으로부터 그를 보호하기 위해 그에게 표를 건네신다. 인간의 폭력이 하늘과 땅의 경계가 사라지기 시작할 정도로 극심해지자 야웨는 마침내 슬픔과 비탄에 잠기신다. 이 경우에 야웨는 창조세계가 죽음의 소용돌이로 빠져드는 불가피한 상황을 더욱더 악화시키고, 혼돈의 상태로 되돌아간 세상을 다시 새롭게 시작하려는 의도를 갖고 한 명의 의인과 그의 가족을 각각 한 쌍의 피조물들과 함께 구원하신다. 야웨는 돌이킬 수 없는 지점에 다다를 때까지 기다리셨다가 개입하셔서 인간이 초래한 파멸이 실제로 벌어지게 하신다.

인간 공동체가 도시 건설을 통해 에덴을 자신들의 방식대로 재창조하겠다는 결심은 야웨로 하여금 다시 이 땅으로 내려오게 만든다. 야웨는 이 세상으로 다시 들어오시지만 거리를 두고 일하신다. 하나님은 자신들의 명성을 떨치려고 애쓰는 고집스러운 공동체와 소통하지 않고 아예 그들의 대화를 완전히 뒤섞어 놓으신다. 이로써 야웨는 자신의 정체성을 주장하고, 이 세상에서 자신의 뜻을 관철하며, 창조세계 안에서 자신의 탁월함에 찬사를 보내고, 온 세상을 자신의 통제 영역으로 만들며, 자신의 지속 가능한 미래를 구축하려는 인간의 모든 욕망을 차단하신다. 하나님의 강림은 인간이 만든 이 세상을 다시 복구하기 위해 그곳으로 직접 들어오시려는 의지를 보여준다. 따라서 우리가 이제 여기서 던져야 할 질문은 바로 야웨가 이 세상 안으로 들어오신 사건이 과연 폭력에 사로잡힌 이 세상을 그가 회복하는 데 영향을 미칠 것인지, 그리고 만일 그렇다면 얼마나 영향을 미칠 것인지에 관한 것이다.

3장

야웨의 새로운 접근 방법

[야웨]께서 또 이르시되 "소돔과 고모라에 대한 부르짖음이 크고 그 죄악이 심히 무거우니 내가 이제 내려가서 그 모든 행한 것이 과연 내게 들린 부르짖음과 같은지 그렇지 않은지 내가 보고 알려 하노라"(창 18:20-21).

셈의 계보(창 11:10-32)는 정착하고 건설하고 자신들의 이름을 떨치기 원하는 하나가 된 인류의 열망을 한 개인의 이름을 위대하게 해주시겠다는 야웨의 약속과 연결한다. 천지창조 때처럼 야웨는 단순히 이 세상에 새로운 질서를 도입하기 위해 말씀하신다.

[야웨]께서 아브람에게 이르시되 "너는 너의 고향과 친척과 아버지의 집을 떠나 내가 네게 보여 줄 땅으로 가라. 내가 너로 큰 민족을 이루고 네게 복을 주어 네 이름을 창대하게 하리니 너는 복이 될지라. 너를 축복하는 자에게는 내가 복을 내리고 너를 저주하는 자에게는 내가 저주하리니 땅의 모든 족속이 너로 말미암아 복을 얻을 것이라" 하신지라 (창 12:1-3).

긴 족보가 상징적으로 나타내는 기간 동안 야웨는 인간의 사악함의 문제를 해결하기 위한 실질적인 접근법을 선택한 듯 보인다. 이제 야웨는 인간이 만든 이 세상 안으로 들어오셔서 그 체계 안에서 이 창조세계를 축복과 질서의 상태로 회복하는 사역을 추진하실 것이다. 이러한 사역은 한 가족으로 시작하여 외부를 향해 확대될 것이다. 이 과정은 하나님과 인간의 관계를 원상태로 되돌리는 것을 요구할 것이며, 인간에게는 창조주의 지시와 공급하심에 의존하고 복종할 책임이 뒤따른다.

이름 떨치기

아브람에게 선포하고 그를 통해 추진될 야웨의 계획은 고집스러운 인간의 허세에 직접 대항하고, 이 세상이 추구하는 삶의 방식을 전복시킬 것을 예고한다. 방랑 생활을 하던 인류는 시날 평지에 정착하여 도시를 건축하기 시작한다. 그런데 이제 야웨는 같은 지역(갈대아 우르)에 뿌리를 둔 한 사람을 부르시고 그에게 그 도시를 떠나 목적도 없이 떠도는 삶을 시작하라고 말씀하신다. 하나가 된 인간은 바벨에서 창조주를 인정하지도 않고 언급조차 하지 않으면서 자신의 정체성을 확립하고, 자신의 명성을 떨치며, 자신의 권력을 확대하고, 자신의 영속성을 확보하고자 노력했던 니므롯의 정신을 보여준다. 그런데 이제 야웨는 이 모든 것을 주시겠다고 약속하시며 한 사람의 인생에 직접 개입하신다. 이제는 번영과 명성이 아브람의 노력의 결과로서가 아니라 창조주의 사역을 통해 아브람에게 주어질 것이다. 하나가 된 인간은 바벨에서 흩어지는 것을 두려워하여 탑을 건축하기 시작했다. 그런데 이제 야웨는 한 가족을 불러 그들의 땅과 조상과 일가친척을 떠나 영원한 외인으로서 뿌리도 없는 존재의 삶을 시작하라고 말씀하신다.

야웨는 신중하고 조심스럽게 개입하신다. 이 중요한 출발점에서 주목할 만한 점은 바로 야웨와 그의 파트너 사이에서 느껴지는 거리감이다. 전후 문맥이 전혀 없다. 무엇이 야웨로 하여금 다름 아닌 이 사람에게 관심을 두게 했는지에 관한 정보도 없다. 그를 찾아온 적도 없고 그가 환상을 본 적도 없다. 아브람의 상황에 관한 설명이나 처음 접촉하게 된 경로에 관한 설명도 없다. 오직 무언가 새로운 것을 창조하고 복을 주겠다고 선언하는 야웨의 목소리만 있을 뿐이다. 야웨 하나님이 아브람과 그의 가족을 위해, 그리고 이 세상의 모든 민족을 위해 추진하는 사역의 핵심은 복이다. 복은 최초의 인간을 향한 야웨의 최초의 행위에도 나타나 있으며, 인간의 오만함에도 불구하고 인류를 향한 야웨의 본래의 생각을 표현한다(참조. 창 1:28). 야웨는 아브람과 그의 가족을 통해 이 세상을 재건하겠다고 말씀하신다. 이 첫 만남에서는 오직 야웨만 말씀하신다. 아브람이 복을 받는 이유는 그 복의 대상을 전 인류에게로 확대하기 위해서다. 그렇게 함으로써 이 가족은 야웨가 위임한 본래의 명령을 회복하고 이행할 것이다.

인간의 사악함에 대한 야웨의 최초 반응은 창조세계를 완전히 뒤엎고 검증된 노아를 통해 다시 회복하는 계획을 추진하는 것이었다. 이 계획은 이 세상을 회복하는 데 실패했고, 그 여파로 야웨는 이제 이 계획을 소규모로 전개해나가기로 결심하신다. 야웨는 이제 선택받은 인간 대리인과 협력하여 이 세상을 완전히 회복하는 사역을 시작하기 위해 이 세상으로 들어오신다.

따라서 야웨는 인류와의 관계를 초기화함으로써 창조세계를 초기화하신다. 야웨가 하신 말씀의 순서는 중요한 의미를 담고 있다. 즉 명령이 먼저 나오고 약속이 그 뒤를 잇는다. 야웨는 아브람에게 축복을 약속하며 순종할 것을 명령한다. 양자의 관계는 다소 거리를 유지하는 관계로 시작하지만, 지속적으로 우정의 관계로 발전한다. 요컨대 야웨는 자신을 아브람과 **동일시하기로** 결심하신다. 이 결심은 매우 중요한 의미를 갖는다. 야웨는 인간의 한 가족과 맺은 관계를 통해 창조세계를 회복하려는 계획에 착수함으로써 아브람을 보호하고 그에게 필요한 것을 공급할 책임을 떠맡는다. 야웨는 아브람의 지위를 격상시키고 그의 이름을 창대케 하며 자신이 그를 통해 이루고자 하는 일에 그의 관심을 끌기 위해 전적으로 아브람의 편에 선다. 이스라엘에 호의적으로 대하는 자들은 야웨의 친구가 되고 그의 가족을 함부로 대하는 자들은 원수가 될 것이다. 다시 말하면 야웨의 사역은 이 세상에서 아브람이 맞이하게 될 운명에 의해 결정될 것이다. 또 다른 한편으로 고향을 떠나라는 하나님의 명령에 대한 아브람의 즉각적인 순종은 자신을 야웨와 동일시하려는 그의 의지를 잘 보여주는데, 나중에 분명하게 드러나겠지만 이는 야웨의 관심과 존중을 요구하는 다른 이들과 아브라함 간에 갈등을 초래한다.

이러한 꾸밈없은 초기의 우정은 시간이 흐름에 따라 발전하면서 일종의 패턴을 지니게 된다. 야웨는 아무런 예고도 없이 나타나셔서 자신의 계획에 관한 새로운 정보를 공개하기도 하고, 때로는 아브람에게 더 많은 것을 요구하신다. 한편 아브람은 야웨가 처음 그를 불렀을 때와 동일한 존경과 순종의 모습으로 일관한다. 문헌상으로는 얼마 지나지 않아 야웨께서 직접 나타나 그에게 두 번째 정보를 전달하신다. 아브람이 가나안에 도착하자마자 야웨는 이제 고향을 멀리 떠난 나그네에게 나타나 맨 처음에 한 약속을 좀 더 구체화하기 위해 다음과 같이 말씀하신다. "내가 이 땅을 네 자손에게 주리라"(12:7). 그리고 거기서 아브람은 하나님의 현현을 기념하기 위해 제단을 쌓는다. 이러한 하나님의 방문을 받은 아브람은 벧엘 지역으로 향하고 거기서 두 번째 제단을 쌓고 야웨의 이름을 부른다(12:8).

그러나 머지않아 야웨는 아브람의 일에 개입해달라는 요청을 받는다. 가나안 땅에 기근이 엄습하자 아브람은 야웨가 그에게 지시하지 않은 곳에 스스로 가서 정착한다. 나중에 그의 손자 야곱이 했던 것처럼 아브람은 야웨가 얼마 전에 그에게 주시겠다고 약속한 땅에서 이집트로 내려가기로(여기서 사용된 동사는 야웨가 바벨로 내려오신 것을 나타낼 때 사용된 동사와 같다) 결심한다(12:10-20). 그곳에 도착하자 아브람은 아리따운 자기 아내 때문에 그 나라에 사는 누군가에게 자신이 죽임을 당할 것을 두려워한다. 우리는 그의 두려움이 타당성이 있는지 아니면 단순히 그가 만들어낸 것인지 알 수 없다. 하지만 여기서 중요한 점은 아브람이 "너를 저주하는 자에게는 내가 저주하리니"라고 말씀하신 야웨의 약속에 주의를 기울이지 않는 것처럼 보인다는 것이다. 그가 이 약속을 잊은 것일까? 아니면 야웨가 자신을 보호해주실 능력이 있는지, 그리고 보호해주실 것인지에 대해 의심을 가진 것일까? 어쨌든 아브람은 변덕스러운 신들로 가득 찬 세상에 살고 있다. 이 전도유망한 신은 그를 좋아하지만, 문제가 생긴다면 과연 그의 새 친구는 그를 도와줄까?

아브람은 사래를 자기 누이로 속여 문제를 더욱 복잡하게 만든다. 어쨌든 소문은 그가 우려했던 대로 파라오에게 전해지고 파라오는 그녀를 자기의 궁으로 데려간다. 그러나 내레이터는 파라오가 사래 때문에 아브람을 환대했다는 점을 분명히 밝힌다(아니, 사실은 그에게 엄청난 재산을 안겨줄 정도로 극진하게 대접했다; 16절). 사실 파라오는 아브람이 두려워했던 그런 인물이 아니었다. 그는 자신이 원하는 것을 탈취하는 거만한 폭군처럼 행동하지 않았다. 오히려 파라오는 아브람과 당대의 관습을 존중하고 아브람의 누이라고 믿었던 그 여인으로 인해 아브람에게 넘치도록 보상해준다.

이 사건은 야웨를 어느 정도 곤경에 빠뜨리는 것처럼 보인다. 야웨는 아브람이 앞으로 하나님이 주시는 축복의 통로가 되어 그 축복이 아브람을 축복하는 이들에게까지 확대될 것이라고 말씀하셨다. 그렇다면 파라오는 아브람의 경제적·사회적 지위를 격상시켰다는 이유로 하나님의 축복을 받게 될 것인가? 아니면 파라오가 비록 그가 아는 한도 내에서 가장 호의적으로 행동했다 하더라도 야웨는 자신의 약속 때문에 아브람 편에 서서 두 사람을 구해내야만 했을까? 해석자들은 하나님의 약속 가운데 다양한 요소를 야웨가 개입할 수밖에 없었던 이유로 꼽는다. 구체적으로 말하자면 아브람으로 하여금 큰 민족을 이루게 하고 그의 자손에게 가나안 땅을 주겠다는 약속 말이다. 이 관점을 따르면 가장 위험한 것은 파라오가 사래가 낳은 자식의 아비가 되어 그녀가 아브람의 자식을 낳는 하나님의 계획을 완전히 망가뜨리는 것이다. 이것이 바로 이 이야기에서 가장 큰 관심사다. 물론 현시점에서는 아직 그 약속이 사래를 통해 성취될 것임을 야웨가 구체적으로 밝히지는 않았지만 말이다(그리고 데이비드 클라인스가 예리하게 지적했듯이 현 시점에서 아브람에게는 다른 여러 가능성도 남아 있었다).[1]

이 이야기의 줄거리는 이제 야웨가 아브람과 친구가 되기로 한 초기부터 그 결정이 초래할 결과와 직면해야 함을 암시한다. 야웨는 이제 아브람이 타인과 문제가 생겼을 때 과연 그의 편에 서야 할지, 또 그의 편을 든다면 어떤 입장을 취해야 할지를 결정해야 한다. 이것은 심지어 아브람의 정직하지 못한 행동으로 인해 생긴 갈등이라 할지라도 마찬가지다. 파라오는 아브람을 너그러이 대접했지만, 야웨는 악한 세상에서 사는 친구를 위해 최선을 다할 것을 결심하신다. 심지어 그것이 타인의 행

―――――

1   David J. A. Clines, "The Ancestress in Danger: But Not the Same Danger," in *What Does Eve Do to Help? and Other Readerly Questions to the Old Testament*, JSOTSup 94 (Sheffield: JSOT Press, 1990), 69-72.

복에 반한다 할지라도 말이다. 만약 누군가의 편에 서면 다른 누군가의 반대편에 서는 것이 불가피해진다. 따라서 야웨는 비록 아브람이 문제를 일으켰다 하더라도 파라오와 그의 집안을 치신다. 파라오는 악의적으로 행동하지 않았으며, 그의 집안 역시 설령 이번 일에 관여했다 하더라도 극히 미미한 수준이었다. 설상가상으로 파라오는 야웨가 자기 가족을 친 이유를 찾아내야 하는 과제까지 떠맡게 된다. 여하튼 야웨는 파라오에게 말씀하시고, 파라오는 즉시 아브람에게 그가 속인 사실을 들이대며 그의 아내를 데리고 갈 것을 명령한다. 이러한 안타까운 상황에서 과연 누가 잘못을 저질렀는지를 판단하는 것은 쉽지 않다.

본문은 야웨가 파라오를 치기로 결단한 과정을 상세하게 일러주지 않는다. 그러나 우리는 야웨가 불안해하는 친구에게 자신이 그의 편이며 언약을 반드시 이행할 것이라는 믿음을 갖게 할 필요가 있다고 판단했음을 어느 정도 추측할 수 있다. 이유야 어찌 되었든지 간에 야웨가 파라오의 집안에 재앙을 내리기로 결정한 것은 매우 의미심장하다. 아무튼 홍수 이후 처음으로 야웨는 결국 자신이 아브람의 가족과 연대하고 있다는 사실을 보여주기 위해 사악한 행동을 하거나 폭력을 행사하지 않은 자들에게 폭력을 가하신다.

깊어진 관계

아브람은 큰 부자가 되어 이집트를 떠난다(창 13:2). 그는 사래와 롯을 데리고 그가 처음으로 야웨를 위해 제단을 쌓았던 가나안으로 돌아온다. 하지만 그가 얻은 재물은 그의 사람들과 롯의 사람들 간의 분쟁을 일으키고 아브람은 둘이 서로 갈라설 것을 제안하기에 이른다. 이러한 시나리오는 또 다른 교훈으로 이어진다. 아브람은 야웨가 그 땅과 관련하여 어떤 지시를 내렸다거나 또는 그 땅을 자기에게 주셨다는 말은 생략하고 롯에게 그가 살고 싶은 곳을 선택하라고 말한다. 이에 롯은 에덴 같은 지역을 선택하고 동쪽으로 향한다. 아브람은 약속의 땅 가나안에 남고, 롯은 소돔 근처에 정착한다(13:2). 거기서 야웨는 아브람에게 추가로 말씀하시는데, 이번에는 아브람과 그의 자손들에게 줄 땅이 얼마나 넓은지 상세히 설명하고 그 광활한 땅을 횡단해볼 것을 그에게 권한다(13:14-17). 이에 아브람은 야웨를 위해 다시 한번 제단을 쌓는다(13:18).

야웨는 비록 아브람을 이집트에서 인도해내기 위해 폭력을 사용하긴 했지만, 아브람이 다른 왕들과 전쟁에 휘말게 되었을 때는 그를 지원하는 데 조금도 망설이지 않으신다(14:1-24). 동쪽 왕국 연합군이 롯을 사로잡고 그의 소유를 빼앗아갈 때 아브람은 적극적으로 행동에 나선다. 우리는 앞서 아브람이 그 지역에 거주하는 일부 아모리 족속과 조약을 맺었다는 사실을 알고 있다(13b절). 아브람은 그 동맹군과 힘을 합하여 적군을 다메섹까지 추격한다. 그는 밤중에 적군을 습격하여 롯을 비롯하여 그의 모든 소유를 되찾아오는 데 성공한다.

돌아오는 길에 아브람은 살렘 왕 멜기세덱의 환영을 받는데 (14:18), 그는 "엘 엘룐"("지극히 높으신 하나님")의 제사장이기도 하다. 멜기세덱은 아브람의 승리를 엘 엘룐의 업적으로 돌린다. 아브람도 이에 이의를 제기하지 않는다. 하지만 멜기세덱의 이러한 생각은 이 사건을 기술하는 내레이터의 관점과 다르다. 그의 기사에는 야웨 혹은 다른 신들에 대한 언급이 전혀 없다. 내레이터는 오히려 아브람의 승리의 원인을 분산 공격 전략의 공으로 돌린다(15절). 이 내러티브는 두 가지 이유에서 매우 주목할 만하다. 첫째, 우리는 (처음으로) 야웨가 전쟁에 관여했다는 사실을 그가 전쟁에 관여했다는 이야기를 통해서가 아니라 어떤 제사장-왕이 승전의 비결을 엘 엘룐(나중에는 야웨의 칭호가 됨)의 공으로 돌렸다는 기사를 통해 접하게 된다. 둘째, 이미 지적했듯이 야웨는 이 이야기에서 완전히 배제되어 있는데, 이는 야웨가 현시점에서는 아직 대규모 전쟁에는 관여하지 않았음을 암시한다.

그 후 야웨가 재차 모습을 드러낼 때는 둘의 만남이 환상과 말씀을 통해 이루어지는데, 이는 형식과 내용 면에서 보다 더 실질적인 만남이었음을 보여준다(15:1-21). 야웨는 인사말과 함께 자신의 방문 목적을 알린다. "아브람아! 두려워하지 말라. 나는 네 방패다. 너는 지극히 큰 상급을 받을 것이다"(1절). 첫 문장이 불안해하는 아브람의 감정을 대변한다면 다음 두 문장은 그 배후에 있는 것을 암시한다. 야웨는 먼저 아브람에게 자신을 군사 장비로 생각하라고 말씀하시는데, 이는 앞서 아브람이 동쪽의 왕들과 벌인 전투의 관점에서 보면 아마도 그의 생각에 변화를 주기 위해 고안해낸 적절한 비유일 것이다. 이어서 야웨는 상급에 관해 말씀하신다. 여기서 "상급"으로 번역된 히브리어 용어는 선한 일이나 악한 일을 위한 서비스 혹은 행동에 대한 보상을 의미한다. 인사말을 통해 전달된 야웨의 보상 의도는 이 관계를 통해 얻을 수 있는 물질적인 혜택에 관해 아브람이 궁금해할 수 있음을 야웨도 인식하고 있음을 암시한다.

아브람은 이제 지금까지 자신의 마음을 짓눌러온 질문을 던진다. "주 [야웨]여! 무엇을 내게 주시려 하나이까? 나는 자식이 없사오니 나의 상속자는 이 다메섹 사람 엘리에셀이니이다"(2절). 이것이 아브람이 처음으로 야웨께 한 말이며, 이 발언은 양자의 관계가 독백에서 대화로 바뀌는 계기를 마련한다. 하나님의 짧은 발언에 이어 아브람의 제단 쌓기로 이어지는 초기의 패턴은 이제 여기서 찾아볼 수 없다. 이제 그들의 대화는 그동안 그들이 함께 발전시킨 관계적 자산에 기초하여 이루어진다. 아브람은 야웨께 질문을 던지고 야웨는 그를 위해 마음속에 계획하고 있던 것을 추가로 밝히신다. 구체적으로 야웨는 언약의 자손들이 다른 사람을 통해 나오리라는 생각을 잠재우신다. 그들은 아브람의 몸에서 나올 것이다. 이어서 야웨는 아브람에게 그의 몸에서 나온 자손들이 하늘의 별과 같이 셀 수 없을 만큼 많을 것이라는 대담한 약속을 믿을 것을 요구하신다.

내레이터는 아브람의 답변을 간결하면서도 예리하게 전한다. "아브람이 [야웨]를 믿으니 [야웨]께서 이를 그의 의로 여기시고"(6절). 의에 대한 언급은 아브람을 노아와 연결한다(창 6:9). 노아의 의는 망가진 세상에서 "당대에 완전한 자"였던 그의 성품과 관련되어 있었다. 그러나 아브람과 의의 연관성은 야웨의 약속에 대한 그의 신뢰에서 비롯된 것이며, 따라서 **관계적** 성향을 띤다. 이 문맥에서 의는 의로운 성품보다는 올바른 관계를 지칭한다. 따라서 야웨의 선언은 하나님과 인간의 관계가 창조주는 주도하고 공급하는 역할을 하고, 인간 파트너는 의존하고 순종하는 역할을 맡는 방향으로 올바르게 재구성되었다는 야웨의 생각을 나타낸다.

하지만 야웨를 신뢰한다는 것은 아브람이 확실한 약속을 포기하는 것을 의미하지 않는다. 이것은 아브람이 "내가…무엇으로 알리이까?"라고 묻는 두 번째 질문에서 분명해진다. 야웨의 답변은 놀랍다. 야웨는 아브람에게 서로 다른 다섯 종류의 짐승을 데려오라고 명령하신다. 이에 아브람은 야웨의 의도를 잘 인식하고, 몸집이 큰 동물은 둘로 자르고 독수리는 사체에서 멀리 떨어뜨려 놓는다. 해가 저물고 어두움이 엄습하자 야웨는 그의 자손에 관해 더 많은 정보를 들려주신다. 그의 자손들은 남의 나라에서 나그네로 살게 될 것이다. 그들은 사백 년간 종살이를 하게 될 것이지만, 야웨는 그들을 억압하는 민족을 심판하실 것이다. 그들은 많은 재물을 얻어 그곳을 떠날 것이며 4대째에 이르러 가나안 땅으로 되돌아올 것이다. 또한 야웨는 "아모리 족속의 죄악이 아직 가득 차지" 않았음을 밝히신다(16절).

이 대화는 연기가 나는 화로와 아브람이 서로 마주 보게 놓은 쪼

개진 동물 사이로 불타는 횃불이 지나가는 장면에 이어 땅에 대한 약속
이 반복되면서 끝을 맺는다. 절단된 동물의 사체 사이로 지나가는 장면
은 언약 체결의 의미를 상기시키는데, 이는 아브람이 이 화로가 자신과
언약을 맺겠다는 야웨의 결정과 관련이 있는 것으로 이해하고 있음을
암시한다. 내레이터는 이것이 실제로 일어난 일임을 확인해준다. "그날
에 [야웨]께서 아브람과 더불어 언약을 세워"(18a절; 히브리어는 "언약을 자
르다").

우리는 이 전체 장면을 "내가…무엇으로 알리이까?"라는 아브람
의 질문에 대한 야웨의 답변으로 보아야 한다. 그렇다면 우리는 여기서
야웨가 아브람의 세계에 더 깊숙이 관여할 뿐 아니라 인간 파트너가 우
려하는 것에 공감한다는 점을 볼 수 있다. 아브람과 언약을 체결하심으
로써 야웨는 아브람의 세계와 이해에 근거한 사회적 관습을 따르는 관계
를 공식화한다. 이를테면 야웨는 서명란에 서명함으로써 무슨 일이 일어
나더라도 이 관계를 책임지겠다는 것을 서약한 셈이다. 그 어떤 것도 야
웨가 그렇게 하도록 강제하지 않는다. 아브람으로서는 야웨의 약속만으
로도 충분했다. 하지만 야웨는 아브람이 자신의 신실하심에 대한 가시적
인 표현으로서 무언가 더 필요하다는 것을 알고 있다. 따라서 야웨는 아
브람의 우려에 공감하며 그가 이해할 수 있는 방식으로 자신의 약속을
확인해준다. 이들의 관계는 점점 더 성숙해진다. 이제는 쌍방이 서로 소
통하고 서로의 관심사와 우려를 인식한다. 그리고 신뢰는 점점 더 쌓여
간다.

따라서 야웨가 그다음 방문에서 아브람에게 확실한 약속을 요구한 것은 놀라운 일이 아니다(17:1-27). 이제 야웨는 자신의 정체를 밝히고("나는 전능한 하나님이라"), "너는 내 앞에서 행하여 완전하라"고 명하시며, 양자 간에 언약을 체결하겠다는 의도를 밝히신다(1-2절). 과거의 대화가 아브람이 질문을 하면 야웨가 답변하고 수용하는 데 초점을 두었다면, 이제는 아브람에게서 적절한 반응을 보고 싶어 하는 야웨의 마음을 엿볼 수 있다. 지금까지 야웨는 아브람이 자신의 약속을 신뢰하는 것 외에는 바라는 것이 없었다. 그러나 이제 야웨는 관계적인 충성("내 앞에서 행하여")뿐만 아니라 망가진 세상에서 흠 없이 의롭게 살았던 노아(6:9)에 상응하는 도덕적 충성을 아브람에게 요구하신다. 얼핏 보면 야웨가 아브람과 언약을 체결하겠다는 의도를 표명한 것은 불필요해 보인다. 왜냐하면 내레이터가 마지막 신현 기사에서 그 내용을 이미 밝혔기 때문이다(15:18).

그러나 그 이후의 대화를 보면 언약에 방점이 찍힌 이번 말씀에 야웨가 아브람에게 요구하는 내용이 상세하게 담길 것을 예고한다. 야웨의 발언 가운데 앞부분은 자손에게 땅을 주시겠다는 약속이 반복됨과 동시에(17:4, 6, 8) 아브람에게 새 이름을 부여하고(5절) 언약을 선포하는 내용(7절)을 담고 있다. 아브람이 야웨 앞에 엎드린 후에 새로운 이름이 주어졌다는 것은 이 관계의 진면을 보여준다. 아브람이 속한 문화에서 엎드린다는 것은 전형적으로 신분이 낮은 사람이 권력을 가진 사람으로부터 호의를 얻고자 할 때 취하는 행동이다. 아브람이 엎드린 것은 야웨의 선언과 명령 및 약속에 대한 그의 반응이다. 그는 이를 통해 야웨가 온 우주의 주권자임을 인정하고 그분에게 합당한 영광을 돌린다.

　야웨는 아브람에게 새로운 이름을 부여함으로써 양자의 관계를 인정하신다. "이제 후로는 네 이름을 아브람이라 하지 아니하고 아브라함이라 하리니 이는 내가 너를 여러 민족의 아버지가 되게 함이니라"(5절). 바벨의 세계와 아브람을 통해 전개될 야웨의 세계 간의 차이는 이제 명백해졌다. 하나가 된 인류는 창조주와의 관계를 떠나 자신들의 정체성과 목표와 미래를 주장하고자 했다. 이제 창조주는 자신이 선택한 친구에게 새로운 정체성을 부여하는데, 이 정체성은 하나님이 약속하신 장소와 목적과 후손을 통해 드러난다. 창조세계의 올바른 질서의 확립에 필요한 이러한 올바른 관계는 이제 아브라함과 그의 가족을 통해 새롭게 확립되고, 이는 하나님에 대한 아브라함의 순종과 의존과 주권의 인정을 통해 나타난다.

　더 나아가 야웨는 과거의 대화에서처럼 양자 관계에 대한 아브라함의 헌신을 공식화하기를 원하신다. 따라서 또 다른 명령이 뒤따른다. "너는 내 언약을 지키고 네 후손도 대대로 지키라"(9절). 이어서 야웨는 이 명령의 의미를 설명하신다. 이 언약은 신체에 가하는 폭력을 요구한다. 즉 아브라함은 성기의 포피를 잘라내야 한다. 야웨는 할례가 둘 사이의 언약의 징표가 될 것임을 선언하신다. 이 징표에는 메시지와 기억해야 할 사항이 들어 있다. 왜냐하면 아브라함의 자손들이 바로 거기서 나올 것이기 때문이다. 따라서 이제 아브라함(그리고 그와 연관된 모든 남자)은 야웨의 약속과 능력과 주권을 날마다 상기시킬 징표를 지니게 된 것이다.

야웨는 사래에게도 새로운 이름을 지어주시고 민족들과 왕들이 그녀에게서 나올 것임을 반복해서 말씀하신다. 아브라함은 이 말씀을 의아하게 받아들인다. 그는 늙은 사람이 아이를 갖는 일의 불합리성을 제기하는 질문을 던지며(18절), (야웨의 계획 혹은 관여 없이 태어난) 자기 아들 이스마엘이 자신의 혈통을 이을 적임자라고 제안함으로써 이러한 불합리성을 해소하고자 한다. 그러나 야웨는 즉시 그러한 생각을 일축하고 사라가 약속의 아들을 낳을 것이라고 단언하신다. 야웨는 이와 관련하여 아브라함의 의견에 자기 뜻을 결코 굽히지 않으실 것이다.

하지만 동시에 야웨는 아브라함의 의견을 들었고, 이에 따라 계획이 일정 부분 수정될 것임을 밝히신다. 이스마엘 또한 하나님이 아브라함에게 처음으로 약속하신 것과 유사한 복을 받게 될 것이다(20절). 하지만 야웨는 이미 아브라함을 통해 시작하신 일을 계속 전개해나가기 위해 아직 태어나지 않은 또 다른 아들을 선택하실 것이다. 이러한 반응은 야웨의 사역을 전개해나갈 하나님과 인간의 관계의 중요한 측면을 규정한다. 야웨는 인간 파트너가 의견을 제시하는 것을 환영하고 중시하며(경청은 존중의 표현이다), 이에 대한 반응으로서 무언가 새로운 일을 행하실 수 있다.

배경 이야기의 요약

우리가 검토한 야웨와 아브라함의 관계에 관한 내용은 야웨가 인간이 만든[2] 이 세상에 두 번째로 내려오신 사건 기록에 대한, 길지만 꼭 필요한 배경 이야기를 형성한다(18:21). 아브람에게 주신 야웨의 약속은 체계 안에서 창조세계를 회복하려는 하나님의 전략의 시발점이다. 야웨는 아브람과 그의 가족을 통해 세상의 질서 확립에 필요한 올바른 관계를 다시 회복할 것이다. 야웨는 모든 것을 무너뜨리고 처음부터 다시 시작하는 대신 아브라함과 그 가족을 통해 이 세상에 다시 복을 베푸실 것이다. 아브라함의 이야기는 그가 하나님의 약속과 명령을 받아들이고 순종함으로써 시작된 관계를 묘사한다. 야웨와 아브라함은 여러 차례의 만남을 통해 서로를 알아가고 신뢰를 구축해나간다. 아브람은 침묵하고 야웨 혼자 말씀하시는 일방적인 관계는 이제 지나가고 양자가 서로 파트너이자 친구로서 소통하며 대화하는 관계로 발전해나간다.

　　이 내러티브는 관계를 형성한다는 것이 쌍방에게 어떤 의미인지

<hr>

2　인간이 만드는 이 세상은 실로 "**인간**이 만든 것"이다. 이 세상에서 자신들의 삶의 질서를 유지하기 위해 인간이 만드는 체계는 사람들과 그들의 관심사를 그 중심에 둔다. 이 체계는 어떤 사람이 다른 사람 위에 군림하는 위계질서를 발전시킨다. 요약하자면 이 인간 세계를 설정하는 이 가부장 제도는 인간의 깨어진 모습에 대한 사회적 표출이며, 이는 세상을 자신의 방식으로 만들려는 인류의 반항적인 고집에서 비롯된다. 야웨 하나님은 다음과 같이 선언하셨다. 이 세상에서는 남자가 여자를 다스릴 것이다(창 3:16). 따라서 피조물을 새롭게 회복하시는 야웨의 사역은 인간 사이의 관계—그리고 하나님과 인간의 관계도—를 원상태로 회복하는 것을 수반한다.

를 설명한다. 아브라함에게 있어 이러한 관계는 야웨의 신실하심과 능력과 돌보심을 깊이 경험하고, 인간을 향한 야웨의 원래 계획과 목적과 일치하도록 그분을 깊이 의지하는 것을 의미한다. 아브라함은 야웨가 자기편이 되시며 자신의 문제를 진지하게 받아들이신다는 것을 깨달아간다. 야웨의 편에서 보면 이 관계는 아브람이 사는 세계의 구조와 관습을 수용하기 위해 그 안으로 들어가 일하시는 것을 의미하며, 이를 통해 관계적·창조적 관심사를 발전시켜나가는 것을 의미한다. 야웨는 아브람의 세계를 억지로 수용하는 것이 아니라, 때로는 수정이 요구되는 경우에도 그렇게 하신다. 야웨가 아브람을 비롯하여 그의 가족과 자신을 동일시하기로 결정한 것은 어떤 면에서는 야웨가 현 체계의 한계와 부조리 속에서 일해야 함을 의미한다.

두 번째 강림

야웨는 바벨탑의 경우에서처럼 이 세상에서 벌어지고 있는 악한 상황을 조사하기 위해 두 번째로 이 땅에 내려오신다(18:21). 두 번째 강림은 완전히 육신의 형태를 취한 채 아브라함과 사라를 만나고(18:1-16), 이어서 야웨와 아브라함 사이에 매우 중요한 대화가 오간다(18:17-33). 그 결과로 소돔과 고모라 및 주변 지역이 멸망하게 되고, 내레이터는 이 사건이 홍수 내러티브와 연관되어 있음을 상기시킨다.

아브라함의 장막에서 이루어진 야웨의 이번 현현은 아브라함이 아직 경험하지 못한 가장 완벽하고도 직접적인 신적 계시라고 할 수 있다. 하나님은 아브라함에게 사람의 형태로 나타나신다. 아니 어쩌면 인간의 형태들(!)로 나타나셨다고 말하는 것이 더 정확할지도 모르겠다. 내레이터는 아브라함이 한낮에 그의 장막 입구에 앉아 있을 때 하나님이 그에게 나타나셨다고 이 만남을 소개하는데, 그는 이 이야기를 아브라함이 고개를 들어 자기 앞에 서 있는 세 사람을 보게 된 이야기로 갑자기 전환한다(1-2절). 이 만남은 신비스러우면서도 무척 사실적이다. 비록 우리는 야웨의 현현이 이 세 사람과 무슨 연관성이 있는지 의아해하지만, 아브라함은 즉시 그들을 알아보고 과거와 유사한 방식으로 경의를 표한다(17:3). 그는 방문객들을 크게 환대하며 맞이하는데, 이는 나중에 소돔 사람들이 이 두 사람을 함부로 대한 것과 크게 대조를 이룬다.

이 만남에서 야웨는 사라가 아들을 낳을 것이라는 약속을 반복하고, 처음으로 그녀와 대화를 나누신다. 아브라함과의 대화를 연상시키는 이 간결하고도 재미있는 대화 속에서 야웨는 처음에는 사라에게 거리를 두고 말씀하시지만, 결국에는 그녀와 스스럼없이 대화를 나누신다. 그 사람들은 그녀가 어디에 있느냐고 물어보고 나서 야웨가 내년 이맘쯤에 다시 오실 것이며 그때는 사라에게 아들이 있을 것이라고 말한다. 장막 안에서 듣고 있던 사라는 노년에 자신이 아이를 낳는다는 생각에 웃음을 터트린다. 사라가 두려운 마음에 자기는 웃지 않았다고 대답하자 야웨는 그녀에게 직접 말씀하신다. "아니다. 네가 웃었다"(18:15). 서로 주고받는 이러한 대화는 소돔과 고모라의 멸망과 관련하여 아브라함이 하나님과 더 길게 주고받을 대화를 위한 분위기를 조성하고, 사라의 웃음(히브리어: 차하크, *tsakhaq*)은 야웨를 이 땅에 내려오게 만든 부르짖음(히브리어: 차아카, *tsa'aqah*)을 상기시킨다.

이 이야기에 나타난 야웨의 광범위한 지식과 능력에 대한 우회적인 언급은 특별히 하나님의 마음을 엿볼 수 있는 배경을 제공해준다.

> [야웨]께서 이르시되 "내가 하려는 것을 아브라함에게 숨기겠느냐? 아브라함은 강대한 나라가 되고 천하 만민은 그로 말미암아 복을 받게 될 것이 아니냐? 내가 그로 그 자식과 그 권속에게 명하여 [야웨]의 도를 지켜 의와 공도를 행하게 하려고 그를 택하였나니 이는 나 [야웨]가 아브라함에게 대하여 말한 일을 이루려 함이니라(18:17-19).

야웨는 심사숙고하며 대안을 고려하고 논리적인 근거를 마련해나가신다. 정답은 즉각적으로 나타나지 않는다. 본인의 생각을 이렇게 드러내신다는 것은 이제 야웨가 아브라함과 깊은 관계를 형성했음을 가리킨다. 야웨는 자신의 계획에 따라 아브라함과 맺게 될 신-인 관계의 함의와 한계에 대해 깊이 숙고하신다. 다시 말하면 야웨는 이 인간 친구를 신뢰할 수 있을지에 대해 깊이 생각하신다. 신뢰의 결과는 지금부터 야웨가 이 세상에서 전개할 사역에 영향을 미칠 것이기에 중요하다. 이 문제는 충분한 숙고가 필요하다. 속내를 드러내 보인다는 것은 깊은 우정과 신뢰와 경험이라는 관계적 자산에 기초한 솔직한 마음을 나타낸다. 이는 또한 반응을 유도한다. 아브라함에게 속내를 드러냄으로써 야웨는 암묵적으로 아브라함의 의견을 구하고, 또 그 의견이 하나님의 결정에 영향을 미칠 수 있음을 암시하신다. 야웨는 그의 파트너인 아브라함으로부터 이 문제에 대한 인간의 생각을 듣고자 하신다.

야웨가 아브라함에게 속내를 드러낸 데는 그가 아브라함과 맺어 온 관계가 그 중심에 있다. 야웨는 아브라함에 대해 더 알게 되었고 이 세상에서 그와 함께 동역했다. 야웨는 아브라함의 후손들을 큰 민족으로 만들어 장차 그들로 하여금 "의와 공도"를 행하게 할 것을 약속하셨다. 즉 그들은 "모든 민족에게 축복의 통로가 될 뿐 아니라 이 세상의 질서를 위한 하나님의 창조 목적에 맞는" 삶과 실천을 보여줄 것이다.[3] 그러나 이 계획은 아브라함의 협조와 반응을 필요로 하며 정의와 의가 반드시 **구현되어야 한다.** 아브라함과 그의 후손들은 야웨가 궁극적으로 이 땅의 모든 민족에게서 보기를 원하는 회복된 창조세계의 모습을 그들 가운데서 확립해야 한다. 어쩌면 이것은 야웨가 아브라함이 그 의미를 이해하든지 간에, 그리고 그가 그것을 삶으로 구현해내든지 간에 속내를 드러낸 자신의 행위를 아브라함의 정의와 의에 대한 생각을 파악하는 수단으로 삼고 싶으셨던 것일 수도 있다.

◇◇◇◇◇

3 Terence E. Fretheim, "Genesis," in *The New Interpreter's Bible*, vol. 1, ed. Leander E. Keck (Nashville: Abingdon, 1994), 135.

야웨의 생각은 갑자기 소돔과 고모라에서 들려오는 부르짖음으로 바뀐다(18:20-21). 이에 대한 반응으로 야웨는 이 세상으로 다시 내려오신다. 그러나 이번에는 다소 다른 도시의 정황으로 내려오시지만, 그의 의도는 바벨에서 일어난 일을 조사하러 내려오실 때와 같다. 이러한 결정은 아브라함에 대한 야웨의 생각과 무관하지 않다. 야웨의 이러한 계시와 강림은 자신이 인류와 맺은 관계가 자신을 인간이 만든 이 세상으로 끌어들여 그 세상을 경험하게 할 것이며 자신의 계획이 자신이 선택한 인간 파트너에게 일어나는 일과 일치할 것이라는 야웨의 생각에서 비롯된 것이다.

이 땅에서 부르짖는 소리가 하나님의 귀에까지 들렸다. 이 절규 소리는 무시할 수 없을 정도로 강했으며, 야웨가 일의 경위를 알아보고자 결심하신 사실은 그 절규가 이 창조세계에 큰 위협으로 다가왔음을 의미한다. 이 절규에 대한 언급은 최초의 폭력 행위, 즉 아벨의 피가 땅에서 하나님께 부르짖을 때를 상기시킨다(창 4:10). 이 절규는 또한 나중에 노예로 끌려온 아브라함의 후손들이 이집트에서 하나님께 부르짖게 될 때의 억압을 예고한다(출 3:7-9). 이 절규는 매우 강렬했다. 왜냐하면 그 도시의 죄가 너무도 심각했기 때문이다. 이 부르짖음의 의미를 규명하려는 야웨의 결단은 이 세상을 위해 인간의 사악함을 억제하려는 그의 깊은 마음을 전달한다. 이 심각한 부르짖음은 다시 한번 야웨를 이 세상의 사악한 영역으로 유도한다.

전체적으로 볼 때 이번 이야기에 나타난 야웨의 말씀은 우리가 하나님의 속내를 엿볼 수 있는 세 번째 사례에 해당한다. 이전의 두 사례도 야웨가 중요한 결정을 내리려는 순간에 일어났다.[4] 첫 번째 경우에는 방주 안에 대피시킨 노아의 가족과 동물들을 제외한 나머지 피조물을 멸망시킨 홍수 사건 이전에 사람을 지으신 것을 후회하는 야웨의 슬픔이 들어 있다(6:5-6). 두 번째 경우는 하나가 된 인류가 시날 평지에 건설하고 있던 성읍과 탑을 야웨가 내려다보실 때 일어난다(11:6-7). 이 세 가지 경우 모두에서 야웨는 자신이 목격하고 감지한 위협에 대응하신다. 이 위협에는 타협할 줄 모르는 인간의 사악함과 자신들의 이름을 떨치기로 한 인간의 결정, 그리고 소돔과 고모라로 인한 부르짖음 등이 꼽힌다. 종합하자면 첫째, 우리가 엿볼 수 있는 야웨의 생각은 원래 "좋았다"라고 평가를 받았던 창조세계를 파괴하고자 위협하는 세력들로부터 이 세상을 구원하겠다는 야웨의 결단을 나타낸다. 둘째, 심사숙고하는 야웨의 모습은 이러한 극적인 대응이 단지 순간적인 분노 표출의 결과라는 생각에 이의를 제기한다. 야웨는 어떻게 대응할지를 생각했으며, 이번 사례에서는 이런 심사숙고하는 과정에 인간 파트너를 끌어들인다.

　　이 세 번째 경우도 야웨의 한 걸음 더 진보한 의사 결정을 보여준다. 홍수 이전에는 한탄하고 명령하는 야웨의 모습만 나타난다. 바벨에서는 인간의 건축 사업과 이름을 떨치려는 욕망을 살피려고 이 세상에 내려오신 야웨께 다른 수행원들이 동행한다. 지금 야웨는 의사 결정 과정

4　David W. Coter, *Genesis*, Berit Olam (Collegeville, MN: Liturgical, 2003), 119.

에 아브라함을 끌어들이고 아브라함의 반응에 귀를 기울이신다. 내레이터는 야웨의 속내는 감춘 채 소돔으로 향하는 그 사람들과 여전히 야웨 앞에 그대로 서 있는 아브라함의 모습을 그린다. 우리는 다시 한번 야웨가 어떻게 이 세 방문객 사이에서 나타나셨는지, 또 이 세상을 살펴보기 위해 내려오신 사건에 비추어 이것을 어떻게 이해해야 할지 의아해할 수밖에 없다. 의문으로 가득한 가운데서도 우리의 관심은 야웨가 아브라함 앞에서 생각하고 있는 두 가지 문제로 쏠린다. 그것은 과연 아브라함을 신뢰할 것인지, 그리고 소돔과 고모라를 어떻게 처리할 것인지에 관한 것이다.

아브라함의 질문은 두 가지 문제와 관련이 있다. 아브라함은 하나님께 어려운 질문을 던진다(아브라함은 이 내러티브에서 처음으로 하나님과의 대화를 주도한다). "주께서는 진정으로 의인을 악인과 함께 멸하려 하십니까?"(18:23). 아브라함은 야웨가 지금까지 어떤 생각을 해오셨는지를 알고, 또 야웨가 이 두 도시에 국부적인 공격을 펼칠 것을 알고 있다. 창조주에 대한 그의 이러한 도전적인 질문은 오직 창조주와 좋은 관계를 유지하고 스스로 의견을 제시할 수 있는 피조물의 입에서만 나올 수 있는 대담한 질문이다. 아브라함, 즉 야웨가 이 땅에서 정의와 의를 행할 것이라고 선언한 이 사람은 이제 야웨께 의에 관해 질문한다. 아브라함은 야웨가 자신에게 요구하는 만큼 자신도 그분께 요구한다. 그는 자신의 주장을 다음과 같이 펼친다.

그 성 중에 의인 오십 명이 있을지라도 주께서 그 곳을 멸하시고 그 오십 의인을 위하여 용서하지 아니하시리까? 주께서 이같이 하사 의인을 악인과 함께 죽이심은 부당하오며 의인과 악인을 같이 하심도 부당하니이다! 세상을 심판하시는 이가 정의를 행하실 것이 아니니이까?(18:24-25)

무엇이 이토록 대담한 질문을 던질 수 있게 한 것일까? 분노인가? 놀람인가? 공포심인가? 그것이 무엇이든 간에 아브라함은 하나님이 정의를 행할 것을 강하게 호소하면서 신뢰와 지식에 근거하여 단도직입적으로 말한다. 그의 질문, 특히 그의 도전은 그가 이 관계에서 중요한 것이 무엇인지를 제대로 이해했음을 보여준다. 얼마 전에 하나님의 임재 앞에 엎드렸던 아브라함은 이제 하나님 앞에 서서 야웨가 인간의 사악함에 대해 어떻게 대응할 것인지를 함께 결정하기 위해 그분과 논쟁한다.

그러나 이것은 아브라함이 야웨를 자신과 동등하게 여긴다는 것을 의미하지 않는다. 그의 반응은 오히려 왕에게 말할 권한이 있는 보좌관에 더 가깝다. 아브라함은 대화 전반에 걸쳐 자신의 위치에 대해 잘 알고 있음을 보여준다. 그는 야웨와의 관계에서 자신이 누구인지 잘 알고 있다. 아브라함은 하나님께 자신의 주장을 펼치는 가운데 자신의 탄원 앞에 정중하고 공손한 표현을 덧붙인다. "나는 티끌이나 재와 같사오나 감히 주께 아뢰나이다"(27절). "내 주여 노하지 마시옵고 말씀하게 하옵소서"(30절). "내가 감히 내 주께 아뢰나이다"(31절). "주는 노하지 마옵소서. 내가 이번만 더 아뢰리이다"(32절). 이러한 대화는 아브라함과 야웨의 관계가 야웨가 에덴동산에서 보기를 원했던 협력 관계를 예시하고 있음을 확인해준다. 아브라함은 야웨의 권위와 지위를 인정하고 존중하면서도 하나님과 자유롭게 협력의 관계를 이어나간다.

아브라함은 자신이 던진 예리한 질문에 야웨가 신속하면서도 긍정적으로 반응하시고, 자신이 마흔다섯 명, 마흔 명, 서른 명, 스무 명, 그리고 마지막으로 열 명을 위해 두 도시를 멸하지 말 것을 계속해서 요구할 때도 유연하게 대처하시는 것을 발견한다. 야웨가 각 단계마다 아브라함의 제안을 수용하신 것은 야웨의 자비로운 성품을 입증하고 야웨가 필요에 따라 행동하시는 분임을 강조한다. 그 대화는 의로운 사람들이 전체 인구 가운데 소수에 불과하더라도 그들을 지키고 보호하기 원하는 야웨의 바람을 나타낸다. 충분한 검토와 고민이 선행되지 않는 한, 소돔과 고모라에는 대재앙이 내리지 않을 것이다. 동시에 야웨가 의인 열 명으로 인해 두 도시를 멸하지 않기로 동의한 후에 아브라함이 침묵한 사실은 대재앙을 막으려면 일정한 수의 의인이 있어야 한다는 사실을 암시한다. 부르짖음은 반드시 해소되어야 하며, 이 세상을 위협하는 전염병은 반드시 제거되어야 한다. 이어지는 롯의 이야기에서 보여주듯이 공동체 안에 있는 소수의 의인으로는 인간의 압도적인 사악함에 맞서는 데 역부족이다.

그 이야기는 소돔과 고모라에서 세상이 무너지고 있음을 확인해준다(19:1-29). 두 명의 사자는 으스스한 마을로 들어간다. 아브라함의 조카 롯은 앞서 그의 삼촌이 보여주었던 것과 같이 너그럽고 헌신적인 환대를 베풀며 두 사자를 영접한다. 그는 땅에 엎드려 절하며 그들을 위해 잔치를 베푼다(1-3절). 그러나 롯이 거주하는 도시는 사악한 곳이다. 한밤중에 소돔 주민들은 롯의 집 주변에 모여들어 롯에게 그를 찾아온 방문객들을 내보내라고 요구하며 "우리가 그들을 상관하리라"고 말한다(19:5). 이 도시에서 성(sexuality)은 폭력, 모욕, 지배를 통해 표현된다. 손님의 방문은 그들을 환영하고 존중하기보다는 그들을 모욕하고 그들에게 위해를 가하고 싶은 충동을 불러일으킨다. 다급해진 롯이 자기 딸들을 주겠다고 군중에게 제안하며 손님의 신변을 보호하려고 하자 사람들은 롯을 다른 도시 출신 취급하며 그에게 더 나쁜 짓을 할 것이라며 협박한다(9절). 이 마지막 발언은 인간 관계가 이 공동체에서 완전히 망가져 버렸음을 분명히 보여준다. 이 도시 사람들은 자신들과 다른 사람들을 학대하고 죽이려 한다. 그 결과 소돔은 오직 자신들만을 위하며 파괴를 즐기는 반항적인 인간이 저지르는 폭력의 극단을 보여준다(참조. 6:5). 이 도시는 야웨가 아브라함과 사라를 통해 성취하기를 원하는 회복된 세상과는 정반대의 모습을 보이는 추악하고 일그러진 세상의 모습을 나타낸다.

소돔과 고모라는 야웨가 되찾으려는 이 세상에서 단지 작은 영역에 해당하지만, 그 도시들의 폭력은 너무나도 매서워 온 세상을 위협한다. 이러한 위협의 긴박성은 사자들의 말을 통해 전달되는데, 사자들은 이 도시를 멸하시려는 야웨의 결단을 하나의 구원 행위로 묘사한다.

그들에 대한 부르짖음이 [야웨] 앞에 크므로 [야웨]께서 이 곳을 멸하시려고 우리를 보내셨나니 우리가 멸하리라(13절).

멸하겠다는 말은 야웨가 홍수로 사악한 세상을 심판하신 사건을 상기시
킨다. 거기서 내레이터는 "부패하다/망가뜨리다"(히브리어: 샤하트, *shakhat*)
라는 단어를 사용하여 이 세상의 현재 상태를 묘사할 뿐 아니라 그로 인
해 야웨가 이 세상에서 추진할 계획을 묘사한다.

> 그때 온 땅이 하나님 앞에 부패하여 포악함이 땅에 가득한지라. 하나님이
> 보신즉 땅이 부패하였으니 이는 땅에서 모든 혈육 있는 자의 행위가 부
> 패함이었더라. 하나님이 노아에게 이르시되 "모든 혈육 있는 자의 포악
> 함이 땅에 가득함으로 그 끝날이 내 앞에 이르렀으니 내가 그들을 땅과
> 함께 멸하리라"(6:11-13).

앞 장에서도 이미 언급했듯이 홍수와 관련하여 내레이터가 사용한 언어
유희 안에는 야웨가 일으키신 홍수는 사악한 세상이 자초한 결과라는 의
미가 내포되어 있다. 야웨는 망가진 이 세상의 종말을 고함으로써 이 세
상을 망가뜨리셨다. 사자들의 입에서 나온 "샤하트"(*shakhat*)라는 말은 임
박한 대재앙이 이 도시 주민들이 자초한 멸망을 더욱더 가속화하고 있음
을 암시한다. 홍수 이전의 세계에서처럼 여기서도 인간의 사악함은 창조
세계 안에 만연해 있어 최종 결과는 불을 보듯 뻔하다.

롯과 사자들 간의 대화는 아브라함과 야웨의 대화를 반영한다. 사

자들은 야웨의 계획을 롯에게 알리며 그의 가족을 불러모아 그곳을 떠날 것을 종용한다(13-14절). 그러나 롯은 아브라함과 달리 야웨의 계시에 이의를 제기하지 않는다. 오히려 그는 가족을 불러모으려고 시도한다. 롯이 망설이자 사자들은 그를 붙잡고 속히 산으로 도망갈 것을 명령한다. 여기서 롯은 그들에게 강력하게 항의하며 그들을 압박한다. 그는 산으로 가는 대신 가까운 도시로 피할 것을 허락해달라고 요구한다. 사자들은 이에 동의한다. 롯은 사자들이 전해준 소돔과 고모라에 대한 야웨의 계획 때문이 아니라 자신의 이익을 위해 그들에게 맞선 것이다. 그는 야웨가 자신을 위해 마련한 계획이 실제로 안전한지에 대한 확신이 없어 크게 두려웠다(18-20절).

비록 야웨는 이미 망가져 버린 세상을 더 망가뜨리고 있지만, 내레이터는 소돔과 고모라에 내린 불은 야웨가 보낸 것임을 강조한다(24-25절). 그러나 내레이터는 홍수 때처럼 야웨의 분노가 평지의 도시들을 멸하도록 충동했다고 말하지 않는다. 오히려 이 도시의 멸망에 관한 기사는 야웨가 그 도시들을 "다 엎으셨다"(25절)는 언급을 제외하고는 간략하면서도 사실적이다. 내레이터는 결말 부분에 가서 이 언급을 재차 반복하는데, 거기서는 야웨가 평지의 도시들을 "멸하셨다"는 진술과 병행을 이룬다(29절). 야웨가 행하신 일을 설명하는 이 두 용어의 사용은 야웨가 아브라함을 통해 창조의 복을 베풀기 시작했음에도 불구하고 이미 퍼지기 시작한 반(反)창조적인 죄에 대해 야웨가 과감하게 대응할 필요가 있다는 사실을 더욱 실감 나게 보여준다. "이미 멸망의 길로 들어선" 도시들은 뒤집어졌고, 이로써 죄의 전파에는 제동이 걸리고 그 땅은 제자리를 찾아간다.

아브라함 때문에 롯과 그의 가족을 구원하신 사건에는 또 다른 역설적인 반전이 들어 있다. 두 사자에게 놀랍도록 환대한 롯의 행위는 그가 선한 사람이라는 사실을 보여준다. 그러나 자신의 딸들을 포기하겠다는 그의 결단은 그 도시의 영향력이 그의 생각과 행동 방식에 이미 스며들어 있음을 말해준다. 사자들이 그를 그 도시에서 끌어내는 데 어려움을 겪었다는 사실은 그에게 닥친 일과 그 도시 주민들이 그를 협박했음에도 그가 소돔에 대해 애착을 가지고 있었음을 드러낸다. 심지어 우리는 그가 자기 딸들을 그 도시 사람들과 약혼시켰다는 사실도 알게 된다(14절). 다시 말해 롯은 소돔을 자기 고향처럼 여겼던 것이다. 이 (의로운?) 한 사람은 그 도시에 영향을 미칠 수 없었다. 오히려 그 도시가 그에게 영향력을 행사하여 그의 생각을 지배했다. 마지막 장면에서 그의 딸들은 그가 술에 취해 인사불성이 된 상태에서 그와 잠자리를 함께한다(19:30-38). 그의 운명과 그 도시의 영향은 아브라함이 왜 야웨께 그 도시를 살려주는 조건으로 열 명의 의인을 요구했는지를 추가로 설명해준다. 그 도시 사람들의 악행이 지나칠 정도로 압도적이었으므로 심지어 롯까지도 그 영향을 받지 않을 수 없었다.

반복된 곤경

야웨와 멋진 대화를 나눈 아브라함은 그랄로 이동하는데, 그곳에서 과거의 습관이 다시 나타난다. 다시 한번 아브라함은 다른 지역 왕의 영토에 거주하는 것에 대해 불안을 느끼고 사라를 자기 누이로 소개한다(20:1-18). 야웨와의 성숙한 관계 및 야웨께서 그에게 보여주신 능력과 신실하심, 그리고 야웨에게 접근할 수 있는 특권을 고려하면 아브라함의 이러한 계략은 상당히 뜻밖이다. 아비멜렉 왕이 사라를 데려가자 야웨도 같은 상황에 직면하게 된다. 비록 정직하게 행동한 왕에게 아브라함이 잘못한 것이긴 하지만, 이번에도 야웨는 아브라함의 편을 들어야만 한다.

정의롭게 행하겠다는 야웨의 약속과 아브라함을 지키겠다는 그의 약속 간의 긴장은 야웨가 꿈에서 아비멜렉에게 나타났을 때 더욱 두드러진다. 서로 주고받는 그들의 대화는 그 이전에 소돔의 운명을 놓고 야웨와 아브라함이 나누었던 대화를 상기시킨다. 야웨는 아비멜렉이 아브라함의 아내를 데려간 데 대해 먼저 그에게 사형 선고를 내리신다(롯이 자기 손님들을 구하기 위해 군중에게 그의 딸들을 주겠다고 즉각적으로 제안한 것을 우회적으로 암시하면서). "네가 죽으리니 그는 남편이 있는 여자임이라"(3절). 그러나 아비멜렉은 야웨를 향해 아브라함이 던진 도전을 연상시키는 질문을 던지면서 그러한 판결에 항의한다. "주여, 주께서 의로운 백성도 멸하시나이까?"(4절) 이어서 그는 암묵적으로 하나님의 정의에 호소하며 자신을 변호한다. "그가 나에게 이는 내 누이라고 하지 아니하였나이까?

그 여인도 그는 내 오라비라 하였사오니 나는 온전한 마음과 깨끗한 손으로 이렇게 하였나이다"(5절). 야웨는 아비멜렉이 정직하게 행동했다는 것을 인정하며 아비멜렉이 사라에게 손대지 못하도록 함으로써 그가 죄를 짓지 못하도록 하려는 차원에서 개입한 것임을 그에게 밝힌다. 이어서 야웨는 사라를 아브라함에게 되돌려보낼 것을 지시하고, 아브라함이 그를 위해 기도해줄 것을 그에게 말씀하심으로써 아비멜렉이 사형 선고를 피할 수 있는 길을 열어주신다. 아비멜렉은 야웨가 하신 말씀을 전부 신하들에게 전달하고, 그의 신하들은 크게 두려워하며 이에 적절하게 대응한다.

이어서 아비멜렉과 아브라함이 대면하여 논쟁을 벌인다. 두 사람이 주고받은 대화에서는 아비멜렉의 정직함뿐만 아니라 아브라함의 소심함과 방어적인 태도가 두드러지게 나타난다. 분노한 아비멜렉은 그를 환대한 자신과 주민들에게 저지른 아브라함의 죄의 심각성을 낱낱이 지적한다.

네가 어찌하여 우리에게 이렇게 하느냐? 내가 무슨 죄를 네게 범하였기에 네가 나와 내 나라가 큰 죄에 빠질 뻔하게 하였느냐? 네가 합당하지 아니한 일을 내게 행하였도다!⋯네가 무슨 뜻으로 이렇게 하였느냐?(20:9-10)

그러나 아브라함은 자신의 두려움을 왕가에 대한 두려움으로 돌리며 재빨리 핑계를 둘러댄다. 아비멜렉의 답변에 담겨 있는 상반된 증거에도 불구하고 아브라함은 하나님을 두려워하는 사람을 그 땅에서 보지 못했으므로 자신의 목숨을 부지할 수 있을지 두려웠다고 말한다. 이어서 그는 사라가 엄밀히 말하면 자기 이복누이라고 말하면서 자신의 행동에는 속이려는 의도가 없었음을 암시한다. 자신이 저지른 큰 잘못 앞에서 그는 자신의 잘못을 인정하지 않는다. 오히려 그는 암암리에 아비멜렉과 그의 백성을 탓하고 "엄밀함"이라는 구실을 들어 속임수를 썼다는 비난을 회피하려 한다. 에덴동산의 아담과 하와처럼 그는 자신의 이기적인 행동 앞에서 도리어 다른 이들을 탓한다.

이와는 대조적으로 아비멜렉은 비록 자신이 가해자는 아니지만, 문제를 바로잡기 위해 적극적으로 행동한다. 그는 아브라함에게 과도한 선물을 주며 그가 원하는 곳에 마음껏 정착할 수 있도록 자비를 베푼다. 또한 아비멜렉은 사라에게 그녀의 명예를 회복시켜주기 위해 아브라함에게 막대한 돈을 주었다고 말한다. 이 내러티브는 두 가지 중요한 사항을 지적하며 끝을 맺는다. 첫째, 내레이터는 아브라함이 하나님께 기도했고, 이에 하나님은 아비멜렉과 그의 아내와 그의 여종을 치유함으로써 그들이 아이를 낳을 수 있도록 배려하셨다고 말한다(17절). 곧이어 내레이터는 하나님이 앞서 아비멜렉 집안의 모든 여인이 임신하지 못하도록 하셨음을 밝힌다.

아브라함과 아비멜렉의 이러한 만남은 그랄 땅의 모습이 소돔의 모습과 얼마나 다른지를 잘 보여준다. 소돔 사람들과 달리 그랄 왕과 그 백성들은 품위와 예의를 갖추어 아브라함과 사라를 환대한다. 그러나 아브라함은 그들을 기만하고 자신을 환대한 사람의 집에 고통을 안겨주며 왕과 그 백성에게 하나님이 직접 찾아와 사형 선고를 내리는 일을 자초한다. 아비멜렉은 야웨와 아브라함에게서 그런 취급을 받을 이유가 전혀 없는 의로운 사람이다. 소돔 사건에서와 같이 아비멜렉은 하나님이 의인을 어떻게 다루시는지에 대해 다시 한번 의문을 제기한다. 아브라함의 기만은 아비멜렉을 심각한 위험에 처하게 만들지만, 자기를 찾아온 방문객에게 아브라함이 보여준 것과 같은 관대함을 그에게 베푼 사람은 정작 아비멜렉이었다. 결국 아브라함은 하나님의 심판을 철회하기 위해 다시 중재에 나서지만, 이번에는 그 중재가 야웨의 주도하에 의인이 심판받는 것을 면해주려는 야웨의 바람으로 이루어진다.

이 모든 것이 야웨에게 의미하는 바가 무엇인지는 이 사건을 아비멜렉의 관점에서 바라볼 때 비로소 올바르게 파악된다. 비록 야웨는 다른 민족을 위한 복의 근원인 아브라함에게 하나님의 신실하심과 자비를 보여주셨지만, 아비멜렉은 단지 자신이 선호하는 사람만을 보호할 뿐 고의로 잘못을 저지르지도 않은 의로운 사람을 처벌하려는 신을 발견한다. 아비멜렉은 아브라함과 야웨가 자신에게 보인 반응 때문에 야웨를 이 세상의 변덕스러운 신들, 즉 누군가 그 신이나 그 신과 가까운 자들의 기분을 상하게 할 때 달래주어야만 하는 그런 신과 별반 다를 바가 없는 힘 있는 신으로 인식하게 된다. 다시 말해 기만적인 아브라함을 변호하려는 야웨의 결정은 야웨가 자신의 실제 모습과 다른 모습으로 비쳐지고 싶다는 것을 의미한다. 이 세상의 재판관이신 야웨는 한 의인―낯선 사람들을 존중하는 사람―앞에 옳은 일을 하는 것보다는 자신이 선호하는 종을 변호하는 것에 더 관심이 많은 신으로 나타난다. 간단히 말해 야웨는 아브라함과 자신을 동일시하고 그를 통해 자신의 목적을 추진해나가기 위해서는 자신이 파트너의 결점과 허무맹랑한 행동에 순응하고 다른 이들이 자신의 모순된 모습을 보게하는 행동을 취할 수밖에 없다는 결론에 도달한다. 아브라함과의 우정 및 그와 하나가 된다는 것은 야웨가 생명을 존중하고, 정의롭고, 모든 것을 회복하려는 자신의 성품과 집념을 항상 나타내지 못하는 방식으로 행동할 것임을 의미한다. 그의 이러한 결정은 매우 중요하며 미래에 발생할 보다 더 중요한 타협의 길을 열어준다.

관계와 폭력

야웨는 아브라함과 더불어 창조세계의 회복을 위한 새로운 전략을 추진하신다. 야웨는 인간이 자신을 존중하고 순종하며 의존하는 것에 대한 보답으로 온 세상을 위한 하나님의 축복을 전하는 대리인으로 한 사람을 택하신다. 야웨는 처음부터 이 가족과 자신의 관계가 이 땅의 모든 민족을 회복하는 하나님의 수단이 될 것임을 분명히 하신다. 이로써 야웨는 자신의 목적을 이 세상에 사는 모든 인간 대리인과의 관계와 일치시킨다.

지금까지 우리는 이 내러티브 안에서 폭력에 참여하는 야웨를 이해하는 데 있어 중요한 세 가지 주제를 추적해나갔다. 첫째, 인간 파트너와의 관계를 발전시켜나가는 과정에서 **야웨는 점차 자신이 반대하는 인간 체계의 구조와 과정 안에서 활동할 수밖에 없도록 더 큰 제재를 받고 있다.** 아브라함과 그 가족을 자신과 동일시하고 그들을 통해 하나님의 목적을 성취하기 위해 야웨는 인간의 필요를 공급하고 그들을 보호해야만 한다. 이 세상에서 자신의 이름이 높임을 받기 위해 야웨는 아브라함의 이름을 창대하게 해야 한다. 서로의 관계가 깊어지자 야웨는 아브라함에게 더 많은 정보를 공개하고 인간의 사악함에 대응하는 방법을 결정하는 일에 있어 아브라함에게 더 큰 역할을 맡기신다. 야웨는 아브라함이 내부자의 눈으로 인간이 초래한 대혼란을 바라보는 관점을 제시해주기를 기대하며 그의 관점을 자신의 의사 결정에 충분히 고려하신다.

　　하지만 아브라함과의 그러한 우호적인 관계가 단순히 미래를 함께 만들어나가는 것만을 의미하는 것이 아니라는 점이 점점 더 분명해진다. 창조주께 대한 경외심과 믿음을 표명하면서도 인간 파트너는 종종 독성으로 가득 찬 이 세상에 휘말려 본래의 모습으로 되돌아간다. 인간 파트너의 이러한 실패는 야웨가 자신이 이 세상을 위해 세워놓은 계획과 목적에 어울리지 않는 방식으로 행동하도록 만든다. 아브라함 편에 선다는 것은 심지어 그가 잘못한 경우에도 다른 이들의 반대 편에 서는 것을 의미한다. 따라서 **야웨는 쌍방의 관계를 통해 자신이 추진하고자 하는 사역의 방식을 조정해야 한다는 것**을 일찍이 발견하신다.

또 다른 한편으로 야웨는 인간의 사악함으로 인해 창조세계에 가해지는 심각한 위협에 단호히 대응하고 이를 제거하기 위해 꾸준히 노력하신다. 소돔과 고모라의 문제를 놓고 야웨와 아브라함이 주고받은 대화는 야웨가 이러한 위협에 대응하는 방법을 놓고 심사숙고하신다는 것을 분명히 보여준다. 야웨는 이러한 위협이 오직 멸망만이 유일한 결말일 수밖에 없을 만큼 커지지 않는다면 대대적인 폭력을 가하지 않으신다. **창세기에는 하나님의 폭력과 하나님의 분노가 서로 연관되어 있는 대규모의 멸망 사례가 없다.** 야웨는 피해자들에게 분노를 폭발하지 않으신다. 오히려 야웨는 창조세계 전체를 위해 진정으로 필요한 것이 무엇인지를 심사숙고하신 후에 비로소 개입을 결정하신다.

4장

위대한 문

내가 내려가서 그들을 애굽인의 손에서 건져내고 그들을 그 땅에서 인도하여 아름답고 관대한 땅, 젖과 꿀이 흐르는 땅 곧 가나안 족속, 헷 족속, 아모리 족속, 브리스 족속, 히위 족속, 여부스 족속의 지방에 데려가려 하노라(출 3:8).

야웨의 세 번째 강림 사건은 창조주를 이 세상을 구성하는 권력 정치 속으로 직접 끌어들인다. 이스라엘을 대신하여 파라오와 충돌한 사건은 바로 그 세상과 아주 깊고도 포괄적인 관계를 맺고 있는 야웨의 모습을 보여준다. 이미 언급한 바와 같이 이 세상은 "우리의 이름을 내자"는 욕망과 더불어 그릇된 방식으로 하나가 된 것을 유지하려는 불안감에 의해 움직인다(창 11:4). 야웨는 한 사람 및 그의 가족과 관계를 형성하고 그 관계를 올바르게 설정함으로써 이 세상에 대응하셨다. 야웨는 자기 친구의 이름이 널리 알려지고, 그를 이 땅의 모든 민족에게 하나님의 축복을 전하는 사람으로 사용하기를 원하신다(창 12:1-2).

　　이름을 떨치려는 인간의 욕망은 스스로 자신의 정체성을 주장하고, 이 세상에서 살아갈 길을 스스로 결정하며, 피조물에 대한 통치권을 확대하고, 영속성과 탁월성을 자신에게 부여하려는 결단을 보여준다. 아브라함의 이름을 창대케 하겠다는 야웨의 약속과 이를 성취하려는 그의 노력은 인간의 이러한 결단에 제재를 가한다. 아브라함과 사라에게 새로운 이름을 지어준 것을 통해 알 수 있듯이 그가 이들과 맺은 관계는 처음에 의도된 대로 하나님과 인간의 관계를 새롭게 확립한다. 아브라함은 야웨의 주도권과 권위를 인정하고, 그의 인도하심을 따르며, 그의 공급과 보호를 받는다. 그는 인간의 지식과 계획에 의존하기보다는 야웨의 신실하심에 의존한다. 그런 의미에서 아브라함은 아담처럼 야웨의 복을 받고 이 땅의 모든 족속에게 복을 주시고 이 세상을 완전히 회복하려는 야웨의 계획을 추진하는 대리인이 된다.

인간이 만든 세상과 야웨가 다시 만들기 시작한 세상은 야웨가 야곱의 후손들을 구원하기 위해 개입하시면서 서로 충돌한다. 이 내러티브의 초반에는 여러 사람의 이름과 이름을 짓는 이야기들이 두드러지게 나타난다. 출애굽기는 야곱의 열두 아들을 언급하면서 시작한다(1:1-4). 이러한 이름 목록은 모세에게 주어진 소명과 파라오 앞에서 행할 그의 사명 사이에 위치한다(6:14-25). 이 내러티브는 특히 모세가 자기의 이름을 얻게 된 과정과 야웨가 자신과 자신의 이름을 계시하는 장면에 초점을 맞춘다(3:6-17; 6:1-8). 이 내러티브는 우리에게 모세의 아내(십보라)와 장인(이드로)과 아들(게르솜)을 소개한다. 심지어 파라오의 명령을 거역하고 히브리 아기들을 구해낸 두 산파의 이름(십브라와 부아)까지도 소개된다.

하지만 파라오의 이름이나 파라오와 연관된 자들의 이름은 밝혀

지지 **않는다.** 이것은 우연이 아니다. 파라오는 인간이 만든 폭력이 난무하는 이 세상에서 이름을 갖게 되는 것이 어떤 의미인지를 보여준다. 그는 높은 지위와 명예를 소유하고 있다. 그는 넓은 땅에 대한 통치권을 갖고 있다. 그는 말 한 마디로 사람과 짐승을 마음대로 호령한다. 그는 특권을 주기도 하고 탄압하기도 하는, 사회의 분열을 초래하는 체계의 정점에 있는 인물이다. 그는 자신의 권력을 행사함으로써 모든 생명 위에 군림한다. 그러나 창조주와 대결하는 인간 권력의 화신인 파라오는 이 이야기에서 별 볼 일 없는 존재다(그의 딸을 포함하여 그의 영향력 안에 있는 모든 사람처럼). 특히 이집트의 모든 파라오가 승전을 기념하는 기둥, 신전, 공공사업 등을 자신들의 이름으로 도배하기를 좋아했다는 사실을 고려하면 이것은 내레이터의 놀라운 수사학적 기법인 셈이다. 이집트의 파라오는 고대 근동의 모든 통치자처럼 자신의 이름을 떨치는 일에 몰두했다. 이스라엘인의 이름은 수없이 많이 등장하고 이집트인의 이름은 전혀 나타나지 않는 극도로 대비되는 상황은 장차 일어날 갈등의 의미와 결과를 암묵적으로 보여준다.

이스라엘이 이집트와 달리 정체성을 지닌 민족이라는 사실은 파라오의 딸이 나일강물을 따라 떠내려가는 아기를 발견하고 그를 왕궁으로 데리고 가는 내러티브 초반부터 아주 독특한 방식으로 드러난다. 유모로부터 그 아기를 넘겨받은 후 "[그녀는] 그의 이름을 모세라"고 부르는데, 이는 그녀가 "'내가 그를 물에서 건져내었음이라'"라고 말하였기 때문이다(2:10). 학자들은 흔히 이 이름에서 비롯된 언어유희에 주목한다. 이 히브리어 이름은 파라오를 신의 아들로 지칭하기 위해 왕조의 이름에 사용된 한 이집트어 단어와 발음이 유사하다(예. 투트모세스["토트"가 낳은], 람세스["라"가 낳은]). 이러한 언어유희가 가능하긴 하지만, 파라오와의 연관성은 이 이야기에 등장하는 **이집트인**이 그 이름을 지어준 이유나 그 이름에 부여한 의미와는 아무런 상관이 없다. 파라오의 딸은 모세에게 히브리 이름을 지어주고 그 이름의 의미를 설명한다. 이집트인은 입양한 아들에게 이집트 이름을 지어줄 수 없다.

익명의 파라오는 야웨의 사역과 그의 뜻에 정면으로 대치하며, 인간이 자신의 정체성을 주장하고 자신의 세상을 만들려는 크나큰 욕망을 전형적으로 나타낸다. 파라오는 시날 평지에 모인 인간 공동체와 같이 건축을 좋아한다. 하지만 여기서는 하나가 된 인간을 통해 건축이 이루어지지 않고 같은 지역에 사는 타국인에게 강제 노역을 시키는 대가로 이루어진다. 바벨에 집합한 사람들처럼 파라오는 그 지역 사람들을 하나로 묶는 것에 대해 불안감을 표명한다. 바벨에 모인 사람들은 "온 지면에 흩어"지는 것을 원치 않았기 때문에 건축을 하기 시작한다(창 11:4). 이집트에서 새롭게 권좌에 오른 왕은 갑자기 불어나는 이스라엘인의 숫자를 보고 그들에게 강제 노동을 시켜 그들이 "우리와 싸우고 이 땅에서" 떠나지 못하도록 한다(출 1:10). 파라오는 폭력을 통해 인간의 차이를 관리하는 세상을 지배한다.

야웨는 야곱의 후손들이 이집트에 체류하는 동안 그들을 축복하셨다. 이 이야기는 그들의 수가 증가하여 그들이 온 땅을 차지하게 될 정도로 번성했음을 알리는 것으로 시작된다. 이 이야기는 야웨가 족장들에게 하신 약속뿐만 아니라 야웨가 인류에게 주신 본래의 명령을 암시한다(출 1:7; 참조. 2:28a). 그러나 파라오는 이스라엘 백성에게 건축을 강요하고 나중에 가서는 남자 아기를 모두 죽이라는 명령을 통해 그들의 인구 증가를 억제한다(이로써 그는 하나님의 축복이 실현되는 과정에 저항한 것이다). 이러한 행동은 이집트인들의 불안만을 고조시킬 뿐이다. "그러나 학대를 받을수록 더욱 번성하여 퍼져나가니 애굽 사람이 이스라엘 자손으로 말미암아 근심하여"(1:12). 이제 권력의 정점에 있는 인간과 이 세상에서 창조주의 사역을 대행하는 인간이 서로 격돌할 무대가 마련되었다.

소돔과 고모라의 경우에서처럼 세상사를 바로 잡기 위해 야웨를 다시 이 세상으로 불러들인 것 또한 인간의 부르짖음이었다. 야웨는 사해 근처에 있는 두 도시를 향한 부르짖음이 커지자 조사 및 판단을 위해 이 땅에 내려오신다(창 18:20-21). 거기서 야웨는 자기 친구 아브라함에게 비밀을 털어놓는다. 야웨는 모세에게 이집트에서 들리는 이스라엘 백성의 부르짖음이 자신을 이 세상으로 다시 끌어들였다고 말씀하신다(출 3:7-9). 야웨는 그들이 받은 압제와 고통을 보고 그들을 이집트의 권력에서 구원하려고 내려오셨으며 그들을 고향 땅으로 인도할 것이다. 이러한 야웨의 계획은 그에게 선택받은 모세라는 인물을 통해 성취될 것이다.

두 번에 걸쳐 이루어진 야웨와 모세의 대화에서는 야웨의 정체성과 그의 이름에 많은 관심이 집중된다. 첫 번째 대화는 야웨가 불타는 떨기나무에서 모세를 부르실 때 이루어진다(3:1-22). 거기서 야웨는 모세의 조상들과 맺은 관계를 상기시키면서 모세와의 관계를 시작하신다. "나는 네 조상의 하나님이니 아브라함의 하나님, 이삭의 하나님, 야곱의 하나님이니라"(6절). 그 이후에도 두 번 반복되는 이 별칭(15, 16절)은 야웨와 함께한 이스라엘의 역사와 앞날을 확인한다. 이 역사는 야웨가 족장들의 자손들을 구원하고 그들에게 가나안 땅을 주겠다는 약속을 이행할 것을 촉구했다. 역사와 약속에 대한 두 번의 언급 사이에는 또 하나의 이름이 등장하는데, 이것은 모세가 그의 이름을 요구했을 때 야웨가 모세에게 직접 계시한 이름이다. 야웨의 답변은 하나님과 이스라엘의 관계에 관한 것이기도 하고 하나님의 존재에 관한 것이기도 하여 매우 신비롭다. "나는 스스로 있는 자이니라"(3:14). 그의 이름은 야웨가 스스로 존재하는 존재, 즉 다른 존재로부터 비롯되지 않은 유일무이한 존재임을 확인해준다.

두 번째 대화는 모세와 아론이 파라오와 만나 그에게 거절당한 이후에 이루어진다(6:1-13). 이 대화는 야웨의 능력과 현존을 확실히 보장하기 위함이다. 이 대화의 중요한 특징은 지금까지 족장들에게 알려지지 않은 "야웨"라는 이름이 드디어 모세에게 계시되었다는 점이다. 독자들이 이미 오래전부터 잘 알고 있듯이 이 이름의 계시는 큰 의미를 새롭게 부여하지 않는다. 왜냐하면 창세기의 족장 내러티브 전반에 걸쳐 야웨는 이미 그 이름으로 불리고 있기 때문이다. 우리는 여기서 단지 그의 이름이 공개된 사건이 이 세상을 창조한 창조주와 익명의 이 세상 통치자를 극명하게 대조시키고 있다는 사실을 재차 강조할 뿐이다. 더 나아가 하나님의 이름이 이 시점에서 공개되었다는 사실은 이스라엘을 향한 하나님의 철저한 헌신을 의미한다. 이 두 번째 대화는 여러 면에서 첫 번째 대화를 재차 반복하면서도 한 가지 중요한 사항을 덧붙인다. "너희를 내 백성으로 삼고 나는 너희의 하나님이 되리니 나는 애굽 사람의 무거운 짐 밑에서 너희를 빼낸 너희의 하나님 [야웨]인 줄 너희가 알지라"(7절).

이 선언의 첫 문장은 매우 중요한 첫걸음을 내디딘다는 점에서 야웨에게는 매우 중요한 의미를 담고 있다. 창세기에서 야웨가 한 가족과 자신을 동일시한 것과 이제 한 민족과 자신을 동일시하는 것은 상당히 다른 차원의 문제다. 물론 이스라엘을 자기 백성으로 삼겠다는 선언은 야웨가 족장들에게 이미 약속하고 그 약속을 이행해오던 것을 확대 적용한 것이다. 그럼에도 이 선언은 그 범위와 함의의 측면에서 볼 때 매우 획기적인 것이다. 여기서 야웨는 기꺼이 자신을 이 민족에게 헌신하고 온 백성을 수용하기 위해 기존의 관계를 확대하신다. 야웨와 아브라함 간의 연대와 동일시는 이제 한 민족에게로 확대된다. 이것은 무엇보다 이스라엘의 친구는 야웨의 친구가 되고 이스라엘의 원수는 야웨의 원수가 된다는 것을 의미한다(참조. 창 12:3).

이 선언의 두 번째 문장은 다른 의미를 갖는다. 명성을 떨치고 출세하는 데만 몰두하는 이 세상에서 야웨는 이스라엘이 자신의 이름을 알게 되며 자신의 주권을 인정하게 될 것이라고 선언하신다. 야웨는 인간이 만든 세상에서 이스라엘 백성의 짐을 그들의 어깨에서 벗겨주고 조상들과 맺은 언약을 이행하는 차원에서 그들을 새로운 땅에서 새로운 백성으로 세우심으로써 하나님의 이름이 그들 가운데 널리 알려지게 할 것이다. 이스라엘은 이러한 일을 통해 "내가 너희의 하나님 [야웨]"임을 깨닫고 인정하게 될 것이다. 야웨가 자신을 계시하고 자신을 이스라엘 백성과 동일시한 사건은 야웨가 이제 그 지정학적 영역에 발을 들여놓을 준비가 되어 있음을 알리는 신호다. 야웨가 앞으로 이스라엘을 위해 행하실 놀라운 일들은 야웨가 이 민족의 하나님이시며, 더 나아가 모든 민족의 하나님이심을 밝히 드러낼 것이다.

그러나 야웨는 불리한 상황에서 대외 관계를 시작한다. 야웨가 이스라엘을 위해 그리고 이스라엘의 부르짖음에 대한 응답으로 이 세상에 발을 들여놓을 때 그는 이미 기존의 권력과 신들이 확고하게 자리 잡은 이 세상에 "신참"(newcomer)으로 새롭게 등장한다. 파라오는 구조, 체제, 과정이 지배하는 세상의 감독관이다. 이러한 질서는 이미 수 세기에 걸쳐 유지되어왔으며 안정과 지속성을 선사해왔다. 우리가 이미 언급한 바와 같이 이러한 질서는 국가의 안정을 위해서라면 권력을 사용할 뿐 아니라 그 어떤 폭력이라도 동원할 수 있다는 강한 의지에 의해 유지되어왔다. 파라오는 우주적 안정과 사회적 안정을 도모하는 수많은 신들의 도움으로 정당성을 인정받는다. 이러한 신들이 가지는 교류는 인간이 만든 세상의 권세자들과 유사하다. 그들은 이름을 가지고 있다(비록 내러티브 안에서는 모두 익명으로 등장하지만). 그들은 존경과 숭배를 유도한다. 그들이 인간을 비롯해 다른 신적 존재들과 소통한다는 것은 이미 잘 알려져 있다. 야웨는 전혀 알려지지 않은 무명의 신으로 이 세상에 발을 내디뎠기 때문에 쉽게 무시당하고 만다.

이 사실은 다름 아닌 파라오 자신에 의해 분명하게 드러난다. 그는 자신을 섬기기 위해 이스라엘 백성을 풀어주라는 야웨의 요구에 저항하며 다음과 같이 말한다. "[야웨]가 누구이기에 내가 그의 목소리를 듣고 이스라엘을 내보내겠느냐? 나는 [야웨]를 알지 못하니 이스라엘을 보내지 아니하리라"(5:2). 심지어 야곱의 후손들조차도 야웨가 누구인지 모르는 것 같다. 야웨가 모세에게 이스라엘 백성을 이집트에서 데리고 나올 것을 명하실 때 모세는 이렇게 말한다. "내가 이스라엘 자손에게 가서 이르기를 '너희의 조상의 하나님이 나를 너희에게 보내셨다' 하면 그들이 내게 묻기를 '그의 이름이 무엇이냐?' 하리니 '내가 무엇이라고 그들에게 말하리이까?'"(3:13) 백성들은 "조상의 하나님"을 알고 있었을는지는 모르지만, 그 하나님의 이름은 알지 못했던 것으로 보인다.

이렇게 새롭게 등장한 신(특히 노예들과 자신을 동일시하는 신)이 다른 신들보다 더 탁월함을 보여주며 패권을 차지하는 것은 차치하더라도 사람들에게 자신의 지위를 인정받고 탁월한 존재로 존경받기 위해서는 무엇을 해야 할까? 왜 파라오와 그의 신들은 자신들에게 도전하는 이 "신참" 신에게 가벼운 눈길조차 주지 않는 것일까? 억압받는 백성들은 약속을 상기시키면서도 이집트의 강한 권력과 그 나라의 신들에게 굴복한 듯 보이는 하나님을 왜 신뢰해야 하는 것일까? 온통 명성을 떨치는 데만 집착하는 세상에서 권력과 지위를 규정하는 이름의 위계질서 앞에서 어떻게 하면 이 하나님의 이름이 더욱더 높임을 받을 수 있을까? 간단히 말해 어떻게 하면 새로 등장한 신이 존경을 받고 신뢰를 얻을 수 있을까?

야웨가 모세에게 내린 지시 안에 그 답이 들어 있다. 인간이 만든 세상에서 권력은 악명을 떨친다. 이 세상에서 명예와 신뢰를 얻기 위해서는 자신이 강하다는 것을 보여주어야 하며, 우위를 차지하기 위해서는 자신이 모든 이들 가운데 가장 강하다는 것을 보여주어야만 한다. 야웨가 이스라엘과의 연대를 통해 이 세상에 개입하셨다는 것은 그가 이제는 서로 권력을 놓고 다투는 쟁탈전에 참가할 것임을 의미한다. 노예의 하나님은 이집트에서 자신의 탁월함을 주장하는 최고 우두머리와 대결하여 그의 본거지에서 그를 제압해야 한다. 야웨는 노골적인 권력의 행사와 그 권력에서 나오는 폭력을 자신의 구원의 목적을 달성하는 데 필요한 수단으로 여기는 듯하다. "내가 아노니 강한 손으로 치기 전에는 애굽 왕이 너희가 기도록 허락하지 아니하다가 내가 내 손을 들어 애굽 중에 여러 가지 이적으로 그 나라를 친 후에야 그가 너희를 보내리라"(3:19-20).

따라서 야웨는 모든 사람이 분명히 인식할 수 있는 방식으로 이 세상에 들어오려 하신다. 즉 그는 당대의 권력자들을 굴복시키고 자신의 탁월한 힘을 온 세상에 드러내며 이 세상사에 개입하려 하신다. 이 계획은 주로 현재 왕으로 군림하고 있는 파라오를 겨냥할 것인데, 그 목적은 그가 야웨의 주권을 인정하도록 만드는 데 있다. 권력 대 권력이 맞서게 함으로써 야웨는 파라오와 그의 백성들이 이스라엘의 하나님의 능력과 성품을 인정할 수밖에 없도록 만들 것이다. "내가 [야웨]인 줄 알리라"(7:5, 17; 8:10, 22; 9:14, 29; 14:4, 18). 이러한 대결은 그릇된 망상과 저항을 없앨 때까지 계속될 것이며, 이러한 권력의 입증은 모든 의심을 불식시킬 정도로 철두철미할 것이다. 야웨는 파라오를 무너뜨리고 이스라엘 백성을 구해냄으로써 세상의 모든 통치자와 민족들을 겸허하게 만들고 창조주로서 이 세상 위에 우뚝 설 것이다.

야웨의 계획은 소돔과 고모라가 멸망하기 이전에 아브라함이 하나님께 던진 질문에서 볼 수 있었던 하나님과 인간의 협동 관계를 확대하고 재정의한다. 그 당시 인간 파트너는 절친한 친구이자 의견을 들어주는 "청취자" 역할을 맡았다. 이제 이집트에서 야웨는 이스라엘을 억압하는 자들을 무너뜨릴 자신의 놀라운 사역에 적극적으로 참여할 것을 인간 파트너에게 요구하신다. 야웨는 자신의 특사인 모세와 모세의 "대언자" 아론을 통해 파라오에게 자신의 뜻을 전달할 것이다(7:1). 모세가 맡은 임무는 또 다른 중요한 선례를 제공한다. 야웨의 권력 행사는 이집트인들에게 엄청난 고통을 안겨줄 것이지만, 폭력은 오직 야웨의 몫이 될 것이다. 모세는 주로 야웨의 요구와 그가 행하실 일을 대신 전달하는 역할을 맡게 될 것이다.

나중에 밝혀지겠지만 모세는 아브라함처럼 순종하는 인물이 아니다. 그 역시 질문을 하지만, 그의 질문에는 저항하는 마음과 불편한 마음이 담겨 있다. "내가 누구이기에 바로에게 가며 이스라엘 자손을 애굽에서 인도하여 내리이까?"(3:11) "그들(이스라엘 백성)이 내게 묻기를 '그의 이름이 무엇이냐?' 하리니 내가 무엇이라고 그들에게 말하리이까?"(3:13) 모세는 확신을 요구하고 야웨는 이에 모세의 지팡이를 잠시 뱀으로 변하게 하고 그의 손에 문둥병이 생기게 하는 것으로 대응한다. 그는 빠져나갈 길을 찾기 위해 자신은 말을 더듬는다고 주장하고 급기야 다른 사람을 구할 것을 간청한다(4:1-13). 이것은 소돔의 멸망을 놓고 아브라함과 야웨가 서로 의견을 교환한 것과는 상당한 차이가 있다. 모세의 거절은 다소 염치없고 무례한 태도로 보인다. 우리는 여기서 처음으로 야웨가 분노하셨다는 내용을 접한다(4:14a). 그러나 야웨의 분노는 처벌로 이어지지 않고 모세의 공포를 해소하는 조정과 타협으로 이어진다. "레위사람 네 형 아론이 있지 아니하냐? 그가 말 잘하는 것을 내가 아노라. 그가 너를 만나러 나오나니 그가 너를 볼 때에 그의 마음에 기쁨이 있을 것이라. 너는 그에게 말하고 그의 입에 할 말을 주라. 내가 네 입과 그의 입에 함께 있어서 너희들이 행할 일을 가르치리라"(4:14b-15).

야웨가 명성을 얻다

야웨는 파라오를 제압하고 그의 통치 체제를 전복시키며 이집트인들과 이스라엘인들의 머릿속에 자신의 이름을 각인시키기 위해 두 가지 장기 전략을 밝히신다. 첫째, 야웨는 이집트에 많은 재앙을 내리실 것이며, 이로써 파라오가 그 땅의 질서와 안정을 유지하는 데 무기력하다는 것을 천하에 드러낼 것이다. 야웨는 이 전략을 모세와 아론을 통해 실행하실 것이다. 둘째, 야웨는 파라오의 내적 사고 체계를 교란시킬 것이며, 이로써 이 난관을 지속시켜 파라오가 스스로 의사 결정을 내리지 못하도록 할 것이다. 법령을 공표하고 집행하는 것이 왕의 특권이라면 야웨는 파라오가 그것을 효율적으로 해낼 수 있는 능력을 제거해버릴 것이다. 야웨는 파라오의 마음을 완악하게 할 것이다(7:3; 참조. 4:21).

첫 번째 전략은 이집트의 사고 세계 안에서 잘 실행되어 사람들이 이제는 그 땅에 파라오보다 더 위대한 존재가 있다는 사실을 점차 깨닫게 한다. 야웨는 이스라엘 백성을 해방하고 자신의 능력을 입증하기 위한 아홉 가지 재앙을 연속적으로 이집트에 내린다. 이집트인들에게 고통을 안겨준 이러한 재앙은 해석학적 전통에 의하면 "재앙"으로 알려져 있지만, 테렌스 프레타임(Terence Fretheim)이 지적한 바와 같이 이 성서 본문은 이를 "표징"(히브리어: 'ot, 4:17; 7:3; 8:23; 10:1-2)과 "이적"(히브리어 mophet, 4:21; 7:3, 9; 11:9-10)이라고 부른다.[1] 이러한 용법은 이 재앙들이 이스라엘과 이집트에 어떤 메시지를 전달하기 위한 것, 즉 자연의 힘과 파라오의 권력에 대한 야웨의 절대 주권을 알리기 위한 것임을 보여준다. 이집트에서 행한 야웨의 기적은 이집트인들과 이스라엘 백성 모두의 비전을 재설정하고, 파라오의 권력과 주장(그리고 이집트가 대변하는 억압적인 인간 체계)을 폭로하며, 지금까지 잊혀 있던 창조주의 존재와 절대 주권을 드러내기 위한 것이다.

◇◇◇◇◇
1   Terence E. Fretheim, *God and World in the Old Testament: A Relational Theology of Creation* (Nashville: Abingdon, 2005), 114.

아이러니하게도 이러한 과정은 파라오가 모세와 아론에게 기적을 행하라고 요구하면서 시작된다(7:9-10). 파라오의 요구는 그가 이 두 사람을 단순히 마술사로 보고 있음을 암시한다. 마술은 이집트 종교에서 특히 재앙이나 악한 세력으로부터의 공격을 피하는 수단으로써 중요한 역할을 담당했다. 아론은 자신의 지팡이를 던져 뱀으로 변하게 한다(참조. 4:2-4). 이에 파라오는 마술사 무리를 불러 모으고, 그들 또한 자신들의 지팡이를 던져 같은 결과를 일으킨다. 하지만 아론의 뱀은 마술사들의 뱀들을 삼켜버림으로써 처음부터 결국에는 홍해의 물이 파라오의 군대를 삼켜버릴 결말을 예고한다.[2] 하지만 파라오는 여전히 대수롭지 않게 여긴다.

모세와 아론 대 이집트 마술사들의 대결은 이 내러티브에 등장할 나머지 사건들을 예고한다. 삼키는 뱀은 이집트 신화에 나오는 거대한 뱀 "아펩"을 상기시키는데, 이는 혼돈과 파괴라는 위협적인 세력을 상징한다. 아펩은 어두움과 관련이 있으며, 태양신 라를 삼켜버리기 위해 지평선에 숨어 있었다고 한다. 다양한 신화가 조력자들이 어떻게 라를 구원했는지에 관해 이야기하지만, 이 모든 것의 기저에는 실패가 이 세상을 어둠에 빠뜨릴 것이라는 두려움이 자리 잡고 있다. 이 점을 고려하면

〰〰〰
2   Terence E. Fretheim, "The Plagues as Ecological Signs of Historical Disaster," in *What Kind of God? Collected Essays of Terence E. Fretheim*, ed. Michael J. Chan and Brent A. Strawn, Siphrut 14 (Winona Lake, IN: Eisenbrauns, 2015), 227; Jerome F. D. Creach, *Violence in Scripture*, Interpretation: Resources for the Use of Scripture in the Church (Louisville: Westminster John Knox, 2013), 82-83.

아론의 뱀이 이집트 마술사들의 뱀을 집어삼킨 사건은 이집트 전체가 흑암에 빠지는 아홉 번째 재앙을 예고한다. 따라서 이집트 사람들이 볼 때 삼키는 뱀은 모든 것을 파괴하겠다고 위협하는 무시무시한 괴물을 연상시킨다.[3]

야웨는 나중에 모세에게 나일강 가에 서서 파라오를 맞이하라고 지시한다(7:14-22). 야웨는 이스라엘 백성을 내보내지 않는 파라오를 책망하고 그가 자신이 누구인지를 깨닫게 할 기적을 행하고자 한다(17절). 모세가 자신의 지팡이로 나일강을 치고 아론이 야웨의 지시를 따라 자신의 손을 내밀자 이집트의 모든 물이 피로 변한다. 이집트의 마술사들도 다시 한번 이를 그대로 재현하고 파라오는 이를 여전히 대수롭지 않은 일로 여긴다. 그는 이 문제를 재고하지 않고 궁으로 돌아온다(7:22).

나일강에서 개구리 떼가 나오는 세 번째 재앙도 이집트 마술사들에 의해 재현된다(8:1-15). 하지만 여기서 파라오의 갑옷에 틈새가 나타난다. 그는 야웨가 이 양서류의 공격을 중단하도록 중재할 것을 모세에게 요청한다. 결국 이집트 마술사들은 나일강에서 개구리가 올라오게 만드는 재주는 있었지만, 이를 제거하는 데는 속수무책이었다! 그들은 혼란을 일으키는 능력은 있었지만 질서를 회복하는 능력은 없었다. 파라오가 모세에게 요청했다는 사실은 그의 눈에 모세가 이제 그의 앞에서 어

---

3   Fretheim은 또한 홍해에서 파라오의 군대를 집어삼키는 것에 대한 암시(이로써 이 혼돈 모티프를 대결의 시작과 끝에 배치하는)를 발견한다(*God and World*, 115-16: "Plagues," 227).

느 정도의 지위를 획득했음을 암묵적으로 인정했음을 암시한다. 파라오
는 이스라엘 백성들이 이집트에서 야웨를 섬길 수 있도록 내보내는 데
동의하지만, 모세의 중재로 개구리들이 죽어버리자 다시 약속을 어긴다.

네 번째 이적은 하나의 전환점이다. 이번에는 야웨가 파라오에게
요구 사항을 전달하지 않고, 아론에게 땅의 먼지를 쳐서 온 땅에 이가 가
득하게 할 것을 명령한다(8:16-19). 이것은 이집트 마술사들이 할 수 없는
일이다. 그들의 반응을 보면 그들에게 점점 깨달음이 오고 있음을 알 수
있다. "이는 하나님의 손(권능)이니이다"(19절). 마술사들은 자신들이 실
패한 이유가 모세와 아론이 더 실력 있는 마술사거나 더 우수한 마법의
힘을 가지고 있기 때문이라고 생각하지 않는다. 오히려 그들은 자신들이
사람이 아닌 신을 상대하고 있음을 깨닫는다. 이것은 양자 대결을 완전
히 다른 국면으로 접어들게 한다. 이집트 땅에 대재앙을 일으킨 타국의
신은 자기 민족을 종살이에서 벗어나게 하는 일을 돕는 두 명의 거지 같
은 마술사와는 아주 다른 방식으로 도전한다. 이 신에 대항하는 마술사
들의 마술은 아무런 효력이 없다. 마술사들이 "하나님의 손(권능)"을 언
급했다는 사실은 이 신의 능력을 인정한 것이다. 성서에서 손과 팔은 힘
과 능력을 은유적으로 표현한다. 시편 저자는 야웨가 이스라엘을 이집트
에서 "강한 손과 펴신 팔로" 인도해내셨다고 선포한다(시 136:12). 예레미
야는 다음과 같이 재청한다. "주께서 표적과 기사와 강한 손과 펴신 팔과
큰 두려움으로 주의 백성 이스라엘을 애굽 땅에서 인도하여 내시고"(렘
32:21).

비록 다섯 번째 재앙(8:16-32)은 성가신 곤충의 떼(이 대신 파리)를 일으키지만, 이 재앙은 이전의 사례들과 의미 있는 대조를 이룬다. 이집트인들은 이제 그들이 신을 상대하고 있다는 사실을 깨닫는다. 모세를 통해 말씀하시는 야웨는 파라오에게 백성들이 자신을 섬길 수 있도록 그들을 내보낼 것을 명령한다. 이 문맥에서 "섬기다"는 숭배와 관련이 있지만, 야웨가 선택한 단어에는 더 깊은 의미가 들어 있다. 야웨는 현재 파라오에게 종살이를 하는 이 백성을 자신의 소유라고 말씀하신다. 여기에는 또한 최후통첩의 의미도 담겨 있다. 파라오는 이를 반드시 이행해야 한다, 그렇지 않으면 야웨는 이집트 전역을 파리로 가득 채울 것이다. 야웨는 이것이 자신이 누구인지를 깨닫게 할 것이라고 선언하신다. 야웨는 고센 땅과 그곳에 거하는 이스라엘 백성은 이 재앙에서 면제될 것이며, 이로써 모든 이들이 야웨의 신적 위력을 온전히 깨닫게 될 것이라고 말씀하신다. "이로 말미암아 이 땅에서 내가 [야웨]인 줄을 네가 알게 될 것이라"(22절).

파라오에게 주어진 시간은 많지 않다. 다음날 이집트는 파리 떼로 넘쳐난다. 파라오는 신속하지만 불완전하게 대응한다. 그는 모세와 아론에게 이집트에서 제사를 드리라고 말한다. 어쩌면 야웨의 기적 행위를 고려하면 파라오의 입장에서 이것은 합리적인 요구일 수도 있다. 그러나 이 제안은 이스라엘 백성이 제사를 드리기 위해서는 이집트에서 사흘 길쯤 떠나야 한다고 말하는 모세로서는 결코 수용할 수 없는 것이다. 놀랍게도 파라오는 한발 뒤로 물러나 그들이 광야로 나가 제사를 드려도 좋다고 말하고 모세에게 다시 중재해줄 것을 요구한다. 이에 모세는 기도하고, 야웨는 그 기도에 응답하시며, 파라오는 파리 떼가 사라지고 위기를 모면하자 다시 약속을 어긴다.

이러한 악순환은 또 다른 재앙과 함께 한번 더 반복된다(9:1-7). 야웨는 모세에게 다시 한번 최후통첩을 지시한다. 모세는 파라오가 이스라엘 백성이 야웨를 섬길 수 있도록 내보내지 않으면 "[야웨]의 손"이 이집트의 모든 가축에 전염병이 생기게 할 것이라고 말한다. 파라오는 다시 한번 민첩하게 행동한다. 다음날 전염병이 발생하고 이스라엘 백성이 소유한 것을 제외한 모든 가축이 이집트 전역에서 죽어나간다. 하나님의 손(권능)이 골칫거리가 되었다. 이제 하나님의 손은 이집트인들의 삶과 생계 수단에 한층 더 강한 재앙을 내리신다.

사람의 목숨에까지 확대되는 여섯 번째 재앙은 야웨의 절대 주권을 생생하게 보여준다(9:8-12). 야웨는 모세와 아론에게 한 줌의 재를 하늘에 날려 바람을 타고 온 땅에 퍼지게 하라고 지시한다. 이집트 종교에서 하늘은 이집트인들의 후원자이자 보호자인 호루스의 영역이다. 그러나 야웨는 이제 하늘을 사람과 가축에게 끔찍한 종기를 유발하는 물질을 전염시키는 수단으로 사용한다. 아무도 보호를 받지 못하고, 심지어 자신들의 마술을 통해 이러한 재앙으로부터 사람들을 보호하는 마술사들조차도 보호를 받지 못한다. 심지어 그들도 종기로 인해 고통을 당하며 모세에게 맞서지도 못한다(11절). 종기로 인해 인간과 짐승의 피부에서 분비물이 흘러나오는 상태는 분열되고 오염된 부정한 우주를 나타내며, 이것은 어떤 의식 행위로도 결코 치유될 수 없다.

야웨는 신적 지위와 능력과 절대 주권을 온전히 드러내며 하늘로부터 또 다른 재앙을 내리신다(9:13-35). 야웨는 이 재앙을 내리시기 전에 자신을 섬기도록 이스라엘 백성을 내보내라는 요구를 반복하신다. 또한 파라오와 그의 나라에 대한 폭력을 극대화할 것을 예고하면서 이 대결을 장기화하려 한다는 야웨의 선언이 이어진다.

> 내가 이번에는 모든 재앙을 너와 네 신하와 네 백성에게 내려 온 천하에 나와 같은 자가 없음을 네가 알게 하리라. 내가 손을 펴서 돌림병으로 너와 네 백성을 쳤더라면 네가 세상에서 끊어졌을 것이나 내가 너를 세웠음은 나의 능력을 네게 보이고 내 이름이 온 천하에 전파되게 하려 하였음이니라(9:14-16).

요컨대 야웨는 파라오와 그의 백성을 쉽게 멸망시킬 수도 있었지만, 자신의 능력을 온전히 보여주고 이 땅에서 그의 이름을 널리 떨치기 위해 그들을 완전히 무너뜨리지 않았다고 파라오에게 말씀하신다. 이어서 야웨는 파라오가 자신에게 저항하는 근본적인 원인을 밝히신다. "네가 여전히 내 백성 앞에 교만하여 그들을 보내지 아니하느냐?"(17절)

야웨는 파라오를 책망한 후 이튿날 지금까지 한 번도 내린 적이 없는 가장 큰 우박이 내릴 것임을 알리고, 그의 말을 듣는 자들에게 모든 가축과 사람을 대피시켜 죽임을 당하지 않게 하라고 명령한다. 내레이터는 "[야웨]의 말씀을 두려워하는 자들" 가운데 일부는 그 말씀을 듣고 따랐지만, 다른 이들은 일꾼들과 가축들을 들판에 그대로 내버려 두었다고 말한다(20-21절). 내레이터의 이러한 언급은 야웨의 계획이 적어도 부분적으로나마 실현되었음을 보여준다. 야웨의 권세와 말씀은 점점 더 영향력을 행사하고, 일부 이집트인들은 이제 야웨가 어떤 분이시며 어떤 능력을 소유한 분이신지를 깨달아간다.

야웨가 보낸 우박은 엄청난 파괴력이 있었지만, 이스라엘 백성이 거주하는 고센 땅에는 내리지 않았다(26절). 놀랍게도 이 재앙은 파라오가 자신의 패배를 시인하도록 만들었는데, 이는 야웨의 신적 지위와 권세를 인정하고 이집트의 과실을 시인하는 것이었다. "이번은 내가 범죄하였노라. [야웨]는 의로우시고 나와 나의 백성은 악하도다"(27b). 파라오는 다시 모세에게 중재를 요구하고 이스라엘이 떠나는 것을 다시 한번 허용한다.

이것은 모든 것이 끝났다는 "임무 완수"를 의미하는 것처럼 보이지만, 모세는 그렇게 생각하지 않는다. 그는 이 땅의 진정한 통치자는 파라오가 아니라 야웨임을 다시 한번 보여주기 위해 대살상을 초래할 우박을 멈추는 데 동의한다. 이어서 파라오는 자신과 자기 관료들은 여전히 야웨를 두려워하지 않는다고 선언함으로써 자기 약속을 번복한다. 여기서 "두려워하다"는 두 가지 의미를 갖는다. 파라오는 이제 야웨가 어떤 능력을 지닌 분인지, 그리고 자신은 그를 제지할 힘이 없는 미천한 존재임을 깨달았다는 의미에서 야웨를 두려워한다. 그러나 그의 그러한 고백에도 불구하고 적어도 모세의 판단으로 그는 아직 야웨의 절대 주권에 굴복하는 수준에 이르지 못했다. 이 사실은 우박이 그친 후 파라오와 그의 관료들이 다시 죄를 범하고 이스라엘 백성을 내보내기를 거부할 때 비로소 확인된다.

그다음 재앙은 야웨가 이전에 이미 규정한 게임의 규칙을 재확인해준다(10:1-20). 야웨는 (파라오와 그의 관료들의 마음을 완강하게 함으로써) 그들 가운데 기적을 행하기 위해 이 대결을 지연시켰고, 파라오는 여전히 겸손한 자세(즉 야웨께 굴복하는 자세)를 취하기를 거부한다. 더 나아가 야웨는 이러한 이적이 이스라엘 백성에게도 자신이 누구인지를 깨닫게 하고, 야웨가 어떻게 파라오를 철저히 무너뜨렸는지를 이야기할 수 있게 하려는 것임을 말씀하신다(2절). 나중에 이 사건은 신하들이 야웨의 존재를 인정하고, 신하들과 파라오 간의 분열이 한층 더 심각해졌음을 보여준다. 다시 한번 최후통첩을 접하자 관료들은 파라오에게 항복할 것을 건의한다(7절). 그들의 건의는 파라오가 모세와 아론에게 타협안을 제시하는 것으로 보아 효력이 있어 보인다. 그들의 타협안은 오직 남자들만 야웨를 섬기러 떠나도록 허락하는 것이었다. 그러나 모세는 이 제안을 거절하고 혹독한 우박 재앙에 버금가는 재앙, 즉 하늘로부터 내리는 세 번째 재앙이 현실이 되게 한다. 파라오는 그동안의 패턴을 따라 현실을 받아들이고 모세에게 중재를 요청한다. 그는 이번에는 모세가 자신의 죄를 용서해줄 것과 야웨가 치명적인 재앙을 제거해줄 것을 구체적으로 요청한다. 파라오는 이집트 안에서 말 한마디로 생사를 좌우할 수 있는 힘이 있지만 죽음을 막을 수는 없다. 그의 통제하에 남아 있는 것은 오직 고센 땅에 거주하는 이스라엘 백성 공동체뿐인데, 그는 다시 한번 위기를 모면하자 그들을 내보내기를 거부한다.

아홉 번째 재앙인 흑암은 아무런 경고 없이 들이닥친다. 흑암은 이집트인들의 움직임에 제동을 가한다. 앞의 사례들과 같이 이스라엘인들이 거주하는 지역을 제외하고—그곳에는 여전히 빛이 있다—사흘 동안 아무도 앞을 보지 못하고 움직일 수조차 없다. 짙은 흑암은 이집트의 중요한 신들 가운데 하나인 태양신 라의 사제인 파라오의 역할에 직접 도전한다. 흑암은 히브리인들의 하나님과의 대결에서 파라오의 비참한 무력함을 드러낸다. 그럼에도 파라오는 자신이 이스라엘의 하나님과 서로 주고받으며 거래를 할 수 있다는 생각에 집착한다. 그는 모세에게 그 이전보다 더 많이 양보하면서 이스라엘 백성이 야웨를 섬기기 위해 떠나도 좋지만, 그들의 가축들은 남겨두어야 한다고 말한다. 하지만 야웨는 절대 양보하지 않을 것이다. 야웨를 섬기기 위해 이집트를 떠나는 문제는 결코 양보의 대상이 아니다. 양측의 확고한 입장 표명과 함께 이 이야기는 갑작스럽게 끝난다. 파라오는 다시 만나는 날에는 반드시 죽을 것이라는 경고와 함께 모세의 말을 묵살한다. 파라오는 더 이상 아무런 영향력이 없다. 이제 파라오가 내릴 수 있는 유일한 결단은 모세가 요구하는 것을 전적으로 수용하는 것인데, 이것은 자신의 완패를 시인하는 것이다.

누가 자연의 힘을 통제하는가?

완전한 어둠 속에 있는 세상은 "땅이 혼돈하고 공허하며 흑암이 깊음 위에" 있는 창조 이전의 세계를 상기시킨다(창 1:2).[4] 따라서 그것은 완전히 혼돈에 빠진 세상을 의미한다. 흑암은 연속적 사건의 마지막 단계로서 두 민족뿐 아니라 창조 질서 전체에 그 영향력을 행사한다. 모세와 파라오의 대결은 개인적인 성격을 띠지만 그 범위는 우주적이다. 창조 질서 전체가 이 대결에 휘말리고 연루되어 있다. 파라오의 권력이 미치는 범위는 민족에 대한 통제를 넘어 창조세계의 관리와 감독으로까지 확대된다. 고대 세계에서 왕의 권력은 대부분 사회적·우주적 균형을 유지하는 목적으로 사용된다. 사회적·자연적 질서는 서로 밀접하게 연관되어 있다고 믿었다. 사회 질서의 불균형은 창조세계 전체에 영향을 미치고 그 반대의 경우도 마찬가지다. 따라서 파라오는 질서와 균형과 조화를 관리하고 감독하는 자의 기능을 수행한다. 만약 왕이 권좌를 확고하게 지키면 이 세상에는 아무런 문제가 없다.

　　이집트에 내린 재앙은 "창조 이전의 상태로 되돌아가" "미쳐 날뛰는 세상"의 모습을 보여준다.[5] 야웨와 파라오는 창조세계에 대한 감독자의 직함을 놓고 대결을 펼친다. 야웨는 이 문제를 바로 이 특정한 장소와

<hr>

4　　Fretheim, "Plagues as Ecological Signs," 310.

5　　Fretheim, *God and World*, 120.

특정한 시간에 해결함으로써 시공을 초월하는 모든 문제를 해결하신다. 야웨는 이스라엘의 부르짖음에 대한 반응으로, 그리고 자신의 약속을 지키기 위해 이집트를 통해 이 세상으로 들어오신다. 이스라엘의 하나님은 절대 주권을 가지고 정치 권력의 구조와 체계 안에서 창조세계를 회복하려는 의지를 보여주신다. "이스라엘의 구원은 궁극적으로 창조세계 전체를 위함이다."[6]

이러한 재앙 이야기의 배경을 형성하는 창조 신학은 테렌스 프레타임에 의해 제기되었다. 그는 이 재앙들이 파라오의 반생명적 행위로 인해 혼돈의 세력들이 풀려난 결과라고 주장한다. 그는 본문에서 가혹한 억압 조치와 이스라엘의 남자아이 살해 명령을 통해 드러난, 야웨의 창조 사역(이스라엘 백성의 생육과 번성과 땅에 충만에 대한 언급을 통해 표현됨)에 대한 파라오의 저항과 반창조적 행위를 지적한다. 야웨의 목적은 이 땅의 모든 민족이 그분의 이름을 높이고 주목하는 것이다. 그러나 파라오는 야웨가 이스라엘을 통해 창조세계의 번성을 회복하겠다는 약속을 실현하려는 순간 이에 저항한다. 윤리적 질서와 사회적 질서가 서로 밀접하게 연관되어 있으므로 파라오의 반생명적 행위는 우주를 불안정하게 만들고 이집트를 압도하는 혼돈의 세력의 물결을 일으킨다. 간단히 말해 파라오의 가혹하고 치명적인 정책은 이 세상에서 전개되는 야웨의 사역

---

6   Terence E. Fretheim, *Exodus*, IBC (Louisville: John Knox, 1991), 109; *God and World*, 119.

을 전복시킴으로써 창조세계 자체를 위협하는 결과를 초래한다.

> 이 본문에서 하나님은 적극적으로 심판을 행하시는 모습, 즉 파라오의 죄
> 와 그 결과를 다루시는 모습으로 묘사되지만(비록 중재자가 없진 않지
> 만), 사실 하나님은 파라오의 반창조적 행위에 대한 "자연스러운" 결과
> 를 얻기 위해 그를 포기하신다(그의 마음을 완악하게 하여).[7]

이 이야기에서 야웨는 심판하고 회복하기 위해, 그리고 모든 것을 바로
잡기 위해 행동하시면서 창조세계에 대한 주권뿐만 아니라 재앙 이후 이
를 재창조하는 능력도 드러내신다.

하지만 이러한 재앙은 스스로 일어나는 것이 아니다. 이 내러티브
는 야웨가 이스라엘을 통해 새로운 세상을 창조하려는 야웨의 결단과 주
권의 표현으로서 재앙을 내린다는 점을 분명히 밝힌다. 재앙은 단순히
혼돈 속에 빠진 세상을 드러내는 것이 아니다. 재앙은 창조세계 자체가
이집트인들을 대적하고 파라오의 가식을 드러내는 피조세계의 무기화
(weaponization)를 나타낸다. 안정성과 지속성과 조화는 파라오와 이집트
및 모든 사회에 필요한 최상의 가치다. 그러나 야웨의 맹공으로부터 백
성들을 지키기 위해 파라오가 할 수 있는 것은 아무것도 없다. 야웨는 자
연의 힘이 체계적으로 이집트인들을 대적하게 함으로써 파라오를 제압

7   Fretheim, *Exodus*, 111.

하신다. 창조주와 인간이 만든 세상이 서로 크게 격돌하는 가운데 야웨는 스스로 이 세상 전체를 암흑의 심연으로 빠뜨리는 혼돈의 괴물이 되신다. 야웨는 창조세계 자체가 파라오와 그의 백성과 그들의 가축을 괴롭히는 악한 세력으로 변하게 함으로써 소외된 인간의 처참한 모습을 완전히 드러내신다. 창조세계를 돌보기 위해 창조된 아담은 창조세계에 소원해졌다. 창조세계는 이제 공개적으로 파라오를 대적한다.

이로써 야웨는 잘 정돈된 파라오의 세상에 혼란을 불러일으키는 혼돈의 주체로서 이집트에 발을 들여놓으신다. 야웨는 바다와 육지와 하늘을 주장하신다. 나일강은 피로 변하여 그 안에 사는 물고기들에게는 치명적인 환경으로 바뀌고, 이집트인들은 마실 물을 얻기 위해 강기슭을 판다. 개구리들은 나일강에서 쏟아져 나와 이집트인들의 집으로 들어간다. 먼지가 이로 변하고 파리들이 나타난다. 무서운 질병이 이집트 들판에 있는 가축들을 사로잡는다. 공중에 날린 재는 바람을 타고 이집트 전역으로 날아가 인간과 동물에게 종기를 유발한다. 메뚜기 떼가 하늘에서 내려와 이집트의 농작물을 파괴하고, 우박은 그 땅을 폐허로 만들 뿐 아니라 식물과 나무를 모두 파괴하고, 대피하지 못한 사람과 가축의 목숨을 모두 앗아간다. 마지막으로 별빛은 사라지고 흑암이 내려앉으며 질서가 완전히 사라진다. 오로지 야웨만이 대재앙을 물리치고 질서를 회복하신다.

프레타임은 재앙을 자연의 힘의 "초자연적" 발현이라고 부른다. 즉 재앙은 조화롭고 질서정연한 창조세계 안에서 자연의 힘의 정상적인 한계를 벗어난다. 재앙은 점점 더 균형을 잃고 왜곡된 세상을 드러낸다. "바다는 더 이상 단순히 바다가 아니다. 빛과 어두움은 더 이상 나뉘어 있지 않다. 사람과 동물의 질병은 미친 듯이 날뛴다. 곤충과 양서류는 통제가 불가능하다."[8] 본문이 분명하게 밝히듯이 모세와 아론을 통해 우주의 질서를 혼란에 빠뜨리고, 창조세계가 인간을 대적하게 만들며, 이집트를 혼란에 빠뜨린 장본인은 바로 야웨다. 야웨는 파라오와 그 관료들이 통제 가능하다고 주장하는 창조의 힘을 활용하신다. 자연의 힘은 야웨가 말씀 한마디로 사용하기도 하고 거두어들일 수도 있는 강력한 무기다. 야웨는 어떤 상황 속에서도 창조세계 안에서 역사하시는데, 이는 창조세계 전체에 대한 절대 주권을 견고히 하기 위함이다(참조. 사 45:7).

파라오의 마음을 완악하게 하다

재앙들을 통해 나타난 야웨의 주권의 외적 표현은 완악해진 파라오의 마음을 통해 나타난 야웨의 주권의 내적 작용과 조화를 이룬다. 야웨는 이스라엘 장로들을 만나 대화하도록 모세를 보내기 전에 이 둘의 연관성을 설명한다. 야웨는 모세에게 파라오에게 가서 이스라엘 백성이 삼일 간 광야로 나갈 수 있게 내보내 달라고 요구할 것을 말씀하신 후에 다음과

---

8   Fretheim, *Exodus*, 109; 참조. Fretheim, *God and World*, 119-20.

같이 말씀하신다. "내가 아노니 강한 손으로 치기 전에는 애굽왕이 너희가 가도록 허락하지 아니하다가 내가 내 손을 들어 애굽 중에 여러 가지 이적으로 그 나라를 친 후에야 그가 너희를 보내리라"(3:19-20). 야웨는 대화 끝부분에 가서 자신이 행할 이적과 자신이 앞으로 파라오의 내면에서 행할 일을 서로 연관 지으신다. "네가 애굽으로 돌아가거든 내가 네 손에 준 이적을 바로 앞에서 다 행하라. 그러나 내가 그의 마음을 완악하게 한즉 그가 백성을 보내주지 아니하리니"(4:21). 파라오의 고집은 향후 야웨가 이집트에 여러 가지 재앙을 내릴 원인을 제공한다. 파라오는 매번 이스라엘 백성을 내보내 달라는 모세의 요구를 거절하고, 야웨는 그 대가로 재앙을 내리신다.

그러나 이 내러티브는 야웨가 파라오의 마음을 완악하게 하고 (4:21; 7:3; 9:12; 10:1, 20, 27; 11:10; 14:4, 8, 17), 파라오가 자신의 마음을 완강하게 하고(8:32; 9:34), 또 단순히 파라오의 마음이 완악해졌다(7:13, 14, 22; 8:13, 14, 19; 9:7, 35)고 보고함으로써 이 문제를 복잡하게 만든다. 이 이야기의 저자는 이런 다양한 주장을 서로 일치시키려 하지 않고, 둘 다 사실로 받아들이는 긴장을 조성한다. 이러한 역설을 해결하는 과제는 독자의 몫으로 남겨진다.

야웨가 인간의 자유로운 의사 결정 능력에 간섭할 수 있다는 생각은 대다수 현대 해석자에게 크게 매력적이지 않다. 이 역설을 해결하기 위해 제시되는 가장 일반적인 해석은 파라오가 이스라엘 백성을 내보내지 않을 것을 야웨가 알고 있다고 선언하는 말씀에서 힌트를 얻는다

(3:19-20). 야웨의 완악하게 하심은 파라오가 모세로부터 첫 번째 도전을 받기 이전에 보여주었던 거만한 태도의 가속화 또는 그 태도에 대한 심판이라고 할 수 있다. 파라오의 고집은 그의 오만한 마음의 표현이나 하나님을 무시하고 권력을 휘두르는 인간의 특성으로 보인다. 파라오의 태도는 이스라엘과 이스라엘의 하나님에 대한 것이다. 모세의 예언자적인 요구는 오직 그를 완악하게 만들 뿐이다. 프레타임은 이 사실을 다음과 같이 간추린다.

> **하나님은 주체로서 파라오의 고집을 극대화하신다.** 비록 이것은 처음부터 파라오의 의지를 마비시키는 결과를 가져오지는 않지만, 사건이 마지막 재앙을 향해 나아가면서 그러한 효과가 나타나기 시작한다. 둘 다 언급할 필요가 있다. 파라오는 자신의 마음을 완악하게 하고, 하나님도 그렇게 하신다.…매번 거절할 때마다 파라오로서는 점점 더 거절하기 쉬워진다. 점점 더 결말은 확실해진다. 파라오의 저항이 계속되면서 그의 마음을 완악하게 하시는 하나님의 모습도 더욱더 두드러지게 나타난다.[9]

그러나 단순히 파라오의 마음이 완악해졌다는 여덟 번의 언급을 제외하고 야웨가 파라오의 마음을 완악하게 하셨다는 언급(10회)과 파라오가 자신의 마음을 완강하게 했다는 언급(2회)을 비교해보면 또 다른 강조

◇◇◇◇◇

9   Fretheim, *Exodus*, 98, 100.

점이 드러난다. 이 사실을 고려하면 이 본문의 강조점은 파라오의 완악함보다는 야웨의 행위에 더 방점이 찍힌다. 야웨가 파라오의 마음을 완악하게 하셨다는 언급은 주로 내러티브의 시작과 끝에서 나타나는 반면(4:21; 7:3; 10:1, 20, 27; 11:10; 14:4, 8, 17), 파라오가 자신의 마음을 완강하게 했다는 두 번의 언급은 재앙이 시작할 때와 중기 재앙이 내리는 문맥에서 나타난다(8:32; 9:34). 따라서 야웨가 파라오의 마음을 완악하게 하셨다는 선언은 중간에 나오는 모든 나머지 언급을 야웨가 파라오의 내적 고민에 간섭하시는 문맥 안에 두면서 완악함에 관한 다른 보고들을 감싼다.

문제를 더욱더 복잡하게 만드는 차원에서 히브리어 본문은 파라오의 마음이 완악해진 것을 나타내는 데 서로 다른 세 가지 동사를 사용한다. 동사 "카샤"(qashah, "완악하게 하다")는 야웨가 완악하게 하셨다는 데대한 두 번째 언급에서 단 한 번 등장한다(7:3). 동의어 "하자크"(khazaq, "뻣뻣하게 하다", 4:21; 7:13, 22; 8:19; 9:12, 35; 10:20, 27; 11:10; 14:8)가 가장 자주 사용된다. 세 번째 동사 "카베드"(kabed)는 완악함이 아닌 무거움을 의미한다(따라서 "그의 마음이 무거워졌다" 혹은 "파라오가 자신의 마음을 무겁게 했다"). 이 동사는 명예를 얻거나 존경을 받는 것을 나타내기도 하고, 같은 어근(kabod)에서 유래한 명사는 종종 야웨와 관련하여 "영광"으로 번역된다. 또한 이 어근(kbd)은 히브리어 본문에서 주제로서 반복적으로 나타난다. 모세는 야웨에게 자신은 "입이 뻣뻣하고 혀가 둔한 자"라고 항의한다(4:10). 파라오는 벽돌을 만드는 이스라엘 백성에게 과중한 노역을 부과한다(5:9). 야웨의 신적 능력이 파라오의 반응을 유도하는 데 성공할 때는 이 어근이 재앙을 묘사하는 형용사로 사용된다. 수많은 파리 떼(8:20), 심한 돌림병(9:3), 무거운 우박(9:18), 수많은 메뚜기 떼(10:14) 등.

이야기 속에서 일어나는 사건과 파라오의 마음을 완악하게 하는 야웨의 행위와 관련하여 이 어근(kbd)이 반복적으로 사용되었다는 점은 이 두 가지가 야웨께 영광을 돌리는 역할을 한다는 사실을 강조한다. 이 무대에 새롭게 등장한 "신참" 야웨는 반복적으로 파라오를 치고, 공개적으로 그가 사이비임을 폭로하며, 군주로서 스스로 결정을 내리지 못하게 함으로써 자신이 명성을 얻기 시작한다. 위에서 언급한 바와 같이 야웨는 일곱 번째 재앙 가운데 파라오를 살려둔 단 하나의 이유가 오로지 자신의 거대한 힘을 입증하고 자신의 이름을 온 세상에 널리 알리기 위함임을 선포하면서 이 사실을 분명히 밝히신다(9:16).

지금까지 무명의 신이었던 야웨는 이스라엘을 구원할 뿐만 아니라 이 세상에서 최고의 권력자로 인정받기를 원하신다. 비록 하나님이 인간의 의사 결정 과정에 개입하는 것이 자유 의지에 대한 현대적 신념과 충돌을 일으키긴 하지만 이러한 전술은 매우 적절하다. 왕의 주권은 자기 뜻을 관철하고 자기 의지를 실행에 옮기는 능력에 의해 입증된다. 이 점을 고려하면 야웨는 파라오의 결정 및 지시 능력을 차단하고 파라오의 뜻을 자신의 목적에 굽히게 함으로써 결정적인 한 방(coup de grâce)을 날리신다. 그런 의미에서 파라오가 자신의 마음을 완악하게 했다는 단 두 번의 언급에서 "파라오가 자신의 마음을 무겁게 만들었다"라는 의미로 동사 "카베드"(*kabed*)를 사용한 점은 큰 의미가 있다. 여기서 인간의 행위는 무시되지 않고 축소된다. 야웨는 자신의 주권을 공적으로 드러내기 위해 모든 인간 중 가장 힘이 센 자의 의지를 제압하신다. 이 내러티브에서 야웨와 파라오의 차이점은 야웨가 자신이 뜻을 실행에 옮길 수 있는 능력과 자유를 모두 갖고 있다는 것이다. 파라오의 능력은 "안 된다"라고 말하는 데 국한되어 있고, 심지어 그는 그 부분에 있어서도 결단력을 발휘하지 못한다. 그의 말과 의지에는 안정성이 없고 상황과 때에 따라 변한다. 재앙이 잇달아 발생하자 파라오는 모든 사건에 대한 영향력을 상실하고 점점 더 우유부단해진다.

여기서 야웨가 파라오의 마음을 완악하게 한 것은 구원을 위한 목적으로 특정한 시기와 특정한 왕에게 적용된 것이지, 모든 인간에게 적용되는 야웨의 보편적인 방법이 아니라는 점에 주목하는 것은 매우 중요하다. 이것은 하나님의 주권과 사역에 대항하는 오만한 권력을 적절하면서도 당당하게 다루는 방법이며, 야웨가 자신의 목적을 달성하기 위해 한 왕의 의사 결정 능력을 제어한 것은 이번이 유일한 사례는 아닐 것이다(참조. 수 11:20; 삼상 10:9).

죽음과 구원

야웨의 마지막 재앙은 파라오의 문 앞에, 그리고 이집트인들의 집 안에 죽음을 가져다준다(11:1-10; 12:29-36). 모세는 야웨가 이집트로 들어오실 것이며, 그 결과 각 집의 장자와 짐승의 첫 새끼가 다 죽을 것이라고 발표한다(11:4-5). 이러한 발표에 담긴 예사롭지 않은 표현은 이집트인들 가운데 계시는 야웨의 임재와 그 임재의 의미에 관심을 집중시킨다. 이스라엘의 하나님은 이제 하나님의 대리인들을 통해 일하시기보다는 직접 이집트로 들어오실 것이며 이로써 사람들은 죽음을 맞이할 것이다.

야웨는 사람의 지원을 받지 않고 이러한 재앙을 내리신다. 모세에게 부여된 임무는 곧 무슨 일이 일어날지를 해석하고, 그것을 기념하기 위한 의식을 제정하며, 이스라엘 백성의 생명을 보전할 명령을 전달하는 것뿐이다. 과거에는 야웨가 파라오와 그의 관료들에게 행할 이적을 알리고 설명하는 그의 대변인 역할을 모세가 수행했다면 이제 그는 그 동일한 임무를 이스라엘 백성을 위해 수행한다. 모세는 이집트가 곧 경험하게 될 무서운 재앙에 전혀 관여하지 않는다. 야웨는 아이들의 죽음에 모세를 연루시키지 않을 것이다.

모세를 통해 야웨는 곧 어떤 일이 벌어질 것인지, 그리고 왜 그런 일이 벌어질 것인지를 간결하게 설명한다.

내가 그 밤에 애굽 땅에 두루 다니며 사람이나 짐승을 막론하고 애굽 땅에 있는 모든 처음 난 것을 다 치고 애굽의 모든 신을 내가 심판하리라. 나는 [야웨]라(12:12).

여기서 야웨는 지금까지 자신과 파라오가 대결하는 동안 드러내지 않고 배후에 남아 있던 이집트 신들을 심판할 것에 관해 말씀하신다. 우리는 이집트 신들을 그 땅을 지키고 보호하며 생명에 대한 주권을 가진 세력으로 생각할 수 있다. 그들은 야웨와 파라오 간의 대결의 본질을 혼동시키지 않기 위해 배후에 남아 있었다. 야웨의 발언은 그들이 지금까지 이 대결에 관여하지 않았거나 배제되어 있지 않았음을 확인해준다. 이집트 신들에게 있어 정의를 실현한다는 것은 자신들이 정당화하고 강화하는 체계에 정의를 실현하는 것을 의미한다. 그들은 이집트인들과 파라오가 보호와 생계를 요구할 수 있는 세력이다.

정의를 실현한다는 개념은 처벌과 복수와는 거리가 멀고, 균형과 안정을 회복한다는 개념에 더 가깝다. 고대 사회가 추구한 정의로운 사회는 사회 조직 내의 위법 행위와 불균형을 예방하며 이를 바로잡으려고 했다. 파라오는 이스라엘 백성을 자신의 지배하에 둠으로써 정치·경제력에 막대한 불균형을 초래했으며, 억압받는 이스라엘 백성이 부르짖을 때 야웨의 반응을 촉발했다(2:23). 정의를 실현하는 것은 저울이 수평을 이루도록 하는 것이다. 야웨는 나중에 이스라엘의 율법 전통 안에 이 개념을 도입하실 것이다.

너는 과부나 고아를 해롭게 하지 말라. 네가 만일 그들을 해롭게 하므로 그들이 내게 부르짖으면 내가 반드시 그 부르짖음을 들으리라. 나의 노가 맹렬하므로 내가 칼로 너희를 죽이리니 너희의 아내는 과부가 되고 너희 자녀는 고아가 되리라(출 22:22-24).

시내산에서 받은 모든 율법 가운데 이 규례는 균형을 회복할 자가 인간 권력이 아니라 야웨라고 밝힌다는 점에서 독보적이다(참조. 잠 22:22-23). 이 규례는 인간을 향한 야웨의 계획에서 정의가 얼마나 중요한지를 이스라엘 백성에게 직접 설명한다. 큰 힘을 가진 자가 힘이 없는 자를 지배하고 억압하면 야웨가 개입하셔서 공평하게 처리하실 것이라고 선언한다.

　인간이 만든 이 세상은 모든 권력이 왕에게 집중되고 폭력의 사용과 위협을 통해 유지되는 계급과 권력이 판치는 세상이다. 출애굽기 초반부에서 이집트는 이 세상을 보여주는 하나의 상징으로, 파라오와 그의 관료들은 그 안에서 권력을 휘두르는 자들로 소개된다. 이스라엘은 부르짖었고, 야웨는 "정의로운 위대한 행위로써" 이스라엘을 구원하기 위해 개입하셨다(출 6:6; 7:4). 야웨는 이 사건이 시작되고 끝나는 지점에서 이집트에 내린 재앙이 이스라엘인과 이집트인 사이에 일어난 일들을 공평하게 해결해줄 것임을 명확히 밝히신다. 야웨는 파라오 앞에서 이스라엘을 자신의 장자라고 밝히고, 파라오가 백성을 내보내지 않으면 그의 장자가 죽을 것이라고 선언하셨다. 이스라엘 노예들의 울부짖음은 이제 장자의 죽음으로 인해 이집트인들 집에서 터져나오는 울부짖음으로 변한다(12:30).

이집트 지도층과 이집트 신들에 대한 야웨의 심판은 이스라엘의 하나님이 생사를 주관하신다는 사실에 대한 의구심을 말끔히 제거해버린다. 파라오는 이스라엘 백성을 무시했지만 이제는 복을 빌어달라고 호소한다(12:32). 이집트인들도 같은 교훈을 받는다. 그들은 "우리가 다 죽은 자"가 될 것(12:33)이라며 이스라엘인들에게 떠날 것을 촉구한다.

그러나 야웨는 아직 끝나지 않았다. 이스라엘 백성이 홍해에 도착하자 야웨는 파라오의 마음이 다시 한번 완악해질 것임을 모세에게 일러주신다. 야웨는 이집트의 단합한 세력을 최종적으로 전멸시키기를 원하시며 파라오의 권력의 중심인 이집트 군대를 무찌르기 위한 작전을 다시한번 진두지휘하신다. 이 내러티브의 주요 줄거리가 이제 극적으로 하나로 합쳐진다. 야웨가 파라오의 마음을 완악하게 했다는 말이 한 번도 아니고 세 번씩이나 언급된다(14:4, 8, 17). 이러한 언급은 각각 같은 역할을 수행한다. 즉 야웨는 파라오 및 이집트 군대와 전투를 벌임으로써 영광을 받게 될 것이다(14:4, 17, 18). 이집트인들이 야웨의 이름을 시인하게 되리라는 말도 두 번이나 반복된다("애굽 사람들이 나를 [야웨]인줄 알게 하리라", 4, 18절). 야웨는 결정적으로 홍해에서 이스라엘 백성을 구원하고 이집트 군대를 수장함으로써 자신의 절대 주권을 드러내신다. 여기서는 심지어 미묘한 미사여구도 사용된다. 야웨는 이집트 병거의 바퀴를 "무겁게" 하여 후퇴할 수 없게 함으로써 최종적으로 영광을 받으신다("카베드" 동사가 다시 등장함, 14:25).

학자들은 오래전부터 홍해가 갈라진 사건은 우주적 창조의 이미지를 상기시킨다고 주장해왔다(참조. 창 1:6-10). 야웨는 물 위의 창공에 바람을 보내시고 물과 물을 나누심으로써 인간사에 새로운 질서를 세우신다(참조. 창 1:9). 이사야는 창조 이전의 공허한 상태를 라합이란 이름의 뱀으로 묘사하는 가나안의 창조 신화로 추정되는 것을 암시하면서 이와 직접 연관 짓는다.

> [야웨]의 팔이여, 깨소서, 깨소서. 능력을 베푸소서. 옛날 옛 시대에 깨신 것 같이 하소서. 라합을 저미시고 용을 찌르신 이가 어찌 주가 아니시며, 바다를, 넓고 깊은 물을 말리시고 바다 깊은 곳에 길을 내어 구속 받은 자들을 건너게 하신 이가 어찌 주가 아니시니이까?(사 51:9-10)

야웨는 홍해를 가르심으로써 창조세계에 대한 신적 능력을 드러내 보이실 뿐만 아니라 모든 생명을 주관하시는 창조주로서 자신을 계시하신다.

더 나아가 홍해에서 이루어진 야웨의 창조적인 사역은 전투 모티프를 통해 드러난다. 이집트 군대가 뒤쫓아오자 모세는 "야웨가 너희를 위하여 싸우실 것"이므로 담대할 것을 백성에게 요구함으로써 그들의 두려움을 누그러뜨린다(출 14:14). 이집트인들도 이스라엘 백성들로부터 도망치려 한다(비록 너무 늦었지만). 왜냐하면 그들도 "[야웨]가 그들을 위하여 싸워 애굽 사람들을" 친다는 것을 알고 있었기 때문이다(25절). 야웨가 자신을 승리한 용사로 계시하신 것과 창조주로 계시하신 것은 결국 하나로 결합한다. 바다에서 행하신 야웨의 창조적인 사역은 하나님에 의해 새롭게 모습을 드러낼 백성의 탄생과 불균형한 세상을 상징하는 이집트의 해체를 의미한다. 홍수 사건과 마찬가지로 옛것의 파멸은 새것의 탄생을 알린다.

승리의 노래는 바다를 통과한 이스라엘과 종말을 맞이한 이집트의 여파와 의미를 강조한다(15:1-18). 이 노래는 자신을 용사로서 계시하신 야웨와 그의 이름을 서로 연결하여 야웨를 찬양하는 것으로 시작한다. "[야웨]는 용사시니 [야웨]는 그의 이름이시로다"(3절). 이어서 이 노래는 물이 차고 넘쳐 이집트 군대가 돌처럼 가라앉아 깊은 바닷속에 잠겼다는, 홍수로 멸망한 이 세상의 모습을 연상시키는 언어로 이집트 군대의 멸망을 묘사함으로써 용사로서의 야웨와 창조주로서의 야웨의 연관성을 강조한다(4-10절). 이 노래의 중반부는 승리를 통해 극적으로 드러난 야웨의 주권을 이 사건의 요점으로 강조한다. "[야웨]여! 신 중에 주와 같은 자가 누구니이까? 주와 같이 거룩함으로 영광스러우며 찬송할 만한 위엄이 있으며 기이한 일을 행하는 자가 누구니이까?"(11절)

이 노래의 마지막 부분은 이 세상에서 좋은 평판을 얻으려는 야웨의 의도가 성공적이었음을 확인한다(14-18절). 이 노래는 야웨가 이집트에서 행하신 일에 관한 소식이 놀라움을 금치 못하는 다른 지역의 주민들과 지도자들에게까지 전해졌음을 알린다. 블레셋은 불안해한다. 에돔은 크게 놀란다. 모압은 떨고 있다. 가나안은 녹아내린다. 따라서 다음과 같이 고백한다. "[야웨]께서 영원무궁토록 다스리신다!" 이 노래는 야웨가 이집트를 겁주고 괴롭히면서 온 세상을 장악하고 있음을 확인하는 것으로 끝을 맺는다. 다시 한번 프레타임은 다음과 같이 적절하게 요약한다.

> **이스라엘의 구원은 궁극적으로 창조세계 전체를 위한 것이다.** 결국 쟁점은 하나님의 이름이 이스라엘에 알려지는 것이 아니라 온 세상에 선포되는(*sapar*) 것이다(9:16; 참조. 시 78:3-4; 사 43:21). 이 사건들에서 드러난 하나님의 목적은 창조세계 전체를 위함이다. 왜냐하면 온 세상이 하나님의 것이기 때문이다. 하나님의 목적은 자신의 이름이 높임을 받아 그 이름이 세상 모든 사람들에게 주목을 받게 되는 것이다(참조. 롬 9:17). 따라서 이 사건들의 **공개적인 성격**은 매우 중요하다.[10]

이 노래는 내러티브에서 묘사한 것을 선포한다. 만일 야웨가 이 세상에서 창조 사역을 하려면 그는 부패한 것을 파괴해야만 한다. 만일 야웨가 존경을 받으려면 그는 난공불락의 견고한 힘을 보여주어야만 한다. 만일 야웨가 이 세상의 모든 민족으로부터 인정을 받으려면 그는 이스라엘을 위해 기적을 행해야만 한다.

◇◇◇◇◇

10 Fretheim, *Exodus*, 108.

이집트에 나타난 폭력

야웨가 이집트에 강림하신 사건은 그로 하여금 인간이 만든 세상을 구성하는 권력 체계에 얽히게 한다. 야웨는 무명의 신이자 노예들의 신으로서 이 세상에 발을 들여놓으신다. 하나님과 인간의 관계를 원상태로 되돌리기 위해 야웨는 인간 권력이나 피조물보다 반드시 우위를 차지해야한다. 따라서 야웨는 명성을 떨치는 것에 큰 의미를 부여하는 세상에서자신의 명성을 떨쳐야 하는 일에 직면한다. 이 세상에서는 신원을 이름으로 확인하고 구별한다. 이름은 권력 체계 안에 있는 한 개인의 사회적지위와 위치를 나타낸다.

이 이야기의 시작은 불안감에서 시작된 억압과 폭력으로 가득한세상을 묘사한다. 야웨는 이스라엘의 고통에서 비롯된 그들의 부르짖음으로 인해 이 세상사에 연루되고, 특사를 선택하여 이 세상을 이스라엘을 통해 회복하는 계획을 드러내신다. 야웨는 폭력이 난무한 이 세상에서 권력을 행사하는 자들의 속성과 행동을 취할 수밖에 없었다. 야웨는하나님의 복을 받을 민족과 그들을 착취하려는 나라를 향해 하나님의 이름을 널리 알리고 폭력적인 세상이 이해할 수 있는 방식으로 이를 실현해야 한다. 여기서 중요한 점은 이 세상의 권력과 맞서기 위해 야웨는 자신의 거대한 힘을 보여줄 수밖에 없다고 생각하신다는 것이다. 야웨는이집트의 사회적 질서와 우주적 질서를 힘으로 붕괴시키고, 자신의 공격앞에서 익명의 왕의 무력함을 드러냄으로써 자신의 명성을 떨치신다. 이 내러티브는 야웨가 사용할 전략을 다음과 같이 소개한다.

첫째, **야웨는 자신의 우주적 주권을 온 세상에 드러내기 위해서는 폭력의 사용이 필요하다고 여기신다.** 인간이 만든 세상에서 사회적 지위와 위치는 권력 행사를 통해 유지된다. 따라서 최고의 위치에 오르기 위해서는 권력이 필요하다. 파라오와 그의 관료들은 오직 권력만을 인정한다. 이스라엘을 구원하고 자신의 주권을 인정받기 위해 야웨는 보다 더 강한 권력을 사용해야 하며, 이것 또한 반드시 공개적으로 이루어져야 한다. 이 세상이 야웨가 누구인지를 알게 하려면 그는 파라오의 본거지에서 그를 격파해야 한다. "어떤 왕이 이스라엘과 격돌한다. 이 때문에 야웨는 이 왕과 격돌하며 자신의 전략을 펼치기 위해 왕이 된다. 강하고 결정적인 행동을 통해 이스라엘을 이집트로부터 구원한 왕처럼 말이다."[11] 야웨는 이스라엘 백성 앞에서 이집트인들과 맞서 싸워 그들을 물리친 용사로 등장하신다. 야웨는 파라오가 이스라엘 백성을 내보내기를 거절한 것에 대해 반복해서 파라오를 재앙으로 치신다. 또한 야웨는 파라오의 마음을 완악하게 하고, 파라오의 공개적인 거절은 결국 야웨가 더욱더 극심한 재앙을 내릴 수 있는 빌미를 제공한다.

둘째, **야웨는 창조를 위한 파괴를 위해 폭력을 사용하신다.** 파라오의 세계는 스스로를 유지하기 위한 질서와 체계를 갖고 있다. 그러나 이

---

11 John Goldingay, *Old Testament Theology*, vol. 1: *Israel's Gospel* (Downers Grove, IL: InterVarsity Press, 2003), 311.

집트의 질서는 공평하지도 않고 조화롭지도 못하다. 그 세계는 폭력과 억압으로 유지되며, 이는 야웨로 하여금 모든 것을 바로잡기 위해 그 세계로 들어가게 만든다. 야웨는 창조의 세력이 이 세상 권력과 맞서게 함으로써 이 세상을 관리하는 데 있어 인간의 무력한 모습을 여실히 드러내신다. 야웨는 이집트와 종교 및 정치 관료들을 압도하는 강력한 혼돈의 세력으로 등장하신다. 파라오의 지속적인 반항은 인간이 만든 세상의 붕괴를 재촉하고, 결국 이스라엘에 죽음의 피바람을 몰고 왔던 자들에게 죽음을 안겨준다. 이집트 권력의 종말은 새로운 백성이 탄생하는 계기가 되고, 야웨의 질서는 이 백성을 통해 이 땅에 다시 세워질 것이다. 결국 야웨는 모든 것을 전복시키고 공평한 세상을 만드신다.

과거에 울었던 자들과 현재 울고 있는 자들이라는 관점에서 이스라엘과 이집트의 반전은 권력 관계의 정해진 패턴에 대한 종말론적인 단서와 같은 것을 암시한다. 혹자는 출애굽기 이야기 초반에 이집트가 영원히 이스라엘을 학대하고, 이스라엘은 고통 속에서 영원히 울부짖으리라 생각할 수도 있지만, 이제 이 내러티브에서 이집트는 가장 극단적으로 울부짖는 목소리가 된다. 이 내러티브는 어떠한 변화도 가능해 보이지 않던 권력 관계에 실제로 과감한 변화가 일어났음을 확인해준다.[12]

◇◇◇◇◇

12 Walter Brueggemann, "Exodus," in *The New Interpreter's Bible*, vol. 1, ed. Leander E. Keck (Nashville: Abingdon, 1994), 772.

야웨는 그 어디에서도 변덕이나 분노에 의해 행동하지 않으신다. 사건 전반에 걸쳐 어떠한 감정도 야웨에게 부여되지 않는다. 이 내러티브는 오히려 이스라엘을 해방시키고 부르짖음과 죽음에 똑같이 부르짖음과 죽음으로 되돌려주려는 야웨의 결의를 강조한다.

셋째, **야웨는 자신의 목적을 달성하기 위해 폭력을 장기적으로 사용할 필요가 있다고 여기신다.** 파라오와 그의 추종자들은 자신들의 세상이 무너져내리고 있다는 사실을 마지못해 점진적으로 깨닫는다. 이 세상을 관리하고 그 안에서 주어지는 특권을 누리는 데 익숙한 자들은 자신들의 권력보다 더 큰 권력이나 더 나은 질서를 지닌 세상을 결코 상상할 수 없다. 야웨는 이 세상의 통치자들과 권력자들이 무력한 허수아비라는 사실이 완전히 드러날 때까지 계속해서 재앙을 내리신다. 하지만 야웨역시 이집트인들이 겪은 오랜 고통에 연루되어 있다. 야웨는 신적 능력을 분명히 보여주기 위해 파라오의 마음을 완악하게 하고, 이는 결국 이집트의 첫째 아기, 어린이, 남자를 비롯하여 파라오의 군대의 대규모 살상으로 이어진다.

넷째, **야웨는 인간을 참여시키신다.** 야웨는 아브라함의 경우처럼 인간 파트너에게 단순히 자신의 의도와 목적을 알려주는 데 그치지 않고 그 이상의 일을 하신다. 파라오와의 대결에서 야웨는 인간을 대리인으로 선택하여 그들을 하나님의 명령을 이행하는 인물로 사용하신다. 모세는 단순히 친구가 아니다. 그는 파라오에게 있어 "신"이며(7:1), 파라오의 강팍함에 대응하여 일련의 재앙을 일으킬 뿐만 아니라 용서와 복을 구하는 파라오의 요구도 수용한다. 모세는 재앙을 실행에 옮기지만, 그가 관여하는 범위는 그것이 전부다. 야웨는 파라오와 그의 백성 및 그의 땅이 감당해야 했던 모든 폭력을 일으킨 유일한 가해자이며, 이집트 전역에서 발생한 장자의 죽음에 모세를 개입시키지 않으신다(12:23). 야웨는 모세를 보내 재앙을 일으키는 대신 그를 이스라엘 백성에게 보내 보호 조치를 취하도록 하신다.

다섯째, **왕이 내린 결정 때문에 온 땅이 고통을 받는다.** 파라오의 주권과 권력이 미치는 범위는 포괄적이다. 동물과 그 땅의 안녕을 포함하여 모든 생명은 그 땅의 통치자의 결정에 영향을 받는다. 따라서 전 왕국 전체가 파라오의 결정으로 인해 이득을 얻거나 손해를 입는다. 당연히 이집트 안에는 왕의 억압적인 정책에 직접 가담하지 않은 사람이 많다. 따라서 그들은 야웨가 내린 재앙으로 고통을 받을 이유가 없다. 하지만 야웨의 행동은, 비록 파라오를 향한 것이긴 하지만, 일어난 일과 아무런 상관이 없는 많은 이에게 고통을 안겨준다. 왕의 통치하에 있는 이들이 왕의 결정으로 인해 아무런 이유 없이 고통을 받기도 하고 혜택을 받기도 하는 것이 왕국의 현실이다. 이것은 왕의 통치를 받으며 살 때 이스라엘 또한 경험했던 혹독한 현실이기도 하다.

5장

언약 체결과 갱신

준비하게 하여 셋째 날을 기다리게 하라. 이는 셋째 날에 나 [야웨]가 온 백성의 목전에서 시내산에 강림할 것이니(출 19:11).

야웨는 이집트와 그 나라가 상징하는 압제적인 세상으로부터 이스라엘을 구출해내신다. 그 목적은 그에게 순종하고 야웨의 뜻을 이 땅에 구현하는 새로운 민족을 세우기 위함이다. 구원은 언약 체결로 이어진다. 야웨의 이집트 강림이 선포된 장소였던 시내산은 이제 야웨가 새로운 민족을 세우기 위해 강림하실 장소가 된다. 아브라함의 후손은 다른 민족들의 국정 체계에 따라 규정되거나 그러한 방식을 따라 조직되지 않을 것이다. 그들은 오히려 자신들을 선택하신 하나님을 선택함으로써 규정될 것이다. 이집트에서 야웨는 아브라함과 사라의 후손을 "내 백성"(출 3:7)이라고 불렀으며 이적과 기사를 통해 이스라엘에 대한 자신의 헌신적 사랑을 보여주셨다. 이제 시내산에서 야웨는 이 백성을 창조세계를 회복하는 자신의 사역을 반영하는 한 민족, 즉 자신에 대한 헌신과 의존과 순종으로 규정된 민족으로 세우신다. 야웨는 시내산에서 자신을 이스라엘에 온전히 헌신하고, 그 민족과 자신을 완전히 동일시하신다. 야웨는 시내산에서 언약에 의해 세워진 민족을 통해 회복 사역을 수행하실 것이며, 그 결과 폭력이 난무하는 세상에서 그 민족에게 일어날 사건과 그들이 직면할 도전에 휘말리게 될 것이다.

야웨에게 있어 한 민족과 자신을 동일시한다는 것이 어떤 의미인지는 그가 시내산에 두 차례 강림하신 사건에서 잘 드러난다. 첫 번째 강림에서 야웨는 관계의 윤곽을 세우고, 이스라엘은 언약 체결이라는 수단을 통해 이를 수용한다(출 19:1-24:18). 시내산 언약은 이스라엘 민족의 정체성을 확립하는 비전을 제시하고, 본연의 신-인 관계—야웨는 주권자이자 공급자로서, 이스라엘은 창조세계를 향한 야웨의 뜻을 수행하는 순종적인 대리인으로서—를 회복하는 의미를 담고 있다. 두 번째 시내산 강림(출 34:1-2)은 야웨가 이스라엘의 충격적인 금송아지 숭배 사건에 따라 수정한 내용을 반영하는, 다소 축소된 언약 체결이라는 또 다른 맥락에서 이루어진다(출 32:1-35). 이 사건은 야웨가 처음으로 분노에 의해 사람을 대대적으로 죽인 첫 번째 사례에 해당한다. 언약 체결의 정황에서 볼 때 이 사건은 우리에게 하나님의 분노와 하나님의 폭력의 연관성에 관해 깊이 생각해볼 수 있는 기회를 제공한다.

언약, 이상적인 비전

시내산에서 야웨는 원래의 기반 위에서 하나님과 인간의 관계를 재확립한다. 이스라엘은 야웨가 혼란 속에 빠뜨린 이집트의 한 인간 체계에서 출현한다. 이제 야웨는 시내산에서 하나님의 질서를 이 땅에 세우시는데, 이 질서는 그 질서를 삶으로 구현함으로써 제사장의 나라이자 거룩한 민족이 될 백성을 통해 세워진다. (인간이 만든 세상을 상징하는) 이집트와 가나안 사이에 있는 거친 땅에서 야웨는 헌신과 순종을 위해 탄생한 한 민족을 세우신다.

> 내가 애굽 사람에게 어떻게 행하였음과 내가 어떻게 독수리 날개로 너희를 업어 내게로 인도하였음을 너희가 보았느니라. 세계가 다 내게 속하였나니 너희가 내 말을 잘 듣고 내 언약을 지키면 너희는 모든 민족 중에서 내 소유가 되겠고 너희가 내게 대하여 제사장 나라가 되며 거룩한 백성이 되리라(출 19:4-6a).

언약으로의 초대는 첫째, 야웨가 이집트에서 행한 이적에 의해 입증된 그의 창조주로서의 지위와, 둘째, 하나님과 인간 사이의 회복된 관계를 구현할 이스라엘 민족의 특별한 사명을 분명히 밝혀준다. 야웨의 소중한 소유인 이 백성은 이 세상 안에서 중재적인 역할("제사장 나라")을 할 것이며 야웨의 독특한 성품("거룩한 백성")을 수행할 것이다.

야웨는 하나님과 백성 간의 언약 체결 이전과 그 과정에서 반드시 지켜야 할 일련의 지침을 제시하신다. 이 지침들은 아마도 파라오 앞에서 엄격한 의식 규범이 적용되던 이집트에서 이스라엘이 최근에 얻은 경험에서 유래했을 것이다. 이집트 문서들은 정결과 세척, 대기실에서 준비하는 시간, 통치자를 기다리기 위해 파라오의 왕좌가 있는 알현실로 안내되기 전까지 침묵의 유지 등에 대해 언급한다. 알현실의 입구는 파라오의 웅장함이 돋보이도록 하기 위해 철저하게 꾸며졌고, 특히 파라오와 물리적으로 접촉하거나 사전 허락 없이 발언하는 등 규례를 위반할 경우 처참한 결과를 초래할 수 있었다.[1]

따라서 야웨는 먼저 창조주에게 걸맞은 경외심과 존경, 그리고 하나님의 백성이 되기 위해 이스라엘 백성이 채택할 모종의 관계를 명확하게 전달하신다. 창조주이자 주권자이신 야웨는 그의 백성이 사흘간의 준비 기간을 거친 후 깨끗한 옷을 입고 하나님 앞에 나올 것을 요구하신다. 야웨는 산 주변에 백성의 공간과 거룩한 공간을 구별하는 경계선을 정하고, 신호(나팔을 길게 부는 소리[13절])가 들릴 때까지는 거룩한 공간에 그들이 들어갈 수 없으며, 이를 위반하면 죽임을 당할 것을 경고하신다. 모세는 지침 사항들을 백성에게 전달하고 왕의 영역에서 안내자의 역할을 수행한다. 나팔 소리가 날 때 모세는 백성들을 산으로 데려가고 그들은 거

◇◇◇◇◇

1   Garry J. Shaw, *The Pharaoh: Life at Court and on Campaign* (London: Thames & Hudson, 2012), 79-85.

기서 추가 지시를 기다리며 서 있다. 야웨는 마지막으로 등장하신다(20절). 전체 장면—불과 구름과 천둥과 더불어—은 위엄과 웅장함을 느끼게 하는 분위기를 조성하고 백성들은 두려워 떤다(18절).

이 예식은 매우 정치적인 성격을 띠는데, 이러한 성격은 고대 세계에서 흔히 볼 수 있는 조약 체결, 특히 종주국의 왕과 속국의 왕 사이에 이루어지는 조약 체결 구조를 통해 한층 더 부각된다. 언약 체결 예식은 언약 의정서를 엄격하게 따르지는 않지만, 암암리에 조약 체결의 절차를 환기시킨다. 시내산의 언약 체결 예식은 언약 체결을 위한 종주국의 제안, 속국에 베푸는 종주국의 혜택에 대한 설명, 종주국이 요구하는 조건 제시, 언약 불이행의 결과로 속국에 주어질 복이나 벌의 목록, 속국의 동의, 언약 비준, 제사, 언약 식사 등을 포함한다. 시내산 언약 체결은 유일무이한 사건이지만, 독자들이 암묵적으로 이 언약을 정치적 관점에서뿐만 아니라 종교적인 관점에서 고찰하도록 초대한다. 이 제사장의 나라는 왕이 다스린다.

이 언약의 정치적인 분위기는 이스라엘이 자신들과 하나님 사이에서 곧 일어날 일들을 이해할 수 있는 기준을 마련한다. 이 민족은 속국이 종주국에 표하는 경의와 존경을 표현해야 하며, 종주국 왕의 뜻에 순종하며 살아야 한다. 이러한 충성심은 이스라엘이 우주의 주권자이신 하나님의 선하신 은혜 안에 거하고 종주국의 왕이 베풀 수 있는 혜택을 누릴 권리를 확실히 보장해준다. 이와는 정반대로 만일 이스라엘이 이 주권자를 무례하게 대하거나, 다른 군주들과의 관계를 악용하거나, 왕이 명한 것을 지키기를 거부한다면 그들은 반항하는 속국이 일반적으로 종주국으로부터 받는 것과 비슷한 처벌을 받게 될 것이다.

모세는 자신이 이집트에서 그랬던 것처럼 주권자와 백성 사이에서 중재자의 역할을 한다. 그는 야웨의 말씀을 백성의 장로들에게 전달하고, 야웨가 그들에게 하신 모든 명령에 순종하겠다는 백성의 약속을 그에게 전달한다(7-8절). 그는 이스라엘 민족이 하나님을 만나도록 그들을 산기슭으로 데려가(17절), 다시 한번 사전 허락 없이 야웨의 영역을 침범하지 말 것을 경고하고(21-24절), 야웨의 계명을 받기 위해 아론을 데리고 올라간다(24b절).

야웨가 이스라엘 민족에게 주신 계명은 야웨가 어떤 분이신지, 그가 이스라엘을 위해 어떤 일을 하셨는지, 그리고 이 관계를 실현하고 유지하기 위해 이스라엘이 반드시 해야 할 일들 간의 긴밀한 관계를 강조하신다. 야웨의 자기 계시—"나는 너를 애굽 땅, 종 되었던 집에서 인도하여 낸 네 하나님 [야웨]니라"(20:2)—다음에는 십계명이 나오는데, 그중 첫 세 계명은 야웨를 향해 이스라엘이 취해야 할 태도와 관련이 있다. 야웨 외에는 다른 신을 두지 말 것, 피조물의 모양으로 하나님을 표현하거나 숭배하지 말 것, 하나님의 이름을 헛되이 사용하지 말 것(3-7절).

두 번째와 세 번째 계명은 야웨가 그 계명들을 어떻게 확대 적용하는지를 보여준다는 점에서 주목할 만하다. 야웨는 우상숭배 금지에 관해 상세히 설명하신다. 그는 자기를 "미워하는" 자들에게는 부모의 "죄"를 사대까지 갚는 "열정적인" 신인 반면, 그를 "사랑하는" 자들에게는 천

대까지 사랑을 베풀어 주신다고 선언한다. 따옴표 안에 들어 있는 네 단어의 의미는 정확히 정의하기 어렵기로 유명하며, 번역하기는 더더욱 어렵다. 우리가 이 선언에 주목하는 이유는 이 선언이 바로 존경과 순종을 분명하게 명령하는 맥락에서 특별하게 드러난 하나님의 정체성에 대한 계시이기 때문이다. 여기서 "열정적인"—전통적으로는 "질투하는"으로 번역됨—으로 번역된 단어의 어근은 원초적이며, 강렬하고, 집중된 감정을 의미하며, 질투는 그중 한 가지 의미에 불과하다(참조. 민 25:11; 신 29:20; 왕상 14:22; 19:10; 왕하 10:16; 19:31; 시 69:10; 사 42:13; 63:15; 욜 2:18; 슥 8:2).

야웨의 열정적인 신으로서의 자기 계시는 인간과 같이 변덕과 충동에 따라 행동하는 고대 세계의 다른 신들과 자신을 연관 짓는 것처럼 보인다. 그러나 이 선언은 야웨의 감정을 인간이 그를 향해 취하는 태도에 대한 반응, 즉 그를 미워하는 자들과 그를 사랑하는 자들에 대한 서로 다른 반응으로 간주함으로써 야웨를 다른 신들과 차별화한다. "미워하는"과 "사랑하는" 또한 광범위한 의미를 지니고 있어 각각 거부하는 것과 선택하는 것을 가리킬 수 있다(참조. 신 21:15-16; 잠 8:6; 겔 16:37; 암 5:15; 미 3:2; 말 1:2-3). 이 선언은 포괄적으로 수사적이다. 그를 미워하는 자들에 대한 야웨의 반응은 그를 사랑하는 자들에게 자비를 베푸시는 그 태도에 비하면 매우 빈약하다. 따라서 이러한 자기 계시적 선언에서 야웨는 자신을 강렬한 감정을 지닌 신으로 계시하면서도 이러한 열정을 관계와, 복을 주시려는 성향이 강하게 드러나는 문맥 안에 배치하신다.

앞장에서 논의한 바와 같이 야웨의 분노가 율법 자체 안에서 오직 과부와 고아들을 억압하지 말라는 단 한 본문에서만 언급되었다는 사실은 주목할 만하다.

> 너는 과부나 고아를 해롭게 하지 말라. 네가 만일 그들을 해롭게 하므로 그들이 내게 부르짖으면 내가 반드시 그 부르짖음을 들으리라. 나의 노가 맹렬하므로 내가 칼로 너희를 죽이리니 너희의 아내는 과부가 되고 너희 자녀는 고아가 되리라(22:22-24).

이 선언은 정의에 대한 야웨의 강한 헌신을 강조한다. 모든 율법 가운데 야웨의 분노를 유발하는 단 한 가지 사례가 바로 힘없는 자들을 억압하는 것이다. 이 율법에 대한 부연 설명은 야웨가 이스라엘의 역사에 열정적으로 관여하시는 이유가 이스라엘 백성이 서로를 대하는 태도에도 똑같이 확대 적용된다는 점을 강조한다. 극단적인 무례함은 그것이 야웨를 향한 것이든 백성 중의 다른 사람을 향한 것이든 간에 이러한 문제를 바로잡기 위해 강력한 조치를 취하려는 야웨의 의지를 강하게 자극한다.

이 예식은 백성들이 언약 조항에 동의하면 화합과 교제로 마무리된다. 모세는 남자들의 무리를 산으로 인도하고, 거기서 그들은 이스라엘의 하나님을 본다.

> 모세와 아론과 나답과 아비후와 이스라엘 장로 칠십 인이 올라가서 이스

라엘의 하나님을 보니 그의 발아래에는 청옥을 편 듯하고 하늘 같이 청명하더라. 하나님이 이스라엘 자손들의 존귀한 자들에게 손을 대지 아니하셨고 그들은 하나님을 뵙고 먹고 마셨더라(24:9-11).

이 장면은 매우 간결하고 신비롭고 놀라운 사건으로 소개된다. 거기 모인 사람들이 하나님을 보았다는 이 장면의 핵심은 처음과 마지막 부분에서 반복을 통해 강조된다. 하지만 이스라엘 백성은 과연 무엇을 본 것일까? 하나님의 발과 청옥 바닥에 대한 언급은 왕의 화려한 모습과 더불어 천상에 좌정해 계신 하나님의 모습을 암시한다(참조. 시 11:4; 사 66:1). 아마도 이스라엘 백성들은 우주의 왕의 알현실에서 하나님과 교제하는 잔치에 참여하는 자신들의 모습을 발견했을 것이다. 시내산과 하늘, 지상의 영역과 천상의 영역, 물질적인 공간과 창조주의 공간이 모두 이 한 순간에 하나로 모아진다. 야웨와 이스라엘은 이제 완전히 하나가 된다. 출애굽 내러티브가 시작된 이래 비로소 처음으로(5:1) 야웨가 "이스라엘의 하나님"으로 밝혀진다.

이 간략한 기사는 바벨탑 이야기와 상반된 모습을 보여준다(창 11:1-9). 바벨탑 이야기는 창조주와의 관계를 저버리고 자신의 정체성과 목적만을 주장하는 데 혈안이 되어 있는 인류의 모습을 묘사한다. 하나가 된 인류는 흩어짐을 면하기 위해 자신들의 이름을 떨치고자 노력한다. 그들은 일종의 인공적인 산의 꼭대기가 하늘에 닿도록 탑을 건축하여 자신들의 목적을 이루고자 한다. 그러나 야웨는 그곳으로 내려오셔서 그들의 언어를 혼잡케 하고 그들을 온 지면에 흩으신다. 이제 인간은 시내산에서 다시 하나님의 영역으로 올라간다. 물론 이 둘의 차이점은 산에 오른 이후에 이스라엘이 창조주의 주권을 인정하고 창조주가 정한 율법에 복종하는 데 동의함으로써 올바른 관계가 성립된다는 것이다. 바벨탑 이야기에서 인간은 하늘로 올라가는 길을 스스로 개척하려다가 거절당했다. 시내산 이야기에서 인간은 야웨의 초대와 세부 지침에 따라 야웨의 영역으로 들어간다(1-2절). 야웨가 이스라엘 백성에게 손을 대지 않았다는 내레이터의 말은 그 당시 상황의 경이로움을 강하게 드러낸다. 인간은 야웨와 함께 그의 공간에 있지만 위험을 전혀 느끼지 않는다. 아무튼 이 전체 장면은 인간과 창조세계의 회복을 위해 필요한 경외심과 순종의 기반 위에 세워진 인간 공동체를 보여준다.

언약을 위반하다

만일 이 언약 예식이 하나님과 인간의 이상적인 관계를 묘사한다면 금송아지 사건은 극적인 현실 확인의 계기가 된다(출 32:1-35). 모세가 사십일 동안 부재한 가운데 사람들은 미친 듯이 날뛴다. 이 장면은 내용과 서술 면에서 걷잡을 수 없는 혼돈의 상태를 보여준다. 이것은 반전의 불협화음이다. 백성들은 야웨의 이름은 언급도 하지 않고 이집트에서 인도해낸 공을 "이 사람 모세"에게 돌린다(1절). 제사장 아론은 그들의 무례한 언동을 저지하기는커녕 오히려 금귀고리를 모을 것을 지시하고, 그것으로 송아지를 만들고, 그 송아지를 향해 제단을 쌓고 야웨를 위한 절기를 선포한다(2-5절). 갑작스러우면서도 극단적인 이 반전은 너무나도 이해하기 어렵다. 아론과 백성 지도자들이 시내산에 올라가 이스라엘의 하나님을 뵌 지 이제 겨우 사십 일밖에 되지 않았다. 이제 그들은 자신들을 이집트 땅에서 인도해낸 신(들)이라며 송아지에게 제사하며 잔치를 벌인다!

이 시나리오는 야웨를 딜레마에 빠뜨린다. 이제 어찌 해야 할까? 야웨는 이미 이스라엘과 자신을 완전히 동일시했다. 야웨의 계획은 그에게 전적으로 헌신한 백성을 통해 이루어져야 한다. 이 세상 사람의 눈에 비치는 야웨의 정체성과 명성은 이제 구원과 언약을 통해 맺어진 이스라엘 민족과 불가피하게 운명을 같이하게 되었다. 그런데 이제 이 민족은 완전히 혼란의 상태에 빠져 있다.

야웨는 소돔 사건 이전에 아브라함에게 하셨듯이 자신의 의도를 모세에게 드러내신다. 홍수 이전의 세상과 소돔과 고모라를 특징짓는 동사를 사용하면서 야웨는 모세에게 이스라엘이 "부패"했다고 말씀하신다(7절). 야웨는 그들이 "목이 뻣뻣한" 백성이라는 깨달음과 함께 과거의 두 사례와 같은 방식으로 부패한 이스라엘의 문제를 처리하고자 하신다. 야웨는 이 백성을 진멸하고 모세와 함께 다시 시작하려고 하신다.

그런즉 내가 하는 대로 두라. 내가 그들에게 진노하여 그들을 진멸하고 너를 큰 나라가 되게 하리라(10절).

그러나 이러한 야웨의 의도와 홍수 이전과 소돔 사건 때의 의도 사이에는 한 가지 차이점이 있다. 야웨가 구상하는 진멸은 분노에서 비롯되었다는 것이다. 사상 처음으로 야웨의 분노와 그의 대량 살상 이야기가, 잠재적이든 실제적이든, 하나의 이야기 속에서 등장한다. 야웨의 분노는 그가 홍수 이전의 경우나 시날 평지의 도시들의 경우에서보다 이 관계에 자신을 더 많이 연루시키고 있음을 드러낸다. 야웨는 이스라엘에 전적으로 헌신할 뜻을 표명하셨다. 자신을 노골적으로 무시하는 백성들의 태도는 야웨에게 큰 충격으로 다가온다.

야웨는 이를 통해 이스라엘 민족이 얼마나 "목이 뻣뻣한" 백성인지를 충분히 알게 되었다. 백성들은 이집트를 벗어나자마자 배고파 죽을 지경이 되었다고 불평했다. 야웨는 이에 만나와 메추라기를 보내주셨다(출 16:1-36). 그들은 곧이어 마실 물이 없다며 또다시 불평했고, 그들을 위해 하나님께 도움을 청한 모세와 언쟁을 벌였다(17:1-7). 심지어 그때도 야웨는 백성들의 항의를 참아내셨고(2, 7절), 모세에게 바위를 쳐서 물을 얻을 것을 지시하셨다. 그러나 이제 그들의 이러한 모욕적이고 무례한 행동은 야웨와 이스라엘이 서로에게 헌신하기로 약속한 합의로 인해 더욱더 심각한 문제를 초래한다.

한편 모세는 야웨와 그의 계획과 목적에 대해 더 깊이 알게 되었다. 그는 분명히 야웨가 이집트에서 이적과 기사를 통해 "애굽 사람들이 나를 [야웨]인 줄 알게 하리라"고 말씀하셨던 때를 기억했다. 야웨는 파라오를 가격하면서 명성을 쌓아나갔다. 많은 것이 그 위대한 시작과 야웨에 대한 악평을 극대화하는 데 달려 있다. 이스라엘 백성을 진멸하려는 야웨의 계획을 단념시키기 위해 모세는 바로 이 점을 이용한다.

> 어찌하여 애굽 사람들이 이르기를 "[야웨]가 자기의 백성을 산에서 죽이고 지면에서 진멸하려는 악한 의도로 인도해 내었다"고 말하게 하시려 하나이까? 주의 맹렬한 노를 그치시고 뜻을 돌이키사 주의 백성에게 이 화를 내리지 마옵소서(32:12).

모세는 야웨의 신실하심에 대해서도 문제를 제기한다. 야웨는 이스라엘의 조상들에게 한 약속을 아직 지키지 못했다. 그 약속은 어떻게 할 것인가?

> 주의 종 아브라함과 이삭과 이스라엘을 기억하소서. 주께서 그들을 위하여 주를 가리켜 맹세하여 이르시기를 "내가 너희의 자손을 하늘의 별처럼 많게 하고 내가 허락한 이 온 땅을 너희의 자손에게 주어 영원한 기업이 되게 하리라" 하셨나이다(32:13).

모세의 말은 이스라엘을 통해 인류를 회복하려는 야웨의 계획의 핵심을 공격한다. 야웨는 어떤 평가를 받기 원하는가?

야웨는 논쟁하지 않는다. 야웨는 비록 부패한 민족을 진멸하겠다는 결정을 철회하지만, 이에 대해 아무 말씀도 하지 않고 그 일을 모세가 처리하도록 내버려 두신다. 모세는 그 일을 실행에 옮긴다. 그는 야웨가 지시하신 대로 산에서 내려온다. 하지만 금송아지를 보는 순간 모세도 격분한다(19절). 그가 제일 먼저 한 행동은 그 송아지를 깨뜨려 가루가 되도록 갈아 물에 타서 백성들이 마시도록 한 것이다(20절, 우상숭배에 대한 교훈으로).

아론은 이제 앞에서 야웨의 분노에 대해 모세가 취했던 역할을 그대로 따른다(22-24절). 그는 모세에게 노하지 말 것을 간청하면서 야웨가 백성들이 악하다고 하신 말씀을 모세에게 상기시킨다(22절; 참조. 9절). 이어서 그의 중재는 자기방어 태세로 전환한다. "내가 [그 금 고리들을] 불에 던졌더니 이 송아지가 나왔나이다"(24절).

계속되는 대혼란을 지켜보던 모세는 갑자기 훨씬 더 과감한 조치를 취한다. 아론의 이상한 변명을 못 들은 척하면서 모세는 "[야웨]의 편"에 있는 자는 모두 자기와 함께 진 어귀에 설 것을 요구한다. 모세의 친족인 레위 지파 사람들이 그의 편에 섰고, 거기서 모세는 예언자적인 신탁을 선포한다.

> 이스라엘의 하나님 [야웨]께서 이렇게 말씀하시기를 "너희는 각각 허리에 칼을 차고 진 이 문에서 저 문까지 왕래하며 각 사람이 그 형제를, 각 사람이 자기의 친구를, 각 사람이 자기의 이웃을 죽이라" 하셨느니라 (32:27).

신탁은 예언자를 통해 전달되는 야웨의 메시지다. 하지만 우리는 야웨가 모세에게 그런 메시지를 주셨다는 것에 대해 들은 바가 없다. 내레이터는 그 이전에 이루어진 대화 가운데 단순히 이 부분을 생략한 것일까? 아니면 모세가 몹시 화가 나 주제넘게 야웨를 대변한다고 생각한 것일까? 과연 그는 야웨가 옳다고 생각하는 대로 현 상황에 대처하고 있는 것일까? 어떻든 간에 그 결과로 그의 지시에 따라 삼천 명의 친족과 친구 및 동료가 학살된다. 더 나아가 모세는 사람을 죽이려는 레위인들의 열정이 "너희의 손에 가득하다"고 선언하고—다른 본문에서 제사장의 위임을 나타내는 관용구를 뚜렷하게 연상시킴(예. 출 28:41; 29:9, 20; 레 16:32; 21:10; 민 3:3)—심지어 그들의 폭력이 그들에게 복을 가져다주었다고 선언한다(29절).

이튿날 모세는 중재 역할을 자처하면서 이 문제를 매듭지으려 한다. 그는 백성들에게 그들이 큰 죄를 지었다고 말하며 이 문제를 야웨 앞에서 해결할 것을 제안한다(30-34절). 그 후 모세는 주께서 기록하신 책에서 이름을 지워 달라며 백성을 용서해줄 것을 요구하는데, 이 강렬한 이미지는 야웨가 이에 동의하지 않으면 모세는 앞으로 더 이상 그 어떤 일에도 관여하지 않겠다는 의미를 담고 있다. 그러나 야웨는 모세의 "협박"을 거꾸로 뒤집어 오히려 죄를 범한 자들의 이름이 그 책에서 지워질 것이라고 선언하신다. 이어서 야웨는 모세에게 백성들을 다음 목적지로 인도할 것을 지시하면서 한 천사가 그들보다 앞서갈 것이며 적절한 시점에 죄를 범한 자들을 처리할 것을 통보하신다. 이 대화는 야웨의 매우 상반된 감정—한편으론 이스라엘의 반란에 직접 대응하려는 결단과 다른 한편으론 이 민족을 향해 오래 참겠다는 약속—을 드러낸다.

이 기사는 야웨의 대응에 대한 간략한 보고로 끝난다. "[야웨]께서 백성을 치시니 이는 그들이 아론이 만든 바 그 송아지를 만들었음이더라"(35절). 야웨가 그들에게 징벌을 내리신 데는 메시지가 담겨 있다. 백성들은 야웨가 이집트인들을 어떻게 벌하셨는지 너무나도 잘 알고 있다. 이 구절에서 사용된 히브리어 동사의 명사형(nagaph)은 야웨가 이집트의 장자에게 가한 "타격"을 의미한다(출 12:13, 23, 27). 그러나 여기서 이스라엘의 죄에 대한 야웨의 반응과 모세의 반응은 매우 대조적이다. 모세는 몹시 흥분한 상태에서 행동하며 죄를 범한 자들을 즉시 죽일 것을 명하고 그 일을 타인에게 일임한다. 그러나 야웨는 처음에는 격분하여 훨씬 더 폭력적인 대응책을 모색하지만, 자비를 구하는 모세의 말에 귀를 기울이고 나중에는 다른 방법으로 대응하신다.

야웨의 임재

그 후에 일어난 사건들은 어느 정도 거리를 두고 스스로 자제하시는 야웨의 모습을 보여준다. 야웨는 이제 모세에게 조상에게 약속한 땅으로 떠날 때가 되었다고 말씀하시면서 야웨의 천사가 백성보다 앞서갈 것이라는 약속을 재차 반복한다(33:1-6). 하지만 야웨는 그들과 동행하지 않을 것이다. 그는 "너희는 목이 곧은 백성인즉 내가 길에서 너희를 진멸" 할지도 모른다고 말씀하신다(3절). 이 선언은 야웨가 이 백성과의 관계를 어떻게 지속할지 재고하고 있음을 암시한다. 야웨는 그들의 조상에게 한 약속을 신실하게 지킬 것이며 계속해서 이스라엘을 하나님의 축복의 통로로 사용할 것이다. 하지만 현시점에서 그는 주의 사자를 통해 거리를 두고 그렇게 하실 것이다. 이 백성들이 "목이 곧고"라는 말과 "진멸"할지도 모른다는 말은 금송아지를 만들었을 때 야웨가 모세에게 처음으로 한 말씀을 되풀이한다(참조. 32:10, 12; 33:5). 시내산으로 가는 길에서 불평을 마구 쏟아낸 이스라엘 백성들에게 자비를 베푸셨던 야웨(15:22-25; 16:1-21; 17:1-7)는 이제 이스라엘에 대해 결론을 내리셨다. 이스라엘은 고질적으로 비협조적인 백성이다. 언약은 그들을 변화시키지 못했다. 최근 이스라엘이 행한 방탕한 행동의 여파로 깨닫게 된 이 사실은 야웨로 하여금 이 관계를 재평가하도록 만든다. 야웨는 이스라엘 백성과의 관계가 본래 의도했던 만큼 긴밀할 수 없다고 판단하셨다. 왜냐하면 결코 교정 불가능한 그들의 태도가 이 민족을 계속해서 위험에 빠뜨리고 야웨에게 골칫거리가 될 것이기 때문이다. 어느 쪽의 유익을 위해서든지 간에 야웨는 양자 관계를 위해 어느 정도 거리를 두는 것이 필요하다고 판단하셨다.

하지만 이것은 문제의 끝이 아니다. 야웨의 선언은 실망과 슬픔을 불러일으킨다. 백성들은 슬퍼하며 장신구로 몸을 단장하기를 거부한다. 이러한 행동은 그들이 목이 곧은 백성임을 거듭 말씀하시며 한순간이라도 자신이 이스라엘 백성과 함께 올라간다면 그들을 "진멸"할 수 있다고 말씀하시는 야웨의 마음을 감동시킨다. 이어서 야웨는 백성들에게 장신구를 떼어낼 것을 지시하는데, 백성들이 이미 그렇게 한 점을 고려하면 이는 다소 이상한 명령으로 보인다. 토마스 도즈맨(Thomas Dozeman)은 이에 대해 상당히 흥미로운 해석을 제시한다. 장신구는 다수의 성서 본문에서 결혼과 관련이 있지만(사 49:18; 겔 16:8-14), 부정한 연인을 유혹하는 것과도 관련이 있다(겔 23:40). 그런 의미에서 이스라엘 백성에게 장신구를 떼어낼 것을 명령하신 것은 야웨가 이혼을 고려하고 있다는 의미일 수도 있다.[2] 만약 그렇다면 "내가 너희에게 어떻게 할 것인지 정하겠노라"(5절)라는 야웨의 발언은 이스라엘 백성들이 기꺼이 그 관계를 유지할 의사가 있는지를 우회적으로 묻는 것이다. 여하튼 백성들은 기꺼이 그 말씀에 순종한다. 그들은 장신구를 모두 떼어내고 다시는 그것을 착용하지 않는다.

이스라엘이 표현한 슬픔과 그들의 순종은 비록 멀리서이지만, 야웨가 다시 한번 백성들 가운데 거하게 하는 데 영향을 준 것으로 보인다. 백성들과 함께하는 야웨의 임재에 관한 짧은 기사가 이 사실을 확인해준다(7-11절). 이 기사는 야웨의 임재와 거리 두기를 모두 강조한다. 모세는 회막을 "진 밖에 쳐서 진과 멀리 떠나게 하고" 야웨를 찾는 자들은 "진 바깥" 회막으로 "나아"가야 한다고 말한다(7절). 백성들은 구름 기둥이

ᴏᴏᴏᴏᴏ
2   Thomas D. Dozeman, *Exodus*, Eerdmans Critical Commentary (Grand Rapids: Eerdmans, 2009), 722-23.

회막 위로 내려올 때 이에 합당한 경외심을 나타내고, 모세는 야웨와 대화하기 위해 안으로 들어가고, 모든 백성은 자신들의 장막 입구에 서서 예배한다.

그러나 모세는 야웨가 자기와 가까이 계시며 "사람이 자기의 친구와 이야기함 같이" 얼굴과 얼굴을 마주하고 말씀하시지만(11절), 야웨가 진정으로 이스라엘과 함께하실지에 관해 의문이 있어 보인다(11-16절). 모세는 야웨와 이스라엘 민족이 더욱 친밀해지고 자신이 여전히 그의 선한 은혜 안에 남아 있다는 확신을 얻기를 원한다. 그는 야웨가 이스라엘과 맺은 언약 관계를 상기시키면서 야웨의 임재가 이스라엘 백성을 다른 민족들과 차별화하는 결정적인 요인이라고 주장한다. 모세는 야웨가 자신의 영광을 보여줌으로써 하나님의 은총과 임재를 확인해줄 것을 요구한다. 야웨는 그의 요구를 어느 정도 수용하지만 자신의 방식대로 하신다.

> [야웨]께서 이르시되 "내가 내 모든 선한 것을 네 앞으로 지나가게 하고 [야웨]의 이름을 네 앞에 선포하리라. 나는 은혜 베풀 자에게 은혜를 베풀고 긍휼히 여길 자에게 긍휼을 베푸느니라(33:19).

이 반응은 창조주의 주권을 상징하는 야웨의 이름을 그의 선하심과 자비하심과 긍휼하심과 연관 지었다는 점에서 주목할 만하다. 모세가 바위틈 사이에 숨어 있을 때 야웨가 선포한 이름은 온 땅에서 존경받아 마땅한 이름이다. 야웨가 노를 발하신 후 발설한 이 선언은 이스라엘을 향한 야웨의 자비를 재확인함과 동시에 상황과 관계가 이를 허용할 경우 그 자비를 부여(그리고 거부)할 수 있는 자유를 재확인한다.

아울러 야웨의 이러한 자기 계시는 자신의 취약성을 스스로 드러내려는 야웨의 의지를 암시한다. 야웨는 자신의 일부를 모세에게 보여주면서 이러한 자기 계시가 모세의 죽음을 초래하지 않도록 만전을 기하신다. 야웨의 이러한 공개성은 과연 이스라엘을 향한 그의 완화된 태도를 나타내는 것일까?

언약이 회복되다

야웨는 이스라엘 백성이 시내산을 떠나기 전에 모세에게 그 이전의 돌판에 기록했던 말씀을 다시 기록할 돌판 두 개를 만들라고 지시하신다. 모세는 산으로 올라가 돌판을 만들고, 야웨는 그 산에 두 번째 내려오셔서 그와 함께 서 계신다. 야웨는 모세에게 자신의 이름을 선포하고, 시내산에서 발생한 사건들과 관련된 핵심 속성들을 언급하신다.

> [야웨]께서 구름 가운데에 강림하사 그와 함께 거기 서서 [야웨]의 이름을 선포하실새 [야웨]께서 그의 앞으로 지나시며 선포하시되 "[야웨]라, [야웨]라, 자비롭고 은혜롭고 노하기를 더디 하고 인자와 진실이 많은 하나님이라. 인자를 천대까지 베풀며 악과 과실과 죄를 용서하리라. 그러나

벌을 면제하지는 아니하고 아버지의 악행을 자손 삼사 대까지 보응하리라"(34:5-7).

하나님의 이름의 반복은 야웨가 세상의 모든 민족에게 자신의 명성을 널리 알리게 될 속성들을 정의하려 한다는 점을 강조한다. 이러한 자기 계시는 하나님의 속성을 명확히 나타내며, 이를 통해 그는 세상의 모든 민족에게 널리 알려진다.

이 선언은 이스라엘 백성이 금송아지를 만들었을 때 폭발했던 야웨의 분노를 이해하기 위한 해석학적 문맥을 제공한다. 야웨는 여기서 첫 번째 언약 체결 당시의 자시 계시를 반복하고 확대하신다. 그 첫 번째 자기 계시에서 야웨는 부모의 죄악을 그 후손의 삼 대와 사 대까지 갚으시면서도 하나님을 사랑하고 그의 계명을 지키는 자들에게는 천 대까지 변함없는 사랑을 보여주시는 열정적인 하나님으로 소개된다. 분노 폭발 사건 이후 야웨는 이제 이 선언에 앞서 하나님의 이름을 자비, 은혜, 오래 참음, 무한한 헌신과 연관시키는 내용을 덧붙인다. 이러한 속성은 야웨를 정의하고 보완적이면서도 불균등한 하나님의 사랑과 분노의 관계를 설명한다. 야웨는 여기서 자신의 분노를 인정하면서도 그 분노를 하나님의 속성으로 규정하지 않는다. 오히려 야웨의 분노에 대한 언급은 그의 인내와 자비를 암시한다. 야웨는 "노하기를 더디 하고"라는 선언은 자제력을 나타낸다. 야웨는 수많은 거절을 기꺼이 참아내고, 죄가 오래 축적된 후에서야 비로소 노를 발하실 것이다. 야웨를 미워하는 자들과 사랑하는 자들 간의 비교에서 볼 수 있듯이 야웨의 분노는 "삼사 대"와 "천 대"라는 야웨의 후손 대응 셈법처럼 야웨의 변함 없는 사랑에 비하면 상대가 되지 않는다. 요컨대 하나님의 이름 선포는 그의 속성 및 후손 대응 셈법과 더불어 신적 분노를 신적 사랑으로 압도한다. 분노는 야웨를 정의할 수 없다. 야웨의 분노는 충동적이지도 않고 변덕스러운 것도 아니며, 오랜 도발과 터무니없는 거부를 경험한 이후에야 비로소 폭발한다. 야웨의 성향은 인내와 자비 쪽으로 기운다. 분노는 끊임없는 도발의 결과물이지, 하나님의 속성이 아니다.

모세는 야웨의 계시를 관계 회복을 위한 초대로 이해한다. 그는 이제 주도권을 잡는다. 그는 이스라엘의 완악함을 인정하고, 용서를 구하고, 야웨가 이스라엘을 다시 한번 기업으로 삼아주실 것을 요청한다(9절). 이에 야웨는 지금까지 이스라엘을 **위해** 자신이 행한 일이 아니라 앞으로 이스라엘을 **통해** 자신이 행할 일에 기초한 언약을 체결하신다.

> [야웨]께서 이르시되 "보라! 내가 언약을 세우나니 곧 내가 아직 온 땅 아무 국민에게도 행하지 아니한 이적을 너희 전체 백성 앞에 행할 것이라. 네가 머무는 나라 백성이 다 [야웨]의 행하심을 보리니 내가 너를 위하여 행할 일이 두려운 것임이니라"(34:10; 참조. 20:5-6).

월터 브루그만(Walter Brueggemann)은 특히 홍수 내러티브와 관련하여 야웨의 말씀에 나타난 더 광범위한 창조 활동에 주목한다. "이적을…행할 것"이라는 야웨의 약속에는 히브리어 동사 "바라"(bara')가 사용되는데, 이 동사는 태초에 이루어진 야웨의 창조 사역을 의미한다(창 1:1, 21, 27; 2:3, 4). 시내산 사건은 창세기 1-9장의 창조, 홍수, 창조세계의 회복과 병행을 이루는 초기의 선함, 파멸을 가져오는 죄, 하나님의 새로운 계획이라는 패턴을 반영한다. 인간의 죄가 가져다준 선한 세상의 부패는 파멸로 이어지고, 또 언약을 통한 관계 회복으로 이어진다.[3] 따라서 시내산에서의 이러한 패턴의 반복은 이제 야웨가 관계 유지를 위해 인간 파트너를 더 이상 신뢰할 수 없다는 인식과 더불어 모든 것을 새롭게 시작하기로 결단하셨음을 의미한다. 여기서 하나님은 홍수 이후 때처럼 하나님이 인간을 책임지는 일방적인 언약을 체결함과 동시에 그 양자 관계의 일부 내용을 수정한다. 야웨는 이스라엘이 목이 뻣뻣한 백성임을 인식하지만, 이스라엘이 앞으로도 신실하지 않을 것임을 잘 알면서도 그 관계를 계속 유지하기로 결단하신다. 따라서 "새로운 관계는 가능하다. 왜냐하면 야웨는 자신의 신실함의 혜택을 누리는 자들의 반항에 방해를 받지 않는 그러한 신실한 관계를 원하시기 때문이다."[4]

　　이어서 야웨는 해석가들이 일반적으로 또 다른 십계명으로 인식하고 있는 내용을 소개한다. 물론 이 목록은 십계명의 공식적인 목록보다 분명하게 서술되어 있지는 않지만, 그 내용과 형태에 있어서는 훨씬

3　Walter Brueggemann, *Old Testament Theology: An Introduction* (Nashville: Abingdon, 2008), 67.

4　Brueggemann, *Old Testament Theology*, 67.

더 다양하다. 이 새 목록의 내용과 요지는 이스라엘이 양자의 관계에서 서로가 원하는 것이 무엇인지를 제대로 파악하지 못할 것이라는 점을 야웨가 인식하고 있음을 보여준다. 이 계명들은 보다 더 자세한 설명이 필요하다. 이 목록의 첫 두 계명은 십계명을 시작하는 계명들과 같지만(따라서 계명의 우선순위를 확인해줌), 첫 번째 계명(14절)에는 계명의 이행을 위해 이스라엘이 반드시 준수해야 하는 행동(가나안 주민들과 언약 맺지 않기, 가나안 주민들의 신전 및 기구 파괴하기)과 이를 이행하지 않을 시 따라올 결과(가나안 주민들의 덫에 걸림, 그들의 희생제사 참여, 통혼[12-16절])를 구체적으로 설명하는 내용이 담겨 있다.

이 단락은 야웨가 "[내가] 너와 이스라엘과 언약을 세웠"다는 말을 기록할 것을 모세에게 지시하는 말씀으로 끝난다(27절). 따라서 이스라엘에 헌신하겠다는 야웨의 선언은 그의 요구 목록을 둘러싸고 있다. 이 구조는 이스라엘에 대한 야웨의 헌신을 강조하고, 그들에 대한 하나님의 기대를 나타낸다. 물론 야웨는 금송아지 사건 이후로는 이스라엘 백성들이 언약을 지키지 않을 것을 알고 있다. 한편 모세는 지도자와 백성들을 단순히 불러모아 시내산에서 야웨가 자신에게 주신 계명들을 전달한다(31-32절).

야웨의 분노

위에서 언급한 바와 같이 금송아지 사건은 내러티브 전체에서 야웨의 분노와 야웨의 폭력이 최초로 동시에 나타난 사건이며 야웨가 분노를 표출한 두 번째 사건에 불과하다.[5] 야웨는 이미 앞서 여러 차례 대량 살상을 주도했지만(홍수 사건, 소돔과 고모라 사건, 이집트에서), 이 가운데 그 어떤 것도 야웨의 분노의 표현으로 소개되지 않는다.

야웨는 과거에 모세가 자신에게 주어진 임무를 계속 거부하면서 다른 사람을 선택하라고 애원했던 때에도 분노한 적이 있다. 하지만 결국 그 당시 야웨의 분노는 모세에게 양보하는 것으로 마무리되었다. 야웨는 아론을 지명하여 모세의 "입"이 되게 하셨다(출 4:13-16). 다시 말하면 하나님의 분노에 대한 첫 번째 기록은 결과적으로 죄를 범한 자를 처벌하는 것으로 끝난 것이 아니라 죄를 범한 자의 우유부단한 태도를 수용하는 것으로 끝난다. 마찬가지로 이스라엘도 시내산으로 가는 도중에 항의와 불평으로 야웨의 분노를 유발한다. 하지만 이러한 경우에도 야웨는 분노보다는 양보를 선택하신다. 즉 야웨는 불평을 받아들이고

---

5   하나의 예외로 볼 수 있는 것은 출 15:7의 야웨의 "노여움"(*kharon*)에 대한 언급이다. "하론"이라는 명사는 거의 항상 분노를 가리키는 다른 단어(*'aph*)와 함께 등장한다. 하지만 이 구절에서는 홀로 등장하면서 야웨가 "보낸" 무언가를 나타내는데, 여기서는 그의 원수들을 그루터기처럼 살라버린다. 따라서 여기서 "노여움"은 이집트인들을 향한 야웨의 감정적인 태도보다는 하나님의 전사가 그의 대적을 향해 투척한 무기로 이해해야 한다.

백성들이 원하는 것을 허용한다(출 16:1-17:7). 결과적으로 이 두 가지 사례는 하나님의 분노와 금송아지로 인한 폭력이 본질적으로 서로 연관되어 있지 않았음을 보여준다. 야웨는 분노를 표출했지만 결국에는 상대방의 의견을 수용하셨다. 야웨는 분노하면서도 양보하셨다. 인간의 거부는 필연적으로 하나님의 분노를 유발하지 않는다. 하나님의 분노는 필연적으로 폭력으로 나타나지 않는다. 심지어 거부, 분노, 폭력이 한곳에서 나타난 시내산 기슭에서도 내레이터는 인간이 주도하고 인간이 주체가 된 폭력을 강조한다. 여기서 야웨가 재앙을 내렸다는 보고는 단지 맺음말에 불과하다.

이 사례에서 야웨의 분노의 요인은 이스라엘이 관계의 근간인 상호 선택 및 야웨 공경을 거부한 데 있다. 야웨가 이스라엘을 통해 이 세상을 새롭게 회복하고자 한다면 이 관계는 조금의 타협도 없이 철저하게 유지되어야만 한다. 시내산 언약은 야웨와 이스라엘을, 야웨의 명성과 이스라엘의 행동을, 그리고 야웨의 목적과 이스라엘의 충성을 하나로 결속시켰다. 야웨의 분노는 그로 인한 결과와 더불어 이스라엘과 자신을 동일시하고 시내산에서 공식화된 관계에 자신을 헌신하기로 한 그의 결단의 문맥 안에서 이해되어야 한다. 분노는 사랑과 자비처럼 이스라엘을 향한 야웨의 철저한 헌신뿐 아니라 그의 취약성을 나타낸다. 이스라엘을 향한 그의 철저한 헌신 때문에 야웨는 이스라엘의 도발에 취약할 수밖에 없다.

금송아지 내러티브는 이스라엘이 갑자기 혼돈에 빠지는 것을 야웨가 목격하면서 경험한 감정을 표현하는 데 주저하지 않는다. 끓어오르는 분노는 야웨의 민첩한 사고 및 대응 능력을 감퇴시킨 것으로 보인다. 그러나 분노는 야웨를 압도하거나 그로 하여금 파괴적인 행동을 하도록 밀어붙이지도 않는다. 야웨가 모세를 불러 자신이 하는 대로 내버려 두라고 말씀하신 사실은 야웨를 짓누르는 감정의 강렬함과 그의 자제력을 드러낸다. 소돔과 고모라의 사례에서처럼 야웨는 친구에게 비밀을 털어놓으신다. 야웨는 모세에게 이스라엘이 무엇을 하고 있는지 가보라고 말씀하신다. 마치 자신의 분노와 대응의 정당성을 확보하려는 듯이 말이다. 야웨는 모세에게 이스라엘이 "네가 애굽 땅에서 인도하여 낸 백성"이라고 말하면서 이스라엘과 이스라엘을 위해 한 사역과 자신 사이에 거리를 둔다(32:7). 하지만 야웨는 즉각적으로 혹은 충동적으로 행동하지 않으신다. 야웨는 인간 파트너 앞에서 분노를 표출하시는데, 마치 모세가 방금 일어난 사건에 대해 보다 더 합리적이며 객관적인 시각으로 대응하기를 바라는 듯이 말이다. 이에 모세는 그를 실망시키지 않는다. 그는 이성에 호소하며 야웨가 분노를 폭발할 경우 따라올 결과를 깊이 고려하도록 유도하고 결국에는 그의 마음에 변화를 가져온다.

　야웨의 분노는 맹렬하지만 통제 불가능한 것은 아니다. 야웨의 맹렬한 분노는 이스라엘을 향한 그의 강렬한 사랑에서 흘러나온다. 야웨는 이스라엘 민족을 노예의 신분으로부터 풀어주고, 그들을 광야로 인도하고, 세상의 모든 민족 가운데 이 민족을 자신과 동일시함으로써 크신 사랑을 보여주셨다. 야웨는 언약 관계를 맺고 계명에 순종하려는 이스라엘의 의지를 구하고 이를 확보했는데, 이 둘은 독점적인 헌신으로 표현된다. 시내산에서 야웨는 자발적으로 이스라엘과 한 몸이 된다. 이것은 사랑, 긍휼, 헌신의 관계다. 분노도 이와 같은 영역에 속하며 손상된 관계에 상응하는 수준의 분노를 전달한다. 존 바튼은 다음과 같이 말한다. "만약 우리가 감정을 지닌 하나님을 믿고자 한다면 우리는 그것이 용서와 사랑은 물론, 분노와 복수도 아시는 하나님을 의미한다는 것을 받아들여야만 한다." 성서에 나타난 하나님은 "우주를 감시하는 비인격적인 힘이 아니라 개인적으로 인간사에 많은 관심을 두고서 개입하시는 하나님이시다."[6]

하나님이 분노를 표출했다는 사실은 언약 관계의 성격을 강화하는 구체적인 사례가 된다. 금송아지 사건에 이어 언약이 재체결된 이후 야웨는 근동 지역에서 흔히 볼 수 있는 종주의 역할을 담당하며, 천상의 주권자가 결코 경홀히 여김을 받지 않을 것을 세 가지 전형적인 사례를 통해 보여주신다. 시내산을 떠난 직후 이스라엘 백성들은 시내산으로 가는 도중에 했던 것과 똑같은 방식으로 또다시 불평하기 시작한다(민 11:1-35). 하지만 야웨는 이번에는 타협이 아닌 분노로 대응하는데, 이 점은 이 단락의 시작과 끝에서 야웨의 끓어오르는 분노에 대한 언급을 통해 강조된다(1, 33절). 그 결과 "[야웨]의 불"이 진영의 끝을 사르고(1-2

◇◇◇◇◇

6   John Barton, "The Dark Side of God in the Old Testament," in *Ethical and Unethical in the Old Testament: Gods and Humans in Dialogue*, ed. Katherine J. Dell, LHBOTS 528 (New York: T&T Clark, 2010), 126.

절), 백성들이 야웨가 보내주신 메추라기를 먹고 있을 때 큰 재앙이 그들에게 임한다(33절). 재앙 직후 야웨는 아론과 미리암이 자신의 대변인인 모세의 특권적 지위에 도전할 때 다시 한번 격분하신다(민 12:1-9). 야웨는 세 사람을 회막으로 불러 모세의 특별한 지위와 역할을 확인해주고 질책으로 말씀을 마치신다. "너희가 어찌하여 내 종 모세 비방하기를 두려워하지 아니하느냐?" 야웨가 그곳을 떠나자 미리암은 나병에 걸린다. 그녀는 모세가 자신을 대신하여 간청한 후에야 비로소 치유를 받고, 야웨는 그녀를 이레 동안 진영 밖으로 추방함으로써 교훈을 주신다.

하나님의 분노는 바알브올에서 세 번째로 나타나는데, 이 사건은 금송아지 사건의 줄거리를 이어받아 이스라엘이 실로 "목이 곧은" 백성임을 강조한다. 야웨는 이스라엘이 바알브올에 집착하자 진노하신다. 야웨는 자신의 분노를 누그러뜨리려고 모세에게 민족의 지도자들을 죽이라고 말씀하신다. 백성들이 울고 있을 때 이스라엘 남자 하나가 "모세와 온 회중의 눈앞에 미디안의 한 여인을 데리고 그의 형제에게로" 온다(6절). 이 이야기는 비록 구체적으로 명시하고 있지는 않지만 이스라엘 남자들을 유혹하여 다른 신들을 숭배하게 만드는 이방 여인들의 문제와 관련이 있는 이 죄의 나쁜 성질을 강조한다. 시내산 기슭에서처럼 야웨는 그들에게 재앙을 내리시고, 레위인 가운데 한 사람은 이 사건에 엄청난 폭력 행위로 대응한다. 아론의 손자인 비느하스는 창을 들고 달려가 두 사람의 배를 꿰뚫는다. 야웨는 동족을 살육함으로써 자신들에게 복이 내리도록 한 레위인들을 모세가 칭찬한 것과 유사한 방식으로 비느하스의 열정을 칭찬하신다. 야웨는 여기서도 언약—이번에는 비느하스 및 그의 후손들과 평화의 언약—을 맺으신다(7-13절; 참조. 출 32:25-29).

하나님의 분노와 하나님의 폭력

시내산에서 이루어진 언약 체결과 갱신은 하나님의 분노와 하나님의 폭력을 연관 짓는 세 가지 방향을 제시한다. 이러한 방향은 야웨의 폭력을 신적 분노의 관점에서 설명하는 후속 사례들을 해석하는 데 있어 매우 중요하다. 첫째, **하나님의 분노는 이스라엘을 향한 야웨의 헌신의 관점에서 이해해야 한다.** 사랑, 헌신, 자비는 이스라엘을 향한 야웨의 열정적인 헌신을 나타내는 속성이다. 분노는 그 열정의 부정적인 표현이긴 하지만, 하나님의 속성은 아니다. 야웨는 사랑이 많으신 하나님이며 헌신적인(심지어 열정적인) 하나님이지만, **분노의** 하나님은 아니시다. 야웨의 분노는 무작정 파괴하는 통제 불가능한 충동이 아니다. 오히려 그의 분노는 일시적이며, 정확한 대상이 있고, 오랜 기간 동안 누적된 범죄의 결과다. 이와 관련하여 아브라함 헤셸(Abraham Heschel)은 "사랑으로 인해 표출된 분노는 막간에 불과하다"라고 매우 적절하게 표현한다.[7] 야웨의 성향은 인

---

7 Abraham J. Heschel, *The Prophets*, vol. 2 (New York: Harper & Row, 1962), 75. 『예언자들』(삼인 역간).

내 쪽으로 크게 기운다. 그러나 이스라엘이 창조주 야웨를 여러 방식으로 경멸하며 언약에 대한 신의를 노골적으로 저버리고 다른 신들에게로 눈을 돌리면 야웨의 분노는 이스라엘을 향한 그의 열정적인 헌신만큼 증폭된다. 이스라엘과 자신을 동일시하고, 이스라엘에 자신을 결속하고, 이스라엘 편에 서기로 결정함으로써 야웨는 자신의 전부를 이스라엘에 헌신할 수밖에 없고, 그 결과로 그들의 도발에 취약할 수밖에 없다.

둘째, **하나님의 분노는** 이스라엘의 종주로서 야웨가 모욕을 당한 왕의 입장에서 그들의 불충에 대응한다는 의미에서 **이스라엘의 세계를 수용하는 행위라고 할 수 있다.** 언약의 본질은 이스라엘이 야웨를 존귀하신 왕으로 생각하고 이스라엘 자신은 특혜를 누리는 종속된 신하로 생각하게 만든다. 이러한 이해의 문맥 안에서 불충과 불복에 대한 하나님의 분노의 표현은 이스라엘이 왕에 대한 자신들의 지식과 언약 관계에 있는 자신들의 입장을 스스로 생각해볼 수 있다는 점에서 교육적인 기능을 한다. 야웨는 이스라엘의 종주로서 모든 존경과 충성의 대상이 되어야만 하는데, 하나님의 분노는 바로 이 점을 부정적으로 나타낸다. 야웨는 이스라엘의 역할과 그들에게 주어진 임무를 규정하는 종주의 역할을 담당하신다. 이스라엘은 야웨의 거룩한 성품을 이 세상에 드러내는 민족이며, 창조주의 주권을 인정하고 창조주가 세운 질서 안에 사는 회복된 인류임을 나타내기 위해 구원받은 민족이다.

마지막으로, **하나님의 분노는 야웨가 이스라엘을 통해 이 세상을 위한 자신의 계획을 유지하거나 혹은 회복하기 위해 행동에 나서야만 할**

때 하나님의 폭력을 유발한다. 앞으로 전개될 이야기에 등장하는 하나님의 폭력은 야웨의 이러한 목적을 방해하는 세 가지 위협 요소 가운데 하나에 대한 반응으로 일어난다. 즉 다음과 같은 경우다. 1) 이스라엘이 야웨를 더 이상 자신들의 정체성과 행동을 규정하는 최고의 유일신으로 인정하지 않을 때, 2) 이스라엘이 언약 관계를 하찮게 여기거나 야웨가 주신 계명을 무시함으로써 그에게 충성하지 않을 때, 3) 이스라엘이 정신을 차리지 못하고 혼돈과 혼란에 빠질 때.

시내산에서 야웨는 민족을 창시하신 분께 충성하고자 하는 열심과, 폭력으로 가득한 이 세상에서 타민족처럼 행동하고픈 충동 사이에서 갈등하는 민족과 자신을 동일시하신다. 이스라엘과 자신을 동일시함으로써 야웨는 이제 "세상사"에 직접 관여하신다. 앞으로 전개될 내러티브에서 우리는 인간이 만든 세상의 체계에 더 관여하고 적응해나가는 야웨의 모습을 더 많이 보게 될 것이다. 하지만 이제 야웨는 자신이 누구를 상대하는지, 무엇에 저항해야 하는지에 대한 인식이 생겼다. 그럼에도 야웨는 이 세상의 모든 민족이 창조주의 위엄을 보고 인정하도록 이스라엘에 대한 주권을 유지하고자 노력할 것이다.

6장

하나님과 왕들

그들의 말을 들어 왕을 세우라(삼상 8:22a).

야웨가 자신을 이스라엘 민족과 동일시하고 그들을 통해 일하기로 하신 결정의 영향은 이스라엘이 가나안 땅에 들어가 거기서 바벨론에 포로로 끌려가는 과정에서 나타난다. 시내산에서 자신을 이스라엘과 하나가 되기로 한 야웨의 결정은 이 민족을 원수들로부터 보호하는 것을 포함하여 이 민족의 복지를 책임지는 것을 의미한다. 이스라엘은 야웨가 구원과 언약을 통해 세우신 민족이며, 그들의 정체성과 삶은 그들의 주권자에 의해 규정된다. 야웨는 창조 질서를 전 세계에 드러내고 구현할 민족을 이스라엘을 통해 세우신다. 이집트와 시내산 사건은 야웨가 세상을 회복하는 사역에서 그의 대리인이 될 이 민족에게 철회 불가능한 전적인 헌신을 보여주고 있음을 밝히 드러낸다.

　　야웨는 세상의 폭력적인 체계를 모방하고 싶어 하는 이스라엘을 통해 이 세상을 회복하고자 노력하신다. 우리는 하나님과 인간의 엄청난 폭력 사례로 볼 수 있는 이스라엘의 가나안 침략은 간단하게 다룰 수 있는 내용이 아니므로 여기서는 잠시 제쳐둘 것이다. 여기서 우리의 관심사는 이 내러티브에서 이스라엘과 자신을 동일시하겠다는 야웨의 결정이 어떻게 그를 다른 민족들의 폭력 사건으로 끌어들이는지, 그리고 어떻게 그 결정이 궁극적으로 그를 이 민족에게서 완전히 물러서게끔 하는지 전개해나가는 방식을 살펴보는 데 있다.

이스라엘이 시내산을 떠날 때부터 이스라엘 민족을 위한 야웨의 계획은 내외적인 문제로 인해 좌절된다. 이집트를 떠난 지 얼마 되지 않아 아말렉 사람들은 이스라엘을 공격한다(출 17:8-16). 모세는 여호수아에게 남자들을 선발하여 아말렉과 싸울 것을 지시하고, 모세와 두 사람은 산꼭대기로 올라간다. 모세의 지팡이는 여전히 이스라엘의 대적을 물리칠 수 있는 능력을 지니고 있지만, 야웨의 지시보다는 모세의 주도하에 사용된다. 야웨는 이 기사에서 승리가 확정될 때까지 직접 모습을 드러내지 않고, 그때 비로소 아말렉에 대한 기억이 지워질 것이라고 선언하신다. 야웨의 표면상의 전쟁 불참은 그가 폭력에 가담하는 것을 꺼린다는 점을 암시할 수도 있지만, 야웨의 이러한 선언은 그가 이스라엘의 원수를 자신의 원수로 여긴다는 점을 분명히 한다. 모세는 승리를 기념하기 위해 제단을 쌓고 야웨가 지금부터 영원히 아말렉과 싸우실 것을 선언함으로써 인간의 입장에서 이 사실을 확인한다. 모세는 아말렉과의 전쟁이 대대로 이어질 것을 덧붙인다. 따라서 야웨와 모세의 발언은 영원한 폭력으로 규정된 이스라엘의 미래를 예고한다.

이에 상응하는 내적인 문제—이스라엘이 하나님의 주권을 신뢰하고 하나님의 계명을 지키기를 완강히 거부하는 문제—는 이스라엘 민족이 야웨의 약속의 성취를 의미하는 가나안 땅에 입성하기 바로 직전에 발생한다(민 14:1-25). 약속의 땅을 정탐하기 위해 보낸 열두 명의 정탐꾼 중 열 명에게 실망스러운 보고를 들은 백성들은 격렬하게 항의하면서 이미 예견된 죽음을 맛보기보다 오히려 이집트에서 죽는 것이 더 나았을 것이라고 항변한다. 그들의 항의는 이스라엘의 적을 물리치는 야웨의 능력에 직접 도전할 뿐 아니라 야웨가 그들을 생명보다 죽음의 길로 인도하려 한다는 점을 우회적으로 말해준다. 백성들이 자신들을 이집트로 데리고 돌아갈 새로운 지도자를 선출하기로 결정하자, 여호수아와 갈렙은 백성들에게 호소하며 야웨의 명성을 지키기 위해 개입한다. "그들의 보호자는 그들에게서 떠났고 [야웨]는 우리와 함께 하시느니라!"(14:9)

이에 맞서 백성들이 갈렙과 여호수아를 돌로 치겠다고 위협하자 야웨의 영광이 온 백성이 볼 수 있는 회막에 나타나고, 야웨는 모세에게 극심한 분노를 표출하신다. "이 백성이 어느 때까지 나를 멸시하겠느냐? 내가 그들 중에 많은 이적을 행하였으나 어느 때까지 나를 믿지 않겠느냐?"(11절) 금송아지 사건을 재연하듯 야웨는 전염병으로 백성들을 쳐 그들의 기업을 빼앗고 모세의 후손으로 새로운 민족을 다시 시작할 계획을 공표하신다.

이에 모세는 지금부터 앞으로 야웨에게 일어날 일들이 어떤 것인지를 명확히 밝히며 그가 했던 과거의 주장을 확대해나간다. 그는 야웨에게 현재 상황이 그의 명성에 영향을 미칠 것이라고 말한다. 모세는 야웨가 그 일을 실행에 옮긴다면 이집트인들과 "주의 명성을 들은 여러 나라"(15절)가 이 일도 분명히 전해 들을 것이라고 말한다. 그들은 야웨가 자기 백성을 조상에게 약속한 땅으로 인도할 능력이 없기 때문에 그들을 죽였다고 결론지을 것이다. 모세의 탄원은 첫째, 야웨가 이스라엘을 장차 모든 민족에게 자신을 알리는 도구로 사용하실 것이라는 점과, 둘째, 가 나안 민족을 물리친 야웨의 승리가 온 민족에게 야웨의 신실하심과 능력 을 널리 알리는 데 중요한 역할을 할 것임을 확인해준다.

이어서 모세는 야웨에게 이스라엘의 항의를 진압하는 데 신적 능 력을 어떻게 사용할지 재고할 것을 권고한다. 모세는 야웨에게 자신은 가능한 한 분노를 자제하는 신이라고 말씀하셨던 사실을 확인해줄 수 있 는 좋은 기회라고 말한다. 간단히 말해 모세는 시내산에서 두 번째 언약 을 체결하실 때 하셨던 야웨의 과거 발언을 상기시키면서 그 말을 행동 에 옮길 것을 그에게 권면한다.

이제 구하옵나니 이미 말씀하신 대로 주의 큰 권능을 나타내옵소서. 이르 시기를 "[야웨]는 노하기를 더디 하시고 인자가 많아 죄악과 허물을 사 하시나 형벌을 받을 자는 결단코 사하지 아니하시고 아버지의 죄악을 자 식에게 갚아 삼사 대까지 이르게 하리라" 하셨나이다(민 14:17-18; 참 조. 출 34:6).

모세는 야웨가 출애굽 이후부터 지금까지 용서를 통해 자신의 신실하심 을 드러내셨으며 바로 그의 그러한 신실하심이 그의 위대하심을 크게 드러낸다고 주장한다(19절).

　　모세의 호소는 성공하지만, 완전히 성공한 것은 아니었다. 모세가 요구한 대로 백성들은 용서를 받는다. 하지만 야웨는 그 모욕적인 사건을 그냥 지나치지 않으신다.

> 그러나 진실로 내가 살아있는 것과 [야웨]의 영광이 온 세계에 충만할 것을 두고 맹세하노니 내 영광과 애굽과 광야에서 행한 내 이적을 보고서도 이같이 열 번이나 나를 시험하고도 내 목소리를 청종하지 아니한 그 사람들은 내가 그들의 조상들에게 맹세한 땅을 결단코 보지 못할 것이요 또 나를 멸시하는 사람은 한 사람도 그것을 보지 못하리라(14:21-23).

야웨의 반응은 이스라엘이 죄를 범하게 된 두 가지 이유를 암시한다. 첫 번째 이유는 야웨의 영광에 초점이 맞추어져 있다. 야웨는 자신의 영광이 온 세계에 충만하고 백성들이 이제 회막 앞에서 그 영광을 보고 있다고 선언하신다. 영광에 대한 언급은 야웨가 세상 모든 백성 가운데 유일하게 자신의 영광을 보고 이집트와 광야에서 엄청난 기적을 경험한 이스라엘 민족에게 허락한 특권을 강조한다. 따라서 그들이 약속의 땅에 들어가기를 거부한 것은 무례함과 배은망덕함과 불신앙을 나타낸다. 둘째, 야웨는 이스라엘이 자신을 인내심의 한계에 다다르게 했다고 선언한다. 그들은 "이같이 열 번이나 나를 시험하고 내 목소리를 청종하지" 않았다(22절). "열 번"이라는 표현은 야웨가 숫자를 세며 벼르고 계셨다는 것을 의미하기보다는 이번 사건이 지금까지 야웨를 향해 반항적인 태도를 보여온 이스라엘의 지속적인 도발의 마지막이라는 점을 강조한다. 이러한 태도는 이스라엘을 야웨의 주권을 증언하고 이 세상에 야웨의 질서를 확립하는 민족으로 세우려는 그의 의도에 부합할 수 없다. 이러한 백성은 야웨를 유일한 권력자로 추대할 땅에 속한 백성이 아니라 사람의 발길이 닿지 않은 광야에 속한 백성이다.

민족 신으로서의 야웨

하나님의 폭력은 광야에서 바벨론 포로 생활에 이르는 내러티브 전반에 걸쳐 두 가지 궤도를 따라간다. 첫째, 야웨는 신적 보호자로서 이스라엘 백성을 보호하고, 원수들로부터 그들을 구원하신다. 둘째, 야웨는 하나님의 주권에 정면으로 도전하는 것, 구체적으로 이스라엘의 유일한 주권자를 무시하고 다른 신들을 쫓는 행위에 대해 강력하게 대응하신다. 하나님의 분노는 일반적으로 어느 정도 후자의 경우에 섞여 있지만, 전자에는 전혀 연관되어 있지 않다는 점은 주목할 만하다. 다시 말하면 하나님의 폭력은 언약을 규정하는 상호 선택을 이스라엘이 거부한 데 따른 하나님의 분노에서 비롯되지만, 야웨가 이스라엘의 원수들에게 가하는 폭력과는 전혀 무관하다.

사사기는 하나님의 폭력과 인간의 폭력을 대조하면서 이 궤도를 발전시켜나간다. 여호수아에서는 야웨가 이스라엘을 대신하여 전쟁하지만, 사사기에서는 야웨가 인간 대리인을 통해 폭력을 지휘 감독한다. 사사기에서는 야웨의 폭력이 그를 저버리고 다른 신들을 섬기는 이스라엘의 성향에 대한 반응으로서 어떤 예측 가능한 패턴을 따른다. 강령적인 도입부가 이러한 패턴을 규정한다(삿 2:11-23). 각 도입부는 이스라엘이 바알과 아스다롯을 섬기기 위해 야웨를 버림으로써 "[야웨]의 목전에 악을 행"했다는 말로 시작한다. 이러한 행위는 야웨를 도발하고, 그 결과로 야웨는 이스라엘이 하나님의 보호 없이 원수들과 싸우게 내버려 두신다(14-15절).

> [야웨]께서 이스라엘에게 진노하사 노략하는 자의 손에 넘겨 주사 그들이 노략을 당하게 하시며 또 주위에 있는 모든 대적의 손에 팔아넘기시매 그들이 다시는 대적을 당하지 못하였으며 그들이 어디로 가든지 [야웨]의 손이 그들에게 재앙을 내리시니 곧 [야웨]께서 말씀하신 것과 같고 [야웨]께서 그들에게 맹세하신 것과 같아서 그들의 괴로움이 심하였더라(삿 2:14-15).

이스라엘 백성이 부르짖을 때마다 야웨는 그들을 측은히 여기고, 그들이 억압으로부터 벗어나 질서를 회복할 수 있도록 구원자를 보내신다. 하지만 사사가 죽으면 백성들은 또다시 다른 신들을 섬기기 시작하고, 이는 결국 야웨의 분노를 유발하면서 패턴의 새로운 주기를 다시 시작한다.

따라서 야웨는 그 땅에서 이스라엘 백성의 반항과 불순종의 문제를 해결하기 위해 간접적인 방법을 사용하신다. 이스라엘 백성의 우상숭배에 대한 하나님의 분노는 강력한 처벌보다는 하나님의 포기를 유발한다. 야웨는 이스라엘을 압제자의 손에 넘겨주거나(2:14; 6:1; 13:1) 팔아넘기신다(2:14; 3:8; 4:2; 10:7). 야웨의 구원 행위도 이와 유사한 방법으로 소개된다. 야웨는 가나안 족속을 유다의 손에 넘기고(1:4), 구산리사다임은 옷니엘의 손에 넘기고(3:10), 암몬 족속은 입다의 손에 넘기신다(11:32). 야웨가 시스라의 군대를 공황 상태에 빠지게 한 사건이 야웨가 유일하게 전쟁에 직접 관여한 사례다(4:15). 나머지 사례에서 야웨는 주로 배후에서 인간 대리인을 통해 폭력을 동원한 구원을 행하고, 사사들은 자신들의 승리의 공을 야웨에게 돌린다. 따라서 에훗은 야웨가 모압인들을 우리 손에 넘겨주셨다고 말하고, 드보라와 기드온도 각각 가나안 족속과 미디안 족속을 그렇게 하셨다고 선언한다(4:14; 6:15; 8:3, 7).

그러나 사사들의 이야기가 전개되면서 야웨는 사사들의 활동을 점점 더 적극적으로 지휘해나가신다. 앞서 언급했듯이 시스라의 군대를 공황상태에 빠뜨린 사건을 제외하고 야웨는 옷니엘, 에훗, 드보라의 경우에는 직접 개입하지 않으신다. 하지만 기드온의 경우에는 야웨의 천사가 그에게 나타나 전쟁에서 이길 수 있는 전략을 알려준다. 입다의 경우에는 더 직접적이어서 지도자들에 의해 구원자로 세움을 받은 입다에게 야웨의 영이 임한다(11:29). 이어지는 삼손의 이야기에서는 천사의 현현과 야웨의 영의 능력 부어주심이 동시에 나타난다. 야웨의 천사는 삼손의 어머니에게 나타나 아이에 관한 지시를 전달한다. 야웨의 영은 소년을 사로잡고 그가 성인이 되자 야웨는 블레셋 사람들과 싸움을 하도록 삼손의 애정이 블레셋 여인에게 끌리게 하신다(14:4). 그 후 야웨의 영이 삼손에게 강력하게 임하여 그를 강한 힘을 지닌 장사로 만든다(14:6, 19; 15:14).

　　신중하고 공정하게 이루어지는 하나님의 폭력은 그가 선택한 인간 대리인의 폭력과 크게 대조를 이룬다. 내러티브가 전개되면서 폭력의 정도와 범위도 한층 더 심해진다. 에글론과 시스라의 암살과 그로 인해 발생한 전투는 오렙과 스엡의 참수형과 세바와 살문나의 처형, 그리고 두 번의 전투로 이어지고, 결국에는 아비멜렉이 기드온의 자식들을 살육하고 그 자신은 치욕스런 죽음을 당하는 사건으로 이어진다. 자식을 살육하는 행위는 자신의 맹세를 지키기 위해 자기 딸을 희생제물로 바친 입다의 이야기로까지 이어지는데, 그는 기드온과 달리 에브라임 자손이 일으킨 종족 간의 전쟁을 예방하는 데 실패한다. 삼손은 삼십 명의 남자를 그들의 옷 때문에 죽이고, 블레셋 사람들의 농작물을 불사르고, 수많은 블레셋 사람의 "정강이와 넓적다리"를 쳐서 죽이고(15:8), 라맛 레히에서 천명을 더 죽이고, 그를 조롱하기 위해 나온 군중들 위로 신전을 무너뜨리며 더 많은 사람을 죽인다.

　　사사기에 나타난 하나님의 폭력은 대상이 분명하며 잘 통제되어 있다. 야웨는 주로 거리를 두고 활동하면서 다른 민족들이 이스라엘을 압제하는 것을 허용하고 이스라엘이 구원을 요청하며 부르짖을 때 구원자를 보내주신다. 이와는 대조적으로 인간의 폭력은 과도하며 예측 불가능하고 종종 통제 불가능하다. 야웨는 계속해서 이스라엘을 폭력에 넘겨주고, 인간 대리인을 통해 구원을 베풀고, 이어서 평화를 가져다주는 반면, 인간의 폭력은 새로운 사사의 활동과 함께 증가하고 심각해져서 삼손의 이야기가 끝난 후에도 계속된다. 사사기에서 사사가 등장하지 않는 마지막 단락은 인간의 유대관계가 걷잡을 수 없이 망가지고 폭력이 폭발적으로 일어나 사회적 혼란이 가중되는 이야기를 다룬다. 어떤 아들은 자기 어머니의 은을 훔치고, 그 훔친 은을 다시 어머니에게 돌려주자 어머니는 그 은으로 우상을 만든다(17:1-13). 어떤 레위인과 그의 첩은 베냐민 지파의 땅인 기브아에서 협박을 당하고, 그녀는 강간과 죽임을 당한다(19:22-30). 지파 간의 전쟁은 온 민족을 집어삼키고 베냐민 지파를 거의 몰락시킨다(20:1-48). 사백 명의 처녀들을 제외한 야베스 길르앗 성읍의 모든 주민(남자, 여자, 어린이)은 칼에 죽임을 당한다. 여인들은 종교 축제에서 춤추는 동안에 납치를 당한다(21:1-24). 야웨가 나누어준 땅을 떠나 부유하고 믿을 만한 라이스 성읍을 공격하여 불사르고 그곳 주민들을 학살한 단 지파의 행위는 끝을 모르고 추락하는 이스라엘의 사회적 대혼란을 전형적으로 보여준다.

다른 여러 민족처럼

이스라엘의 붕괴는 사무엘서에서도 계속되는데, 이 책은 타락한 국가 수뇌부(타락한 제사장 엘리와 그의 아들들)의 이미지를 (하나의 예언자적 노래를 통해) 새롭게 재구성된 이스라엘에 대한 기대감으로 대체하면서 시작된다. 엘리와 그의 아들들은 혼란에 빠진 사사들의 옛 지파를 상징한다. 국가는 제사장들이 제의와 교훈을 통해 질서와 안정을 유지해주길 기대하고, 야웨는 제사장들이 같은 수단을 통해 야웨의 주권과 거룩함과 명성을 지켜주기를 기대한다. 그러나 엘리의 아들 홉니와 비느하스는 이러한 것에는 전혀 관심을 보이지 않고, 노골적으로 야웨를 향해 불경스러운 행동을 한다(삼상 2:12). 엘리는 그의 아들들이 야웨가 정한 한계를 넘어 야웨를 멸시한 행동에 관해 전해 듣고 소극적인 태도를 보이는데, 사실 이는 제사장의 태도와 행실에 필수적이라고 할 수 있는 거룩함에 대한 열성과 크게 대조를 이룬다(출 32:25-29; 민 25:6-13). 이스라엘의 삶의 중심에서 이러한 경계의 붕괴는 국가가 완전히 무질서한 상태에 들어갔음을 보여주며 야웨의 개입을 불러일으킨다(삼상 2:27-36). 죽음의 소용돌이로 향하는 (지파로 구성된) 이스라엘을 감독하고 모범을 제시하는 제사장 가문이 사라지고 새롭게 확립된 제사장 제도가 들어선다(삼상 2:27-36). 야웨는 마치 이 민족의 혼란을 홀로 지고 가듯이 이스라엘을 블레셋의 포로로 남겨두고 떠나시는데, 이는 다른 신들을 압도하는 자신의 능력을 보여주면서 새롭게 다시 시작하기 위함이다. 야웨는 다곤을 겸허하게 만들고 블레셋 사람들이 선물과 함께 언약궤를 이스라엘로 되돌려보낼 때까지 쥐와 종기 재앙으로 블레셋을 치신다.

요약하자면 사무엘서는 이스라엘의 붕괴와 재건을 서술한다. 사무엘상 도입부에서 이스라엘은 상황에 따라 야웨로부터 능력을 부여받은 사사들이 이끄는 부족 사회였다. 친족에 대한 충성심이 국가의 사회 체계를 지탱했다. 야웨는 성막에 거하시는 이동 신이었다. 사무엘하 결말 부분에서 이스라엘은 한 왕의 통치를 받는 군주국이다. 야웨는 왕조를 세울 것을 약속하고, 마지못해 자신의 처소를 성전으로 격상시키기로 합의하면서 새로운 체계를 수립하는 데 동의하신다.

이스라엘을 재건하는 일은 야웨와 이스라엘 간의 중대한 대화를 중심으로 전개된다(삼상 8:1-22; 12:1-25). 사사이며 선지자이자 킹메이커인 사무엘은 친족 사회에서 군주국으로의 전환을 꾀하는 이러한 대화를 중재한다. 두 차례에 걸쳐 진행된 이 대화는 이스라엘이 "다른 나라들 같이 되어…우리를 다스"릴 왕이 필요하다는 이스라엘의 요구(삼상 8:5; 8:4-22; 12:6-25) 및 그 요구가 의미하는 바와 그 요구의 결과를 논한다. 이스라엘의 요구는 야웨에게 (전혀 예상치 못한 것은 아니지만) 상당히 의미심장한 도전이었다. 이 요구에 응하는 것은 이스라엘을 유일한 하나님의 임재의 표현으로 삼게 된 것의 많은 부분을 지워버릴 것이며, 결과적으로 이스라엘은 주변 국가들과 같이 될 것이다. 야웨는 이집트의 압제적인 군주 체제에서 이스라엘을 구출해내어 광야에서 다른 노선을 지향하는 나라로 재건하셨다. 야웨는 이집트의 군주로부터 이스라엘을 구원하셨고, 요단강 건너편과 가나안의 왕들을 정복하셨으며 그 결과 이스라엘은 인간 군주가 아닌 야웨의 통치를 받는 국가가 될 수 있었다. 이스라엘이 왕을 요구한 사건은 지금까지 이스라엘을 규정해왔던 바로 그 체제에 부합하는 국가로 변신할 수 있도록 사회를 근본적으로 재구성할 것을 촉구한다.

야웨는 이러한 변화가 지닌 함의를 명확하게 제시하신다(8:10-17). 왕은 상비군과 이를 충당할 청년 징집 제도가 필요할 것이다. 왕은 백성이 누구이며 어디서 일할지를 재정의할 것이다. 그는 땅과 재산을 몰수하고, 농산물을 가져가 왕을 위해 일하는 자들에게 주고, 세금을 부과하고, 궁극적으로는 백성을 노예로 삼을 것이다. 결국 백성들은 파라오의 통치하에(출 2:23), 그리고 사사 시대에 부르짖었던 것처럼(삿 3:14-15; 4:2-3) 왕의 압제하에 또다시 부르짖게 될 것이다. 왕이 통치하는 사회는 하나님의 백성을 지금까지 규정해온 인간의 압제적인 질서를 반영한다.

혹자는 야웨가 이러한 요구에 대응하는 모습에서 일종의 분노 또는 체념의 기색을 느꼈을 수도 있다. 사무엘이 이러한 요구에 대해 불만을 표출하자 야웨는 이렇게 답변하신다.

백성이 네게 한 말을 다 들으라. 이는 그들이 너를 버림이 아니요 나를 버려 자기들의 왕이 되지 못하게 함이니라. 내가 그들을 애굽에서 인도하여 낸 날부터 오늘까지 그들이 모든 행사로 나를 버리고 다른 신을 섬김 같이 네게도 그리하는도다(삼상 8:7-8).

사무엘은 이집트에서 나온 날부터 오늘날까지 이스라엘이 보여준 고집과 완악함을 언급하면서 야웨의 말씀을 부연하여 설명한다(삼상 12:7-12). 이스라엘은 해방된 순간부터 야웨의 통치를 거부해왔으므로 이번 요구는 단지 가장 최근에 보여준 지속적인 완악함에 불과하다(8:7-8). 이스라엘은 야웨의 신적 왕권을 거부했고, 이 민족을 위한 그의 비전을 거부했다. 이스라엘은 인간 왕을 원하고 다른 나라들처럼 되기를 원한다(8:4; 12:19-20). 사무엘은 이 요구가 극도로 사악한 행위이며 참사가 아닐 수 없다고 말한다(12:17; 참조. 19절).

이러한 시나리오를 고려하면 우리는 야웨가 왜 이를 수용하고 사무엘에게 "백성이 네게 한 말을 다 들으라"고 말씀하셨는지를 이해할 수 있다(8:7, 22). 야웨는 왕을 세우는 것이 무엇을 의미하는지 그들에게 아무리 설명해도 그들이 결코 단념하지 않을 것을 알만큼 이 백성들에 대해 충분한 경험을 갖고 계셨다(8:10-28). 그들과는 논리적인 대화가 불가능하다. 따라서 야웨는 현 상황을 최대한 고려하여 그들의 요구에 다시 한번 순응하신다.

야웨는 비록 왕으로서는 거부당했지만 이스라엘의 주권자로서는 결코 물러나지 않을 것이다. 사무엘은 이 점을 다음 두 가지 방법을 통해 분명히 보여준다. 첫째, 왕은 백성이 아닌 야웨가 선택할 것이다. 야웨가 사울을 선택한 것은 백성들이 왕에게 요구할 수 있는 모든 조건을 충족시킨다(9:1-11:15). 사울은 상당한 재력이 있는 집안 출신으로서 멋진 외모와 체격을 지녔고(9:1-2), 야웨는 과거에 사사들에게 하신 것처럼 암몬 사람들과의 전쟁에서 이스라엘 백성을 인도할 수 있는 능력을 그에게 부어주신다(10:1, 10-12; 11:6-11; 참조. 8:20). 뿐만 아니라 그의 이름("요구함")은 야웨가 사울을 왕권과 왕에 대한 국가의 기대를 충족시켜줄 이상적인 인물로 선택했음을 암시한다.

둘째, 야웨는 백성들이 여전히 야웨를 섬기고 그에게 복종해야 할 의무가 있다는 사무엘의 훈계를 극적으로 확인해준다(12:13-19). 비록 관계가 다시 한번 재정립되었지만, 관계의 본질은 그대로 유지된다. 야웨는 신적 지배자로 남아 있고, 이스라엘은 야웨와 체결한 언약으로 인해 그를 공경하고 그에게 순종해야 할 의무가 있다. 사무엘은 복종이냐 반항이냐에 따라 이스라엘이 직면할 결과를 약간 수정하여 재차 설명함으로써 이러한 연속성을 강조한다. 만약 이 나라와 **그 왕**이 야웨를 따르면 모든 것이 순조로울 것이다. 그러나 이 나라가 반항하고 불순종하면 야웨의 권력이 이 나라와 **그 왕**을 대적할 것이다(12:14-15; 참조. 신 6:24-25; 7:9-14; 8:1-6; 10:12-13). 이러한 경고성 발언을 강조하기 위해 사무엘은 천둥과 비를 보내어 백성들의 사악함을 확인해 달라고 야웨에게 요구한다. 야웨는 그의 요구를 받아들여 큰 권능을 보여주심으로써 회중으로 하여금 공포에 떨게 하신다(17-19절).

이스라엘에 왕을 허용하겠다는 야웨의 결정은 그가 앞으로도 어떤 방식으로 이스라엘을 통해 세상을 회복하고 질서를 확립할 것인지에 큰 영향을 미친다. 야웨의 양보는 그가 세상에 처음 내려오셔서 줄곧 저항해온 바로 그 체제에 그를 직접 연루시킨다. 야웨는 이제부터 주로 왕을 통해 이 나라를 다루실 것이다. 이것은 야웨의 목표가 이 나라의 목표와 일치해야 한다는 것을 의미하는데, 우리는 이를 **왕실의** 목표라고 말할 수 있다. 이것은 야웨의 사역을 상당히 복잡하게 만든다. 이제 야웨는 군주제라는 억압적인 구조 안에 완전히 얽혀 있어 지금까지 그가 저항해 온 바로 그런 종류의 인간들과 함께, 그리고 그들을 통해 일해야 한다.

왕의 운명은 이제 다른 민족들과 신들의 세계에서 야웨가 차지할 지위에 따라 변할 것이다. 왕은 이 세상에서 야웨의 통치와 주권과 성품을 가장 잘 보여줄 인물이 될 것이다. 따라서 야웨는 이스라엘을 통해 전개될 자신의 사역을 자체적인 원리와 원칙에 따라 운영되는 왕권의 구조와 현실에 순응시켜야 한다. 이스라엘의 요구에 동의함으로써 야웨는 군주제의 목적과 수단을 규정하는 권력 투쟁과 폭력에 휘말리게 된다. 비록 야웨는 왕의 정책에 대한 거부권을 보유하고 있지만, 군주제는 자체적인 구조와 과정을 통해 왕을 세우고, 평가하고, 퇴위시킬 것이다. 이것은 야웨가 훨씬 더 큰 혼란과 무질서를 감내해야 하고 자신의 계획을 추진하는 데 있어 선택의 여지가 거의 없음을 의미한다.

또한 야웨는 군주제에 동력을 제공하고 이를 지탱하기 위해 압제적인 힘을 사용하는 체계에 말려들어 이 체계가 인간의 삶에 중요한 영향을 미치는 일에도 연루된다. 왕과 하나가 됨으로써 이 나라와 하나가 된다는 것은 자신이 통렬하게 비난하는 불의와 폭력을 야웨 자신도 따라야만 한다는 것을 의미한다. 더 나아가 야웨는 하나님의 조언과 명령 대신 정치적 편의에 따라 행동하는 왕들을 취급해야 하는데, 이는 왕의 위상을 높이지만 하나님께 영광을 돌리지 않는 배반, 분쟁, 불의, 군국주의, 사회 정책 등으로 인해 지속적인 고통을 가져다줄 것이다.

물론 야웨는 가만히 지켜만 보고 있지는 않을 것이다. 이스라엘의 하나님은 왕들 앞에서 여전히 적극적이며, 고분고분하지 않고, 논쟁적이며, 도전적이고, 응징적인 존재로 남아 있다. 야웨는 예언자들을 통해 계속해서 책임을 추궁하고, 그들의 행위를 심판하며, 그들의 정책의 실패와 권력의 종말을 알리실 것이다. 야웨는 그들의 목표가 궁극적이지 않고 그들의 권력이 파생적이라는 달갑지 않은 사실을 환기시키면서 항상 왕과 이 나라에 저항할 것이다. 야웨는 모든 시련과 고난 속에서도 변하지 않고, 노하기를 더디 하고, 무례한 언동과 모욕을 다 견디고, 변함없는 사랑이 넘치는 인격을 유지하실 것이다. 하지만 필요한 상황이 되면 야웨는 왕을 끌어내리기 위해 폭력의 사용도 주저하지 않을 것이다.

이스라엘 회중에 던진 사무엘의 경고를 야웨가 천둥과 우박을 통해 요란하게 입증한 사실은 야웨가 이스라엘의 고질적인 완악함에 여전히 강력하게 대응할 수 있다는 점을 강조한다. 천둥과 우박은 이 사실을 강하게 전달하고, 백성들은 사무엘에게 그들을 위해 기도하여 "우리가 죽지 않게" 해달라고 간청한다(19절). 그러나 사무엘은 백성들에게 야웨가 이 나라를 버리지 않으실 것을 단언한다. 그는 그 이유를 다음과 같이 설명한다. "[야웨]께서는 너희를 자기 백성으로 삼으신 것을 기뻐하셨으므로 [야웨]께서는 그의 크신 이름을 위해서라도 자기 백성을 버리지 아니할 것이요"(22절). 야웨의 세계적인 명성은 이스라엘에 대한 그의 결정에 지대한 영향을 미친다. 이 세상의 질서를 유지하고 회복하는 야웨의 사역의 도구인 이스라엘과 하나가 됨으로써 야웨는 이제 이 왕정이 이 민족과 그 관계를 어느 방향으로 이끌어갈지 잘 알면서도 이스라엘과 함께하기로 결심하셨다.

모든 것을 거신 야웨

야웨의 왕정 실험은 간헐적으로 진행된다. 백성이 원하는 왕의 전형이라고 할 수 있는 사울은 자신의 임무를 제대로 수행하지 못한다. 희망적인 첫 출발 이후 사울은 야웨의 지시를 이행하는 데 실패함으로써 야웨의 주권을 인정하는 데 두 번이나 실패한다. 첫 번째 사례(삼상 13:8-15)의 자세한 내막은 불분명하지만, 제사 예법을 위반한 사울의 명백한 불순종과 관련이 있다. 두 번째 사례(삼상 15:1-33)는 비록 명백하지는 않지만 훨씬 더 분명한 불순종의 사례임이 틀림없다. 이 사건은 야웨가 사울에게 아말렉 사람들—남자, 여자, 어린이, 가축—을 진멸함으로써 그들과 얽힌 피의 원수 관계를 해결할 것을 명령한 것과 관련이 있다(3절). 그러나 사울은 아말렉 왕 아각과 더불어 가축 가운데 가장 좋은 것을 죽이지 않고 길갈에 있는 성소로 끌고 온다.

이러한 상황은 하나님께서 사무엘에게 자신을 계시하시는 아주 흔치 않은 장면을 유발한다. "내가 사울을 왕으로 세운 것을 후회하노니 그가 돌이켜서 나를 따르지 아니하며 내 명령을 행하지 아니하였음이니라"(11a절). 이러한 발언은 야웨가 인간들과 동물들을 쓸어버리는 것과 관련하여 자신의 슬픔을 표현하셨던 과거의 사건을 연상시킨다. "내가 창조한 사람을 내가 지면에서 쓸어버리되 사람으로부터 가축과 기는 것과 공중의 새까지 그리하리니 이는 내가 그것들을 지었음을 한탄함이니라"(창 6:7). 이러한 상황에 직면하자 사울은 가축들과 왕을 희생제물로 드리기 위해 길갈로 데리고 왔다고 주장한다(삼상 15:20-21). 사울이 야웨의 명령을 잘못 이해했든지 아니면 그의 명령을 공개적으로 무시했든지 큰 차이가 없다. 야웨는 점치는 죄와 우상숭배의 죄를 물어 그를 호되게 책망하고(23절) 그를 왕권에서 물러나게 하신다. 사울이 제사에 관한 문제를 혼동했다는 점은 그를 엘리와 그의 아들들과 연관 지어 그가 새롭게 출현하는 제도에서 배제될 것임을 강조한다. 사울이 사무엘에게 용서를 구하자 사무엘은 하나님은 인간처럼 재고하시는 분이 아니라며 반박한다(28-29절). 야웨는 사울이 왕으로서 자격이 없다는 판단을 내리셨고, 이는 번복될 여지가 전혀 없다.

이에 야웨는 백성이 요구하는 종류의 왕이 아닌 자신의 마음에 합당한 왕을 찾는 일에 착수하신다(삼상 13:13-14을 보라). 야웨가 선택한 인물은 이스라엘 왕과 블레셋의 골리앗이 전쟁터에서 싸울 만한 능력이 없다고 믿었음에도 불구하고 야웨의 명성을 지켜냄으로써 자신의 탁월함을 드러낸 용감한 청년이었다. 거인 골리앗이 이스라엘인들에게―다른 백성보다 어깨 위만큼 큰 신장을 자랑하는 왕을 포함하여―큰 소리로 외치며 노골적으로 그들(그리고 이로써 그들의 하나님)을 무시할 때 이스라엘 백성들은 공포에 떨며 두려워한다. 그러나 다윗은 분개하면서 "이 블레셋 사람을 죽여 이스라엘의 치욕을 제거하는 사람에게는 어떠한 대우를 하겠느냐? 이 할례받지 않은 블레셋 사람이 누구이기에 살아 계시는 하나님의 군대를 모욕하겠느냐?"(17:26)라고 묻는다. 다윗은 야웨의 명예가 이 블레셋 사람의 도전에 의해 좌우되고 있음을 깨닫는다. 전쟁터에서 골리앗을 마주했을 때 다윗은 다음과 같이 말한다.

> 다윗이 블레셋 사람에게 이르되 "너는 칼과 창과 단창으로 내게 나아 오거니와 나는 만군의 [야웨]의 이름 곧 네가 모욕하는 이스라엘 군대의 하나님의 이름으로 네게 나아가노라. 오늘 [야웨]께서 너를 내 손에 넘기시리니 내가 너를 쳐서 네 목을 베고 블레셋 군대의 시체를 오늘 공중의 새와 땅의 들짐승에게 주어 온 땅으로 이스라엘에 하나님이 계신 줄 알게 하겠고 또 [야웨]의 구원하심이 칼과 창에 있지 아니함을 이 무리에게 알게 하리라. 전쟁은 [야웨]께 속한 것인즉 그가 너희를 우리 손에 넘기시리라"(17:45-47).

다윗은 정확히 알고 있다. 바로 이런 사람이 야웨와 함께 일할 수 있다. 다윗은 야웨의 명예를 지키려고 그의 백성을 향한 블레셋의 파렴치한 도전에 재빨리 맞섰다. 그는 전쟁터에서 하나님을 대신하여 싸울 만큼 용감한 사람이 있다면 야웨가 그 도전에 응답하실 것이라고 믿었다. 또한 사울과는 대조적으로 다윗은 주변 사람들로부터 백성을 위해 싸우기에는 가장 부적절한 인물로 여겨졌다(참조. 8:20).

이제 야웨는 다윗을 높이고 사울을 쇠퇴시키기 위해 노력한다. 다윗의 평판은 올라가고, 야웨는 사울을 악령에 시달리게 하여 마음의 평정을 잃게 하신다(삼상 18:6-10). "[야웨]께서 그와 함께 계시"므로 다윗은 사울의 지휘하에 있는 군대의 지도자로서 칭송을 받으며 경험을 쌓아나간다(18:14; 참조. 12, 28). 다윗은 사울이 날로 커지는 다윗의 위협에 대응하기 위해 세운 계획을 탐지하기 위해 왕위 계승자인 요나단과의 우정을 이용하고(19:1-7; 20:1-42), 이로써 정치 게임에서 사울보다 한발 앞설 수 있었다. 또한 야웨는 사울이 대중의 지지를 받는 도전자를 마주하는 군주에게 필요한 자제력과 재량권을 행사하지 못하도록 만드신다. 야웨는 다윗에게 힘을 실어주려고 사울에게 악령을 두 차례 보내신다. 처음에는 사울이 다윗에게 창을 던지게 했고(18:10-11), 나중에는 요나단이 다윗의 공범임이 드러났을 때 그에게 창을 던지게 했다(20:33). 하지만 어쨌든 야웨는 다윗이 자신의 노력과 능력으로 권력을 차지하도록 내버려 둔 것으로 보인다.

이 젊은이가 이제 경험이 풍부한 정치 전략가가 된다. 그는 블레셋의 약탈자로부터 주민들을 구하고(23:1-13), 갈멜 지역 주변에서 보호 사업을 펼치며(25:1-13), 아말렉을 급습하여 얻은 전리품을 지파의 장로들에게 분배함으로써(30:26-31) 도망자의 신분에서 부족을 대표하는 군지휘관이라는 신분을 얻는다. 야웨는 주로 이스라엘의 대적을 치려는 다윗의 계획을 지시하거나 확인하기 위해 혹은 그 마을이 다윗에게 또는 사울에게 충성하는지를 밝히기 위해 가끔 개입하신다(삼상 23:2-4, 10-21; 30:8). 한 가지 주목할 만한 예로 야웨는 다윗에게 저항한 영향력 있는 지주를 죽이고, 그의 미망인—그리고 그의 미망인으로서 그녀의 영향력—이 다윗의 소유가 되게 한다(25:37-42). 이러한 예를 제외하고서라도 야웨는 다윗이 자신의 실력만으로도 사울을 상대로 충분히 정치 게임을 잘 소화할 수 있다고 여기신 듯하다(삼상 24:1-22; 26:6-25). 이는 다윗이 권력을 공고히 하는 데 상당한 폭력이 수반되었음을 의미한다. 그 이후로 다윗은 사울의 군지휘관으로서 명성을 쌓고 그가 죽인 적의 숫자로 유명해진다. "사울이 죽인 자는 천천이요 다윗은 만만이로다"(삼상 18:7).

사울과 그의 아들들이 전장에서 죽임을 당하고 다윗이 왕권을 차지한 후에는 다윗 주변에서 폭력이 난무한다. 다윗은 신속하게 사울이 죽었다는 소식을 전한 아말렉 사람을 처형하고(삼하 1:1-16), 그의 군대는 사울의 아들 이스보셋의 군대와 피비린내 나는 전투에 참가하고(2:12-32), 그의 장군 요압은 이스보셋의 장군인 아브넬을 암살하고(3:26-30), 암살자들은 사울을 죽인 후 그의 머리를 다윗에게 가져오고(4:1-8), 다윗은 그 암살자들을 처형하고 그 시체를 절단할 것을 명령한다(4:9-12). 이스라엘의 지파들이 다윗을 논란의 여지없이 모두가 찬성하는 왕으로 추대하기 위해 모이자 폭력은 계속된다. 그 후 다윗은 예루살렘 성을 함락하고(5:6-10) 블레셋과의 결정적인 전투에서 두 차례 승리한다(5:17-25). 다윗은 예루살렘을 왕도(王都)로 세우기 위해 잠시 휴식기를 가진 후 계속해서 블레셋과의 전투에 참전하고(8:1) 군사작전을 확대한다. 그는 모압을 쳐서 모압 포로들을 처형하고(8:2) 소바 왕과 다메섹에서 온 아람 사람들의 지원군을 치고 그들의 도시도 약탈한다(8:3-8). 그는 에돔 사람 만팔천 명을 죽이고(8:13-14) 반역을 저지른 속국 암몬과 그들의 반란을 지원하기 위해 온 아람 동맹군을 공격한다(10:1-19).

야웨는 블레셋과의 전투에서 직접 싸우기보다는 뒤에서 지시하며 젊은 왕에게 승리를 보장하면서 대부분 드러나지 않고 배후에 남아 계신다(5:18-25). 야웨가 다윗의 전투에 직접 참전한 것을 보도하는 이야기는 단 두 개뿐이다. 이 두 전투 모두 블레셋의 공격에 대한 방어 작전이다. 내레이터는 "다윗이 어디로 가든지 [야웨]께서 이기게 하"셨다(삼하 8:6b; 참조. 삼상 18:14)라고만 기록하면서 다윗에게 권력과 명성을 가져다준 전투로부터 야웨를 더 멀리 떨어뜨린다(8:1-14). 야웨는 적들의 위협으로부터 이스라엘을 방어하려는 이스라엘의 지도자들을 돕기 위해 폭력을 사용하지만, 다윗의 공격 작전을 직접 주도하지는 않는 듯하다. 오히려 야웨는 다윗이 적군과의 싸움에서 도움을 요청하는 경우에, 혹은 지역 국가들 가운데 자신의 명성(그리고 결과적으로 야웨의 명성)을 높이기 위한 수단으로서 전쟁에 참여하신다.

그럼에도 야웨는 왕정 체제에 더 깊이 연루된다. 이것은 다윗의 전쟁 기사를 중단시키는 두 가지 사건에서 일어난다. 첫 번째 사건은 다윗이 야웨의 궤를 예루살렘으로 옮기고 야웨의 처소로 성전을 짓겠다고 결정할 때 일어난다. 다윗은 종교적인 언어로 이러한 결정을 은폐하지만,

그 동기는 적어도 부분적으로는 정치적이다. 그가 예언자 나단에게 한 말—"볼지어다! 나는 백향목 궁에 살거늘 하나님의 궤는 휘장 가운데 있도다"(삼하 7:2b)—배후에 있는 의도는 "하나님의 궤는 성막에 남아 있는데 반해 내가 아름다운 집에 사는 것은 옳지 않다" 혹은 "이제 나는 명성이 있는 왕이 되었는데 나의 수호신을 성막에서 예배하는 것은 보기 좋지 않다"로 해석할 수 있고, 또는 둘 다로 해석할 수도 있다. 특히 다윗은 왕궁 건축을 마치고 그곳에 거주할 때까지 야웨를 위해 훌륭한 집을 지어드린다는 생각을 하지 못한 것으로 보인다(삼하 7:1).

야웨는 다윗의 생각을 탐탁하게 여기지 않고, 암묵적으로 다윗이 야웨의 입장에 서게 하는 방식으로 대응하신다. "네가 나를 위하여 내가 살 집을 건축하겠느냐?"(7:5) 이어서 야웨는 자신이 성막을 성소로 삼고, 다윗 이전의 사사에게 단 한 번도 성전을 지어달라고 요구한 적이 없었다는 점을 다윗에게 상기시킴으로써 다윗의 주제 넘는 생각을 암묵적으로 질책하신다. 이어서 상기해야 할 내용이 추가로 나온다. 초라하게 시작한 다윗을 이스라엘을 통치하는 자리에 오르게 하신 분은 다름 아닌 야웨였다. 야웨는 항상 다윗과 함께하셨다. 다윗의 명성이 세상의 위대한 왕들의 명성에 버금가게 만드신 분도 야웨다. 야웨가 현재 다윗이 누리는 평화를 가져다 주셨다(7:6-11a).

야웨는 형세를 역전시켜 "[야웨]가 너를 위하여 집을" 지을 것이라고 선언하신다(11절b). 그러나 야웨가 지을 집은 다른 유형의 집이다. 야웨는 다윗 왕조를 세울 것이라고 말씀하시고 다윗의 아들 가운데 하나가 다윗이 계획하는 성전을 지을 것이라고 선언하신다. "내가 네 몸에서 날 네 씨를 네 뒤에 세워 그의 나라를 견고하게 하리라. 그는 내 이름을 위하여 집을 건축할 것이요, 나는 그의 나라 왕위를 견고하게 하리라"(12-13절). 이것은 놀라운 선언이다. 야웨는 다윗의 주제넘음에 대한 응답으로 다윗의 계획에 동의하실 뿐만 아니라 그것을 지탱하는 정치적 원동력을 보장하신다. 야웨는 다윗을 그의 선임자처럼 물러나게 하지 않고 오히려 다윗 왕조를 영원히 세우실 것이다(15-16절).

그렇게 함으로써 야웨는 더 많은 권력을 인간 파트너에게 양보하지만, 이를 자신이 원하는 방식으로 주도해나간다. 그것이 지닌 함의는 심오하다. 성막은 야웨의 자유와 결단력을 보여준다. 야웨는 예배를 받을 장소와 자신이 그곳에 거할 방법을 선택하신다. 성막은 권력 구조와 별개로 그 구조 밖에 있다. 성막은 야웨가 지도자들을 세우고 때에 따라 구원을 베푸는 이스라엘의 옛 체제의 잔재다. 더 나아가 이동 신은 거처를 찾기 어렵고, 따라서 왕에게는 더 골칫거리다. 이동 신은 예측하기 어렵다. 군주제를 위해서는 하나님이 영원한 처소로 삼는 집이 더 좋다. 이 구조는 왕이 어디서 야웨를 만날 수 있는지를 늘 알려주고 하나님께 접근하는 방법을 스스로 통제할 수 있게 해준다. 심지어 영속성을 보장한다는 점은 더할 나위 없이 좋다. 성전에 동의하는 대가로 야웨는 왕으로부터 이스라엘뿐만 아니라 전 세계에 대한 야웨의 주권을 인정하고 칭송한다는 약속을 얻어낸다.

다윗은 재조정된 합의에 대해 긍정적으로 들떠 있다. "주 [야웨]

여, 나는 누구이오며 내 집은 무엇이기에 나를 여기까지 이르게 하셨나이까?"(18절) "그런즉 주 [야웨]여, 이러므로 주는 위대하시니 이는 우리 귀로 들은 대로는 주와 같은 이가 없고 주 외에는 신이 없음이니이다"(22절). "사람이 영원히 주의 이름을 크게 높여 이르기를 '만군의 [야웨]는 이스라엘의 하나님이라' 하게 하옵시며 주의 종 다윗의 집이 주 앞에 견고하게 하옵소서"(26절). 무엇보다도 다윗이 관심을 갖는 부분은 야웨가 다윗과 그의 후손을 돕기로 동의했다는 점이다. 그리고 다윗은 다음과 같이 끝을 맺는다. "이제 청하건대 종의 집에 복을 주사 주 앞에 영원히 있게 하옵소서. 주 [야웨]께서 말씀하셨사오니 주의 종의 집이 영원히 복을 받게 하옵소서"(29절).

　　　이 첫 번째 사례가 야웨로부터 놀랍도록 자비로운 응답을 얻게 했다면, 두 번째 사건은 정반대의 결과를 가져온다. 이와 같은 야웨의 반응은 다윗이 신뢰하는 동료와 그의 아내, 즉 헷 사람 우리아와 밧세바에게 저지른 이례적인 폭력 행위에서 비롯된 것이다. 이 사건에서 다윗의 주제넘은 행동은 왕권 남용의 형태로 표출된다. 다윗의 폭력이 그의 신하들의 신뢰와 안녕을 침해할 때 야웨는 개입하신다. 야웨는 야웨의 집을 짓겠다는 다윗의 계획을 다루셨듯이 예언자 나단이라는 대리인을 통해 이 문제를 다루신다. 나단이 다윗의 범죄를 지혜롭게 드러내자, 야웨는 예언자를 통해 그의 잘못을 통렬히 지적하신다(삼하 12:7-10). 야웨는 다윗의 주제넘은 생각에 자비롭게 응답하셨던 내용을 반복하면서도 이를 완전히 뒤엎으신다. 다시 한번 야웨는 다윗이 왕의 자리에 오르게 된 것이 바로 자신이 한 일임을 상기시키신다. 야웨는 사울에게서 다윗을 구원했고, 사울의 나라를 그에게 주었으며, 그의 아내들도 그에게 주었다(7-8절). 나단은 다윗이 그에 대한 반응으로 오히려 야웨와 그의 말씀을 업신여겼다고 책망한다(9-10절). 다윗이 한 일은 야웨를 직접 모욕한 것이며, 야웨는 바로 거기서 선을 그으신다.

그 후 야웨는 판결을 내리신다. 첫 사례에서처럼 대상은 다윗의 집이다. 야웨는 다윗 왕조가 항상 폭력으로 넘쳐날 것이라고 말씀하신다(12:10). 그리고 원수들의 손에서 그를 구해주겠다고 약속했던 것과 달리(삼하 7:11) 이제 야웨는 다윗의 집안에 문제를 일으키려고 하신다(삼하 12:11). 다윗이 죄를 고백하자 나단은 그에게 야웨가 그를 죽이지 않을 것이라는 확신을 주면서도 "당신이 그렇게 노골적인 불경을 저질렀기 때문에" 밧세바를 통해 그가 얻은 아이가 죽을 것임을 통보한다(14절).

아이가 태어나 병이 들자 다윗은 국가 원로들의 만류에도 불구하고 공개적으로 엎드려 기도하고 금식하며 하나님께 간구한다. 우리는 이렇게 겉으로 드러나는 신앙의 표현이 진실한 것인지 아닌지 알 수 없다. 그러나 그것이 깊은 실망감에서 비롯된 것이라는 점에는 의심의 여지가 없다. 야웨는 자신이 지켜주겠다고 약속한 왕조를 치심으로써 야웨가 주는 복을 당연한 것으로 여겨서는 안 된다는 분명한 메시지를 다윗에게 전달하신다. 다시 말하면 야웨의 약속이 다윗이 원하는 일을 맘대로 할 수 있도록 보장한다고 생각해서는 안 된다는 것이다. 야웨가 이 메시지를 다윗에게 개인적으로 전달할 수도 있었다. 그러나 야웨가 이것을 공식적으로 전달한 사실은 야웨의 사랑을 받는 자로서 다윗의 정치적 영향력과 그의 명성을 약화시킨다.

다윗이 아이의 죽음을 알게 되었을 때 이 모든 것이 확인된다. 다윗의 슬픔의 표현이 너무 뚜렷했기 때문에 다윗의 신하들은 그가 스스로에게 위해를 가할 것을 두려워하여 그 소식을 전하기를 두려워한다. 하지만 다윗은 목욕을 하고, 옷을 갈아입고, 경배하고, 음식을 먹음으로써 신하들을 놀라게 하고, 그들이 한 난처한 질문에 대하여 "아이가 살았을 때에 내가 금식하고 운 것은 혹시 [야웨]께서 나를 불쌍히 여기사 아이를 살려 주실는지 누가 알까 생각함이거니와 지금은 죽었으니 내가 어찌 금식하"겠느냐라고 답변한다(21-23절).

이 두 사건은 고대 문명을 형성하는 왕정 체제 안에서 일하기로 한 야웨의 결정이 지닌 함의를 보완적으로 설명한다. 야웨는 성전을 짓겠다는 다윗의 결정에 동의하고, 다윗의 왕조를 세우겠다고 약속함으로써 그의 명성 및 사역이 왕의 명성 및 사역과 하나가 되게 하신다. 이것은 각각 두 개의 진술 형태로 다윗과 야웨가 성전 건축에 관해 대화를 주고받는 과정에서 더욱 명확해진다. 다윗과 야웨의 대화가 간략하게 서술된 후 야웨는 "네가 가는 모든 곳에서 내가 너와 함께 있어 네 모든 원수를 네 앞에서 멸하였은즉 땅에서 위대한 자들의 이름 같이 네 이름을 위대하게 만들어 주리라"고 선언하신다(삼하 7:9). 야웨는 이 왕조와 성전을 솔로몬을 향한 자기의 뜻과 연결하신다. "그는 내 이름을 위하여 집을 건축할 것이요, 나는 그의 나라 왕위를 영원히 견고하게 하리라"(삼하 7:13).

다윗은 같은 방식으로 화답한다. 첫째, 다윗은 야웨가 이스라엘을 구속하고 그들의 땅으로 데려오기 위해 행하신 위대하고 놀라운 일을 통해 자신이 어떻게 명성을 얻게 되었는지를 상세히 설명한다(삼하 7:23). 또한 다윗은 약속하신 것을 이루어달라고 야웨께 요청한다.

> [야웨] 하나님이여, 이제 주의 종과 종의 집에 대하여 말씀하신 것을 영원히 세우셨사오며 말씀하신 대로 행하사 사람이 영원히 주의 이름을 크게 높여 이르기를 만군의 [야웨]는 이스라엘의 하나님이라 하게 하옵시며 주의 종 다윗의 집이 주 앞에 견고하게 하옵소서(삼하 7:25-26).

다윗이 야웨가 방금 말씀하신 것을 이행해달라고 그를 압박한 사실은 다윗이 그 거래를 성사시키길 원한다는 것을 보여준다. 다윗도 방금 야웨가 하신 말씀의 중요성을 잘 알고 있다. 야웨의 이름이 널리 알려지는 것은 그가 왕의 이름을 널리 알리는 것을 통해 이루어질 것이다.

그것이 지닌 중요성은 매우 크다. 이제 야웨는 자신을 왕을 비롯해 그의 도성과 완전히 동일시하여 고대 근동에서 신이 된다는 것의 의미를 규정하는 역할과 기대를 떠맡으신다. 야웨는 하나님의 임재의 상징(언약궤)을 내포하고 있는 집에 거하신다. 야웨는 왕의 통치와 그 통치 기간을 확보해줌으로써 우주 질서의 안정을 보장하신다. 야웨는 왕이라는 대리인을 통해 세상에 정의를 실현하신다. 야웨는 자신의 탁월함을 세상에 입증하기 위한 수단으로 왕을 높이신다. 야웨는 이런 방식을 통해 고대 세계의 다른 신들과 같이 되고, 왕정 체제 안에서 야웨의 성품과 목적을 드러내신다. 앞으로 야웨는 이 민족의 복지와 안녕을 굽어살피고, 대적들로부터 이 민족을 보호하는 역할을 수행하게 될 것이다. 따라서 야웨의 수단과 목적은 이 국가의 수단과 목적, 즉 **왕의** 수단과 목적과 하나가 된다. 따라서 야웨가 왕과 동일시함으로써 자신을 이스라엘과 동일시한 것은 그가 세상에서 하고 싶은 일과 그 일을 수행하는 방법을 한층 더 제한하는 결과를 가져온다.

앞서 언급한 바와 같이 이것은 야웨가 많은 불경스러운 행동을 참기로 결단하셨음을 의미한다. 다윗의 이야기는 왕이 권력을 유지하고, 적을 다루고, 다른 민족의 희생을 통해 권력과 영향력을 키우고, 이견과 반란을 진압하는 통치의 영역에 과도한 폭력이 연루되어 있다는 것을 실례로 잘 보여준다. 야웨는 조작과 속임수, 대중을 향한 가식, 폭력을 수반한 타인의 착취를 비롯한 모든 것을 당연한 일로 받아들이는 듯 보인다. 이런 상황에서 야웨는 힘을 신중하게 사용하고 이스라엘의 원수들이 가하는 폭력으로부터 이 민족과 왕을 구하기 위해 방향을 제시하면서 태연한 자세를 유지하신다.

그러나 우리아/밧세바 사건은 이 관계가 긴장과 혼란으로 가득 차 있음을 보여준다. 도를 넘는 것, 곧 자신이 이 민족이 맺은 언약 관계의 의무 위에 있다거나 그 의무에서 제외되어 있다고 생각하는 것—그리고 심지어 그 의무를 지탱하는 하나님 위에 있다고 생각하는 것—은 거의 모든 왕이 피할 수 없는 그 직책의 위험성이다. 야웨는 이전에 파라오가 보여준 이러한 종류의 오만함과 주제넘고 건방진 태도를 결코 묵인하지 않으실 것이다. 다윗의 주제넘고 건방진 행위는 직접적인 도전의 형태를 취한 것은 아니지만, 야웨는 그 사건이 명백한 모욕이었다는 것을 분명히 짚고 넘어간다(삼하 12:9, 10). 그 후 곧 야웨는 자신이 지키겠다고 약속한 다윗의 집을 치심으로써 신적 능력과 절대 주권을 주장한다. 다윗은 자신이 신뢰하던 협력자의 아내를 취했다. 야웨는 다윗의 동반자들 가운데 하나에게 그의 아내를 주실 것이다. 다윗은 암몬 사람들의 칼로 우리아를 죽였다. 칼이 다윗의 집안에서 영원토록 떠나지 않을 것이다. 다윗은 그를 섬기는 한 사람의 아내를 데려다가 임신시켰다. 야웨는 그 아이를 치실 것이다(삼하 12:8-14). 그 죄의 무게를 강조하기 위해 내레이터는 "우리아의 아내가 다윗에게 낳은 아이를 [야웨]께서 치"셨다고 말한다(15절). 사울을 괴롭히기 위해 악령을 그에게 보내신 후 내레이터가 야웨의 직접적인 폭력 행위를 알린 것은 이번이 처음이다.

야웨가 그 후 다윗의 불행에 얼마나 관여했는지는 확인하기 어렵다. 비록 야웨는 모욕을 당한 신이 다윗의 집에 재앙을 일으킬 것(다윗 왕국을 일으킬 때 사용한 것과 동일한 동사 사용)이라고 선언하지만, 결과적으로 잇달아 일어나는 일들은 인간의 묵인과 음모에서 비롯된다. 왕세자 암논은 다말을 강간할 계획을 꾸민다(13:1-19). 압살롬은 암논을 살해할 계략을 세운다(13:23-29). 요압은 다윗이 은혜를 베풀어 압살롬을 돌아오게 할 전략을 세운다(14:1-21). 압살롬은 다윗의 신하들이 다윗에게서 돌아서게 할 음모를 꾸민다(15:1-14). 요압은 다윗의 분명한 명령을 어기고 압살롬을 처형할 것을 명령한다(18:10-17). 이상하게도 우리는 이러한 대혼란에 야웨가 관여했다는 소식을 단 한 번만 듣게 되는데, 그 사건에서 야웨는 다시 먼 곳에서 다윗을 적으로부터 구원하신다. 그가 바로 압살롬이다. 압살롬이 아히도벨의 조언 대신 다윗이 압살롬의 조언자들 가운데 심어놓은 후새의 조언을 귀담아듣자, 내레이터는 "이는 [야웨]께서 압살롬에게 화를 내리려 하사 아히도벨의 좋은 계략을 물리치라고 명령하셨음이더라"고 언급한다(17:14).

요약하자면 이스라엘에 왕을 세우기로 한 야웨의 결정은 야웨가 왕과 하나가 되고 왕의 이름을 널리 알리기 위한 왕실 프로젝트 안에 복잡한 문제를 야기하는 결과를 가져온다. 그러므로 야웨는 이집트에서 자신이 싸워 무너뜨린 그 오만과 파괴의 실체들과 결탁하신다(출 3:1-15:21). 야웨는 이 합의를 피할 수 없는 상황으로 받아들인 것으로 보이며 이 상황을 야웨를 인정하는 방향으로 나가도록 이끄신다. 다윗이 자신의 이름을 떨치면 야웨 역시 이름을 떨칠 것이다. 이것은 야웨가 왕의 폭력적인 국정 운영을 처리하고 그 안에서 일해야 할 것임을 의미한다. 또한 그 상황은 야웨를 직접적으로 그리고 지속적으로 오만한 왕들과 충돌하게 만든다.

이 모든 것의 절충안은 이 왕권이 이 세상에서 야웨의 주권을 지속적으로 향상시키고 가시화하는 수단으로 사용되는 것이다. 다윗은 누가 뭐라 해도 야웨께 절대적으로 충성한다. 거인의 모욕적인 말에 대항하여 야웨의 명성을 지켰던 이 젊은이는 자기를 위해 야웨가 행하신 일

덕분에 자기가 권력과 지위를 얻었다는 것을 여전히 잘 알고 있다(삼하 5:12). 다윗은 그의 치세의 절정기에 야웨의 이름이 영원토록 크게 높임받을 수 있는 집을 건축하기를 열망했고, 최악의 상황에 처했을 때—예루살렘을 버리고 도망칠 때—에도 그는 야웨가 허락하신 경우에만 다시 돌아올 수 있음을 인정한다(삼하 15:25; 16:12). 다윗은 왕권의 모든 불미스러운 면들을 보여주면서도 그는 줄곧 야웨의 사람이다.

왕들과 왕국들

솔로몬이 왕위에 등극하면서 야웨는 예루살렘의 수호신 역할을 맡고, 고대 근동 전역의 다른 신들 및 도성 가운데 자리를 차지하고 있다. 야웨에게는 이제 집과 도시, 그리고 지키고 보호할 왕과 백성들도 있다. 고대 근동의 신학과 국정운영의 관례에 따라 야웨의 사역과 명성은 결과적으로 그 도시의 복지 및 왕의 안녕과 연결될 것이다. 다시 말하면 야웨는 민족들 사이에서 이름을 떨칠 것이고, 특정한 체제 안에서 그리고 특정한 장소에서 이 세상을 새롭게 회복하는 신적 계획을 수행할 것이다.

솔로몬의 통치 기간은 이러한 일들이 실제로 어떻게 일어나는지를 보여주고, 인간 왕과 야웨 사이의 모호한 관계를 설명한다. 다윗이 왕위에 오른 후 그 뒤를 이어 솔로몬이 왕이 되는 과정은 음모와 술책과 거래와 폭력적인 죽음으로 가득 차 있다. 솔로몬의 경쟁자인 아도니야를 포함하여 이전 정권을 지지하는 자들(제사장 아비아달과 요압 장군)은 모두 폭력적인 최후를 맞이한다. 그들이 맡았던 자리는 새로운 왕의 은혜를 입어 그 지위에 오른 새로운 지도자들(제사장 사독과 여호야다의 아들 브나야)이 맡게 된다(왕상 1:1-2:35). 또한 솔로몬은 문제를 일으킬 소지가 있는 자를 신속히 제거하고 자신을 하나님의 복과 도움을 받은 수혜자로 널리 알린다(왕상 2:36-46). 모든 일은 야웨의 뚜렷한 관여 없이 일어난다.

내레이터는 심지어 가장 신실한 왕들과 야웨의 관계마저도 갈등으로 특징지어질 것을 암시하면서 솔로몬의 통치를 소개한다. 이 기사는 외교 전략의 하나인 동맹 체결을 나타내는 정치 행위(솔로몬이 파라오의 딸과 결혼함)를 알리며 시작한다(왕상 3:1). 그 후 내레이터는 솔로몬이 야웨를 사랑하고 그의 아버지의 법도를 따라 행하는 것으로 이를 보여주었는데, 한 가지 예외가 있다는 것을 알린다. 그것은 바로 솔로몬이 산당에서 제사를 드리고 분향한 것이다(3:3). 이 언급은 솔로몬과 그와 동일한 행동을 한 백성들(3:3)을 연결시키지만, 더 중요한 것은 솔로몬과 미래의 왕들이 범할 죄를 의미심장하게 예시한다는 것이다(왕하 16:4; 17:9-11). 이 서론은 솔로몬이 기브온에 있는 큰 산당에서 제사를 드리는 솔로몬 내러티브의 첫 번째 사건으로 이어진다(왕상 3:1-15).

바로 그곳에서 야웨는 새 왕에게 나타나 엄청나게 큰 제안을 한다. "내가 네게 무엇을 줄꼬 너는 구하라"(3:5). 솔로몬은 야웨께 경의를 표하며 대답한다. 그는 먼저 야웨께 신실했던 다윗에 대한 보답으로 다윗에게 보여주신 야웨의 신실하심이 이제 자신이 아버지의 왕위에 오르게 함으로써 확인되었음을 인정한다. 그 후 그는 자신이 나라를 통치할 능력이 부족한 작은 아이임을 언급하며 자신의 비천함을 인정한다. 그는 백성들의 유익을 위해 옳고 그름을 분별하는 데 필요한 통찰력을 야웨께 구하기 전에 자신이 야웨의 종임을 세 번 언급한다. 자신을 낮추는 겸손한 언어와 더불어 그가 요구한 내용이 야웨의 마음을 기쁘게 하여 야웨는 솔로몬에게 부와 명예를 추가로 주시기로 약속하셨고, 그 결과 이 세상에서 그에 필적할 만한 왕이 없게 하신다. 마지막으로 야웨는 솔로몬이 그의 아버지 다윗의 길을 따르고 야웨의 법도와 명령을 지키면 장수를 허락하겠다고 약속하신다.

솔로몬이 야웨에 대한 자신의 복종을 말로 표현하면서 시작된 이러한 순조로운 첫출발은 좋은 전조가 된다. 야웨는 솔로몬에게 지혜를 주고, 그 결과 솔로몬은 세계적인 명성과 영향력을 얻게 된다. 솔로몬의 방대한 지혜는 전 세계 사람들이 그의 말을 듣고자 예루살렘으로 오게 할 정도로 그의 위상을 크게 격상시킨다(4:29-34). 솔로몬의 명성은 야웨의 명성도 높인다. "[야웨]의 이름으로 말미암은" 솔로몬의 명성에 관해 듣고 솔로몬 왕을 시험하러 시바의 여왕이 예루살렘을 방문한 사실은 바로 이 부분을 강조한다(10:1-13). 그녀를 압도한 솔로몬의 통찰력과 업적, 그리고 부의 규모는 그녀로 하여금 솔로몬과 같은 왕을 모시는 신하들의 복을 찬양하고, 솔로몬 왕의 배후 세력인 야웨를 인정하고 찬양하게 한다.

하나님의 지혜를 지닌 솔로몬은 강력한 통치자가 된다. 이스라엘은 솔로몬의 통치하에서 무시할 수 없는 큰 세력이 된다. 조세 제도와 강력한 군사력에 힘입어 솔로몬의 통치와 영향력은 유프라테스 강까지 뻗어나간다(4:1-28). 그러나 내레이터에게 가장 중요한 것은 성전을 건축한 것과 야웨가 그 안에 거처를 정하기 위해 내려오신 일이며, 이는 언약궤가 지성소 안으로 옮겨지고 구름이 그곳에 가득한 것으로 드러난다(8:4-11). 성전 안에 거하시는 야웨의 임재는 커다란 기대와 더불어 하나님과 왕을 하나로 묶는다. 왕에게 기대하는 것은 성전 안에 거하는 하나님을 공경하고 섬기는 것이다. 솔로몬이 하나님을 위해 성전을 건축하고 하나님의 임재를 나타내는 언약궤를 설치한 것은 그의 제사와 기도처럼 솔로몬을 대중의 눈에 신앙심이 깊은 왕으로 보이게 한다. 솔로몬의 권위가 커지는 것은 야웨가 그의 왕권을 지지한다는 의미이며, 그는 이 사실을 반복해서 인정한다(5:5; 8:20, 25-26). 솔로몬은 성전을 하나님께 바치면서 성전이 야웨의 명성을 높이고 그의 영향력을 확대할 수 있는 잠재력을 갖고 있다고 말한다. 성전은 전 세계 사람들이 "주의 크신 이름과 주의 능한 손과 주의 펴신 팔"에 관해 듣고 이스라엘의 하나님을 만나기 위해 모이는 장소가 될 것이기 때문에 그는 "땅의 만민이 주의 이름을 알고 주의 백성 이스라엘처럼 경외하게 하시오며 또 내가 건축한 이 성전을 주의 이름으로 일컫는 줄을 알게 하옵소서"라고 기도한다(8:43).

야웨에게 기대하는 것은 모든 원수들로부터 도성을 보호하고(참조. 시 2, 46, 48편), 도성의 번영을 보장하며, 왕을 지키는 것이다. 그러므로 이제 예루살렘의 수호신이자 이스라엘의 하나님으로서 야웨의 평판은 도성과 백성에게 달려 있다. 따라서 왕과 하나님은 도성과 국가의 복지를 증진시키는 상호 유익의 관계를 유지한다. 왕은 성전에 거하시는 하나님의 뜻을 존중하고 순종하며, 하나님은 그 도성의 복지를 보장하고 왕의 통치권을 안전하게 지킨다.

하지만 야웨는 이러한 관계가 다윗에게 주신 하나님의 약속에 대한 일방적인 표현이기보다는 조건적인 것임을 밝히신다. 성전 건축이 시작될 때와 완공될 때 모두 야웨는 다윗에게 한 약속의 조건적 특성을 강조하며, 야웨가 예루살렘에 거하는 것과 이 왕조가 지속되는 것은 솔로몬의 헌신과 순종에 달려 있다는 것을 강조한다(6:11-13; 9:1-5). 후자의 경우 야웨는 솔로몬과 그의 자녀들이 야웨에게 불순종하거나 다른 신을 예배하면 어떤 일이 생길지에 대해 상세히 설명하신다(9:6-9). 야웨가 묘사하는 시나리오는 매우 비참하다. 즉 백성들은 포로로 잡혀가 굴욕을 당할 것이며 다윗 왕가는 폐허가 될 것인데, 이 모든 것이 친히 야웨의 손에 의해 이루어질 것이다. 야웨는 만일 이런 일이 발생하면 이스라엘의 명성은 무너질 것이지만, 야웨의 뜻은 훼손되지 않을 것임을 암시한다. 비록 야웨는 현재 자신의 약속과 자신이 거하는 처소에 의해 예루살렘과 그 왕에게 단단히 묶여 있지만, 만일 왕이 이스라엘과의 언약 관계를 규정하는 배타적 헌신을 저버리면 야웨도 거기서 벗어나게 될 것이다. 이 선언은 솔로몬 왕의 행위 가운데 무언가가 야웨의 온전한 신뢰를 얻지 못했음을 암시한다.

여러 가지 상황이 야웨의 우려를 확인해준다. 솔로몬은 그의 통치

기간 동안 많은 아내를 얻는데, 그중 다수는 이스라엘 여인이 아니기 때문에 야웨를 섬기는 자들이 아니다(11:1-8). 하렘(후궁)은 딸을 서로 교환함으로써 정치적 동맹을 맺는, 솔로몬 시대에 흔히 볼 수 있는 외교 전략이었다. 따라서 이제 아내가 된 이 딸들을 어떻게 대우하느냐가 상대 가족이나 민족과의 관계에 영향을 미칠 수 있었다. 정치적 편의에 따라 이방인 아내들, 그리고 더 나아가 그 백성들을 어떻게 대우하는지가 달라진다. 따라서 아내들이 자기 민족의 신을 섬기는 것을 금지하는 행위는 그 민족과 그들의 신을 모욕하는 것으로 인식될 수 있다. 역으로 예배와 제의를 위한 처소를 건축하는 행위는 상대방을 존중하는 행위로 인식될 수 있다.

내레이터는 솔로몬이 많은 이방 여인을 사랑했고, 이방 여인들이 이스라엘 남자들을 그들의 신에게 이끌 것이므로 그들과 결혼하지 말 것을 야웨가 이스라엘 백성에게 경고했다고 보고한다. 비록 구체적인 경고는 토라에 언급되어 있지 않지만, 모세는 많은 아내를 얻음으로써 왕의 마음이 돌아설 것을 경고했고(신 17:17), 여호수아는 그 땅에서 살아남은 자들과 통혼하는 행위가 그들이 그 땅에서 자취를 감출 때까지 이스라엘 백성에게 덫이 되고 큰 고통을 안겨줄 것이라고 경고했다(수 23:12-13). 그렇다면 적어도 그 당시에 솔로몬이 특히 이방인 아내를 많이 얻은 것은 그에게 주어진 특권을 넘어서는 것이며, 설령 그 특권이 하나님이 제시한 우선순위와 충돌하더라도 그가 이와 타협하려는 경향을 가지고 있었음을 드러낸다. 이 문제의 끝은 이미 정해진 필연적 결론을 도출한다.

우리는 솔로몬이 이방 신을 숭배하는 일에 참여했는지 혹은 그 일을 정당화하거나 제한했는지 알 수 없다. 야웨의 도성 인근에서 다른 신을 숭배하는 것 자체가 하나님 보시기에 악한 행위다. 야웨는 격노하신다. 다윗은 줄곧 야웨의 사람이었던 반면, 솔로몬은 그렇지 않았다고 내레이터는 평가한다(왕상 11:6).

　　이러한 상황은 야웨의 입장을 난처하게 만든다. 야웨는 다른 신을 숭배하는 것이 언약을 파기하는 것이라고 솔로몬에게 분명히 경고하셨다. 따라서 솔로몬이 다른 신에게로 마음을 돌린 행위는 도저히 받아들일 수 없는 일이다. 하지만 야웨 역시 성전을 건축한 다윗의 아들의 죄를 벌할지라도 사울을 버린 것처럼 그를 버리지 않겠다는 자신의 약속에 묶여 있다(삼하 7:12-16). 설상가상으로 장차 일어날 일에 대한 전망도 밝지 않다. 야웨는 한 왕(사울)을 선택했지만, 그는 실패했다. 그 후 야웨는 두 번째 왕을 선택했는데, 이제 그 왕의 아들이 실패하고 있다. 왕정 체제 전체에 의문을 제기하는 걱정스러운 양상이 나타나고 있는 것이다. 야웨의 실패한 프로젝트 참여는 과연 그의 평판과 이스라엘을 향한 그의 계획에 어떤 영향을 미칠 것인가?

　　야웨의 해결 방안은 다윗의 아들을 다윗의 왕위에 두되, 왕권의 범위를 다윗성과 다윗 지파로 제한하고 남은 백성들을 위해 다른 왕을 택하는 것이다(11:11-13). 이 이야기는 거리감과 연관되어 있다. 사울의 이야기를 소개할 때 내레이터는 심지어 사울을 왕으로 세운 야웨의 후회(삼상 15:11a)와 그 결정에 대한 예언자 사무엘의 분노와 슬픔(삼상 15:11b;

16:1)을 보여주면서까지 야웨가 왕을 포기하는 것에 직접 관여한 사실을 언급한다. 사울을 버린 사건은 길갈에서 벌어진 직접적이며 공개적인 대립의 형태를 취하는데, 거기서 예언자 사무엘은 불순종과 악함, 그리고 이와 관련된 점치는 죄와 우상숭배의 죄를 사울 왕에게 묻는다. 사울은 자신의 왕권에 대한 굴욕적인 맹비난에 직면하자 용서를 구한다. 사무엘이 떠나려 할 때 사울은 그의 겉옷 자락을 붙잡아 찢어지게 한다. 예언자 사무엘은 찢어진 겉옷 자락을 왕이 버림받은 것에 비유하며 "[야웨]께서 오늘 이스라엘 나라를 왕에게서 떼어 왕보다 나은 왕의 이웃에게 주셨나이다"라고 말한다(15:28). 사울을 대신할 왕을 선택하는 장면 역시 이새의 아들들이 예언자 앞에 줄지어 등장하는 극적인 드라마를 연출하는데, 거기서 야웨는 외적인 기준보다는 내적 기준에 근거하여 선택할 것을 명시적으로 밝히신다(16:7).

그러나 솔로몬의 배교에 대한 응답으로 야웨는 드러나지 않은 정황에서 심판의 메시지를 직접 말씀하신다. 그 메시지는 사무엘이 사울에게 했던 말을 상기시키는데, 다시 말하면 야웨가 솔로몬과 그의 아들에게서 왕국을 빼앗겠다는 것이다(왕상 11:11-13; 참조. 삼상 15:28). 솔로몬을 대신하여 "이스라엘의 왕"(11:37)으로 야웨의 선택을 받은 여로보암은 여기서 조용히 소개되는데, 그는 야웨가 솔로몬의 왕정을 와해시키기 위해 세운 반항하는 지도자 가운데 세 번째 인물이다(11:28-40). 야웨가 왜 여로보암을 선택하셨는지는 밝혀지지 않지만, 여로보암이 상당한 능력과 자신감을 가진 인물로 소개되었다는 사실은 외적인 기준이 다시 돌아왔음을 암시한다(11:28). 여로보암의 선택은 공개적인 장소가 아닌 곳에서 조용히 이루어진다. 예언자 아히야는 단순히 예루살렘에서 나오는 길에서 그에게 다가가 야웨의 이름으로 말한다(11:29). 아히야는 사울이 버림받은 상황을 아이러니하게 재연하면서 자신의 겉옷을 열두 조각으로 찢어 야웨가 그를 열 지파의 왕으로 세우실 증표로 그중 열 조각을 그 젊은 관료에게 건넨다(29-35절). 야웨는 솔로몬에게 제시한 것과 유사한 조건을 제시하면서 마무리하신다. 여로보암은 그가 원하는 대로 통치할 수 있다. 야웨는 그가 올바르게 행하고 그의 방식과 명령을 따라 행함으로써 다윗을 본받는다면 그와 함께하실 것이고, 이스라엘을 그에게 주실 것이며, 그를 통해 왕조를 세울 것이다(37-38절). 하지만 여기서는 여로보암의 반응이나 감사의 표현, 또는 언약 관계에 대한 인식이 전혀 나타나 있지 않다. 하나님과 왕의 문제가 이제는 마치 모두 거래에 불과한 것처럼 본문은 침묵으로 일관한다.

그러나 이 결정은 야웨의 고민을 두 배로 가중시킨다. 솔로몬이 죽고 왕국이 갈라진 후 상대 국가의 왕들은 다윗보다는 솔로몬의 길을 따라간다. 야웨는 여로보암이 권력을 공고히 하고 왕국을 세우도록 허락하면서 르호보암과 여로보암 사이에 충돌이 일어나지 못하도록 막으신다(12:21-24). 하지만 여로보암이 가장 먼저 한 일은 야웨께 합당한 영광과 감사를 드린 것이 아니라 이와 정반대로 신앙심을 정치적인 목적으로 이용한 것이다. 예루살렘에서 드리는 희생제사로 인해 백성들이 다시 르호보암에게 돌아갈 것을 우려한 여로보암은 그것을 대체할 제단을 벧엘과 단에 세우고, 언약궤 대신에 금송아지들을 만들고, 그의 왕국 전역에 있는 산당에 레위인이 아닌 자를 제사장으로 임명하고, 가을 절기에 희생제사를 드림으로써 새로운 체제를 출범한다(12:25-33).

여로보암은 야웨와 상의하지 않고 예배와 제사를 신설하는 계획을 추진함으로써 하나님의 특권을 침해하고 야웨가 본인의 목적을 따라야 한다는 점을 암시한다. 야웨는 예언자를 보내 장차 벧엘의 제단이 더럽혀질 것을 선포함으로써 이러한 어처구니없는 도발에 단호하게 대응하신다(13:1-6). 여로보암이 이 예언자를 체포하라는 명령을 내리면서 야웨께 반항하자 야웨는 여로보암의 손을 마비시켜 그가 야웨의 주권을 인정하도록 만든다. 그러나 이 대결은 여로보암의 태도를 바꾸지 못하고(13:33-34), 아히야가 여로보암의 아내에게 전하는 또 다른 예언자적 메시지를 촉발한다(14:6-14). 진노하신 하나님은 여로보암이 왕이 된 것이 자신의 덕분임을 상기시키고 나서 여로보암의 악이 이전 왕들의 악을 넘어선 것과 자신의 신을 만든 것, 그리고 야웨를 노하게 한 것을 지적하신다. 야웨는 주목할 만한 수사학적 미사여구를 사용하여 왕에게 "나를 네 등 뒤에 버렸도다"라고 말씀하시며 그의 후손들을 제거할 것을 선언하신다. 마지막으로 이 예언자는 이 민족이 하나님을 진노하게 했으므로 야웨가 이스라엘을 치고 그 민족을 흩으실 것이라고 선언한다.

[야웨]께서 이스라엘을 쳐서 물에서 흔들리는 갈대 같이 되게 하시고 이스라엘을 그의 조상들에게 주신 이 좋은 땅에서 뽑아 그들을 강 너머로

흩으시리니 그들이 아세라 상을 만들어 [야웨]를 진노하게 하였음이니라 (왕상 14:15).

야웨는 왕정에 대한 분명한 판단을 내렸으며 그것의 종국을 알고 계셨다. 어떤 식으로든 다른 신을 의지하는 것은 야웨를 진노케 함으로써 극단적인 조치를 취하게 할 것이다. 르호보암 역시 야웨를 도발하는 유사한 일을 행했다는 보고와 함께(14:22-24), 야웨의 말씀은 이 모든 계획이 실패를 향해 가고 있음을 놀랍게 인정하고 있는 것이다.

야웨와 왕들의 폭력

한편 나머지 이야기는 결말이 어떻게 전개될지를 배경으로 하여 야웨가 이스라엘과 유다의 반복적인 도발에도 불구하고 그들을 향하여 변함없는 헌신을 보여주시는 모습을 강조한다. 솔로몬과 여로보암이 세운 선례는 이후 그 왕위를 계승한 왕들의 시대에 파문처럼 번져나가 야웨가 왕과 국가의 문제에 개입하는 패턴을 보여주는데, 이는 특히 이러한 패턴이 야웨가 왕을 둘러싸고 소용돌이치는 폭력에 가담하는 것과 관련이 있기 때문이다. 결국 모든 것을 고려해 볼 때 이스라엘의 왕정은 이스라엘이 세상 나라들에 복을 줄 수 있는 수단이 될 수 없다는 것을 입증한다.

국제 무대에서 야웨는 이스라엘과 유다 왕국을 보호하고, 왕들이 야웨를 이스라엘의 하나님으로 인정할 경우, 왕들에게 전쟁에서의 승리를 가져다준다. 예를 들어 야웨는 하나님의 도움을 요청하는 헌신적인 왕들에게 응답한다. 이스라엘 왕 여로보암이 반역을 저지른 모압 왕을 굴복시키기 위한 전투 중에 절망해 있을 때 경건한 유다 왕 여호사밧은 그들을 대신하여 야웨께 물어 볼 수 있는 예언자를 찾는다(왕하 3:1-27). 황량한 지역을 향해 나아가는 긴 행군으로 인해 군대의 식량과 물이 바닥나자 그들은 도무지 어찌할 수 없는 상황에 처하게 된다. 예언자 엘리사가 소환될 때 그는 단지 여호사밧이란 인물을 높이 평가하기 때문에 야웨께 물어봐 달라는 그들의 요청에 응할 것을 분명히 말한다. 그 후 야웨는 예언자를 통해 말씀하시며, 골짜기가 물로 가득할 것이고, 덤으로 모압도 넘기실 것을 약속하신다. 그다음 날에 나타난 물웅덩이는 군대와 동물들을 소생시킬 뿐만 아니라 모압 군대를 속여 그들보다 더 우수한 이스라엘 군대를 공격하게 만듦으로써 그들에게 큰 피해를 입힌다.

이 두 전형적인 기사는 야웨가 왕을 보호하여 하나님의 평판이 좋아질 때 왕을 보호하신다는 사실을 암시한다. 아람과 이스라엘이 주권을 놓고 싸우는 동안 사마리아를 포위 중인 아람 군대와의 대치 상황에 야웨가 개입한 것은 이스라엘과 아람 모두에게 메시지를 보내기 위한 것으로 보인다(왕상 20:1-34). 그 후에 일어난 두 전쟁에서 예언자들은 소위 인식 문구("너는 내가 [야웨]인 줄을 알리라", 13, 28절)가 담긴 메시지를 전달함으로써 하나님이 이 전투에 개입하신 사실을 야웨의 절대 주권이 드러난 사건으로 소개한다. 첫 번째 전쟁 이후 아람 사람들은 자신들이 실패한 원인을 이스라엘의 하나님이 평지의 신이 아니라 산악 지대의 신이기 때문이라고 설명한다(20:23). 그 이듬해 봄에 아람이 이스라엘을 위협하자 한 예언자는 야웨가 그들을 다시 멸하실 것임을 선포한다.

> 그때에 하나님의 사람이 이스라엘 왕에게 나아와 말하여 이르되 "[야웨]의 말씀에 아람 사람이 말하기를 [야웨]는 산의 신이요 골짜기의 신은 아니라 하는도다. 그러므로 내가 이 큰 군대를 다 네 손에 넘기리니 너희는 내가 [야웨]인줄을 알리라 하셨나이다" 하니라(왕상 20:28).

야웨는 아람이 스스로 선택한 장소에서 월등한 군사력을 소유한 아람 군대를 무찌름으로써 야웨의 주권을 다시 한번 나타내 보이시고 두 민족 앞에서 하나님의 명성을 지키신다.

두 번째 기사는 한층 더 놀랄만한 야웨의 능력을 보고한다. 이 기사는 앗수르의 황제 산헤립의 군대가 예루살렘을 포위할 때 일어난다. 이 사건은 히스기야 왕 시대에 일어나는데, 그는 야웨가 왕에게 바라는 헌신과 순종을 실행에 옮긴 예루살렘의 몇 안 되는 왕들 중 한 사람이다. 이 사건에서 앗수르의 랍사게는 첫째, 히스기야가 산당을 폐쇄한 정책이 야웨를 기쁘게 하지 못했다고 암시하고(왕하 18:22), 둘째, 야웨가 앗수르에 예루살렘을 공격하라고 직접 명령하셨다고 주장함으로써(왕하 18:25) 야웨가 이스라엘을 보호해주실 것을 믿는 백성들의 신뢰를 약화시키고자 한다. 세 번째 책략은 야웨의 절대 주권에 직접 도전한다.

히스기야가 너희를 설득하여 이르기를 "[야웨]께서 우리를 건지시리라 하여도 히스기야에게 듣지 말라. 민족의 신들 중에 어느 한 신이 그의 땅을 앗수르 왕의 손에서 건진 자가 있느냐? 하맛과 아르밧의 신들이 어디 있으며 스발와임과 헤나와 아와의 신들이 어디 있느냐? 그들이 사마리아를 내 손에서 건졌느냐? 민족의 모든 신들 중에 누가 그의 땅을 내 손에서 건졌기에 [야웨]가 예루살렘을 내 손에서 건지겠느냐?" 하셨느니라 (왕하 18:32-35).

히스기야는 이전 왕의 선례를 따르지 않고 먼저 예언자 이사야에게 랍사게가 한 말을 보고한 다음, 직접 기도함으로써 그 문제를 직접 야웨 앞으로 들고 나간다. 히스기야는 두 경우에서 모두 상황이 매우 절망적이라는 점을 지적하고 야웨의 명예가 더럽혀진 점을 강조한다. 히스기야가 예언자 이사야에게 보낸 사자들은 과연 야웨가 이러한 조롱의 말을 들었는지 조심스럽게 의문을 제기한다(19:1-4). 그 후 히스기야의 기도는 야웨가 어떤 분인지를 강조한다(19:14-19). 야웨는 유일하신 참 하나님이시며 이 땅의 모든 민족을 다스리시는 절대 주권자다. 앗수르 왕은 야웨를 조롱했다. 앗수르인들이 파괴했다고 주장하는 신들은 전혀 신이 아니다(19:14-19). 히스기야는 랍사게의 도전을 야웨의 능력을 모든 민족에게 보여줄 수 있는 극적인 기회로 제시하면서 그의 백성을 구원하셔서 "천하만국이 주 [야웨]가 홀로 하나님이신 줄 알"게 해달라고 야웨께 간청한다(19:19). 야웨는 히스기야의 말을 확증하는 간결한 말씀으로 응답한다. "내가 나와 나의 종 다윗을 위하여 이 성을 보호하여 구원하리라"(19:34). 이러한 극적인 도전은 야웨로 하여금 앗수르 군대를 직접 치게 하는데, 어떤 의미에서 이것은 야웨가 이집트인들의 장자를 죽이신 것을 연상시킨다고도 볼 수 있다(출 12:29-30). 이것은 왕들의 시대에 야웨가 인간 대리인을 활용하지 않고 적군을 타도한 유일한 사례다(19:32-36).

국내적으로 야웨는 여로보암 및 르호보암을 모방한 왕들과 왕조, 즉 이스라엘과 야웨의 관계의 근간을 이루는 상호 언약을 위반한 왕들을 끌어내린다. 이 왕들은 여로보암처럼 야웨를 도발하여 행동을 취하게 만든다. 흔히 "격노하게 하다"로 번역된 히브리어 동사 ka'as는 이런 경우 왕의 자격을 박탈하고 야웨의 개입을 유발하는 그분에 대한 극심한 불경을 의미한다. 전통적인 번역, "격노하게 하다"는 다소 오해의 소지가 있는데, 이는 "격노"라는 단어가 이 동사 및 해당 명사와 관련하여 명시적으로 나타나 있지 않기 때문이다. 사실 야웨의 분노는 이스라엘과 유다의 왕들과 관련하여 거의 언급되지 않으며, 오직 전략상 중요한 시점에서만 등장한다. 내레이터는 야웨가 다윗(kharah; 삼하 24:1), 솔로몬('anaph; 왕상 11:9), 여호아하스(kharah, 왕하 13:3), 므낫세(kharah, 왕하 23:26)를 향해 진노할 경우와 요약 단락('anaph, 왕하 17:18; khemah, 왕하 22:13-17; 'aph, 왕하 24:20)에서만 야웨의 진노를 언급한다. 비록 아하시야 역시 야웨를 "노하시게 [했다]"고 하지만(왕상 22:53), 그 동사는 하나님의 분노를 언급하는 문맥에서 나타나지 않는다. 오직 북 왕국이 포로로 끌려가게 하신 일에 대한 내레이터의 설명 안에서만 도발과 분노가 서로 연관되어 있다(왕하 17:17-18). 간단히 말하자면 도발을 의미하는 동사는 그 행동과 하나님의 분노를 직접 연관 짓지 않는다. 오히려 도발이란 단어가 등장할 때마다 이 동사는 언약을 위반하고 야웨의 행동을 유발한 우상숭배 행위에 대한 야웨의 반응을 언급한다(상호 선택을 위반했을 경우에는 폭력적으로 개입하지만, 계속해서 화가 나 있는 신은 아니라는 것을 보여준다).

야웨는 음모, 암살, 쿠데타, 그리고 당시 왕국들 사이에서 유행하는 풍토병으로 인한 멸절 등을 통해 왕들을 제거한다(참조. 왕하 8:7-15). 바아사는 여로보암의 집을 멸절하고 야웨의 심판을 이행했음에도 여로보암의 길을 따른다. 그 역시 야웨를 도발하고 동일한 예언자적 책망의 말을 듣는다(왕상 15:29-30; 16:1-4, 7). 그의 전임자들의 경우와 같이 바아사의 아들은 2년간의 짧은 통치 끝에 비참한 최후를 맞이하고 그의 후계자는 그의 집안 전체를 멸망으로 몰아간다(16:8-10). 뒤를 잇는 혼란 속에서 다른 장군이 권력을 장악한다. 오므리는 우상숭배를 위한 더 넓은 장소를 마련하여 야웨를 도발한다(16:25-26). 그의 아들 아합은 심지어 아세라 상을 세우기까지 하며 도발을 극대화하고(16:33) 여로보암과 바아사에게 내려진 예언자적 심판을 촉발한다(21:21-26). 예언의 말씀에 대해 아합이 보인 예상치 못한 겸손은 회개하는 자에게 야웨가 기꺼이 응답한다는 것을 보여줄 기회를 제공하지만, 그것은 피할 수 없는 일을 조금 늦추는 것에 불과한 것이다(21:27-29; 22:53).

이 패턴이 네 번째 반복된 것은 예후가 전쟁터에서 기름 부음을 받을 때이며, 이 사건은 여러 가지 이유에서 주목할 만하다. 그에 앞서 권력을 강탈했던 자들과 달리 예후는 바알 숭배를 위한 기구와 비품, 그리고 바알을 숭배한 제사장들을 왕국에서 제거한 열렬한 야웨 숭배자다(왕하 10:16-17, 29). 그러나 그의 열성은 도를 넘어서고 만다. 그는 숙청 과정에서 만난 마흔 두 명의 다윗 가문의 왕자들 역시 학살한다(10:12-14). 야웨는 예후 장군을 칭찬하며 그의 왕조가 4대에 이를 것을 약속하지만(10:28-30), 그가 저지른 지나친 살육에 대해서는 아무런 말씀도 하지 않으신다. 이 왕조가 지닌 한계는, 심지어 충성된 헌신자일 지라도, 야웨를 도발하는 왕을 교체하는 전략이 지속적인 성과를 거두지 못할 것이라는 결론에 도달했음을 암시한다. 야웨 역시 왕에 대한 기대치를 낮춘 것처럼 보인다. 예후의 자손들은 이스라엘로 하여금 다른 신들을 의지하게 만들지는 않았지만, 그저 현상유지에 만족하고 만다. 예후 왕조의 어떤 왕도 야웨를 도발하지 않았기 때문에 그것이 바로 야웨가 그 시점에서 기대할 수 있는 최선의 것으로 보인다.

사실상 야웨는 피할 수 없는 일에 항복하는 것처럼 보인다. 예후의 아들 여호아하스는 벧엘과 단에 있는 여로보암이 세운 제단을 폐쇄하고 사마리아에 있는 아세라 목상을 제거하는 데 실패하여 야웨를 진노하게 한다(13:1-6). 야웨는 이스라엘을 적의 손에 넘겨준 다음 기도에 응답하여 구원자를 보내는 왕정 이전의 전략을 시도하지만, 여호아하스는 제단을 폐쇄하지 않는다. 이 시점부터 야웨는 이스라엘을 간접적으로 다루는 방법을 택하신다. 야웨는 이스라엘을 심판하는 것을 보류하고 이스라엘과 아람 왕 사이에 전쟁을 허용하신다(13:22-25). 또한 야웨는 여로보암 2세에게 구체적으로 명시되지 않은 도움을 베푸신다(14:27). 네 번째 자손인 스가랴가 암살당할 무렵 야웨는 더 이상 기사 속에 나타나지 않고, 내분과 외부의 위협이 왕국을 몰락과 포로 생활로 내몰고 있는 동안 이스라엘이 야웨의 도움 없이 스스로 살아가도록 내버려두신다. 왕국의 멸망을 요약하는 간략한 설명은 반복된 예언적 경고에도 불구하고 이스라엘이 지속적이고 고집스럽게 행한 배교를 부각시키며, 이러한 배교 행위가 더해져 야웨가 그 땅에서 그 민족을 내쫓는 결과를 초래한다(왕하 17:11, 17-18).

유다 왕국의 왕들은 이 기간에 그들의 왕국이 다른 신들을 의지하지 않도록 했기 때문에 야웨를 도발하지는 않는다. 비록 많은 왕들이 야웨가 보시기에 악한 일을 행하지만, 그들은 야웨를 예루살렘 및 백성과 하나로 묶는 그런 유대 관계를 고수한다. 하지만 이는 므낫세의 장기간의 통치와 함께 바뀐다. 므낫세는 이방 사람들의 풍습을 도입하고, 바알을 위한 제단을 쌓는데, 무엇보다 가장 악한 것은 성전 안에 하늘의 일월성신을 위한 제단을 세우고 아세라 목상을 설치한 것이다(왕하 21:1-8). 내레이터는 다윗과 솔로몬에게 하신 말씀, 즉 백성들이 모세의 율법에 순종하면 야웨가 선택하신 예루살렘에 "내가 내 이름을 [영원히] 둘" 것을 상기시킴으로써 이러한 행위들이 유발하는 모욕감을 강조한다. 불순종하고 불경한 노골적인 행위들은 배타적인 언약 관계를 깰 뿐만 아니라 내레이터가 상기시키는 것처럼 야웨의 명성에 돌이킬 수 없는 손상을 초래한다. 야웨는 이것을 용납할 수 없다. 이스라엘 왕들과의 오랜 경험이 헛된 노력이라는 것을 확실히 기억하면서 야웨는 그 모욕을 즉각적으로 그리고 과감하게 해결하신다. 야웨는 이집트에서 이 민족을 구원한 이후 야웨가 지금까지 참아야 했던 도발들로 인해 왕들과 맺은 신적 합의가 종결되었음을 예언자를 통해 선언하신다. "내가 나의 기업에서 남은 자들을 버려 그들의 원수의 손에 넘긴즉 그들이 모든 원수에게 노략거리와 겁탈거리가 되리니 이는 애굽에서 나온 그의 조상 때부터 오늘까지 내가 보기에 악을 행하여 나의 진노를 일으켰음이니라 하셨더라"(14-15절).

야웨는 심지어 므낫세의 손자 요시야가 백성들을 회개하도록 이끌고, 언약을 새롭게 갱신하며, 모든 우상숭배의 흔적을 없앴음에도 더 이상 이스라엘이 지속적으로 보여온 고집스런 태도를 다룰 마음이 없다 (왕하 22:1-23:25). 비록 요시야가 전심으로 야웨를 의지하고 사마리아와 유다에서 우상숭배한 자들을 척결하며, 우상숭배를 일삼던 장소를 파괴했지만, 야웨는 움직이지 않으신다. 이스라엘의 하나님은 이미 이 왕국을 멸망시키기로 결정했다. 야웨는 유다 및 예루살렘과 더 이상 아무런 관계도 원하지 않으신다(23:26-27; 참조. 22:15-17; 24:3-4). 야웨가 일찍이 이스라엘에게 하신 것처럼 야웨는 여러 민족들과 충돌을 일으키고 예루살렘의 왕들과 유다가 그들이 반항한 결과로 고통을 받게 내버려두신다.

.

문제의 끝

인간을 완전히 회복하겠다는 야웨의 결정은 야웨가 먼저 한 가정과 하나가 되고, 이어서 한 민족과 하나가 되고, 최종적으로 한 왕조와 하나가 되면서 시작된다. 이스라엘이 왕을 세우도록 허락한 야웨의 결정은 파라오로부터 이스라엘을 구원한 이후 야웨가 지금까지 대항해온 체제 안으로 그를 가차 없이 끌어들인다. 왕정으로의 전환은 이스라엘과 야웨의 관계에 의미심장한 변화를 초래한다. 야웨는 더 많은 권력과 주도권을 왕에게 양도하고 그들의 목적에 맞추어 순응한다. 야웨는 랍사게의 도전을 제외하고는 이스라엘을 위하여 직접 싸우거나 영적 권한을 부여받은 대리인을 통해 싸우지 않으신다. 오히려 야웨는 전쟁 문제에 대한 자문 역할을 맡거나 이스라엘의 적들을 왕에게 간접적으로 넘겨주신다. 따라서 왕들이 그들의 지위와 권력을 유지하는 데 필요한 찬사를 받는 것도 허락하신다.

또한 스스로를 왕들과 동일시하기로 한 결정은 세상에서 야웨가 지닌 명성과 그의 사역이 왕의 목적과 연결되어 있으며, 고대 근동의 군주제 안에서 신들에 대한 기대와 뒤얽혀 있다는 것을 의미한다. 야웨의 세계적 지위, 따라서 야웨의 영향력과 사역은 세상의 다른 왕들 가운데서 그 왕이 지닌 지위와 연관되어 있다. 그 관계는 왕들이 맡은 일을 충실히 해내는 한, 서로에게 유익을 가져다준다. 야웨는 예루살렘에 있는 다윗 왕조의 안전과 연속성을 보장하고 그 성전에 영원히 거할 것을 약속한다. 하나님의 약속은 왕이 다윗의 헌신을 본받고 야웨의 규례를 따름으로써 야웨에 대한 순종을 입증하는지의 여부에 달려 있다. 야웨는 여로보암과도 그 계획을 지속적으로 이어간다. 비록 여로보암 이후 야웨가 그 결정을 재고한 것은 선의로 반응할 의향이 없다는 것을 보여주지만 말이다. 이 모든 경우 왕들은 적어도 야웨가 이 민족에게 하시는 것만큼 그분께 배타적 헌신을 해야 한다.

왕정 체제에서 야웨가 폭력을 사용하거나 이에 연루되는 것은 전략적이자 목적 지향적이며, 대부분 왕권과 관련된 규범적 폭력에 협조하고 그것을 방조하는 데 국한된다. 야웨는 다른 세력으로부터 위협을 받는 신실한 왕들을 보호하실 뿐만 아니라 불성실한 왕들이 도움을 요청할 때에도 적군을 왕에게 넘김으로써 그들을 보호하신다. 야웨는 나라 안팎에서 문제를 일으키고, 악한 왕을 없애겠다고 선언하고, 정치 과정이 되어가는 대로 내버려 둠으로써 언약이 요구하는 배타적 헌신을 위반하는 왕들을 제거하고 교체한다. 단 두 가지 사례에서 야웨는 왕들의 전쟁에 직접 참여하는데, 첫 번째 사례에서는 고립된 군대에 기적적으로 물을 공급하고, 다른 사례에서는 앗수르 군대를 살육한다. 이 두 가지 사례 모두에서 야웨의 명성은 위태로운 상황에 처해 있다.

이제 하나님의 폭력과 하나님의 분노 사이의 연관성을 검토할 일이 남아 있다. 첫째, **분노라는 용어는 야웨가 왕들과 관련하여 자행하고 선동하는 폭력과 거의 연관이 없다.** 야웨의 분노는 여호아하스의 죄와 므낫세의 노골적인 무시에 대한 반응으로 타올랐다고 말하며(왕하 13:3;

왕하 23:26), 후자는 야웨가 유다와 예루살렘을 버리기로 결정한 것과 관련이 있다. 마찬가지로 야웨의 예언자 훌다는 므낫세가 야웨의 진노에 불을 붙였다고 말한다(왕하 22:17). 성서에는 야웨가 솔로몬이 그를 외면한 것과 북 왕국의 백성들이 지속적으로 자행한 우상숭배에 격노했다고 기록되어 있다(왕상 11:9; 왕하 17:18).

그러나 왕국에 대한 야웨의 심판은 대부분 이스라엘과 유다의 도발과 관련하여 설명되어 있는데, 이는 위에서 언급한 바와 같이 다른 신들을 의지하는 것을 의미하며, 이 왕국과 야웨의 관계의 핵심을 무너뜨리는 것이다. 이미 앞서 수차례 언급한 바와 같이 야웨의 심판은 충동적이거나 변덕스럽게 노를 발하는 것이 아니다. 야웨는 많은 왕들에 의해 "도발"당하고, 거듭되는 모욕을 견디고, 오직 그 관계—왕들과의 관계건 민족 전체와의 관계건—가 돌이킬 수 없을 정도로 깨졌을 때 행동하신다. 야웨와 왕들의 관계에 대한 증언은 야웨가 참으로 "자비롭고 은혜롭고 노하기를 더디 하고 인자와 진실이 많"은 분이라는 것을 확인해준다(출 34:6). 그러나 어떻게 표현되든지 또는 인식되든지 간에 **내러티브 문헌에서 야웨의 진노는 오직 이스라엘을 향한 것이고, 야웨가 그 민족을 배타적으로 선택한 것에 대한 보답을 이스라엘이 지속적으로 거부할 경우에만 나타나는데,** 만약 회복을 향한 야웨의 목적이 이스라엘을 통해 성취되려면 이것은 반드시 준수되어야 한다.

예루살렘이 멸망하고 백성들이 바벨론에 포로로 끌려가는 것은 이 이야기를 암울한 결말에 이르게 한다. 폭력으로 가득 찬 세상을 구하기 위해 그곳에 들어가기로 한 야웨의 결정은 성공하지 못했고, 그가 극복하고자 했던 바로 그 체제와 관행 속으로 그 자신을 끌어들였다. 한 가족과의 우정과 그들과 하나가 되는 것으로 시작한 일은 오랜 시간에 걸쳐 야웨를 폭력적인 세상에 꼼짝없이 빠져들게 만든 일련의 적응 과정을 만들어냈다. 희망적이고 신실한 시기가 있었음에도 불구하고 모든 계획은 무너졌다. 야웨는 물러났고 야웨의 백성들은 다시 한번 이방 왕의 노예가 된다. 하지만 야웨는 그 백성들과의 관계를 완전히 끊은 것도 아니고, 신실한 인간 파트너와 협력하여 세상을 구하는 일을 포기한 것도 아니다. 그러나 여기서 내러티브가 중단된 것은 야웨가 다른 방법을 모색해야 한다는 것을 보여준다.

7장

약속받고 취한 땅

이와 같이 여호수아가 그 온 땅 곧 산지와 네겝과 평지와 경사지와 그 모든 왕을 쳐서 하나도 남기지 아니하고 호흡이 있는 모든 자는 다 진멸하여 바쳤으니 이스라엘의 하나님 [야웨]께서 명령하신 것과 같았더라(수 10:40).

여호수아서는 분명히 성서에서 가장 골치 아픈 하나님의 폭력 사건을 제시한다. 이스라엘은 야웨의 명령을 따라 하나님께 대한 순종의 표현으로 그들을 위협하거나 공격하지 않은 사람들의 땅을 침략하고 남자, 여자, 어린이들을 학살하기에 이른다. 야웨는 전쟁을 주도하면서 이스라엘을 위하여 싸워 승리를 거두고, 이스라엘은 무자비하게 계속 공격을 하고, 땅을 점령하고, 사람들을 학살한다. 여호수아 2-12장에 나타난 이러한 정복 기사는 승리주의적인 태도와 이스라엘 백성들이 그 일을 끝마치지 못했다는 사실을 제외하고는 후회가 거의 없다는 태도를 보여준다.

　　폭력의 규모와 범위, 그리고 야웨와 이스라엘이 폭력을 저지르기 위해 협력한다는 사실은 역사상 기독교 해석가들에게 항상 문제가 되어 왔다. 나는 앞에서 이미 초기 기독교 선생이었던 오리게네스가 여호수아서를 알레고리적으로 해석함으로써 폭력을 회피하려고 했다는 점을 지적했다.[1] 장 칼뱅은 여호수아서 주석을 쓰기 위해 인생의 말년까지 기다렸고, 하나님이 인간의 행위를 통제하기 위해 제정한 동일한 도덕적 명령과 원칙을 하나님께 적용하지 말 것을 조언한다.[2] 한 세기 동안의 대량 학살이 초래한 파급 효과는 이제 하나님의 이름으로 자행되는 대량 학살을 정당화하는 극단주의 이데올로기의 지지를 받아 여호수아서가 교회의 윤리적·신학적 비전의 최대 관심사가 되도록 만들었다. 이러한 요인들과 함께 이스라엘의 가나안 침략이 모세 오경 이야기를 중요한 방식으로 완성한다는 사실은 우리가 그 이야기뿐만 아니라 지난 여러 장에서 설명한 보다 더 폭넓은 내러티브의 문맥 안에서 그것이 서술된 방식에도 특별한 관심을 기울일 것을 요구한다. 여호수아서에 나타난 하나님의 폭력이란 이슈는 야웨가 자신을 이스라엘과 동일시하고 이스라엘을 통해 일하는 보다 더 방대한 이야기 안에서 여호수아가 어떻게 조화를 이루고 있는지에 관심을 둔 사려 깊은 독서를 통해 다루어져야 한다.

○○○○○

1 Origen, *Homilies on Joshua*, ed. Cynthia White, trans. Barbara J. Bruce, Fathers of the Church Patristic Series 105 (Washington, DC: The Catholic University of America, 2002).

2 다음을 보라. Ronald G. Goetz, "Joshua, Calvin, and Genocide," *Theology Today* 32 (1975): 263-74.

약속의 땅

가나안을 침략하고 그곳에 정착한 것은 아담과 하와를 에덴동산에서 추방하는 것으로 시작되는 드라마의 절정을 이룬다. 에덴은 야웨 하나님이 최초로 인간에게 창조세계를 돌보라는 소명을 주신 장소다(창 2:8). 에덴은 야웨의 자비로운 권위 아래에서 야웨, 인간, 그리고 생물들이 하나가 되어 사는 거처의 중요성을 나타낸다. 인간이 야웨와 가졌던 원래의 관계를 파기한 것으로 인해 인간이 창조세계와 가졌던 관계 역시 파기되었고, 그로 말미암아 인간은 살 곳을 잃게 된다. 따라서 만일 야웨가 인간 및 창조세계와 원래의 조화를 회복하려면 야웨는 불경한 난장판이 되어 버린 창조세계 안에 그 일을 할 수 있는 장소를 마련해야 할 것이다. 다시 말하면 창조세계를 완전히 새롭게 회복하기 위해 야웨는 새로 형성된 인간 공동체가 야웨가 확립한 질서와 통치에 따라 살 수 있는 장소를 개척해야 한다.

야웨가 아브라함을 부르실 때 땅에 대한 언급으로 시작하는 것이 바로 부분적으로 이러한 이유 때문이다. "너는 너의 고향과 친척과 아버지의 집을 떠나 내가 네게 보여줄 땅으로 가라"(창 12:1). 이전 장에서 언급했듯이 땅에 대한 약속 이후에 나타나는 일련의 복은 야웨가 아브라함을 위해, 그리고 아브라함을 통해 무엇을 할지를 설명한다. 야웨는 아브라함을 통해 세상의 민족들에게 복을 주시기 위해 아브라함을 큰 민족으로 만들 것이다. 그러나 그 모든 것은 땅에서부터 시작한다. 아브라함 이야기의 초반에 야웨는 모세 오경 전반에 나타나는 약속, 즉 아브라함의 자손들이 가나안 땅을 취할 때에야 비로소 성취되는 약속을 아브라함에게 주신다. 이 시점부터 땅을 주시겠다는 야웨의 약속에 대한 언급은 내러티브에 나타난 사건들을 함께 엮어 나간다(예. 창 24:7; 26:3; 출 33:1; 민 14:16, 23; 신 6:10, 18; 11:9, 21; 26:3; 수 1:6). 아브라함에게 땅을 약속하신 것과 함께 "창조는 그 땅에 대한 기대의 역사로서 다시 새롭게 시작된다."[3]

후손에 대한 약속이 야웨가 시간을 통해 일하시는 것을 의미하는 것처럼 땅에 대한 약속은 야웨가 공간 속에서 일하신다는 것을 의미한다. 야웨는 아브람에게 "내가 네게 보여 줄 땅으로 가라"고 말씀하신다. 아브라함이 선택받은 것처럼 땅도 선택을 받는다. 가나안이라 불리는 땅은 장차 이스라엘이라 불릴 땅이 될 것인데, 이는 곧 선택하신 민족이 거하고, 야웨가 이 세상에 질서를 제공하기 위해 임하실 장소다. 사람과 땅을 동일시하는 것은 특정 지역과의 깊은 유대를 형성한다. 민족들과 국가들이 그들의 정체성을 확립하는 방식에 관해 저술한 앤소니 스미스는 민족 정체성의 핵심에 있는 영토에 대한 깊은 애착을 상세히 설명했다. 그는 한 민족이 그들의 고향 땅과 그들 자신을 동일시하는 것을 "어떤 땅 덩어리와 '그' 공동체 사이에서 추정되고 느껴지는 공생(symbiosis)"으로 묘사한다.[4]

---

ococo

3   Walter Brueggemann, *The Land: Place as Gif, Promise, and Challenge in Biblical Faith*, OBT (Philadelphia: Fortress, 1977), 17.

4   Anthony D. Smith, *Chosen Peoples: Sacred Sources of National Identity* (Oxford: Oxford University Press, 2003), 44. 다음도 보라. Anthony D. Smith, *Myths and Memories of*

그 땅의 특징이 민족의 본질을 형성하고 육성하는 것으로 간주된다. 그 땅은 집단 기억을 형성하는 결정적 사건들의 장이다. 그 땅은 민족의 영웅이 민족의 미덕을 보여주는 곳이며 민족의 조상이 묻힌 곳이다.

그러한 정서는 이스라엘의 조상 내러티브에 두 가지 방식으로 나타난다. 첫째, 가나안은 야웨와 조상들의 관계가 시작되고 성숙해가는 장소이며, 이는 야웨가 족장들에게 나타나 그 약속을 상세히 설명하고, 족장들은 그 땅에서 야웨께 바치는 제단을 쌓는 것을 통해 나타난다(창 12:7-8; 13:18; 26:25; 33:20; 36:6-7). 둘째, 그 땅은 조상들이 묻힌 장소다(창 23:16; 25:9-10; 35:19-20, 29; 49:31; 50:1-14). 기억과 운명을 그 땅과 연결시키는 내용은 아브라함이 매장지를 구입하는 이야기에 함께 나타난다(창 23:1-20). 이 매장지를 구입한 것은 공간, 시간, 관계—땅, 자손, 야웨에 대한 믿음—를 아직 발달하지 않은 초기의 형태로 하나가 되도록 이어준다. 매장지는 그 땅이 고향임을 나타낸다.

야웨가 이스라엘을 통해 하고자 하는 일을 하려면 이스라엘을 어떤 땅에 자리 잡게 할 필요가 있다. 가나안 땅은 특정 지역과 자신을 동일시하는 세상의 강력한 신들 사이에서 야웨에게 지위를 부여한다. 우리는 앞 장에서 아람 왕이 이스라엘의 신은 이스라엘을 산에서 유리하게 만드는 산의 신이라고 주장함으로써 이스라엘에 당한 치욕적인 패배를 설명한 것을 언급했다(왕상 20:23). 아람 장군 나아만은 야웨가 치유해주

the Nation (Oxford: Oxford University Press, 1999).

신 것에 감사하여 그가 오직 야웨께만 헌신할 수 있도록 다메섹으로 가져갈 나귀 두 마리에 실을 만큼의 이스라엘 흙을 달라고 요구하며 보다 더 문자적으로 이러한 정서를 표현한다(왕하 5:17).

야웨는 목적에 부합할 경우 신과 땅을 동일시하는 것을 수용한다. 앗수르가 그들 제국의 다른 지역에서 온 사람들로 사마리아에 재정착시킬 때 야웨는 그 사람들이 야웨를 경외하지 않기 때문에 그들을 죽이기 위해 사자들을 보내신다. 그 결과 사람들은 앗수르 왕에게 "왕께서 사마리아 여러 성읍에 옮겨 거주하게 하신 민족들이 그 땅 신의 법을 알지 못하므로 그들의 신이 사자들을 그들 가운데에 보내매 그들을 죽였사오니 이는 그들이 그 땅 신의 법을 알지 못함이니이다"라고 말하며 도움을 요청한다(왕하 17:26). 그 후 왕은 사마리아인 제사장을 그 땅에 다시 보내어 사람들이 그 땅의 신에게 마땅히 보여야 할 경외심을 제대로 표현하도록 가르침을 받을 수 있게 함으로써 그 상황을 수습한다. 따라서 야웨가 정복을 통해 그 땅과 동일시한 행위는 이스라엘의 지위만큼이나 야웨의 지위를 향상시킨다.

가나안은 이집트와 마찬가지로 야웨가 절대 주권과 능력을 세상의 모든 민족에게 입증하는 기적의 장(場)이 된다. 그곳이 바로 야웨가 전 세계적으로 유명한 큰 민족을 만드는 장소가 되는 것이다. 이스라엘에 그 땅을 주심으로써 야웨는 상호 선택의 회복된 관계에서 비롯된 에덴동산의 하모니를 회복하는 공간을 만들고자 한다. 에덴동산에서처럼 인간은 창조주께 의지하고 순종하며 살 것이고 창조세계는 유익을 얻을 것이다.

야웨는 이스라엘 민족이 계속 순종하고 충성할 경우 그들이 누리게 될 삶을 상세히 설명함으로써 이러한 궁극의 목적을 분명하게 전달하신다. 야웨는 풍족한 결실을 맺기 위한 비를 내리실 것이다. 야웨는 그 땅에 평화와 안식을 주시며 그 나라를 불안과 공포에서 해방시킬 것이다. 야웨는 위험한 짐승을 그 땅에서 없애고 칼이 그 땅을 통과하지 못하게 할 것이다. 야웨는 이스라엘을 돌보고 그들이 창대하고 번성하라는 하나님의 명령을 이행할 수 있게 할 것이다. 야웨는 이스라엘과의 언약을 지킬 것이며 그들 가운데 거하실 것이다(레 26:1-12).

이스라엘의 언약 관계, 민족들 사이에서 이스라엘이 누리게 될 지위, 그리고 그 땅과 백성들에 대한 야웨의 축복의 연관성이 모세의 권면을 통해 그 땅에 들어갈 준비를 하는 세대에게 명확히 전달된다(신 28:1-13). 이 본문은 민족의 순종이 그들에게 명성을 가져다 줄 것이란 말과 함께 시작하고 끝을 맺는다. "네 하나님 [야웨]께서 너를 세계 모든 민족 위에 뛰어나게 하실 것이라"(1b절). 그리고 "[야웨]께서 너를 머리가 되고 꼬리가 되지 않게 하시며 위에만 있고 아래에 있지 않게 하시리니"(13a절). 그 결과 "땅의 모든 백성이 [야웨]의 이름이 너를 위하여 불리는 것을 보고 너를 두려워"할 것이다(10절). 야웨와 함께 그 땅에서 사는 사람들은 그들이 어디서 살든지 가축과 농작물의 복과 함께 풍성하고 끊임없는 복을 누릴 것이다(4, 11절). 야웨의 복은 이스라엘 사람들의 자궁, 외양간, 창고에 임할 것이며, 백성들은 다른 민족들에게 빌려줄 정도로 풍요로움을 경험할 것이다(12b절).

그 땅과 백성들

가나안 침략과 정착은 무엇보다도 이스라엘에 대한 야웨의 신실하심과 헌신을 입증하는 하나님의 행위다. 모세 오경의 내러티브를 통해 땅에 대한 약속을 반복한 것은 그 약속을 이행하는 야웨의 신실하심과 능력 및 이스라엘에 대한 야웨의 배타적 헌신을 강조한다. 여호수아서의 내레이터는 이스라엘 지파들의 토지 분배를 마무리 짓는 내용으로 야웨의 신실하심을 강조한다.

> [야웨]께서 이스라엘의 조상들에게 맹세하사 주리라 하신 온 땅을 이와 같이 이스라엘에게 다 주셨으므로 그들이 그것을 차지하여 거기에 거주하였으니 [야웨]께서 그들의 주위에 안식을 주셨으되 그 조상들에게 맹세하신 대로 하셨으므로 그들의 모든 원수들 중에 그들과 맞선 자가 하나도 없었으니 이는 [야웨]께서 그들의 모든 원수들을 그들의 손에 넘겨주셨음이니라. [야웨]께서 이스라엘 족속에게 말씀하신 선한 말씀이 하나도 남음이 없이 다 응하였더라(수 21:43-45).

그러나 이스라엘을 향한 하나님의 신실하심이 토착민들에 대한 하나님의 심판을 의미하지는 않는다. 정복 기사 어느 곳에서도 가나안 침략과 그것에 수반되는 폭력이 그들에게 심판으로 내린 것으로 나타나 있지 않다. 여호수아서 어디에도 그 땅의 백성들을 향한 심판을 말하고 있지 않다. 그러나 이것은 그 땅 백성들의 가증스런 죄가 그 전쟁의 당위성을 뒷받침한다는 많은 해석가들의 주장을 단념시키지 못했다. 이 해석가들은 그 땅의 백성들에 대해 언급한 모호한 본문에 의존하고 있는데, 그 가운데 가장 중요한 본문은 야웨가 아브라함에게 아모리 족속의 죄악이 아직 정점에 이르지 않았다고 언급하신 것과(창 15:16), 모세가 이스라엘 백성에게 야웨가 그 땅을 그들에게 주신 것은 그들이 가진 의 때문이 아니라 그 땅 민족들의 악함 때문이라고 말한 것이다(신 9:1-6). 따라서 예를 들면 크리스토퍼 라이트는 야웨가 아모리 족속의 죄악에 대해 언급하신 것을 "아브라함 시대의 아모리/가나안 사회는 그 사회에 대한 하나님의 철저한 심판의 행위를 도덕적으로 정당화할 만큼 사악하지는 않았다"는 것으로 받아들인다.[5] 이것을 심판으로 보는 그들의 주장은 폭력에 대한 도덕적 판단에 변화를 가져오기 때문에 흥미롭게 보인다. 그 땅의 백성들은 그들이 심판을 받을 만했기 때문에 전멸당한 것이다 .

그러나 앞서 말한 야웨의 두 가지 언급은 땅에 대한 약속을 반복하는 가운데 나타나 있다. 창세기에서 야웨는 아브라함의 후손들을 노예로 삼은 나라(이집트)를 심판할 것이라고 명백히 말하지만, 아모리 족속과 관련한 심판은 언급하지 않는다. 만일 아모리 족속의 죄악이 다른 모든 민족들의 죄악보다 심각하다면 그것을 생략한 것은 이상한 일이다(창

<hr>

5   Christopher J. H. Wright, *The God I Don't Understand: Reflections on Tough Questions of Faith* (Grand Rapids: Zondervan, 2008), 92. 『성경의 핵심 난제들에 답하다』(새물결플러스 역간).

15:13-14). 이와 마찬가지로 신명기 사가의 본문에는 가나안 거민들에 대한 심판을 직접 언급한 곳이 없다. 이 본문에서 야웨는 "네 조상 아브라함과 이삭과 야곱에게 하신 맹세를 이루려고" 그들을 쫓아내신다고 말하기 전에 이스라엘의 의와 가나안 사람들의 악함을 수사학적으로 대조함으로써 이스라엘 백성들의 교만을 잠재우신다(신 9:5). 가나안 사람들은 분명히 악하지만, 그들의 사악함과 그들이 쫓겨난 것 간의 연관성은 구체적으로 나타나 있지 않다. 사실 신명기는 야웨가 그들을 쫓아낸 이유가 심판이 아니라 다른 데 있다는 것을 암시한다. 즉 그 땅에 누군가가 남아 있다면 그들이 이스라엘로 하여금 언약 관계에서 멀어지게 할 것이라는 것이다(신 7:1-8; 12:29-31; 20:16-18). 야웨는 어느 곳에서도 그 땅의 백성들이 심판을 받고 있다고 직접적으로 말씀하시지 않는다. 물론 모세는 이스라엘 백성들이 이집트를 떠난 날부터 야웨를 진노케 했다는 것을 분명하게 상기시키지만 말이다(신 9:7).

가나안 사람들의 죄와 그들이 그 땅에서 추방당한 것을 직접 연관 짓는 유일한 본문은 그들의 운명을 야웨가 아닌 땅에 귀속시킨다. 비록 가나안 사람들이 하나님의 화를 유발했다는 직접적 언급은 없지만, 다른 본문에서 모세는 가나안 사람들의 행위가 그 땅을 더럽혀서 그들을 토해 냈다고 말한다. 그는 이스라엘 백성들에게 "이 모든 가증한 일을 [하지 말라]…너희도 더럽히면 그 땅이 너희가 있기 전 주민을 토함 같이 너희를 토할까 하노라"라고 경고한다(레 18:27-28; 참조. 20:22-24).

모세는 가나안 침략을 심판의 행위로 설명하지 않고, 대신 여러 이방 민족의 문제에 관여하시는 야웨의 전반적인 사역의 정황 안에 가나안 침략을 배치한다. 모세는 요단강 건너편을 거쳐 북쪽으로 향하는 이스라엘의 여정을 개괄하면서 이스라엘 이전에 그 지역에 거주했던 나라들을 언급하기 위해 잠시 주제에서 벗어난다. 모세는 야웨가 그 땅을 에돔 사람 및 모압 사람들에게 그들의 소유로 주셨기 때문에 그들을 침략하는 것을 금지한다. 모세는 현재 모압 사람들의 영토에 이전에 거주했던 "강하고 많은" 에밈 사람들과 에돔의 영토에 이전에 거주했던 호리 사람들을 언급한다. 또한 모세는 이전에 암몬의 영토에 거주했다가 다른 족속들과 마찬가지로 그 땅을 빼앗긴 삼숨밈도 언급한다. 모세는 암몬 족속 앞에서 삼숨밈을 멸망시켰고 에돔 사람들 앞에서 호리 사람을 멸망시켰다는 깜짝 놀랄 만한 이야기를 꺼낸다(신 2:1-23).

> 이곳도 르바임의 땅이라 하였나니 전에 르바임이 거기 거주하였음이요, 암몬 족속은 그들을 삼숨밈이라 일컬었으며 그 백성은 아낙 족속과 같이 강하고 많고 키가 컸으나 [야웨]께서 암몬 족속 앞에서 그들을 멸하셨으므로 암몬 족속이 대신하여 그 땅에 거주하였으니(20-21절).

우리는 여기서 이 땅에 대한 약속과 유사한 점을 발견한다. 야웨는 이스라엘의 경우처럼 다른 민족들에게 땅을 그들의 소유로 주고 그 민족들이 토착민을 멸절하도록 하셨다. 따라서 모세는 야웨가 이스라엘에 가나안을 선물로 주신 것을 야웨의 토착민 학살로 언급하지 않을 뿐만 아니라 그것이 유일한 사건도 아니며, 민족들의 이주와 정착에 야웨가 불가사의하게 개입한 하나의 사례로 제시한다(참조. 암 9:7).

따라서 이스라엘이 다른 사례들과 다른 점은 야웨가 침략하고 학살하며 쫓아내는 일에 관여한 사실이 아니라, 이스라엘을 야웨와 하나로 묶는 독특한 관계의 본질과 야웨가 이스라엘에 가나안 땅을 차지하게 하려는 목적이라고 할 수 있다. 야웨의 사자는 불타는 떨기나무 가운데서 모세에게 말씀할 때 이 목적을 반복해서 언급한다.

> 내가 내려가서 그들을 애굽인의 손에서 건져내고 그들을 그 땅에서 인도하여 아름답고 광대한 땅, 젖과 꿀이 흐르는 땅 곧 가나안 족속, 헷 족속, 아모리 족속, 브리스 족속, 히위 족속, 여부스 족속의 지방에 데려가려 하노라(출 3:8).

이전에 우리가 언급한 바와 같이 야웨는 이스라엘을 가나안 땅으로 데려가고, 그 백성의 조상들에게 약속한 것처럼 그 땅을 이스라엘에게 주기 위해 그들을 구원하신다. 따라서 출애굽과 가나안 정복은 야웨의 이야기에서 서로 분리할 수 없는 요소들이다. 야웨는 이스라엘을 한 지역에서 다른 지역으로 데려오기 위해 그들을 구원하신다. 구원의 하나님은 또한 정복의 하나님이시다.

구체적으로 물을 나누는 창조의 이미지는 출애굽과 정복을 서로 연관된 창조의 행위로 묶어 생각해야 한다는 점을 암시한다. 이 이미지는 창조를 멸망의 세력을 무찌른 후 승리한 신이 질서를 확립하는 것으로 묘사한 근동의 창조 신화를 떠올리게 한다. 혼돈은 질서가 지배하고 있는 한 억제되지만, 항상 통제 불가능한 힘으로 그것에서 벗어나고자 위협한다. 이스라엘의 창조 내러티브 역시 이 이미지를 사용하지만, 성서에서 물이 나뉘는 것은 창조주의 주권적 능력을 강조한다(창 1:6-8). 성서에서는 적대적이고 강력한 혼란에 대항하여 싸우거나 전쟁을 벌이지 않고, 우주의 질서를 시작하는 하나님의 말씀만 선포된다.

인간의 죄가 온 땅에 가득해졌을 때, 즉 이 세상을 쓸어버리고 새롭게 다시 시작함으로써 이 세상을 재창조하려는 시도가 실패로 돌아간 상황에서 다시 창조세계에 혼돈을 가져온 것은 바로 야웨였다(창 6:1-9:17). 그 후 야웨는 가족에서 민족이 된 이스라엘을 위해 바다를 가르고 그 백성을 비정상적인 체제에서 건져내시어 광야의 차별 없는 광대함 속으로 인도하심으로써 이스라엘을 이집트의 고통에서 구원하여 완전히 새롭게 창조하기 시작하셨다(출 14:21-31; 참조. 사 51:9-10). 이 세상은 재창조를 통해 제대로 고침을 받을 필요가 있었다. 그런데 야웨는 경계가 없는 이 광활한 공간에서 그것을 위한 새로운 관계를 확립하셨다. 시내 산에서 이스라엘은 야웨의 은혜, 권위, 절대 주권을 인정했고, 인간 사회의 새로운 질서를 나타내는 율법을 따르는 데 동의했다. 광야에서 야웨는 이스라엘의 사회, 제도, 관습, 도덕을 정비하셨다. 사십 년이 지난 지금, 야웨는 이미 정비되고 현재에도 정비 과정에 있는 이 백성들을 새로운 땅으로 인도하고자 요단강을 가르신다(수 3:1-4:24).

따라서 그 땅의 정복은 하나님의 창조 드라마의 마지막 행위로 표현되며, 이집트의 죽음과 절망으로부터 구원받는 것을 통해 시작되었고 그들 자신의 땅에 새로운 국가를 수립하는 것으로 끝난다. 요단강을 기적적으로 건넌 사건을 기념하는 돌들에 관한 설명은 이러한 창조 사역의 의미를 간결하게 요약한다.

> 너희는 너희의 자손들에게 알게 하여 이르기를 "이스라엘이 마른 땅을 밟고 이 요단을 건넜음이라. 너희의 하나님 [야웨]께서 요단 물을 너희 앞에서 마르게 하사 너희를 건너게 하신 것이 너희의 하나님 [야웨]께서 우리 앞에 홍해를 말리시고 우리를 건너게 하심과 같았나니 이는 땅의 모든 백성에게 [야웨]의 손이 강하신 것을 알게 하며 너희가 너희의 하나님 [야웨]를 항상 경외하게 하려 하심이라" 하라(수 4:22-24).

야웨가 여러 왕들과 싸운 것은 언약 백성을 형성하는 일의 시작과 끝이 된다. 야웨는 이스라엘 민족이 생겨나게 하기 위해 파라오를 물리치셨다. 한 세대가 지난 후 야웨는 그 민족에게 그들 소유의 땅을 주기 위해 여러 왕들을 물리치신다. 다시 말해 야웨가 가나안 사람들에게 가한 폭력은 야웨가 이집트인들에게 행한 폭력이 확대된 것이다. 이집트에서 야웨는 확고한 주권과 권력이 확립된 세상에 발을 들여놓으셨고, 파라오의 무력함을 드러내고 이집트인들에게 큰 고통을 준 일련의 재앙을 통해 이스라엘을 구원하셨다. 이 대결은 야웨가 잠든 남자와 아이들을 살육하기 위해 죽음의 사자를 보냈을 때 절정에 이른다(출 12:29-30). 파라오와 대결하는 동안 야웨는 인간 대리인, 즉 모세와 아론에게 참여를 요청했고 그들은 행동과 선포를 통해 고통이라는 하나님의 행위를 개시했다(출 7:20-21; 8:5-6, 16-17 등등).

가나안에서 야웨는 일련의 전쟁을 통해 그 땅의 유력한 왕들을 정복하신다. 그렇게 함으로써 야웨는 그 땅을 정복한 권리로 가나안 땅을 얻고, 승리한 통치자로서 그 땅의 정복에 참여한 백성들에게 땅을 분배하신다. 비록 야웨는 전쟁에서 싸워 승리하지만, 여기서도 인간 대리인의 참여를 요청하며 여호수아와 이스라엘 백성들에게 하나님의 목적을 이행하여 성취하라고 명령하신다. 가나안에서도 이집트에서와 같이 셀 수 없이 많은 사람들이 전쟁으로 인해 죽는다. 하지만 두 사례에서 모두 야웨는 자기 자신과 이스라엘을 위해 폭력을 지시하고 자행하신다. 내레이터는 야웨가 가나안 왕들에게 하신 일과 야웨가 파라오에게 하신 일을 연결시켜 핵심을 강조하면서 "그들의 마음이 완악하여 이스라엘을 대적하여 싸우러 온 것은 [야웨]께서 그리하게 하신 것이라. 그들을 진멸하여 바치게 하여 은혜를 입지 못하게 하시고 [야웨]께서 모세에게 명령하신 대로 그들을 멸하려 하심이었더라"라고 말한다(수 11:20). 요컨대 야웨는 이집트와 가나안에서 (인간의) 파괴 세력을 물리치심으로써 새로운 민족을 탄생시키셨고 고대 근동 신들의 방식으로 창조 행위를 행하셨다.

이것은 토착민들이 이스라엘을 위한, 그리고 이스라엘을 통한 야웨의 계획을 실현하는 데 있어 위협이 되지 않았다는 것을 의미하지는 않는다. 그와는 정반대로 토착민들 가운데 남아 있던 자들은 이스라엘이 그 땅과 그들 자신을 완전히 동일시하는 것을 문제 삼고 이스라엘과 야웨를 서로에게 구속시키는 상호 선택을 위태롭게 만든다. 그러나 토착민들은 그들이 **하는 일**이 아니라 그들이 **누구인가**(정체성)를 통해 위협을 가한다. 다시 말하면 그 땅의 토착민들은 이스라엘과 **다른 점**, 그리고 이 세상의 나머지 민족들과 **비슷한 점**을 통해 이스라엘을 위협한다. 이스라엘과 야웨의 상호 선택이 이루어져야 할 장소로서 그 땅은 이스라엘 민족이 야웨의 것인 것처럼 오로지 야웨의 것이어야만 한다.

야웨는 광야 생활의 시작과 끝에서 왜 그 땅의 백성들을 없애야 하는지를 설명한다. 시내산에서 야웨는 이스라엘을 그 땅으로 데려가기 위해 야웨가 그의 약속을 어떻게 이행할지를 상세히 설명한다(출 23:20-33). 그 땅의 백성들을 멸하기 위해 이스라엘 앞에 야웨의 사자가 먼저 보냄을 받고(23절), 이 사자는 그들이 매우 두려워 떨고 혼란스러워하게끔 만들어 이스라엘이 들어갈 때 겁을 먹고 도망치게 할 것이며(27절), 그들이 병으로 고통을 당하여 떠날 수밖에 없도록 할 것이다(28절). 중요한 것은 그 과정이 한꺼번에 갑자기 진행되는 것이 아니라 이스라엘이 그 땅 전체를 차지할 때까지 점차적으로 진행될 것이라는 점이다(29-30절). 이스라엘은 야웨를 섬기고 토착민들 및 그들이 섬기는 신들과의 모든 유대를 거부함으로써 이에 보답해야 한다. 야웨는 명령과 그 명령에 대한 근본적인 이유를 함께 설명하는 간결한 명령으로 결론을 내리신다. "그들이 네 땅에 머무르지 못할 것은 그들이 너를 내게 범죄하게 할까 두려움이라. 네가 그 신들을 섬기면 그것이 너의 올무가 되리라"(33절).

이 간단명료한 명령은 율법을 시작하는 명령을 상기시킨다. "나는 너를 애굽 땅, 종 되었던 집에서 인도하여 낸 네 하나님 [야웨]니라. 너는 나 외에는 다른 신들을 네게 두지 말라"(20:3). 첫 번째 명령은 과거에 있었던 야웨의 구원 행위를 되돌아보고, 두 번째 명령은 장차 이스라엘을 가나안으로 인도할 야웨의 사역을 예고함으로써 이 두 명령은 상호 선택을 강화하여 율법을 하나로 결합시킨다. 그 땅이 이스라엘 및 야웨와 완전히 하나가 되려면 그 땅에 대한 토착민들의 애착이 끊어져야만 한다. 그들이 그 땅에 남아있는 한, 그들의 존재는 언약 관계를 방해하고 위협한다.

야웨는 이스라엘이 두 아모리 왕을 물리친 후 그 땅에 들어가기 위해 준비할 때 가나안 사람들을 추방하기 위해 이 설명을 반복하신다(민 33:51-56). 이때 야웨는 이스라엘이 해야 할 일, 즉 토착민들을 내쫓고 그 땅을 차지할 것을 강조하신다. 야웨는 시내산 율법의 결론을 다시 반복하는 경고로 끝을 맺는다. 여기서 모세는 언약 관계가 지닌 배타적 성격을 부정적인 언어로 강조한다.

> 너희가 만일 그 땅의 원주민을 너희 앞에서 몰아내지 아니하면 너희가 남겨둔 자들이 너희의 눈에 가시와 너희의 옆구리에 찌르는 것이 되어 너희가 거주하는 땅에서 너희를 괴롭게 할 것이요, 나는 그들에게 행하기로 생각한 것을 너희에게 행하리라(민 33:55-56).

나중에 모세는 야웨의 시내산 선언을 확대하고 그 이유를 설명한다(신 7:1-26). 모세는 야웨가 토착민들을 치실 때 조약이건 통혼이건 그들과의 모든 유대를 금지하며 자비를 베풀지 말고 토착민들을 모두 전멸하라고 이스라엘 백성들에게 명령하신다. 그는 구체적으로 이스라엘 백성들에게 통혼을 경고하며, 그러한 관습은 그들의 후손들이 야웨에게서 돌아서게 할 것이며, 따라서 야웨의 분노에 불을 붙일 것이라고 설명한다(1-4절). 그 명령들은 결국 이스라엘을 야웨께 매이게 하고, 이스라엘을 그 땅에 매이게 하는 언약 관계를 상세하게 반복하는 것으로 이어진다. 그 나머지 말씀은 이스라엘에게 가나안 사람들의 제단과 토착민들의 모든 종교 비품과 기구들을 파괴하라는 명령으로 시작하고 끝을 맺는다(5, 25-26절).

모세는 여러 명령 사이에서 언약 관계의 핵심이 되는 상호 선택을 강조한다. 이스라엘은 거룩하고 선택받은, 소중한 야웨의 소유물이다(6-10절). 만일 야웨가 명하는 길로 행한다면 이스라엘은 복을 받을 것이다(11-15절). 이스라엘은 그 땅에서 거주민들을 내쫓고 그들 및 그들과 관련된 모든 것을 멸하기 위해 야웨를 신뢰해야 한다(16-28절). 그 말씀은 그 땅에서 토착신들과 토착민을 모두 없애야 한다는 것을 분명히 한다. 그 땅에는 오직 단 하나의 신만이 존재할 수 있다. 가나안 거주민들의 그 땅에 대한 애착은 그 지역에 거하는 신들에 대한 깊은 애착과 밀접한 연관이 있다. 만일 그 땅에서 오직 야웨만을 예배하려면 이러한 두 가지의 유대를 반드시 끊어내어야만 한다(신 6:1-15; 20:15-18).

배경 자료 요약

요약하자면 먼저 가나안 침략과 정복은 야웨가 아브라함에게 주신 약속과 함께 시작한 드라마의 마지막 행위를 나타낸다. 야웨가 아브라함과 그의 후손들을 통해 이 세상의 모든 민족에게 복을 주시려는 계획은 야웨와 인간 사이의 회복된 관계를 온전히 유지하며 살 수 있는 땅을 필요로 한다. 야웨가 본래의 축복을 회복하기 위해 행동하심에 따라 땅과 이 회복된 관계는 서로 밀접하게 연관되어 있다.

둘째, 모세는 토착민을 쫓아내는 사건을 야웨가 민족들의 이동과 영토의 소유를 지휘 감독하시는 맥락 안에 배치한다. 이스라엘 이외의 다른 나라들도 영토를 침략하고 토착민들을 내쫓는 것에 관한 이야기를 가지고 있는데, 그러한 일들의 이면에는 모두 야웨의 신비로운 역사하심이 자리 잡고 있다.

셋째, 가나안 거민들을 내쫓은 것은 심판의 행위로 나타나 있지 않다. 비록 야웨는 토착민들의 행위를 가증스럽게 생각하지만, 야웨는 직접적인 심판을 선언하지 않으신다. 여호수아서는 가나안에서 벌어진 그 전쟁을 가나안 거민들의 죄로 인한 하나님의 심판으로 묘사하지 않는다. 오히려 이에 대한 극히 적은 성서의 언급은 가나안 거주민들이 쫓겨난 것이 오랜 세월 동안 그들이 행한 더럽고 악한 행위들이 누적된 영향의 결과라고 제안한다.

넷째, 출애굽과 가나안 침략은 야웨가 구원, 언약, 유업을 통해 새로운 민족을 창시하는 창조 사역의 처음과 마지막에 해당한다. 야웨가 가나안에 폭력을 가한 것은 이집트에 가한 폭력의 연장이며, 동일한 목적, 즉 야웨의 신실하심을 증명하고, 인간 왕들에게 압도적인 승리를 거둠으로써 야웨가 이 세상에 들어온 것을 알리기 위한 것이다. 야웨가 이집트에서 증명한 것처럼 새로운 신은 그 땅의 인간 권력자들에게 자신의 능력을 극적으로 입증함으로써 가장 빠르고 효과적으로 주목을 받는다. 야웨는 단독으로, 그리고 연대를 통해 가나안 왕들을 물리침으로써 그 땅을 차지하고 세상 민족들에게 하나님의 능력을 나타내신다. 야웨는 이집트와 가나안에서 벌어진 대량 살상 과정에서 인간 대리인을 활용하지만, 싸우고 승리를 거두는 분은 바로 야웨다. 이집트와 가나안의 차이점은 인간이 어느 범위에까지 폭력에 가담했는가 하는 점이다. 이집트에서는 모세와 아론이 야웨의 지시에 따라 폭력을 선포하고 주도한다. 가나안에서는 여호수아와 이스라엘이 이를 자행한다.

마지막으로, 그 땅에서의 삶은 이스라엘과 야웨의 관계를 규정하는 상호 선택을 보여주어만 한다. 다른 민족들, 신들, 관습들이 존재하는 것은 가나안 땅을 이스라엘의 땅으로 변화시키는 데 방해가 된다. 야웨와 이스라엘만이 그 땅에 거주해야 한다. 이스라엘은 토착민이라는 위협적인 존재를 제거하기 위해 필요한 모든 조치를 취해야 한다. 다른 신을 좇는 것은 야웨와 이스라엘을 서로 결속시키는 배타적 관계를 배신하는 것이다. 다른 신의 길을 따르는 것은 생명과 선하심의 주체이신 야웨를 거부하는 것이다. 다른 신들과 관련된 관습을 취하는 것은 그 땅과 그곳에 거하는 백성들에게 내린 번성하라는 명령을 거부하는 것이다.

정복자 야웨

여호수아서는 구약성서에서 가장 혼란스럽고 어리둥절하게 만드는 내러티브 가운데 하나다. 내레이션의 핵심 줄거리는 이스라엘이 야웨에게 온전히 순종하여 파죽지세로 가나안을 휩쓸고 연전연승하며 그곳에 거주하는 모든 사람들을 전멸했다고 주장한다. 일련의 요약들은 이러한 생각을 뒷받침한다. 여호수아는 가나안 남부의 모든 왕들을 물리치고 모든 살아 있는 것을 전멸하고 모든 땅을 정복했다(10:40-42). 여호수아는 가나안 북부의 모든 왕들을 물리치고 그들의 모든 성읍을 함락시켰다(11:12). 여호수아는 네게브에서 할락산에 이르는 땅 전체를 점령했다(11:16-17, 23). 여호수아와 이스라엘 백성들은 요단강 건너편 땅과 가나안을 지배했던 왕들을 물리쳤다(12:1-24). 야웨는 그 땅 전체를 이스라엘에 주셨고 이스라엘의 모든 대적들을 이스라엘의 손에 넘기셨다(21:43-45).

　　여호수아서의 첫 번째 단원(2-12장)은 야웨께 전적으로 순종하고 서로 단결하는 이스라엘을 보여준다. 야웨는 이스라엘에게 요단강을 언제 그리고 어떻게 건너야 하는지, 여리고를 어떻게 공격해야 하는지를 지시하고, 이스라엘은 야웨가 말씀하신 것을 정확히 이행한다(3:1-4:18;

6:1-21). 이스라엘 백성들은 할례를 행하고, 유월절과 무교절을 기념하며 (5:1-12), 모세의 명령에 따라 언약을 갱신하는 것을 통해 언약에 대한 순종을 입증한다(8:30-35; 참조. 신 11:29; 27:1-13). 여호수아와 이스라엘은 한 팀이 되어 행동한다. 내레이터는 공동체 전체를 서른 번 이상 언급한다.

그러나 멸망당한 왕들의 놀랄 만한 목록(12:1-24)에 이어 여호수아의 두 번째 단원은 야웨가 나이 많은 여호수아에게 "얻을 땅이 매우 많이 남아 있도다"라고 말씀하시면서 시작한다. 그 후 야웨는 아직 다른 민족들의 손에 남아 있는 광활한 영토에 관해 설명하고, 그들을 쫓아낼 것을 약속하신다(13:1-6). 지파 간의 경계에 대한 서술에 이어 요단강 건너편 지역(13:13), 에브라임(16:10), 그리고 므낫세(17:12-13) 지파의 지역에 남아 있는 토착민들에 대한 보고가 나온다. 이 가운데 마지막 보고는 그 지파가 강성해질 때까지 그들이 그 땅을 소유할 수 없었다는 언급을 포함하고 있다. 요셉 지파와 관련된 일화는 그들이 더 많은 영토를 요구하지만, 가나안 사람들 및 그들의 철병거와 싸우기를 꺼리는 모습을 보여준다(17:14-18). 또한 우리는 그 땅을 차지하기를 미루고 있는 지파들에 대한 여호수아의 책망에도 주목해야 한다(18:3).

화제를 바꾸어, 이스라엘이 기브온 거민들을 살려주기로 한 결정은 그러한 협정을 맺지 말라는 모세의 명령을 직접적으로 위반하고 히위 족속이 거주하는 지역 전체를 토착민들의 손에 그대로 남겨두었으며, 이는 그러한 조약을 맺지 말라는 모세의 명령을 직접적으로 위반한 것이다 (9:1-27; 11:19; 참조. 신 7:2). 이스라엘의 정탐꾼은 라합을 살려주겠다고 약속할 때 이와 동일한 방식으로 그 명령을 위반하여 "오늘까지 이스라엘 중에" 소수 민족이 거주하는 작은 지역을 남겨둔다(6:25). 악명 높은 아간의 불순종은 열등한 가나안 군대에 치욕스러운 패배를 당하게 만든다 (7:1-5). 요단강에서 제단을 쌓는 일을 두고 요단강 동쪽 지파와 서쪽 지파 간의 끓어오르는 분노가 폭발하여 이스라엘 민족이 내전을 치르기 직전까지 갔을 때는 이스라엘 백성들의 화합과 일치에 의문이 제기된다 (22:10-34). 여호수아서 결말 부분에 기록된 언약 갱신 기념식에서 여호수아는 이스라엘 민족이 야웨를 섬길 수 없다고 말하며 백성들에게 그들 가운데 있는 이방 신들을 제거하라고 요구한다(24:19-24).

그 결과 어떻게 되었는가? 이스라엘 백성이 하나가 되어 야웨의 명령에 온전히 순종하여 그들이 그 땅 전체를 취할 때까지 천하무적의 군대로 가나안을 쓸어버리고 모든 것을 전멸시켰나? 아니면 이스라엘이 많은 승리를 거두고 그 땅의 많은 부분을 취했지만, 전부는 아니었고, 야웨께 순종했지만, 모든 사례에서 순종한 것은 아니었기 때문에 그 땅의 많은 부분이 여호수아 시대 이후에도 토착민들의 손에 남아 있게 되었는가?

비록 서로 상반된 관점을 조화하려는 수많은 노력이 있었지만, 나는 이 내러티브를 있는 그대로 받아들인다. 이 방법은 내가 겉으로 보기에 어긋나 보이는, 연결이 안 되고 일관성이 없어 보이는 내레이션을 성서 이야기 안에서 하나님의 폭력이 가장 확대되고 극단적으로 나타난 사례에 관하여 야웨의 이야기의 온전함을 말하는 데 적합한 의도적인 전략으로 보도록 유도한다. 그 땅을 차지하는 과정에서 야웨와 이스라엘이 한 말과 행위는 너무 복잡하고 모순되어 그 이야기를 한 가지 관점에서 이야기하는 것은 그 드라마의 의미를 온전히 표현하지 못한다. 다시 말해 이 이야기의 내레이션은 여러 다양한 목소리를 통해 이야기한다. 여기에는 내러티브와 카운터내러티브, 그리고 다른 내러티브의 단편들이 들어 있는데, 각각 이 이야기가 전달해야 할 관점을 제시하기 위해 서로 경쟁한다. 따라서 어떤 의미에서는 여호수아서에 나타난 극단적인 폭력은 야웨가 자신을 이스라엘과 동일시하기로 결정함으로써 직면해야 했던 모순들을 독자들에게 제시한다.

정복 내러티브(수 1-12장)의 핵심 줄거리는 형식면에서는 도식적이며 매우 양식화되어 있다. 전반적으로, 정복 기사는 요단강 건너편에서 이루어진 이스라엘의 정복에 대한 모세의 내레이션의 패턴을 따른다(신 2:24-3:11). 모세는 이스라엘이 강(아르논 강)을 건너 그곳 왕의 땅을 차지하라는 야웨의 명령을 인용하면서 신명기 기사를 시작한다(2:24). 또한 야웨는 그 땅의 거주민들을 두렵게 하여 그들이 이스라엘 백성들에 관하여 듣고 떨게 될 것을 약속하신다(2:25). 그 후 모세는 시혼 왕에게 사자들을 보내지만, 그는 그들의 말을 거절한다(2:26-30). 그 결과 야웨는 시혼을 이스라엘의 손에 넘기셨다고 모세에게 말씀하신다(2:31). 이스라엘은 시혼을 물리치고, 모든 성읍을 취하며, 그의 백성들을 전멸한다(2:31-37). 바산 왕 옥과의 전쟁도 동일한 패턴을 따른다(3:1-7). 모세는 이스라엘 백성들이 취한 모든 땅을 요약해서 묘사하며 결론을 짓고, 내레이터는 바산 왕 옥이 르바임 족속 가운데 마지막으로 남은 자 가운데 하나였다는 언급으로 끝을 맺는다(3:8-12).

가나안에서 진행된 이스라엘의 정복 이야기도 같은 방식을 따른다. 그 기사는 야웨가 이스라엘에게 강(요단강)을 건너서 그 땅을 차지하고 말씀하시는 명령으로 시작한다(수 1:2, 11). 그 후 여호수아는 여리고에 정탐꾼을 보내고, 야웨는 그 땅 주민들을 크게 두려워하여 떨게 하고 그들을 이스라엘의 손에 넘기신다(2:9-11, 24). 그 후 일련의 전투가 이어지고 이스라엘은 왕들을 물리치고 성읍을 취하며 백성들을 전멸한다. 신명기에서처럼 이 기사는 여호수아가 취한 모든 땅에 대한 간략한 설명으로 끝나며 야웨가 왕들의 마음을 완악하게 하셨다는 언급을 포함하고 있는데, 이는 시혼과 관련된 유사한 보고에 해당한다(신 2:30). 그 후 이 요약은 그 땅에 남아 있는 거인들에 대한 언급으로 끝을 맺는다(아낙 사람들; 수 11:21-22).

여호수아서에 나타난 각각의 전쟁 기사 역시 신명기에 기록된 패턴을 따른다. 모세는 동일한 방식으로 시혼(신 2:31-35)과 옥(신 3:1-7)에게 승리를 거둔 일을 언급한다. 왕은 이스라엘 백성들을 공격한다. 야웨는 왕을 이스라엘 백성들의 손에 넘겼다고 말씀하신다. 모세는 승리를 거둔 이스라엘 백성들이 왕을 치고, 그의 성읍을 함락시켰으며, 그의 모든 백성들을 전멸했다고 말한다. 여호수아에서는 아이와 하솔에서 벌어진 전투가 동일한 요소를 포함하고 있는 반면(8:1-27), 여리고 기사는 토착민들이 이스라엘 백성들을 공격했다는 보고를 유일하게 생략한다. 여리고, 아이, 기브온에서 벌어진 전형적인 세 번의 전투 이후에 나오는 기사들은 야웨가 그 성과 왕을 여호수아의 손에 넘겨주셨다는 보고를 제외하고는 (대부분) 이렇게 정형화된 패턴 자체를 반복하며 요약하고 있다 (10:28-39). 요약하자면 전쟁의 보고는 극도로 양식화되어 있다. 각 보고는 야웨가 토착민을 이스라엘의 손에 넘겨주고, 이스라엘이 왕들을 물리치며, 그들의 성읍을 취하고, 그들의 백성들을 전멸했다는 것을 부분적으로 혹은 전체적으로 확인하는 공통적인 틀과 관련이 있다.

그러나 위에서 언급한 바와 같이 여호수아에서는 수사학적인 문구가 내용을 나타내기보다는 양식을 드러내고 있음을 암시하는 다른 보고들이 존재한다. 우리는 이미 지파 간의 땅 분배 및 끝까지 저항하는 토착민들과 자신감 없이 망설이는 이스라엘 백성들에 대해 보고하는, 이스라엘이 소유하지 못한 영토에 대한 안타까운 묘사들에 주목했다. 그것은 사사기를 시작하는 이 이야기에 대한 대안적인 요약에 관해 아무런 평가도 내리지 않는다. 사실 이 도입 부분은 이 이야기를 각 지파들과 그룹들이 어느 정도의 성공 혹은 실패를 거듭하면서 통과한 하나의 과정으로 묘사함으로써 "온 이스라엘"이 가담한 이 사건의 의미를 약화시킨다.

또한 라합의 식구와 기브온 사람들의 문제도 있다. 기브온 주민들은 그 땅에 살고 있던 토착민으로서 그 땅의 다른 민족들이 처한 운명을 피할 수 있었다. 기브온 주민들 이외에 또 다른 민족들도 있지 않았을까? 세겜 인근(수 8:30-35)과 세겜에서(수 24:1-28) 거행된 이스라엘의 언약 갱신 기념식이 시사하는 바는 그 정도뿐이다. 세겜은 히위 족속들이 거주하던 또 다른 지역일 가능성이 높다(창 34:2). 거기에는 그 성읍이 공격을 받았다거나 이스라엘 백성들이 이를 취했다는 기사도 없고, 그곳에 살던 사람들이 전멸되었다는 기사도 없다. 하지만 온 이스라엘은 야웨와의 언약 관계를 재확인하기 위해 세겜에 모인다. 첫 번째 사례는 온 이스라엘을 "본토인뿐 아니라 이방인"으로 묘사한다(수 8:33). 그렇다면 세겜은 과연 어떻게 이스라엘 손에 들어오게 되었으며, 세겜 사람들에게 무슨 일이 일어난 것일까?

전멸이라는 용어 역시 비슷하게 고안해낸 것일 수 있다. 전쟁 기사를 설명하는 정형화된 언어의 중심에는 이스라엘 백성들이 정복한 성읍에 거주하던 모든 사람을 전멸했다는 주장이 있고, 때로는 이스라엘 백성들이 단 한 명의 생존자도 남기지 않았다거나 살아서 숨 쉬는 모든 것을 죽였다는 언급이 추가된다. 여기서 "전멸했다"(kharam)로 번역된 히브리어 동사는 다른 곳에서는 야웨의 재산으로 양도된 물건을 의미하며, 인간의 경우 그 사람은 사형에 처하게 된다(레 27:28-29). 이 동사의 어원은 성서 외에 몇 가지 사례에서 발견되는데, 신에게 드리는 헌납으로서 왕이 주민들을 학살하는 것을 의미한다. 성서 및 비성서 문헌에서 모두 인간의 목숨을 헌납하는 것은 인간의 주도로 이루어진다. 사람들은 다른 사람을 살육하여 바친다. 이것은 사실상 그렇게 헌납된 도시에 사는 사람들을 학살하는 것을 의미하기 때문에 이 용어는 때로 "전멸하다"와 같이 보다 더 폭넓은 의미를 지닌다. 여호수아서에서 이 동사가 사용된 두 가지 방식은 주목할 만하다. 첫째, 이 명령은 야웨의 주도로 이루어지며,

이스라엘이 신명기에 나타난 하나님의 명령에 순종했다는 증거로 이스라엘이 주민들을 전멸했다고 보고한다. 둘째, 이 동사는 오직 여호수아서의 첫 번째 단원에만 나타난다.

그 땅의 주민들을 전멸하라는 모세의 명령을 주의 깊게 읽어보면 눈에 띄는 모순을 발견할 수 있다. 모세의 전체 명령은 다음과 같다.

> 네 하나님 [야웨]께서 너를 인도하사 네가 가서 차지할 땅으로 들이시고 네 앞에서 여러 민족 헷 족속과 기르가스 족속과 아모리 족속과 가나안 족속과 브리스 족속과 히위 족속과 여부스 족속 곧 너보다 많고 힘이 센 일곱 족속을 쫓아내실 때에 네 하나님 [야웨]께서 그들을 네게 넘겨 네게 치게 하시리니 그때에 너는 그들을 진멸할 것이라. 그들과 어떤 언약도 하지 말 것이요 그들을 불쌍히 여기지도 말 것이며 또 그들과 혼인하지도 말지니 네 딸을 그들의 아들에게 주지 말 것이요 그들의 딸도 네 며느리로 삼지 말 것은 그가 네 아들을 유혹하여 그가 [야웨]를 떠나고 다른 신들을 섬기게 하므로 [야웨]께서 너희에게 진노하사 갑자기 너희를 멸하실 것임이니라. 오직 너희가 그들에게 행할 것은 이러하니 그들의 제단을 헐며 주상을 깨뜨리며 아세라 목상을 찍으며 조각한 우상들을 불사를 것이니라. 너는 [야웨] 네 하나님의 성민이라. 네 하나님 [야웨]께서 지상 만민 중에서 너를 자기 기업의 백성으로 택하셨나니(신 7:1-6).

문제는 바로 이것이다. 모세는 이스라엘 백성들에게 토착민을 전멸하라고 명령하지만, 마치 그 명령이 적절치 못하거나 또는 그들이 그 명령을 따르지 않을 것처럼 그는 토착민과의 교류를 금지한다. 뒤 이어 나오는 내용에 비추어 볼 때 토착민을 전멸하라는 명령은 부적절해 보인다. 만일 이스라엘이 그 땅에 들어갈 때 토착민을 전멸해야 했다면 이스라엘 백성을 그 주민들로부터 거리를 두기 위해 마련된 일련의 행동들은 왜 명시되어 있는 것일까?

다시 말하면 사람들을 전멸하라는 명령은 이스라엘을 그들에게서 거리를 두게 하는 것만큼 그들을 제거하는 것에 그다지 관심이 없는 듯 보인다. 이 본문은 이스라엘의 정체성을 지키고, 토착민을 그 땅에서 분리시키며, 그 땅을 오직 야웨만을 섬기는 장소로 바꾸어놓기 위해 필요한 실천 사항에 집중한다. 이 본문의 구조는 핵심을 보강한다. 모세는 그 땅에 있는 많은 주민들을 열거하는 것으로 시작하여(신 7:1) 그 땅을 변화시켜 이스라엘이 야웨와 맺은 언약 관계 안에서 살기 위한 적합한 장소로 만들기 위해 어떤 일을 해야 하는지를 설명하고(신 7:2-5), 땅 위의 모든 민족들 가운데 야웨의 귀중한 소유로서 이스라엘을 택하셨기 때문에 그들은 거룩하다는 선언으로 마무리한다(신 7:6). 모세가 상세히 설명한 실천 사항들은 이 세상에서 이스라엘이 야웨가 원하시는 회복의 목적을 삶에서 구현하기 위해 반드시 유지해야 할 경계를 설정한다. 다시 말해 분리와 변화라는 이 본문의 초점은 가나안 사람들을 전멸하라는 명령이 분리의 윤리를 가장 극단적인 방식으로 강조하는 수사학적 장치임을 드러낸다.

따라서 신명기의 명령은 우리가 그것을 다른 의미로 받아들여야 한다는 단서를 제공한다. 존 골딩게이는 이 문제를 간결하게 설명한다.

이스라엘은 토라를 읽는 방법을 알고 있었다. 그들은 그것이 가나안 사람들을 바치라는 신명기의 명령에 대한 문자적 이해를 전제로 한 것이 아님을 알고 있었다. 모세는 그 명령을 그러한 의미로 말한 것이 아니었으며, 여호수아는 그 명령에 얽매이지 않았다. 더 정확히 말하면 모세가 그렇게 명령하긴 했어도 그것을 문자적으로 받아들이도록 의도한 것은 아니었다. 문자적으로는 이스라엘이 가나안 사람들을 추방하고, 그들의 종교를 파괴하며, 그들과 아무런 관계를 갖지 말아야 했다. 비유적으로 혹은 과장해서 말하자면 이스라엘은 그들을 야웨께 바쳐야 했다. 이스라엘은 토라가 신학, 종교, 윤리라는 규범의 형태로 구성되어 있음을 알고 있었으며, (토라가) 단순히 시행을 위한 법령이 아니라는 것을 알고 있었다. 가나안 사람들을 바치라는 명령은 무엇보다 우선 이스라엘이 얼마나 철저하게 가나안 종교의 영향을 피해야 하는지를 표현한 것이다.[6]

가나안 사람들을 전멸하라는 이 명령의 수사학적 성격을 인식하는 것은 또 하나의 모순을 해결해준다. 우리는 앞에서 사람들을 전멸하라는 명령

6   John Goldingay, *Israel's Life*, vol. 3 of *Old Testament Theology* (Downers Grove, IL: InterVarsity, 2009), 571.

이 야웨의 초기 명령을 신명기 사가가 수정한 것임을 지적한 바 있다. 이 초기 명령은 야웨와 이스라엘이 그 땅에 들어가 수행해야 할 과제가 사람들을 전멸하는 것이 아니라 쫓아내는 것이라고 말한다. 여호수아서로 넘어와 우리는 가나안에서의 전투 다음에는 패배한 왕들의 목록이 나오는 것을 발견하는데(수 12:1-24), 거기에는 야웨가 남아 있는 사람들을 모두 전멸하라고 지시했다거나 이스라엘이 그렇게 했다는 보고가 없다. 여기서 **전멸하는** 것이 아니라 **쫓아내는** 것은 오히려 그 땅의 주민들에 대해 야웨가 행할 것과 이스라엘이 행한 것(또는 하지 않은 것)을 나타낸다(13:1; 14:12; 15:63; 17:12, 13, 18). 따라서 그 땅의 정복 과정은 두 단계에 걸쳐 이루어진다. 여호수아 2-12장에서 왕들과 성읍들을 정복한 단계와 여호수아 13-21장에서 남아 있는 주민들을 쫓아낸 단계다. 두 번째 단계, 즉 쫓아내는 단계는 여호수아서의 내러티브를 출애굽기의 초기 선언으로 되돌리고, 전멸하라는 명령이 수사학적인 과장법임을 확인시켜준다. 사람들을 전멸하기 보다는 쫓아내는 행위는 이스라엘이 미래를 내다보며 그 땅의 장애물을 제거하는 수단이 된다.

뿐만 아니라 야웨는 이 신명기 명령의 이행이 중단된 것에 대해 불만을 표출하지 않으신다. 그와는 정반대로 야웨는 그 땅의 왕들을 물리친 후에 그 땅의 주민들을 (이스라엘에게 넘겨주는 것이 아니라) 추방하겠다고 약속하신다(13:6). 여호수아는 추방 계획을 확인해준다. 여호수아는 그의 인생 마지막에 이르러 주목할 만한 권면을 하는데, 그는 야웨가 이스라엘에게 하신 일을 기억하라고 말하면서 야웨가 계속해서 주민들을 쫓아내셔서 결국 이스라엘이 그들의 땅을 차지할 수 있게 될 것이라고 말한다(23:3, 5, 9-10). 그렇게 함으로써 여호수아는 야웨와 이스라엘이 그 땅을 차지하기 위해 함께 일할 것이라는 야웨의 최초 선언을 이스라엘에게 상기시킨다(출 23:20-33; 민 33:51-56). 여호수아가 통혼에 대한 언급과 그 땅의 주민들을 쫓아내라는 권고의 맥락에서 신명기의 명령에 대해 언급한 것은 그 명령의 수사학적 성격을 더욱 확인해준다.

이 모든 것은 여호수아와 이스라엘이 그 땅의 모든 사람들을 전멸했다는 보고가 수사학적 의도에 해당한다는 결론에 이르게 하며, 이는 반드시 신명기의 명령과 여호수아 전체의 맥락을 참고하여 이해해야 한다. 그 보고들은 이스라엘이 토착민과의 근본적 분리를 유지하는 것에 헌신한 것을 강조하며 그 땅의 세력들이 정복되었다는 사실(그 땅을 언약의 삶을 위한 장소로 자리매김하기 위해 필요한 첫걸음)을 선포한다. 비록 전쟁 기사와 요약이 전쟁 중에 일어난 대량 학살 등을 암시하지만, 그 기사들은 과장법과 고정된 보고 방식을 사용한다. 이 기사들은 야웨와 이스라엘이 그 땅의 적대 세력들을 물리쳐 가나안이 이스라엘 백성의 고향이 되도록 변화하기 위한 토대를 확립했다는 점을 분명하게 확인해준다.

여호수아 2-12장의 전쟁 기사에 나타난 양식화되고 과장된 수사학은 이스라엘 시대의 세계 강대국의 군사 문학에서도 발견된다. 그 시대의 왕들은 그들이 거둔 승리를 상당한 허세를 부리며 자랑스럽게 알렸다. 고대 근동 지역의 군사 작전과 전쟁의 보고는 주로 과장법과 비유적인 언어로 이루어져 있다. 왕들은 관례상 그들의 승리를 거창하고 과장된 용어로 묘사한다. 우리는 유익한 한 가지 예를 기원전 13세기 말 이집트의 파라오가 여러 나라들과 민족들을 정복한 것을 묘사하고 있는 메르네프타 비문에서 찾을 수 있다. 그 이야기는 메르네프타의 무적불패를 묘사하며 아몬 신이 어떻게 강력한 적들을 그의 손에 넘겼는지를 말하고 있다.[7] 그것은 성서 밖에서 이스라엘에 대해 최초로 언급한 내용이 포함된 기록과 함께 다음과 같이 결론 내린다.

> 아스글론은 끌려갔고, 게셀은 함락되었다.
>
> 야노암은 마치 존재하지 않았던 것처럼 흔적도 없이 사라졌다.
>
> 이스라엘은 황폐해졌고, 그 씨는 말라버렸다.
>
> 후르루는 이집트의 과부가 되었다!
>
> 온 땅이 모두 평정되었다.
>
> 안절부절못하던 모든 이들이 결박되었다(*ANET*, 378).

그러나 그의 주장에도 불구하고 메르네프타는 실제로 이스라엘을 흔적도 없이 사라지게 하지 못했다! 그와 반대로 이스라엘의 "씨"는 계속 자라서 그 땅에서 세력을 얻는다. 과장된 수사학은 전체 보고의 핵심을 강

---

7 고대의 정복 기사들도 어떤 신이 왕의 대적들과 직접 싸운 보고를 담고 있다. 보다 더 상세한 정보는 다음을 보라. K. Lawson Younger, Jr., *Ancient Conquest Accounts: A Study in Ancient Near Eastern and Biblical History Writing*, JSOTSup 98 (Sheffield: JSOT Press, 1990).

조한다. 메르네프타는 사실상 나라들과 백성들을 정복했다. 따라서 그 기사는 실제로 벌어진 전쟁을 언급하지만, 파라오의 명성을 높이고자 그 사실을 부풀린다. 이스라엘이 그 땅의 거민들을 전멸하지 않은 것처럼 메르네프타도 이스라엘을 전멸하지 않았다.

그렇기 때문에 야웨와 여호수아의 승리를 찬양하는 목소리는 이스라엘이 존재하던 시대에 위대한 왕의 공적에 합당한 방식으로 야웨의 승리를 찬양하고자 하는 것이다. 이스라엘의 무적불패와 모든 사람을 전멸했다는 주장은 그 땅과 그곳의 사람들을 정복한 것을 보고하기 위해 통상적으로 사용된 관용적인 표현이다. 여호수아에서 야웨는 벽을 무너뜨리고 그 땅의 적대 세력들을 물리치기 위해 하늘의 병력에 출두 명령을 내리는 무적불패의 용사다. 야웨는 적들을 두려워 떨게 만드는 지혜롭고 강력한 하나님이며, 이스라엘의 대적들을 그들의 손에 넘기시고 그의 백성들에게 승리를 가져다줄 전략을 베푸신다. 야웨는 존재하던 세상의 위대한 유력자들이 하던 것처럼 이스라엘이 그 땅을 정복한 권리로 땅을 요구하고, 그의 충직한 신하들에게 그 땅을 나누어주시는 용사이신 하나님이다. 이 이야기를 위대한 왕들에 관한 이야기가 아닌 다른 이야기로 소개하는 것은 진정 야웨가 누구시며, 또 야웨가 이 땅에서 행하신 일을 과소평가하는 것이 될 것이다.

야웨, 왕들, 그리고 민족들

그렇다면 그 땅에 사는 사람들을 전멸하라는 명령은 무엇인가? 그것 역시 과장인가? 그 땅과 그곳에 사는 민족들을 정복하기 위해 그들을 전멸할 필요가 있는 것인가? 마치 이런 질문에 대답이라도 하듯이 여호수아서의 내레이션은 이 이야기에 두 가지 중요한 반전을 일으키기 위해 문학적 관행에서 벗어난다. 첫 번째는 그 땅에서 야웨와 그의 백성들을 위협하는 적들을 재정의하는, 미묘하지만 기발한 내러티브 전략을 수반한다. 신명기에 나타난 명령은 그 땅에 사는 사람들을 적으로 나타내고 있는데, 그들이 지닌 차이점은 야웨와 이스라엘 백성들이 그 땅에서 함께 세워나갈 배타적이며 상호적인 언약의 삶에 위협을 가한다. 그 명령은 이스라엘을 하나의 통일된 민족으로 보고, 유일신인 하나님께 온전한 헌신을 요구한다(신 6:4-5). 이러한 헌신은 "이 율법책", 즉 신명기 안에 있는 모세의 명령에 대한 확고하고 완전한 순종을 통해 표현되어야 한다(수 1:8-10; 참조. 28:61; 31:26).[8] 이스라엘의 특징을 나타내는 통일성과는 대조적으로 그 땅의 민족들은 일관되게 복수로 표현된다. 그들은 별개의 민족들로 기록되어 있다. 그들은 많은 신들을 섬기고 각기 다른 방식을 따른다. 많은 왕들이 그들을 이끌고 있다. 따라서 신명기의 명령

---

8 "이 율법책"은 신명기가 본서를 가리키는 데 사용한 표현이다(신 29:21; 30:10; 31:26).

은 그 민족들을 그 땅에서 이스라엘을 통해 성취될 야웨의 목적에 대한 **실존적** 위협으로 제시하고 있지만, 반드시 **군사적** 위협으로 제시하고 있지는 않다.

한편 정복 기사의 내레이션은 이스라엘이 직면한 위협을 그 땅의 주민들에서 그 땅의 왕들에게로 점차적으로 이동시키는데, 그 왕들을 더욱더 적대적인 세력으로 제시함으로써 이를 표현하고 있다.[9] 여리고에서 왕의 신복이 라합의 집 문 앞에 도착하여 그녀의 집에 찾아온 이스라엘 정탐꾼을 넘기라고 요구할 때 왕은 간접적이지만 공격적인 모습으로 나타난다. 그러나 라합이 정탐꾼들은 이미 그곳을 떠났으며, 그들을 잡으려면 서둘러야 한다고 말할 때 그녀는 그 사람들, 그리고 결과적으로는 왕을 방해한 것이다(2:2-7). 따라서 가나안 여인은 가나안 왕이 보낸 사람들과는 대조적으로 보호자의 역할을 맡은 셈이다. 결국 야웨는 여호수아에게 그가 왕들과 그의 용사들을 여호수아의 손에 넘겼다고 알려주신다 (6:2).

아이성에서 이스라엘 백성들은 매복하고 있었고 왕을 유인하여 광야에서 그들을 공격하게 한다(8:1-22). 그 후 이스라엘이 기브온에게

<hr />

9 이에 관해서는 다음을 보라. Lawson G. Stone, "Ethical and Apologetic Tendencies in the Book of Joshua," *CBQ* 53 (1991): 25-35. 그리고 이를 확대한 것에 관해서는 다음을 보라. L. Daniel Hawk, "Conquest Reconfgured: Recasting Warfare in the Redaction of Joshua," in *Writing and Reading War: Rhetoric, Gender, and Ethics in Biblical and Modern Contexts*, ed. Brad E. Kelle and Frank Ritchel Ames, SBLSS 42 (Atlanta: Society of Biblical Literature, 2008), 147-52.

속아 넘어가 그들과 평화 조약을 맺은 다음 내레이터는 각각 이름과 성읍을 통해 그들의 신원을 확인할 수 있는 가나안의 다섯 왕이 기브온에 대한 공격을 시작하기 위해 모였다는 것을 보고한다. 그들의 위협은 여호수아로 하여금 이스라엘이 선제 공격을 하도록 유도하고(10:1-9), 그것은 결과적으로 야웨의 손을 통해 큰 승리를 거두게 한다. 그 기사는 일곱 차례에 걸쳐 남부에서 진행된 가나안 정복을 요약하는 정형화된 목록으로 이어지며(10:29-42), 그 가운데 두 경우를 제외하고는 모두 한 왕에 대한 승리를 보고한다. 그 뒤를 이어 내레이터는 가나안 북부에서 훨씬 더 큰 규모의 왕들의 연합이 이스라엘과 싸우기 위해 모였는데 "백성이 많아 해변의 수많은 모래 같고 말과 병거도 심히 많았"다고 보고한다(11:4). 여호수아는 "그 왕들의 모든 성읍과 그 모든 왕을 붙잡"았다(12절)는 내레이터의 언급처럼 그 왕들 역시 물리쳤다.

내레이터는 가나안의 전쟁 기사들을 그 땅의 왕들(그 땅의 민족들이 아닌; 11:16-17)에 대한 일련의 승리로 묘사함으로써 그 기사들을 마무리한다. 이것은 결국 정복 전체에 대한 요약으로 이어지는데, 이는 왕들의 목록—모세가 요단강 건너편에서 물리친 두 명의 왕과 여호수아가 가나안에서 물리친 서른 한 명의 왕(12:1-24)—으로 나타나 있다. 그 이후, 비록 많은 성읍들이 아직 가나안 사람들의 손에 남아 있지만, 가나안 왕에 대한 언급은 더 이상 나타나지 않는다. 이스라엘이 직면한 위협을 제거하는 일은 패배한 왕들의 목록과 함께 완성된다. 비록 신명기는 그 땅의 주민들 자체를 이스라엘이 가나안에서 직면한 일차적 위협으로 제시하지만, 내레이션은 그 땅의 왕들을 점점 더 적대적인 세력으로 제시함으로써 그 위협을 왕들로 재정의하고 있다.

보완적인 문학적 전략은 심지어 그 왕들을 악마로 묘사하면서도 그 땅의 주민들은 인간적으로 표현한다. 가나안에서 벌어진 첫 세 차례의 전투는 뒤를 잇는 모든 전투의 전형적인 예로써 기능한다. 여리고, 아이, 기브온에 대한 이스라엘의 승리 기사는 이스라엘이 그 땅에서 야웨와 함께하는 삶을 규정할 상호 관계를 강조한다. 각 기사에서 야웨는 여호수아에게 그 전쟁을 위한 지시를 내리고, 적들을 여호수아의 손에 넘겼다고 선언하신다. 그 후 야웨는 여리고와 기브온에서 직접 상대편의 왕을 상대로 한 전투에서 승리를 거두고, 여리고와 기브온에서, 그리고 아이성에서는 교묘한 전략을 통해 승리를 거둔다. 결국 이스라엘은 여호수아를 통해 주어진 야웨의 명령에 온전히 순종함으로써 적군에게 승리를 거둔다. 단 하나의 예외는 성급한 이스라엘 군사들이 야웨의 지시와는 별개로 아이에 있는 수비대에 공격을 시작하여 열등한 군대에게 무자비하게 패배를 당한 것이다(7:2-5).

앞에서 소개한 전쟁 기사는 각각 폭력에 가담한 자들이 누구인지를 밝혀내는 내용이 담긴 일화다. 라합은 여호수아가 정찰 임무를 띠고 여리고로 보낸 이스라엘 첩자를 숨겨주고(2:1-24), 아간은 야웨께 바친 전리품을 훔친 후 은닉하며(7:1, 6-26), 기브온의 사신들은 여호수아와 이스라엘의 장로들로부터 약속을 얻어내기 위해 속임수를 쓴다(9:1-27). 이 이야기들은 복잡한 구조를 공유하며 서로 함께 읽어야 한다는 점을 암시한다. 각각의 일화는 은닉과 발견이란 주제를 사용하고, 심문, 전환, 송영, 기원이라는 모티프를 포함하고 있다. 라합은 이스라엘 첩자를 지붕 위에 감추고 자신의 계획을 밝힌다. 아간이 죄를 자백할 때 그가 땅속에 감춘 가나안 전리품이 드러나고 공개된다. 기브온 사신들은 그들이 마치 먼 나라에서 방금 도착한 것 같은 옷차림을 함으로써 그들의 본래 정체를 숨기며, 맹세를 통해 조약을 맺는 데 성공한 후에야 비로소 그들의 정체가 밝혀진다.[10]

첫 번째와 세 번째 이야기(라합과 기브온 사신들)는 전멸될 운명에서 살아남은 후 이스라엘에 통합된 그 땅 주민들의 이야기를 다룬 반면(수 6:25; 9:27), 그 중간에 있는 이야기는 가나안의 전리품에 유혹을 받아 그의 가족과 함께 그 땅의 왕들과 주민들에게 내려진 운명을 겪게 된 유서 깊은 가문 출신의 이스라엘 사람 이야기를 다룬다(수 7:24-26; 참조. 8:28-30). 종합하면 이 이야기들은 이스라엘이 가나안 사람들을 학살하는 것을 암묵적으로 정당화하는 악한 가나안 사람들/선한 이스라엘 사람들이란 모형론을 뒤집는다. 교활한 가나안 사람들은 살아남아 그 땅에서 야웨의 언약 백성들 가운데 사는 반면, 불순종한 이스라엘 사람의 가족은 모두 전멸된다.

○○○○○
10 줄거리 요소의 완전한 목록에는 은닉, 질의, 방향 전환, 자백(신앙 또는 죄), 요구와 답변, 내려진 명령에 대한 단서, 인과관계에 대한 설명, 저주 등이 포함된다. 이에 대한 자세한 내용은 다음을 보라. L. Daniel Hawk, *Joshua*, Berit Olam (Collegeville, MN: Liturgical Press, 2000), 19-33; L. Daniel Hawk, "Conquest Reconfigured," 145-60.

이러한 카운터내러티브들의 초점은 라합의 이야기를 좀 더 면밀히 들여다보면 알 수 있다(수 2:1-24; 6:22-25). 여호수아서는 "이 율법책"에 성공의 조건으로 명시된 모세의 율법을 모두 온전히 지키라는 야웨의 권고(1:6-8)를 포함한 일련의 연설로 시작하며, 그 뒤를 이어 이스라엘 백성들의 순종을 약속하는 단호한 선언이 나온다(1:16-18). 그러나 이스라엘 백성이 그 땅에 들어가 맨 처음 한 일은 그들의 사명에 해당하는 명령을 명백히 위반하는 것이다. 이스라엘의 두 정탐꾼은 그들의 목숨에 대한 대가로 가나안 매춘부와 그녀의 가족을 살려주기로 동의한다. 이것은 이스라엘이 "그들과 어떤 언약도 하지 말 것이요 그들을 불쌍히 여기지도 말"아야 한다(신 7:2b)는 모세의 명령에 노골적으로 저항한 것이다. 이 사건 전반에 걸쳐 정탐꾼들은 가나안 여인이 자신들에게 하라는 대로 한 소극적인 인물로 묘사되어 있다. 심지어 그들의 이름조차도 나타나 있지 않다.

그러나 이 이야기에서 가나안 사람의 이름과 신원은 나타나 있다. 매춘부 라합은 이스라엘 백성들이 높이 평가하는 우수한 에너지, 기회주의, 그리고 기민함을 보인다. 더욱이 그녀는 야웨를 찬양하는 반면, 여호수아가 손수 선택한 정탐꾼들은 야웨와 관련이 있는 문제에 침묵한다. 라합이 지붕 위에 숨어 있는 정탐꾼들에게 말할 때 그녀가 한 말은 이스라엘의 신앙 고백의 형태—야웨가 행하신 전지전능한 일에 대한 찬사와 타의 추종을 불허하는 야웨의 탁월성에 대한 신조적 확증—를 취한다.

이는 너희가 애굽에서 나올 때에 [야웨]께서 너희 앞에서 홍해 물을 마르게 하신 일과 너희가 요단 저쪽에 있는 아모리 사람의 두 왕 시혼과 옥에게 행한 일 곧 그들을 전멸시킨 일을 우리가 들었음이니라. 우리가 듣자 곧 마음이 녹았고 너희로 말미암아 사람이 정신을 잃었나니 너희의 하나님 [야웨]는 위로는 하늘에서도 아래로는 땅에서도 하나님이시니라(수 2:10-11).

라합이 정탐꾼들에게 그들을 보호해주는 대가로 자신의 가족을 살려달라고 부탁할 때 정탐꾼들은 "우리의 목숨으로 너희를 대신할 것"(2:14a)이라고 외치며 즉시 동의한다. 따라서 이스라엘 백성들이 그 성을 취할 때 여호수아는 그 합의를 존중하여 그 가족을 살려준다(6:25). 그 후에 계속되는 사건들에서 야웨와 내레이터는 모두 모세의 명령을 위반한 것에 관해 어떤 우려나 실망을 표현하지 않는다. 사실상 야웨는 마치 아무 일도 일어나지 않은 것처럼 여리고에서 이스라엘을 위해 계속 지시하고 싸우면서 그 일을 묵인하신다.

라합은 이스라엘의 하나님에 대한 믿음을 고백하고, 모세의 율법이 금지하는 자비를 얻고, "오늘날까지 이스라엘 가운데서 살고 있다." 그 땅을 취한 언약 공동체 안에 그녀가 포함된 것은 정탐꾼들이 그 합의의 내용을 수정한 것을 통해 상징적으로 확인된다.

우리가 이 땅에 들어올 때에 우리를 달아 내린 창문에 이 붉은 줄을 매고 네 부모와 형제와 네 아버지의 가족을 다 네 집에 모으라. 누구든지 네 집 문을 나가서 거리로 가면 그의 피가 그의 머리로 돌아갈 것이요 우리는 허물이 없으리라. 그러나 누구든지 너와 함께 집에 있는 자에게 손을 대면 그의 피는 우리의 머리로 돌아오려니와(수 2:18-19).

집안에 머물던 사람들을 죽음으로부터 보호해준 집 정문의 붉은 표시는, 그 땅을 침략한 사건과 이집트에서 탈출한 사건을 연결하며, 라합과 그녀의 가족은 더 큰 이스라엘 내러티브에서 한 몫을 차지한다.

이와 마찬가지로 기브온 사람들도 야웨의 전지전능하신 일들에 찬사를 보내고, 이스라엘과 금지된 서약을 확보하며, 언약 공동체의 가나안 회원으로서 그 땅에 계속 남아 있게 된다. 상징적 암시 또한 그들을 야웨가 그 땅에 세운 새로운 사회의 온전한 참여자로 나타낸다. 그들의 정체를 알게 된 후 여호수아는 그들과 맺은 약속을 존중하지만, 공동체를 위해 그날부터 나무를 패며 물을 긷는 자가 되어야 할 것을 명령한다(9:18-27). 이 명령은 히위 사람들을 가나안 침략 직전 야웨와 언약을 갱신했던 사람들과 동일시하고 있다. 그 당시 모세는 이스라엘 백성들에게 "오늘 너희 곧 너희의 수령과 너희의 지파와 너희의 장로들과 너희의 지도자와 이스라엘 모든 남자와 너희의 유아들과 너희의 아내와 및 네 진중에 있는 객과 너를 위하여 나무를 패는 자로부터 물 긷는 자까지 다 너희의 하나님 [야웨] 앞에 서 있"다고 연설한다(신 29:10-11). 따라서 라합과 기브온 사람들은 이스라엘의 하나님을 고백하고, 구원과 언약을 체험하고, 그 땅에서 계속해서 살고 있는 뚜렷이 구별되는 토착민들을 나타낸다.

아간의 이야기는 이들과 정반대의 모습을 보여준다. 이 기사는 아간을 소개하기 위해 그가 속한 이스라엘의 유서 깊은 가문을 추적하여 그 지파의 족장인 유다까지 거슬러 올라간다(7:1). 그러나 아간은 금단의 경계를 넘고 야웨께 바친 여리고에서 얻은 전리품을 취한다. (kherem, "바침"은 "전멸하다"를 의미하는 동사의 명사형이다.) 따라서 그는 가나안의 유혹을 쉽게 받아 언약의 경계선을 넘는 이스라엘 백성들을 나타낸다. 그의 이름은 히브리어로 알려진 의미가 없으며, 아마도 암호화된 것으로 보인다. "아간"이란 이름의 히브리어 자음의 순서를 바꾸면 "가나안"이라는 이름의 어근이 나온다. 아간이 자기 장막에 숨긴 가나안의 전리품이 그의 진짜 정체성을 반영하는 것일까? 야웨는 이스라엘이 가나안 사람들에게 자비를 베풀 때 침묵하셨던 반면, 아간의 신성모독에는 격분하신다. 야웨는 여호수아를 질책하고, 그 죄로 온 이스라엘 민족을 책망하며, 여호수아에게 그 죄를 범한 자를 공개하라고 말씀하신다. 아간이 죄를 자백한 후 여호수아는 그와 그의 가족을 돌로 쳐서 죽일 것을 명령한다. 그 다음 여호수아는 그들을 불사르고 돌무더기 아래에 묻으라고 지시한다. 이 명령은 아간을 그 후 아이성을 불살라서 만든 잔해더미(8:28) 및 처형당한 아이성의 왕을 묻은 돌무더기와 연결한다(8:29).

이 세 개의 일화는 하나의 핵심을 말한다. 야웨께 대한 믿음을 고백하는 토착민들은 언약 공동체에 받아들여질 수 있지만, 언약 공동체를 규정하는 경계 밖으로 나간 이스라엘 백성들은 반드시 제거된다. 토착민들은 이스라엘 안으로 들어갈 수 있지만, 이스라엘을 떠나 다시 그들이 속해 있던 곳으로 되돌아가는 것은 금지된다. 이 일화들은 단순히 가나안 사람이라는 이유로 가나안에 거주하는 사람들이 살육당해야 하는 신명기의 명령을 문자적으로 해석하는 것을 거부한다. 오히려 신명기의 명령에 나타난 야웨의 목적과 그 실행은 가나안 주민들을 무차별하게 살육하는 것이 아니라 그 땅에서 가나안 주민들의 차이점을 없애려는 것이다. 위에서 언급한 바와 같이 전멸하라는 명령과 쫓아내라는 명령에 나타난 야웨의 의도는 이스라엘이 사람들과 창조세계를 새롭게 회복하는 야웨와의 관계를 삶으로 구현할 수 있는 땅을 조성하려는 것이다. 야웨와 사람들과 땅은 상호 배타적인 애착 관계로 묶여 있어야 한다. 이 일화들은 심지어 토착민이라 할지라도 언약 관계의 조건을 수용한다면 그 땅에 남아 있을 수 있다는 것을 보여준다.

따라서 여기에는 적어도 이 이야기를 말하고 그것이 의미하는 바를 전달하기 위해 경쟁하는 최소한 두 가지의 목소리가 존재한다. 지배적인 군국주의적 목소리는 이스라엘의 침략을 무적불패의 하나님과 순종적인 백성들이 그 땅의 주민들을 전멸시켜 가나안을 이스라엘 백성들의 고향으로 만든 영광스러운 전투, 즉 이상적인 언어로 표현하고자 과장된 언어와 허세를 사용한다. 이것에 반대하는 목소리는 그 일들이 **그러한 방식으로** 벌어지지 않았다고 주장하고 군국주의적 승리주의를 약화시키며, 어쩌면 그 자체로도 너무나 완벽하다고 암시하면서 이러한 승리를 자축하는 수사학을 반박한다.

결론과 함의

가나안을 침략하고 점령하는 동안 야웨가 지시하고 이스라엘이 실행에 옮긴 집단적인 폭력을 우리는 어떻게 생각하고 있는가? 모든 주민들을 다 전멸하라는 야웨의 지시와 이스라엘이 그 모든 것을 완전히 실행에 옮겼다는 내레이터의 보고를 우리는 어떻게 해석해야 하는가? 정복 문학에 대한 우리의 탐구는 이러한 질문에 관해 생각해 볼 수 있는 몇 가지 방법들을 제공한다.

첫째, **출애굽과 정복 내러티브들은 이스라엘의 기원 이야기와 불가분의 관계에 있다.** 야웨는 이스라엘을 구원하고 그들의 조상들과 약속한 것을 이행하고자 이스라엘을 그 땅으로 인도하신다. 하나님의 목적은 내러티브가 시작하는 부분, 즉 야웨가 이스라엘을 해방하기 위해 모세를 부르실 때 나타나 있으며, 계속해서 이어지는 내러티브에서도 반복되어 나타난다. 출애굽은 정복을 내다보고, 정복은 출애굽을 전제한다. 두 사건 모두 창조주로서 야웨의 능력과 사역을 나타낸다. 야웨는 야곱의 자손을 이집트에서 구해내고 그들로 하여금 가나안을 소유케 하심으로써 이 세상에 새로운 민족을 창시하는데, 그들은 구원으로 말미암아 탄생하고, 언약과 상호 선택으로 규정되며, 야웨와 함께하는 삶이 번영할 수 있는 장소에 세워진 새로운 민족이다. 야웨는 파라오가 이스라엘을 내보낼 때까지 치시고, 그 후 새롭게 해방된 민족을 물을 통과하여 광야로 데리고 가신다. 야웨의 배타적 주권을 존중하는 민족을 세운 후 야웨는 이 새로운 민족이 다시 물을 통과하게 하시고 가나안의 왕들을 쳐서 복종시키신다.

둘째, 이스라엘이 탄생할 때 거기에는 엄청난 피 흘림이 있었다. 출애굽과 정복은 성서의 홍수와 계시록 사이에서 하나님의 폭력이 가장 크게 나타난 사건들을 포함한다. 이집트와 가나안에서는 아기들이 목숨을 잃는다. **출애굽과 가나안 정복은 불가분의 관계다. 이는 마치 출애굽에서 일어난 대대적인 폭력은 어떤 이유에서든지 가나안 정복 때 일어난 폭력보다 더 쉽게 용인되듯이 말이다.** 야웨는 두 곳에서 모두 폭력의 과정을 개시하고 추진하며 이를 위해 인간 대리인의 참여를 요청하신다. 이집트와 가나안에서 자행된 폭력은 그 범위와 수단에 있어 서로 다르긴 하지만 같은 목적을 달성한다. 요컨대 폭력은 야웨가 이스라엘과 자신을 동일시하고, 그들과의 약속을 존중하며, 그가 선택한 민족 안에서 일하고, 그 민족을 통해 일하기로 한 결정의 산물이다. 이 이야기는 이 점을 분명히 한다. 이스라엘을 해방하고 그 땅을 정복하기 위해 하나님의 힘과 하나님의 폭력이 사용되지 않았다면 이스라엘은 존재하지 않을 것이다. 출애굽이 없다면 가나안 정복도 없다. 폭력이 없다면 이스라엘도 없다.

셋째, **가나안을 침략하고 점령한 것은 야웨가 세상에 발을 들여놓고 한 민족을 세워 창조를 새롭게 회복하기로 한 야웨의 결정과 함께 시작된 드라마의 마지막 장을 장식한다.** 이 드라마는 이 세상에 축복을 전하기 위한 하나님의 대리인으로 아브라함을 선택한 야웨의 결정과 아브라함의 자손을 통해 야웨가 내리는 복의 중심지가 될 땅에 대한 약속으로 시작한다. 아브라함의 후손들과 독점적인 관계를 맺기로 한 결정은 야웨를 이미 부패한 세상에서 국가들 간의 문제를 야기하는 폭력 속으로 점점 더 끌어들인다. 따라서 야웨는 이스라엘을 통해 자신의 목적을 성취하고 자신의 신실함과 능력을 증명하기 위해 이스라엘을 대신하여 폭력을 행사한다.

넷째, **야웨의 폭력은 특정 대상이 있으며, 의도가 있고, 하나님의 목적을 지향한다. 구체적으로 세상에서 야웨의 탁월함을 공표하고 입증하며, 새로운 땅에 새로운 백성을 세우는 것을 말한다.** 야웨는 이집트와 가나안에서 단호하게 왕들, 즉 폭력을 야기하는 비뚤어진 계급 제도 안에서 최고의 권력을 행사하는 인간들을 물리치신다. 야웨는 이스라엘의 유익뿐 아니라 야웨의 명성을 위해 이 일을 하신다. 알려지지 않은 노예들의 신이 폭력적인 세상이 이해하는 방식으로 강한 힘을 지닌 신들과 공고한 권력의 세계로 들어간다. 야웨는 당대의 가장 위대한 왕과 국가에 집중된 권력을 무너뜨리고, 이어서 가나안 왕들의 누적된 권력을 물리치며, 그들의 마음을 완악하게 함으로써 스스로 행동하고 결정하는 왕들의 힘까지 제압하신다. 이 내러티브는 야웨가 가나안 왕들과 그 주민들을 정복하고 쫓아낸 사건을 다른 민족들과 다른 땅들을 통해 역사하시는 야웨의 주권이 멋지게 드러난 사건으로 묘사한다.

다섯째, **야웨와 이스라엘이 가나안 사람들에게 가한 폭력은 변덕이나 심판에서 비롯된 것이 아니다.** 어디에서도 파라오나 가나안 주민들에 대한 야웨의 폭력을 야웨의 분노와 연관시킨 곳은 없다. 오히려 하나님이 노를 발하신 단 한 번의 사례는 이스라엘 민족에 대한 것이었으며, 이는 아간이 야웨께 바친 전리품을 훔친 것에서 비롯된 것이다(수 7:1, 26). 이 사례에서 하나님의 분노는 극도로 불경스런 행위와 불순종에 대한 즉각적이고도 강렬한 반응이었으며, 훗날 사사들과 왕들을 통해 드러날 하나님의 분노의 대상을 예시한다. 토착민들에 대한 심판도 선포되지 않는다. 아모리 족속의 죄를 언급한 야웨의 말씀(창 15:16)과 가나안 민족들의 악함을 언급한 모세의 말(신 9:5)도 반드시 하나님의 심판을 암시하는 것은 아니다. 이 민족의 가증스런 행위들은 이스라엘이 절대로 따르지 말아야 할 행위들을 열거하기 위해 언급되지만(예. 레 18:1-30), 그 행위에 관한 직접적인 심판은 언급되지 않는다. 이 민족들의 행위와 추방을 연결시킨 경우 그들이 멸망한 이유는 누적된 타락 때문이다(레 18:27-28; 20:22). 요컨대 이 내러티브는 토착민들의 대량 학살이 하나님의 심판이나 진노의 행위에서 비롯되었다는 주장을 지지해주지 못한다.

여섯째, **토착민을 그 땅에서 없앤 이유는, 그것이 쫓아내는 것을 통해서든 전멸시키는 것을 통해서든, 야웨가 선택한 민족이 모든 신들 가운데 오직 야웨만을 섬기는 장소로 가나안을 탈바꿈시키는 데 필요한 수단이었기 때문이다.** 야웨가 선택한 백성들은 야웨의 배타적 언약의 파트너이기 때문에 그 땅은 야웨가 선택한 백성들의 배타적 영역임에 틀림없다. 그 땅의 사람들은 인간이 만든 세상을 유지하는 무질서하고 다양한 체제와 관습들을 상징한다. 새로운 제도 및 새로운 관습과 더불어 새로운 체제를 확립하려면 가나안 주민들이 상징하는 다양성은 반드시 제거되어야만 한다. 오직 야웨만이 야웨의 땅에서 야웨의 언약 백성들에게 경배를 받을 수 있다. 이러한 이유 때문에 이스라엘에게 주민들을 전멸하라는 명령과 더불어 야웨가 그들을 추방하겠다고 선포한 약속은 이스라엘에게 배타적인 헌신을 요구한다. 야웨는 이스라엘이 그 땅에서 배타적인 헌신을 준수하고 유지하기를 거부함으로써 이스라엘 민족의 정체성과 사명을 거부하고 그 땅을 이전 상태로 되돌아가게 한다면 땅과 야웨와 이스라엘 민족 간의 유대 관계는 깨질 것이며, 이스라엘 역시 이전 주민들의 운명을 따르게 될 것이라는 사실을 분명히 하신다.

일곱째, **토착민을 전멸하라는 신명기의 명령은 그 땅을 오직 야웨를 위한 공간으로 바꾸라는 명령을 강조하기 위해 과장된 언어를 사용한다.** 이스라엘이 토착민을 전멸했다는 보고는 가나안 왕들을 완전히 물리치고 정복했음을 알리는 것과 비슷한 기능을 한다. 그 명령들은 이스라엘이 오직 야웨께만 헌신하는 삶에서 멀어지게 할 관습에 대한 경고로 자연스럽게 바뀌면서 그것이 주는 의미를 암시한다(7:1-6; 20:16-18). 여호수아와 이스라엘이 그 땅의 주민 전체를 전멸했다는 개별 보고 및 요약된 보고 역시 이스라엘이 강대국들을 물리쳤다는 것을 나타내기 위해 통상적인 과장법을 사용한다. 그 보고들의 과장법은 다른 민족들의 군사 문학에 나타난 수사학적인 관행과 일치한다는 사실 뿐만 아니라 가나안 정복 내러티브 자체에 나타난 요소들을 통해서도 확인된다. 가나안의 세력들 앞에서 이스라엘이 망설이고 자신 없어 하는 모습에 대한 보고들과, 정복 이후 아직 그 땅에 남아 있는 많은 땅과 다양한 사람들에 대한 보고들은 이스라엘의 대대적인 승리에 대해 문자적 해석을 하지 말 것을 경고한다. 이스라엘이 주민들을 전멸했다는 보고들은 오직 여호수아의 첫 부분에만 나온다. 이스라엘은 초기 군사 작전 이후에 이 관행을 계속 이어가지 않고, 그 민족들을 쫓아내는 일로 방향을 전환한다. 만일 모든 사람들이 이미 모두 전멸되었다면 이것은 이상한 방향 전환인 셈이다. 게다가 야웨는 그러한 방향 전환에 대해 불만을 표하지 않고 심지어 추방 계획에 참여할 것을 약속하신다. 요컨대 가나안 정복을 전멸을 위한 전쟁으로 보는 것은 그 기사를 오해하는 것이다.

여덟째, **그럼에도 불구하고 이 내러티브는 이스라엘의 승리와 결과적으로 그들이 동조한 폭력의 직접적인 원인을 야웨의 공으로 돌린다.** 공격적 승리주의로 장식하는 기사는 야웨께 영광스런 왕의 의복을 입히고 모든 반대 세력에 대한 야웨의 우월성을 찬양한다. 야웨는 강력한 무적불패의 황제처럼 들어가 그 땅을 취하신다. 이 내러티브는 야웨의 승리와 폭력을 한껏 즐기며 열정적으로 축하한다. 이 이야기는 반드시 전해져야 하며, 그것은 반드시 이러한 방식으로 전해져야만 한다. 왜냐하면 이 내러티브는 고국에 대한 이스라엘의 권리와 다른 세력들에 대한 야웨의 우월성을 확고히 하기 때문이다. 비록 온 땅이 다 야웨의 것이지만, 그럼에도 야웨는 관습과 기대를 수용하고, 정복 황제의 역할을 맡으며, 그 땅을 정복한 권리로 그 땅을 요구하신다. 야웨는 그 땅을 쟁취하고 곧바로 자신이 원하는 방식대로 그 땅의 질서를 잡아나가신다.

마지막으로, **카운터내러티브는 폭력을 행하고 미화하는 것을 야**

웨가 선호하는 이 세상에서 일하는 방식으로 보지 말 것을 경고한다. 내 레이터는 미묘한 방법을 통해 그 땅의 사람들보다 그 땅의 왕들을 그 땅에서 야웨를 대적하는 원수로 표현한다. 그 왕들을 물리침으로써 야웨는 언약 백성들을 위한 고향 땅을 확보하기 위해 반드시 해야 할 일들을 행하신다. 그러나 익명의 주민들을 학살한 사건과는 대조적으로 내레이터는 언약 백성들이 소유하고 있는 성품을 토착민들도 갖고 있고, 그들도 이스라엘의 하나님을 찬양한다고 보고하면서 두려움에 떠는 백성들을 인간다운 모습으로 소개한다. 가나안 정복에 대한 비판은 그 사건을 서술하는 내러티브 안에서 시작한다. 라합과 기브온 사람들의 이야기에서 우리는 그들의 땅을 점령한 침략자들만큼이나 인간다운 사람들을 만난다. 야웨의 명령을 위반하면서까지 그들에게 자비를 베푼 모습에서 우리는 야웨가 궁극적으로 바라시는 것이 무엇인지, 그리고 야웨가 무엇을 위해 일하고 계신지를 엿볼 수 있다. 그 땅의 주민들을 살려두었을 때 야웨는 책망하지 않으시며, 그들은 야웨의 우월성을 찬양하고 언약 백성의 일원이 된다. 그들의 이야기는 야웨가 말씀하신 것처럼 야웨는 "자비롭고 은혜롭고 노하기를 더디 하고 인자와 진실이 많은 하나님"이심을 확인해준다(출 34:6; 민 14:18). 야웨가 주신 그 땅에서 언약의 백성으로서 함께 사는 그곳의 주민들은 그들이 단일 민족성을 반영하기 때문이 아니라 언약적 순종을 통해 한 분 하나님에 대한 남다른 헌신을 실천하기 때문에 그 땅에서 함께 사는 것이다.

　이제 우리는 해석학적 관찰로 마무리하고자 한다. 가나안 정복에서 야웨는 이스라엘을 위해, 그리고 야웨가 계획하고 있는 운명을 위해 두드러진 공격성을 보이신다. 여호수아서가 전하는 이야기는 이스라엘의 기원 내러티브의 마지막 장을 장식함과 동시에 그 땅에서 펼쳐지는 이스라엘의 삶의 이야기를 시작한다. 그것은 하나님의 백성이라는 정체성을 지닌 사람들이 본받아야 할 모본이 아니라 하나님이 하신 일을 증언하는 것이다. 야웨는 그 땅과 민족들의 삶을 관장하는 야웨의 사역의 범위 안에서 이스라엘을 세우려는 단 한 가지 목적을 위해 주민들을 공격하고 추방하신다. 그런 의미에서 야웨가 가나안에서 폭력을 선동하고, 폭력을 행사한 것을 모범적인 모델로 받아들일 수는 없다. 이와는 정반대로, 전체적으로 볼 때 이 내러티브는 호전적 민족주의의 과장된 수사학을 드러내고, 독자들에게 피해자들의 인간성을 보여줌으로써 대량 학살을 미화하는 것을 비판하고 있다. 따라서 여호수아서는 전쟁을 추진하는 일에 어떤 초월성을 불어넣어 주는 데 사용될 수 없고, 또 사용되어서는 안 된다. 특히 그러한 전쟁이 국가의 수단과 목적을 정당화하기 위해 정복 내러티브를 사용할 경우에는 더더욱 그러하다.

8장

하나님이 밖으로 이동하시다

그러나 너희 듣는 자에게 내가 이르노니 너희 원수를 사랑하며 너희를
미워하는 자를 선대하며 너희를 저주하는 자를 위하여 축복하며 너희를
모욕하는 자를 위하여 기도하라(눅 6:27-28).

한 민족과 자신을 동일시함으로써 세상을 치유하려는 야웨의 계획은 완
전히 실패로 끝난다. 비록 야웨가 아브라함과의 관계를 처음 시작했을
때 그 계획은 출발을 잘 했지만, 야웨가 아브라함의 후손들과 언약 관계
를 체결할 때는 좌절되고 만다. 폭력적이고 망가진 세상은 야웨의 인내,
보호, 공급하심보다 이스라엘에 더욱더 강력한 영향을 미친다. 야웨는 지
속적이면서 배타적으로 자신을 이스라엘과 동일시하지만, 이스라엘은
이와 동일한 방식으로 반응하기를 거부한다. 야웨가 그 체제 안에 순응
하려는 시도는 이스라엘이 다른 나라들의 방식을 따르도록 한 왕정을 지
지하면서 그 절정에 달했으며, 이는 그 체제와 그 체제를 지속시키는 폭
력적 행위에 야웨를 끌어들인 것이나 다름없었다. 그 이야기가 끝날 때
야웨의 왕(여호야긴)은 바벨론 왕의 지배하에 있는 이방 땅에서 살게 된
다(왕하 25:27-30). 그 이야기의 마지막 사건은 여호야긴이 포로로 잡혀간

지 삼십칠 년이 되는 해에 바벨론 왕 에윌므로닥이 어떻게 여호야긴을 석방하고 왕의 식탁에서 식사를 하는 다른 속주국의 왕들 가운데서 그에게 영광스런 자리를 내주었는지를 보고한다. 그 이야기는 바벨론 왕이 여호야긴으로 하여금 "그의 일평생에 항상 왕의 앞에서 양식을 먹게 하였고 그가 쓸 것은 날마다 왕에게서 받는 양이 있어서 종신토록 끊이지 아니하였더라"(29b-30절)라는 보고로 결론을 내린다. 따라서 이 모든 이야기는 이스라엘 왕이 야웨 대신 바벨론 황제를 전적으로 의존한 것으로 묘사하는 시나리오로 끝난다. 제국주의 체제가 최후의 승리의 미소를 짓는 것처럼 보인다. 이스라엘 왕은 삼킴을 당하고, 야웨는 더 이상 모습을 드러내지 않는다.

바벨론 포로 생활 이후의 사건을 말하는 이 이야기의 다른 내레이션(에스라, 느헤미야, 에스더)은 야웨가 이미 대체적으로 뒤로 물러나 계심을 암시한다. 바벨론에서 다시 그 땅으로 돌아온 사람들은 야웨에 대한 열심과 야웨만을 섬기겠다는 결단을 갖고 돌아오지만, 우리는 야웨가 이에 반응했다는 말을 듣지 못한다. 예를 들어 새 성전의 봉헌식은 놀랍도록 절제된 표현을 사용한다. 야웨의 영광의 구름이 제사장들이 서 있지 못할 정도로 첫 번째 성전에 가득했던 반면(왕상 8:10-11), 야웨는 두 번째 성전을 봉헌할 때는 나타나지도 않으신다. 내레이터는 단지 이스라엘 백성들, 제사장들, 레위인들이 희생제물과 함께 하나님의 성전을 봉헌했고, 제사장들과 레위인들을 각각의 위치에 배치시킨 것을 보고한다(스 6:16-18). 뿐만 아니라 에스라와 느헤미야서에는 야웨에 대한 많은 언급과 기도가 들어 있지만, 야웨가 그에 대한 응답으로 어떤 말씀 혹은 행동을 하셨다는 보고는 없다. 그리고 그 땅 밖에 사는 유대인들을 배경으로 하는 에스더서에는 야웨에 대한 언급이 전혀 없다.

우리가 누가복음에서 그 이야기를 다시 시작할 때 여전히 거기에는 왕들과 황제들이 존재한다. 예수 그리스도를 통한 하나님의 새로운 사역은 "유대 왕 헤롯 때"(1:5)와 아우구스투스 황제 시대(2:1)에 시작된다. 나는 두 가지 이유에서 누가가 전하는 이야기를 그대로 따라간다. 첫째, 누가의 내러티브 스타일과 범위는 인류 역사의 매끄러운 연속성을 느끼게 한다. 누가는 예수에서 아담으로 거슬러 올라가는 계보를 통해 다양한 종류의 내러티브를 노골적으로 연상시키며(3:23-38), 따라서 그의 복음을 세상이 창조된 이후 인류를 다루시는 하나님을 배경으로 한, 하나님의 가장 최근의 위대한 사역으로 읽도록 독자들을 초대한다. 그 이야기 곳곳에서 누가는 심지어 초기 교회가 선호한 이스라엘의 성서인 70인역의 스타일을 모방한다. 그가 누가복음을 시작하는 초기 내러티브에서 그러한 결정을 한 것은 우리가 구약성서가 중단된 부분에서 다시 시작한다는 느낌을 갖게 만든다. 요컨대 누가는 그의 복음을 더 큰 이야기의 연속으로 보도록 우리를 초대하는 방식으로 써내려간다. 둘째, 누가는 다른 복음서 저자들보다 그 이야기에 관해 더 많이 이야기한다. 그는 예수 그리스도의 죽음과 부활을 넘어 사도들의 초기 수십 년 동안의 복음 선포 이야기를 다루면서 주로 성령을 통해, 이제 한 나라의 구성원이 아닌 예수 그리스도를 따르는 자들로 구성된 하나님의 백성과 함께, 그리고 그들을 통해 하나님이 어떻게 계속해서 역사하고 계신지에 관해 이야기한다. 따라서 우리는 여기서 하나님이 주신 새로운 삶을 제자들이 어떻게 살아야 하는지, 그리고 하나님이 이 새로운 공동체와 어떻게 소통하는지를 엿볼 수 있다.

누가는 나라와 백성들의 문제를 좌우하는 인간 체계와 장소의 중요성을 독자들에게 상기시키면서 시작한다. 그 이야기는 성전에 있는 나이 많은 제사장과 함께 예루살렘에서 시작한다. 이스라엘은 새 성전에서 하나님을 예배하고 있지만, 아직도 외국의 왕들에게 종속되어 있었다. 그 체계는 바뀌지 않았다. 하지만 야웨는 이제 이름보다는 칭호("주")로 알려져 있고, 새로운 방식으로 다시 세상에 관여하신다. 이제 야웨의 이름은 아주 높임을 받고 있었기 때문에 그 이야기에 등장하는 사람들은 더 이상 그 이름을 언급하지 않는다. 비록 그 칭호는 바벨론 포로 생활 이후 이야기들에서 암시하는 거리감을 나타내지만, 세상을 새롭게 회복하기 위하여 인류와 함께 일하겠다는 생각까지 포기하지는 않았다. 노아와 아브라함의 경우처럼 하나님은 경건한 종들에게 손을 내밀면서 새 사역을 시작하신다. 사가랴와 엘리사벳은 "하나님 앞에 의인[이어서] 주의 모든 계명과 규례대로 흠이 없이 행"했다(1:6). 그러나 이번에는 한 중재자를 통해 접촉이 이루어진다. 주님은 약속과 은혜의 말씀과 함께 가브리엘을 성전으로 보낸다.

주님은 가브리엘의 선포와 나사렛이란 동네에 사는 한 처녀와 관련된 세 가지 놀라운 예언을 통해 새로운 계획을 알리신다(1:26-38). 이러한 움직임은 하나님의 전략이 바뀌었다는 것을 암시한다. 이 이야기는 하나의 민족으로서 이스라엘의 삶의 중심이 되는 예루살렘과 이스라엘이 하나님을 예배하는 성전에서 시작하지만, 그것은 즉시 이질적이고 논쟁의 여지가 있는 갈릴리 지역의 작은 촌락으로 이동한다. 가브리엘은 예루살렘 대신 이곳에서 하나님이 다윗 자손의 통치를 다시 확립하실 것임을 알린다.

> 그가 큰 자가 되고 지극히 높으신 이의 아들이라 일컬어질 것이요, 주 하나님께서 그 조상 다윗의 왕위를 그에게 주시리니 영원히 야곱의 집을 왕으로 다스리실 것이며 그 나라가 무궁하리라(1:32-33).

이 선포는 비록 그 계획이 궁극적으로 실패했지만, 야웨는 왕들과 함께 일하겠다는 생각을 포기하지 않음을 분명히 하신다. 하지만 주님이 선택한 인간 파트너, 즉 시골 소녀는 주님이 더 이상 그 체계 안에서 일하지 않고 오히려 그것에 반대하실 것임을 드러낸다. 하나님은 더 이상 파라오와 카이사르를 통해 능력과 통제력을 발휘하는 군주제와 자신을 동일시하지 않고, 왕들의 포학한 계략에 가장 취약한 사람들과 자신을 동일시하신다. 주님의 중심축이 외부로 옮겨진 것은 기존 체계 안에서 이루어졌던 실패한 전략이 폐기되었다는 것을 나타낸다. 하나님은 그 체계 외부에 완전히 자리를 잡음으로써 새롭게 회복하기 위한 사역을 재개하실 것이다. 마리아가 성령의 능력으로 말미암아 아들을 잉태할 것이라는 소식은 바로 이

점을 강조한다. 마리아가 낳은 아이는 거룩한 자이며 하나님의 아들이라 불릴 것이다(35절). 지극히 높으신 이로 말미암아 잉태되어 처녀의 몸에서 태어난 왕은 비천한 자들과 자신을 동일시할 것이다.

엘리사벳의 축복에 화답하는 마리아의 노래는 주님이 그 아들을 통해 추진하시는 새롭고 급진적인 전략을 더욱 강조하고 확인한다. 마리아는 이제 주님이 비천한 자들에게 은혜를 베풀기 위해 자신을 선택하신 것으로 인해 기뻐한다(48절). 그녀는 미래에 있을 반전을 마치 이미 일어난 일들처럼 말하고 있다. 주님이 교만한 자들을 흩으셨고, 통치자들을 왕좌에서 끌어내리셨으며, 비천한 자들을 높이셨고, 굶주린 자들에게 좋은 것으로 배를 채우신 반면, 부자들을 빈손으로 내보내셨다(51-53절). 이 노래는 세상을 지배하는 권력 체계와 그 체계의 혜택을 받는 사람들을 주님이 곧 심판하실 것—실제로 이미 심판하셨다—임을 알린다. 주님의 구원 사역은 더 이상 뒤틀리고 비정상적인 인간 체계의 제약을 받지 않으며 그 체계 안에 존재하는 왕이 아닌 그 체계 밖에서 그것을 심판하시는 왕을 통해 추진될 것이다.

마리아의 예언적 노래의 운율은 사물의 질서를 전복시키려는 야웨의 의도를 알리고 하나님이 기름 부으신 왕을 고대하는 한나의 기도를 상기시킨다(삼상 2:1). 마리아의 노래에 나타난 한나의 언어는 두 가지를 확인해준다. 첫째, 주님은 이제 곧 완전히 새롭고 예상치 못한 일을 하고자 하신다는 것과, 둘째, 이 새로운 일은 이스라엘을 통해 주님이 하시는 사역의 연장이라는 사실이다. 마리아는 주님이 이제 시작하신 일을 하나님이 아브라함을 통해 시작하셨던 일과 연결시키는 미사여구로 끝맺음을 하며 후자를 강조한다.

> 그 종 이스라엘을 도우사 긍휼히 여기시고 기억하시되 우리 조상에게 말씀하신 것과 같이 아브라함과 그 자손에게 영원히 하시리로다 하니라(눅 1:54-55).

두 번째 예언은 다시 성전에서 일어나는데, 이는 주님이 이스라엘 변방 마을에서 알리신 소식에 대한 이스라엘 신앙의 핵심을 이루는 인간의 두 번째 반응이다. 아들의 이름이 요한이 될 것임을 확인한 후 사가랴는 주님이 갈릴리에서 시골 소녀에게 알리신 새로운 일을 확인하고 설명하는 예언을 갑자기 시작한다. 그의 예언은 앞을 내다보면서도 다윗 왕조, 선지자들, 언약, 아브라함에 대한 하나님의 약속을 언급하면서 과거를 되돌아본다.

> 그 부친 사가랴가 성령의 충만함을 받아 예언하여 이르되 "찬송하리로다. 주 이스라엘의 하나님이여! 그 백성을 돌보사 속량하시며 우리를 위하여 구원의 뿔을 그 종 다윗의 집에 일으키셨으니 이것은 주께서 예로부터 거룩한 선지자의 입으로 말씀하신 바와 같이 우리 원수에게서와 우리를 미워하는 모든 자의 손에서 구원하시는 일이라. 우리 조상을 긍휼히 여기시며 그 거룩한 언약을 기억하셨으니 곧 우리 조상 아브라함에게 하

신 맹세라. 우리가 원수의 손에서 건지심을 받고 종신토록 주의 앞에서 성결과 의로 두려움이 없이 섬기게 하리라" 하셨도다(눅 1:67-75).

사가랴는 야웨가 그들의 대적들로부터 이스라엘을 구원하심을 찬양함으로써 이스라엘을 위해 구원을 베푸신 많은 방법들을 떠올리게 하는데, 이는 야웨가 이스라엘을 적들로부터 구하기 위해 지시하고 행하신 폭력을 포함할 것이라는 점에 주목한다. 사가랴는 주님이 하신 일을 암묵적으로 긍정하고, 이스라엘을 위해 하나님이 행하신 모든 구원 행위의 맥락 안에 다윗 왕조의 새 왕의 사역을 배치한다. 다시 말하면 이 새로운 왕을 통해 하나님이 하실 일은 과거와 분리된 것이 아니라 과거를 현재로 확대하는 것이다.

누가는 예수가 메시아적 사명을 시작하는 시점에서 일어난 두 개의 사건을 말함으로써 그 체계 밖에서 일하고자 하시는 주님의 결단을 강조한다. 세례 요한에게 세례를 받을 때 예수에게 내려온 성령은 예수를 광야로 인도하고 거기서 사탄과 대결하도록 한다(4:1-13). 예수가 사역을 시작할 때 마귀가 그의 대적으로 출현한 사건은 아들을 통한 하나님의 사역을 이제 인간의 영역을 초월하는 우주적 갈등의 틀 안에 있는 인간 체계 및 사회와 대립하는 상황에 놓이게 한다. 예수를 향한 마귀의 세 가지 유혹 가운데 두 번째는 세속적인 권력 체계 안에서가 아닌 그 체계 **밖에서** 일하시려는 주님의 결정을 상세히 부연한다.

마귀가 또 예수를 이끌고 올라가서 순식간에 천하만국을 보이며 이르되 "이 모든 권위와 그 영광을 내가 네게 주리라. 이것은 내게 넘겨 준 것이 므로 내가 원하는 자에게 주노라. 그러므로 네가 만일 내게 절하면 다 네 것이 되리라." 예수께서 대답하여 이르시되 "기록된 바 주 너의 하나님께 경배하고 다만 그를 섬기라" 하였느니라(눅 4:5-8).

마귀의 말은 하나님이 예수를 통해 세우시는 나라와 이 세상의 나라를 대립 관계에 둔다. 마귀가 거짓말을 하지 않는다는 전제하에 이 선언은 마귀를 세속적인 왕좌의 배후에 있는 세력, 즉 마귀가 자신에게 넘겨 주었다고 주장하는 세력으로 소개한다. 그 문구는 하나님이 원수들을 이스라엘에게 넘기셨다는 사실을 여러 차례 상기시키며, 따라서 하나님은 인간의 권력 체계 안에서 더 이상 일하지 않기 때문에 그 체계들은 이제 마귀의 세력과 권세 아래서 운영된다는 점을 암시한다. 언제 하나님이 이것을 "양도"하셨는지는 밝혀지지 않는다. 어떤 경우에서건 이러한 움직임과 변화를 통해 하나님은 자신의 구속 사역을 새로운 방식으로 다시 진행하게 되었다. 마귀의 유혹을 거부한 것은 이 시점에서 예수가 그 체계 안에서 일하기를 단호히 거절했음을 강조한다. 예수는 세상이 새롭게 회복될 수 있는 유일한 토대, 즉 오직 주님만을 예배하고 유일하신 하나님께 순종하며 그를 섬기는 것을 분명히 말하고 있는 성서 본문을 인용함으로써 이러한 변화를 강조한다.

이러한 배경을 전제로 누가는 우리를 광야에서 나사렛으로 데려가고, 거기서 예수는 하나님이 자신을 통해 하실 일들을 알린다(4:16-30).
예수는 안식일에 회당에서 이사야서를 펼쳐 예언자가 선포한 것을 읽고
나서 그 일이 이제 일어났다고 말한다.

> 주의 성령이 내게 임하셨으니 이는 가난한 자에게 복음을 전하게 하시려
> 고 내게 기름을 부으시고 나를 보내사 포로 된 자에게 자유를, 눈먼 자에
> 게 다시 보게 함을 전파하며, 눌린 자를 자유롭게 하고, 주의 은혜의 해를
> 전파하게 하려 하심이라 하였더라(눅 4:18-19).

이러한 선포와 함께 예수는 자신의 메시아적 사명과 마리아의 찬가의 체
제 전복적 성향을 서로 연결하여, 주님이 행하시는 사역의 수혜자는 비
천하고 억압당하는 자들, 즉 부자들과 힘 있는 자들에 의해 모욕당하고
버림을 받은 사람들임을 선언한다. 구약성서의 예언서 말씀을 언급하며
자신의 사명을 정의한다는 사실은 예수를 통한 하나님의 사역과 이스라
엘을 통한 하나님의 사역의 연속성을 강조하며, 특히 힘없는 자들에 대
한 야웨의 관심을 다룬 내러티브들을 언급한 것은 더더욱 그러하다.
　　예수는 하나님께서 이스라엘 왕국 밖에 있던 자들에게 복을 주신
두 가지 사례에 주목하며, 비록 자신이 그 체계 밖에 있긴 하지만, 그럼
에도 하나님의 역사적 사역과 연장 선상에 있음을 강조한다(4:24-27). 첫
째, 그는 청중들에게 야웨가 이스라엘 왕국의 경계 밖으로 보내신 예언
자 엘리야에 관한 이야기를 상기시킨다. 엘리야가 시돈 지역을 여행할

때 한 과부가 그에게 숙식을 제공했다. 이에 대한 보답으로 엘리야는 먼저 그녀의 양식이 기적적으로 늘어나게 하고, 그 후 죽었던 그녀의 아들이 다시 살아나게 한다(참조. 왕상 17:8-24). 그다음 예수는 청중들에게 엘리사 시대에 일어났던 사건, 즉 야웨가 문둥병 환자였던 아람 장군 나아만을 엘리사에게 보내고, 그가 예언자의 지시에 순종했을 때 그를 치유하신 사건을 상기시킨다(참조. 왕하 5:1-27). 두 사건 모두에서 예수는 야웨가 의도적으로 안에 있는 자들을 버리고, 대신 밖에 있는 자들, 먼저는 힘없는 과부와 그다음에는 적군 사령관을 보살피라고 예언자들에게 지시하신 사실을 이야기한다.

새롭고 체제 전복적인 밖으로의 이동이라는 주제는 이스라엘 안에서 이스라엘을 통해 일하시는 하나님의 사역이 확장된 것으로 이해해야 하며, 이 주제를 인식하는 것은 구약성서에 나타난 폭력적인 하나님이 왜 예수 그리스도를 통해서는 일반적으로 비폭력적인 입장을 취하시는지를 이해하는 데 결정적 역할을 한다. 야웨는 인간 사회를 형성하는 폭력적이고 망가진 체계 안에서 일하는 방식을 통해서는 결코 이 세상을 새롭게 회복하는 사역을 완성할 수 없다는 결론을 내리셨다. 그러나 야웨는 포기하는 대신 새로운 계획을 세우신다. 하나님은 이제 기존 체계 밖으로 나가시고 그 체계 안에서 활동하거나 그 체계를 관리하는 자들과 함께 일하는 데 참여하기를 거부하신다. 과거에는 이스라엘을 통해 일하시는 하나님의 사역이 왕들의 일, 즉 신실한 왕들을 돕고 반항적인 왕들을 거부하고 심판하는 일에 얽혀 있었다. 그 결과 야웨는 국가들의 관계를 좌우하는 고질적인 폭력에 더욱더 휘말리게 되었다. 결국 그 계획은 완전한 실패로 끝나고 말았다.

하나님은 이제 예수 그리스도의 인격을 통해 인간의 권력 체계에서 완전히 빠져 나가신다. 이러한 움직임은 이스라엘 및 그 왕들과의 의미 있는 관계와 사명을 지속하기 위해 불가피했던 타협과 여러 가지 제약에서 야웨를 자유롭게 한다. 하나님은 더 이상 국가의 복지를 수호하고 증진할 필요성에 얽매이지 않는다. 비천하고 억압받는 자들과 자신을 동일시함으로써 하나님 또한 기존 체계 안에서 일하고 참여하는 모든 사람들을 사로잡는 폭력으로부터 해방된다. 대신 하나님은 인간의 권력 체계를 유지하는 모든 억압과 폭력을 경험하신다.

그 후 예수의 사역과 가르침은 세상의 왕국들에 대항한 하나님의 입장을 대략적으로 묘사한다. 예수의 사역은 주로 갈릴리에서 이루어지기 때문에 지리적으로 유대인 중심 지역의 경계 밖에서 이루어진다. 예수는 또한 위험을 무릅쓰고 그 당시 비유대인들의 본거지인 거라사 사람들의 지역(8:26-39)과 사마리아 지역(9:51-56)으로 간다. 또한 예수의 비유 가운데 상당 부분은 예상치 못했던 부와 권력의 반전 및 평범한 사회적 경계 밖에 있는 사람들에 관해 이야기한다. 한 비유는 폭력의 피해자를 돌보는 사마리아 사람에 관해 이야기한다(10:25-37). 또 다른 비유는 어떤 부자가 음부에서 고통을 당하고 있을 때 그가 방치한 가난한 사람이 아브라함의 품에서 쉬고 있는 모습을 묘사한다(16:19-31). 예수는 또한 이 세상의 체계를 서로 대립시키고 그를 따르는 자들에게 각 체계에 정당한 대가를 지불할 것을 촉구함으로써 하나님이 이 세상의 체계로부터 분리되었음을 강조한다. 그의 대적들이 황제에게 세금을 바치는 것의 합법성을 묻는 질문으로 그를 함정에 빠뜨리고자 할 때 예수는 황제의 체제와 하나님의 통치를 예리하게 구분함으로써 이에 적절하게 대응했고, 자신을 따르는 이들에게 황제의 것은 황제에게, 하나님의 것은 하나님께 드리라고 말한다(20:20-26).

　　　하나님이 이 세상의 권력 체계로부터 분리되신 것은 예수가 모든 유형의 폭력을 거부하고 그를 따르는 자들도 이와 같이 행하라고 지시하는 것을 의미하는가? 예수는 실제로 악과 폭력에 대한 비폭력적인 태도의 모형을 만들고 가르쳤지만, 과연 예수의 증언은 세상에서 악에게 저항하고 이 세상을 새롭게 회복하길 원하시는 하나님의 목적을 달성하기 위해 폭력을 완전히 거부했다고 말하는가? 이러한 질문을 다루기 위해 우리는 먼저 네 개의 본문—예수의 평지 설교, 검을 잡는 자들에 관한 예수의 말씀, 성전 정화, 불의한 소작농 비유 등—을 살펴본 후 누가가 기록한 예수의 수난과 죽으심에 관한 기사를 살펴보고자 한다.

설교와 칼

우리가 1장에서 언급한 것처럼 하나님의 폭력을 다루는 현대의 접근 방법은 하나님에 대한 폭력적인 묘사를 평가하는 근거로 보복하지 말고 원수를 사랑하라는 예수의 가르침을 제시한다. 예수의 산상 설교(마 5:27-48)와 평지 설교(눅 6:27-36)는 예수를 따르는 자들을 결속시키고, 예수의 삶과 십자가 사건에서 구현된, 직설적이며 절대적인 도덕적 명령으로 읽힌다. 이런 방식으로 읽으면 이 가르침은 비폭력적인 하나님의 성격과 기질, 그리고 더 나아가 하나님과 폭력적인 피조물의 상호 관계를 반영하는 것으로 이해된다. 하나님에 대한 폭력적인 묘사와 진술은 이러한 특정 가르침에 반영된 하나님의 비폭력적인 성격과 양립할 수 없기 때문에 하나님의 폭력을 언급하는 본문들은 하나님이 정말 어떤 분이신지를 잘못 소개한 것으로 보고 거부되거나 그 본문들이 말하는 것과 전혀 다른 무언가를 말하는 것으로 해석되어야 한다. 이러한 접근법은 근본적인 문제를 제기한다. 원수를 사랑하고 보복하지 말라는 예수의 가르침은 분명히 절대적 명령일 **수도** 있지만—즉 예수는 어떤 이유로든 모든 유형의 폭력을 금지한다—과연 이 명령들은 **반드시** 절대적인 것으로 받아들여져야 하는가? 다시 말하면 예수의 말씀은 반드시 도덕적으로 절대적인 의미를 갖고 있는가? 만일 그렇지 않다면 위에서 언급한 접근법은 여러 종류의 성실한 성서적 접근법 가운데 하나이지만, 성서에 나타난 하나님의 폭력을 해석하는 유일한 성실한 접근법은 아니다.

누가는 예수가 모세처럼 제자들을 모아놓고 하나님께 신실한 삶을 사는 방법을 그들에게 가르치는 마태의 설정과는 대조적으로 예수의 가르침이 평지에서 이루어지는 것으로 설정한다. 누가는 예수의 가르침을 평지에서 이루어지도록 설정함으로써 독자들이 예수의 말씀을 하나님의 정의의 맥락에서 해석할 것을 촉구한다. 이것은 세례 요한의 사역과 그의 사역을 설명하기 위해 누가가 인용한 이사야의 예언 속에 담긴, 땅을 평평하게 하는 이미지를 떠오르게 한다.

> 선지자 이사야의 책에 쓴 바 "광야에서 외치는 자의 소리가 있어 이르되 '너희는 주의 길을 준비하라. 그의 오실 길을 곧게 하라. 모든 골짜기가 메워지고 모든 산과 작은 산이 낮아지고 굽은 것이 곧아지고 험한 길이 평탄하여질 것이요 모든 육체가 하나님의 구원하심을 보리라'" 함과 같으니라(눅 3:4-6).

요한의 설교는 권력이 있는 자들에게 불평등을 완화시킬 것을 촉구함으로써 이 평등화라는 의제를 표현하고, 예수가 평지에 모인 사람들에게 말씀하신 것과 관련이 있는 물질과 관련된 실천 사항을 구체적으로 명시한다. 적게 가진 자들과 나누고, 필요한 세금만 징수하며, 다른 사람들에게서 돈을 강탈하지 말 것(3:10-14).

원수를 사랑하라는 예수의 가르침의 배경은 그 말씀의 물질적 의미와 정의 구현의 의미를 강조한다. 마태복음에서와 같이 예수는 하나님이 어떤 사람들에게 복을 주시는지를 말하면서 자신의 가르침을 시작한다(6:20-23). 하지만 그의 설교는 시작부터 마태복음의 설교와는 다른 방향으로 나아간다. 누가복음에서 예수가 선언한 팔복은 영적 상태가 아닌, 사회적 문제를 다룬다. 예를 들면 마태복음에서 예수는 "심령이 가난한 자는 복이 있나니" 그리고 "의에 주리고 목마른 자는 복이 있나니"라고 말한 반면, 누가복음에서 예수는 단순히 "가난한 자는 복이 있나니" 그리고 "지금 주린 자는 복이 있나니"라고 말한다. 또한 마태복음에 나타난 예수의 설교는 일반적인 대상을 가리키는 3인칭 형태를 취하지만, 누가복음에서는 직접 군중들에게 설교하며 "하나님의 나라가 너희 것임이요" 그리고 "너희가 배부름을 얻을 것임이요"라고 말하며 그들에게 확신을 준다.

누가복음에 나타난 축복 선언은 저주 선언을 통해 균형을 맞추고 있는데, 이는 마태복음에는 나타나지 않은 것이며 권력과 특권의 중심에 있는 자들을 향해 반전을 선포한다. "화 있을진저 너희 부요한 자여! 너희는 너희의 위로를 이미 받았도다"(24절). "화 있을진저 너희 지금 배부른 자여! 너희는 주리리로다(25a절). 축복에 이어 저주를 추가하고 반전을 선포한 것은 주께서 "권세 있는 자를 그 위에서 내리치셨으며 비천한 자를 높이셨고", "주리는 자를 좋은 것으로 배불리셨으며 부자는 빈손으로 보내셨도다"라고 말하는 마리아의 예언자적 선언을 상기시킨다(1:52-53). 따라서 축복과 저주는 예수가 말하고 있는 대상이 누구인지를 밝혀 준다. 즉 그들은 권력자들에 의해 피해를 본 사람들—가난한 자, 눈먼 자, 억압당하는 자—로서 예수가 나사렛의 회당에서 이사야의 본문을 인용할 때 자신의 사역의 수혜자로 규정한 자들이다(4:16-21).

원수를 사랑하고 보복하지 말라는 예수의 가르침은 바로 그다음에 나온다. 그렇기 때문에 누가복음에서 이 가르침은 구체적으로 권력의 바깥에 있는 자들에 대한 것이다. 누가는 예수의 말씀을 들으려고 모인 무리들이 이스라엘 경계 밖에 살고 있는 "두로와 시돈의 해안"(6:17)으로부터 온 사람들을 포함하고 있다는 사실을 전함으로써 그들의 신분을 강조한다. 그렇기 때문에 누가의 관점에서 본 원수 사랑에 대한 예수의 가르침은 하나님이 힘이 없고 권력의 범주 바깥에 있는 사람들과 자기 자신을 동일시하는 맥락에서 하나님이 국가와 권력에 대응하여 이 세상에서 행하시는 일에 대한 논평으로 이해해야 한다.

예수는 두 쌍의 명령으로 시작한다(27-28절). 첫 번째 쌍은 그를 따르는 자들에게 원수의 이익을 증진시키는 방식으로 대응하라고 명령한다. "너희 원수를 사랑하라. 너희를 미워하는 자를 선대하라." 두 번째 쌍("너희를 저주하는 자를 위하여 축복하고 너희를 모욕하는 자를 위하여 기도하라")은 적을 상대할 때 이타적인 성향을 지닐 것을 명령함으로써 첫 번째 쌍을 상세히 설명한다. 그 명령들을 구체적인 행동을 통해 설명하는 일련의 예들이 뒤를 이어 나온다. 다른 뺨을 돌려대기, 겉옷을 양보하기, 구걸하는 자에게 주기, 압류된 재산의 환수를 도모하지 않기(29-30절). 그 후 예수는 황금률(31절)을 구체적으로 설명하는데, 이는 원수를 사랑하라는 명령과 유사하며, 전과 같이 세 가지 설명으로 이어지는데, 그 설명들은 이제 도전의 형식으로 표현된다. 만일 어떤 사람이 좋은 사람들에게만 사랑을 베풀고 선대하며 꾸어준다면 어떻게 칭찬을 받을 수 있겠는가?(32-34절) 예수는 첫 번째 쌍의 명령("원수를 사랑하고 선대하며")을 반복하면서 끝을 맺는다. 그러나 이번에는 예수가 그것들을 모든 인간을 향한 하나님의 뜻의 표현으로 제시한다. 그를 따르는 자들은 은혜를 모르는 자들에게 인자하시고 모든 이들에게 자비로우신 지극히 높으신 이의 자녀들이다(35-36절).

폭넓은 해석이 가능한 이 가르침은 예수가 언급하고 있는 "원수"를 구체적으로 명시하지 않는다. 다수의 후보가 거론되어왔다. 갈릴리에서 일어난 반란을 무자비하게 진압함으로써 유지되던 로마 점령의 잔인한 성격에 비추어 볼 때 마음속에 떠오르는 원수는 로마인들이 될 수도 있고, 더 넓은 의미로는 모든 이방인이 될 수도 있다. 한편 예수는 채무 상환의 의무를 이행할 수 없는 마을 사람의 경우에서처럼 시골 마을 생활에서 일반적으로 일어나는 긴장 상태를 가리킬 수도 있다. 반복되는 반란과 잔혹한 탄압은 갈릴리 지방 주민들의 삶을 계속해서 곤고하게 만들 수 있었기 때문에 로마의 점령이 초래한 충격적인 영향은 마을 생활을 어렵게 만드는 원인이 되었을 것이다. 마지막으로 여기서 원수로 고려해볼 수 있는 사람들은 예수의 사명에 대적하고 예수를 따르는 자들을 박해하는 자들이다. 요약하면 비록 원수를 사랑하고 선대하라는 명령이 분명히 명시되어 있긴 하지만, 예수가 언급하는 원수가 누구인지, 그가 말하는 상황이 어떤 것인지, 그리고 예수가 하신 말씀을 어떻게 삶으로 구현해야 하는지를 규정하는 데는 상당한 해석의 여지가 남아 있다.

어쨌든 누가는 원수를 사랑하고 보복하지 말라는 예수의 가르침을 심각한 사회적 불평등에 의해 작동하는 체계의 문맥 안에서 이해할 것을 촉구한다. 예수는 자신을 사회적 불평등으로 말미암아 피해를 본

자들과 동일시하는 반면, 하나님은 그 체계 안에서 권력과 특권을 휘두르는 자들을 대적하고 그들의 권위를 실추시킨다. 예수가 선포한 태도와 행위들은 압제적인 인간 체계를 특징짓는 관행을 뒤집고 이에 적극적으로 대항한다. 미움, 저주, 학대를 조장하는 체계에 대항하여 예수는 제자들에게 원수들을 선대하고 축복하며 그들을 위해 기도하라고 명령한다. 모욕과 박탈을 통해 인간의 삶을 비하하는 체계에 대응하여(뺨을 치는 것은 모욕적으로 뺨을 때리는 것을 가리킬 수도 있음)[1] 예수는 그를 따르는 자들에게 자신들의 명예를 지키기를 거부하라고 말한다. 권력을 사용하여 재물을 얻을 것을 조장하는 체계에 대항하여 예수는 그를 따르는 자들에게 재물에 대한 관심을 철저하게 끊어버리라고 지시하며, 필요한 사람들에게 나누어주고, 심지어 옷 하나에라도 매달리지 말라고 말한다. 예수의 말씀은 보복이라는 폭력의 윤리에서 남에게 대접을 받고자 하는 대로 남을 대접하는 이타적인 결단으로 변화된 새로운 통치의 전형적인 예가 된다. 이러한 가르침은 인간이 만든 뒤틀리고 비정상적인 사회와 대조되는 인간 관계에 대한 하나님의 원시적인 이상을 반영한다. 이러한 가르침들을 구현함으로써 예수를 따르는 자들은 인자와 자비를 차별 없이 베푸는 창조주를 닮은 자녀의 모습을 보여준다.

뿐만 아니라 예수의 명령은 실천적인 의미도 갖고 있다. 시골 마

---

[1] Darrell L. Bock, *Luke: 1:1-9:50*, Baker Exegetical Commentary on the New Testament 3 (Grand Rapids: Baker, 1994), 592.

을 생활이란 맥락 안에서 이러한 실천은 사회적 균형을 회복하고 조화를 유지하는 데 효과가 있을 것이다. 리처드 호슬리는 로마 제국의 잔혹한 탄압으로 인해 초래되었을 가능성이 높은 파괴적 결과에 주목했다. 그는 예수의 가르침은 마을의 안녕을 회복하기 위한 것이라고 제안한다. 그의 가르침은 포학한 지배와 가혹한 탄압하에서 마을의 관계의 붕괴와 싸우기 위한 건전한 실천을 말한다.[2] 보복하지 말라는 가르침은 특히 로마인들에게 해당된다. 시골 마을 사람들은 사실상 로마의 권력과 약탈 행위에 대항할 힘이 없었다는 사실을 역사는 입증해주었다. 로마인들 혹은 그들의 종들에게 굴욕을 당하거나 재산을 잃어버린 것에 맞서 저항하는 것은 헛수고였다. 로마 권력의 앞잡이들을 향한 폭력은 더욱더 가혹한 대응으로 이어질 뿐이었다. 간략히 말해 누가복음에 나타난 예수의 말씀은 권력의 중심에서 벗어나 있는 특정 청자들과 그들이 경험하는 상실 및 무력함과 결코 무관하지 않다.

하지만 정신적 외상을 입은 추종자들에게 예수가 하신 말씀을 보편적인 원리로 받아들여야 할지는 의문이다. 우리는 예수의 말씀과 그 말씀에서 언급하는 실천을 모든 상황에서 모든 인간 관계에 확대 적용되는 것으로 이해해야 하는가? 보복하지 말고 원수를 사랑하라는 예수의 가르침은, 심지어 그것이 목숨을 유지하기 위해서 필요한 폭력이라 할지

---

2   Richard Horsley, "'By the Finger of God': Jesus and Imperial Violence," in *Violence in the New Testament*, ed. Shelly Mathews and E. Leigh Gibson (New York: T&T Clark, 2005), 51-80.

라도, 모든 폭력을 거부하는 것으로 이해해야 하는가?

마태복음을 보면 우리는 원수를 사랑하고 보복하지 말라는 예수의 가르침이 현저히 다른 틀 안에 위치해 있다는 것을 알 수 있다(마 5:21-48). 그 가르침들은 마태복음에 있는 다섯 단원의 가르침(5:1-7:27) 가운데 첫 번째 단원의 가르침이 시작하는 부분에 등장하고, 마치 모세와 같이, 하나님의 백성으로서 신실하게 살아가는 방법을 그곳에 모인 많은 무리들에게 가르치는 예수를 배경으로 이 가르침이 선포되고 있다. 예수는 누가복음에서와 같이 일련의 복들로 시작한다. 하지만 예수는 여기서 누가복음과 달리 저주를 선포하지 않는다. 대신 그는 그의 제자들의 특징과 의무를 다루며 그들을 소금과 빛이라고 부르고 그들의 착한 행실을 통해 하나님께 영광을 돌리라고 지시한다(12-16절). 그 후 예수는 그가 율법과 예언자를 완성하러 오셨다는 단도직입적인 선언과 더불어 율법이 지닌 영구적 권위에 관해서도 단도직입적인 선언을 한다(17-19절). 이어서 그는 서기관과 바리새인이 가르친 의를 넘어서는 의를 요구하면서 끝을 맺는다(20절).

그 후 원수를 사랑하고 보복하지 말라는 예수의 가르침이 뒤를 이어 나온다. 이 가르침은 하늘 나라의 구성원들이 끝까지 지키며 살아야 할 의를 보여주는 여섯 가지 반제 안에 포함되어 있다. 따라서 누가는 권력의 중심 밖에 서 있는 사람들에게 나타난 전복적인 성격의 하나님 나라라는 문맥 안에 예수의 가르침을 배치한 반면, 마태는 동일한 가르침을 이 세상에서 하나님의 증인으로 사는 것과 모세의 율법을 신실하게 이행하는 것이 무엇을 의미하는지에 대한 예시로 제시한다.

마태복음에서 보복하지 말고 원수를 사랑하라는 선언은 예수의 윤리적 가르침의 진수를 나타내는 세 쌍의 반제 가운데 세 번째에 해당한다. 각 쌍이 지닌 특별한 형태는 누가복음에 나오는 반제와는 다른 의미를 예수의 말씀에 부여한다. 세 쌍의 반제는 모두 의의 통상적인 개념에 대한 반응으로 소개된다. 각각의 반제는 절대적인 의미의 일반적인 격언을 인용하는 것으로 시작하고 이에 예수는 그의 제자들의 특징을 나타내는 더 높은 의를 표현한 명령으로 응답한다. 따라서 일련의 대구법은 예수의 명령의 의미를 확실히 밝혀준다.

첫 번째 반제는 "눈은 눈으로, 이는 이로 갚으라"고 명령한 모세의 격언에 대한 문자적 해석을 바로잡는다(5:38; 참조. 출 21:24, 27; 레 24:20; 신 19:21). 예수는 긍정적인 명령을 부정적인 명령으로 바꾸어 자신의 고유한 명령으로 응답한다. "악한 자를 대적하지 말라"(마 5:39). 겉으로 볼 때 이 명령은 마치 악한 자가 나타날 때 물러서고 그가 원하는 것을 하도록 그냥 내버려두라고 제자들에게 말씀하시는 것처럼 악에 대한 소극적인 반응을 요구하시는 것으로 보인다. 그러나 이러한 해석은 터무니없는 것이다. 예수의 사역 자체가 세상의 비뚤어진 체계에 맞선 저항의 행위이며, 다른 신약성서 저자들은 교회 안에서 발생한 악한 행위에 대해 단호한 조치를 취한다(예. 고전 5:1-13; 요이 10-11). 한스 디터 베츠는 신중한 보복을 요구하는 모세의 계명에 반응한 예수의 말씀을 언급하면서 예수의 명령은 보복을 금지하는 것으로 이해해야 한다고 제안했다. 따라서 그는 이에 상응하는(그리고 모호하여 번역하기 어려운) 그리스어 동사를 "보복하지 말라"로 번역한다.[3] 이러한 의미로 이해한다면 예수는 제자들에게 모세의 율법이 허용하는 문자적 의미를 넘어 그들에게 해를 끼치는 누군가에게 복수하지 말 것을 촉구하는 것이다. 이와 같이 반격하는 것을 거부하고 심지어 놀라운 관대함을 보임으로써 제자들은 세상을 속박하고 있는 폭력과 보복의 고리를 끊고 화해와 평화의 가능성을 열어야 한다(참조. 롬 12:18-21). 다섯 가지의 예는 그 명령의 요지를 구체적으로 설명하고, 하나님 나라의 통치하에 이루어지는 정반대의 호혜주의 계산법을 설명한다(39-42절). 제자들은 악한 자가 "마땅히 치러야할 대가"를 치르게 하기보다는 그들이 의도적으로 해를 입히거나 고통을 준 것에 너그러운 관용으로 대응해야 한다.

두 번째 반제는 행동 대신 태도를 다룬다. 예수는 보편적 지혜 혹은 황금률을 약간 수정한 것으로 볼 수 있는 내용을 인용하면서 시작한다. "네 이웃을 사랑하고 네 원수를 미워하라"(43절). 예수는 다시 다른 사람들에게 빚진 것의 의미를 재설정하라는 명령으로 응답한다. 그는 율법을 지킨다는 것은 하나님이 의로운 자와 불의한 자를 모두 돌보신다는 것을 인정하는 것이라고 설명한다. 하나님의 관심과 자비는 하나님의 자녀가 되기를 열망하는 자들에게 그러하듯이 어떤 차별도 없다. 여기서

---

3   Hans Dieter Betz, *The Sermon on the Mount*, Hermeneia (Minneapolis: Fortress, 1995), 280-86.

쟁점은 잠재적인 가해자 혹은 폭력의 대상을 대하는 개인의 태도 변화에 관한 것이다. 그가 이전 반제에서 설명한 비보복의 실천과 함께 이제 예수는 원수에 대한 개인의 생각의 전환을 촉구한다. 그는 여기서 제자들의 태도가 올바르게 형성되는 것에 관심을 보이는데, 이것 없이는 이러한 실천이 지속될 수 없다.

이 시점에서 누가와 마태가 원수를 사랑하고 보복하지 말라는 말씀을 어떻게 배치하고 결합하는지를 주목하는 것은 매우 중요하다. 누가복음에서 다른 뺨을 돌려대고 구하는 자에게 주라는 명령은 서로 짝을 이루기 때문에 남을 사랑하라는 것이 무슨 의미인지를 보여주는 예가 된다. 따라서 그것은 억압적이고 폭력적인 사회적 정황 안에서 하나님의 통치를 전복적으로 표현한 것이다. 마태복음에서 이 명령들은 악을 행하는 자에게 보복하지 말라는 예가 되며, 따라서 모세 율법의 핵심을 표현하는 행위를 제정한다. 복음서 저자들은 자신들의 의도에 맞게 그 말씀들을 배치하고 결합하지만, 예수의 가르침은 어떤 경우에도 포괄적인 비폭력 윤리를 명확히 제시하지 않는다. 마태복음에서 예수는 제자들에게 사랑과 돌봄의 대상으로서 원수에 대한 근본적으로 새로운 이해를 촉구하고, 모욕이나 고소를 당하거나 강제 노역을 요구받을 때 상대에게 보복하는 행위를 철저히 거부할 것을 촉구한다. 누가복음에서 이 명령들은 인간의 권력 제도에 이의를 제기하고, 이 제도 밖에 있는 자들 가운데 나타난 하나님의 통치의 전복적인 모습을 증언하는 행위와 태도로 간주된다. 두 경우 모두에서 예수는 뒤죽박죽이 된 세상을 지배하는 무수한 폭력적 행위와 태도들을 단호히 거부한다. 하지만 예수의 말씀을 기록한 어떤 버전도 반드시 모든 폭력을 단정적으로 금지하지는 않는다.

정당방위에 대한 문제는 해석의 여지가 남아 있다. 뺨을 치는 것에 대한 언급은 정당방위로 반격하는 것을 포함하는 것으로 해석할 수도 있지만, 위에서 언급한 것처럼 이 말씀은 모욕을 당한 것에 대한 보복을 거부하라는 말씀으로도 충분히 이해할 수 있다. 다시 말하면 원수를 사랑하고 보복하지 말라는 예수의 가르침은 예수가 모든 유형의 폭력을 금지했다고 주장할 수 있는 확실한 근거를 제공해주지 못한다. 예수의 말씀은 원수에 대한 개인의 태도를 근본적으로 변화시키고, 그를 따르는 자들이 이에 따라 행동할 것을 권면한다. 그러나 복수하는 것은 자신 혹은 다른 이들의 생명을 지키는 것과는 다른 문제다. 이 문제에 있어 예수의 말씀을 명확히 정의하기란 쉽지 않다.

어쩌면 누가복음에서 더 모호하다고 볼 수 있는 말씀은 예수가 제자들과 최후의 만찬에서 그들에게 권면하신 말씀이다(22:35-38). 베드로가 어디를 가든지 그를 따르겠다고 했을 때 예수는 닭이 세 번 울기 전에 베드로가 자기를 부인할 것이라고 말한다. 그 후 다음과 같은 대화가 오고간다.

[예수께서] 그들에게 이르시되 "내가 너희를 전대와 배낭과 신발도 없이 보내었을 때에 부족한 것이 있더냐?" 이르되 "없었나이다." 이르시되 "이제는 전대 있는 자는 가질 것이요 배낭도 그리하고 검 없는 자는 겉옷

을 팔아 살지어다. 내가 너희에게 말하노니 기록된바 '그는 불법자의 동류로 여김을 받았다' 한 말이 내게 이루어져야 하리니 네게 관한 일이 이루어져 감이니라." 그들이 여짜오되 "주여, 보소서. 여기 검 둘이 있나이다." 대답하시되 "족하다" 하시니라(22:35-38).

누가는 이 대화를 보고한 유일한 복음서 저자다. 이것은 예수가 제자들에게 체포당할 때 폭력적으로 저항하라는 지시를 내리는 것으로 전혀 보이지 않는다. 칼 두 자루로는 결코 그 일을 할 수 없을 것이다. 더욱 중요한 것은 예수가 예루살렘에 온 것은 그를 통해 하나님의 목적을 이루기 위해서다. 폭력적인 대응은 그에게 하나님의 평화와 의의 통치를 가져오는 왕보다는 정치적 혁명가라는 낙인을 찍게 할 것이다. 이것을 근거로 하면 예수의 말씀은 상징적이다. 전대, 배낭, 신발에 대한 그의 언급은 그가 칠십 인의 제자를 전도하고 치유하고 하나님의 통치를 선포하도록 마을로 보낸 것을 상기시킨다(10:3-4). "이제는"이라는 문구는 첫 번째 선교를 수행한 기쁨 및 승리(10:17-22)와 권력자들이 예수를 범죄자로 간주하게 될 암울한 성취의 때 사이에 차이가 있음을 알린다. 이러한 관점에서 볼 때 검은 앞으로 일어날 일들에 대한 철저한 준비의 필요성에 대한 은유다. 제자들은 비록 그 핵심을 놓쳤지만, 예수는 "족하다"고 말하며 그 핵심을 재확인한다.

그런데 예수는 왜 맨 처음에 칼 얘기를 꺼냈을까? 만일 예수가 이를 상징적으로 언급한 것이라면 그는 제자들이 그가 하신 말씀을 문자적으로 받아들일 것이라고 생각하지 못했을까? 그리고 예수는 왜 이 시기에 특히 제자들이 그의 의도를 간파하지 못했다는 것을 알면서도 그들이 무기를 지니는 것을 허락할까? 예수는 왜 폭력이 일어날 가능성이 높아져 긴장감이 감도는 상황에서 제자들에게 검을 지니고 다니라고 허락한 것일까? 검은 노상강도를 방어하기 위한 용도로 여행자들이 주로 지니고 다녔다. 이것이 예수의 제자들이 여행할 경우를 두고 하신 말씀이며, 그래서 이 중대한 시기에 검의 존재로 인해 예수에게 책망을 듣지 않았던 것인가? 예수가 비폭력을 절대적으로 고수했다면 왜 제자들이 검을 소유하는 것을 용납했을까? 예수가 다 알고 있는 가운데 그들이 검을 지닌 채 여행했다기보다는 예수 몰래 그 무기를 숨기고 다녔을 가능성은 희박해 보인다. 요약하면 난해한 이 대화는 비폭력에 대한 예수의 가르침의 문제를 어느 방향으로든 전혀 해결하지 못한다.

성전 정화와 악한 소작농

다른 복음서 기사에 비하면 예수의 성전 정화에 대한 누가의 보고는 현저하게 간략하다(19:45-46). 누가는 다른 복음서 저자들이 보고하는 폭력적 요소들을 축소한다. 그는 예수가 환전상들의 상을 둘러 엎고, 동전을 쏟아버리며, 양과 소를 채찍질하며 내쫓으신 것을 언급하지 않는다(참조. 막 11:15-17; 요 2:13-22). 누가는 예수가 장사하는 자들을 내쫓은 것만 보

고하고, 대신 환전상들이 예수를 격분시킨 이유에 관심을 기울인다. "그
들에게 이르시되 기록된 바 '내 집은 기도하는 집이 되리라' 하였거늘 너
희는 강도의 소굴을 만들었도다 하시니라." 이것은 이사야 56:7과 예레
미야 7:11의 문구를 결합한 것으로, 예수 시대의 성전 상태를 특징적으
로 나타낸다. 이 선언은 구약성서에서 하나님의 분노를 촉발하는 것, 즉
하나님의 주권과 거룩함을 노골적으로, 그리고 극심하게 무시하는 행위
에 대해 우리가 앞에서 간추린 개요에 비추어 볼 때 매우 의미심장한 것
이다. 하나님은 성전을 예배드리는 장소로 지정하셨지만, 성전 경내에 거
하는 사람들은 자신들의 배를 불리는 데 급급했다. 대럴 보크는 그 쟁점
을 명료하게 제시한다. "다름 아닌 바로 하나님의 임재 안에서 예배를 준
비하면서 이스라엘은 그 하나님께 불경을 저지른다."[4] 구약성서에서 야
웨의 분노를 일으킨 것이 여기서는 예수의 분노를 일으키고, 하나님의
집의 거룩함을 회복하기 위한 예수의 강력한 행동을 유발한다. 간략히
말하자면 예수는 "하나님의 명예를 지키길 원한다."[5]

그다음 누가는 성전에서 벌어진 예수와 대제사장들과 서기관들
사이의 대립을 소개한다(20:1-8). 그들은 예수에게 직접적으로 도전한다.
"당신이 무슨 권위로 이런 일을 하는지, 이 권위를 준 이가 누구인지, 우
리에게 말하라." 그 도전은 에덴동산 이후 인류를 창조주로부터 분리시

∞∞∞∞
4   Darrell L. Bock, *Luke: 9:51-24:53*, Baker Exegetical Commentary on the New
    Testament 3 (Grand Rapids: Baker, 1996), 1579.
5   Bock, *Luke: 9:51-24:53*, 1572.

킨 중요한 쟁점을 요약한다. 여기서 인간 지도자들은 주님의 왕의 권위, 따라서 하나님의 권위에 도전한다. 첫 문장은 인간 대리인들이 창조주의 주권을 인정하고 확인하는 장소인 거룩한 공간으로 들어가는 모든 사람들의 말과 행동을 책임지고 판단할 권리를 갖고 있다는 것을 암시한다. 그다음 질문은 인식의 문제("이 권위를 준 이가 누구인지")를 야기하며, 모든 권위를 쥐고 있는 분이 누구인지 인식하지 못하거나 거부하는 지도자들의 모습을 드러낸다. 이어서 예수는 다음과 같은 질문을 던짐으로써 그들의 권위를 암묵적으로 거부한다. "요한의 세례가 하늘로부터냐? 사람으로부터냐?"(4절) 이 질문은 인간의 권위를 거부하고 하나님의 권위를 세움으로써 가장 단순 명료한 말로 문제를 제기한다. 각자는 자신이 속한 영역이 따로 있다. 요한은 어느 영역에 속해 있었는가? 지도자들이 이어서 그 질문에 답하기를 거부한 것은 이러한 이분법적 이해를 인정할 뿐 아니라 아이러니하게도 예수를 통해 나타난 하나님의 권위를 한층 더 강화한다. 그들이 권위의 문제에 관해 아무 말도 하지 않으므로 예수는 더 이상 그들의 도전에 응하지 않는다.

그러나 그들과의 만남은 예수에게 이스라엘과 하나님의 관계에 대한 전체 역사를 알레고리 형태로 설명할 수 있는 기회를 제공해준다 (20:9-16). 이 알레고리는 포도원을 세우고 그것을 소작농에게 임대한 후 오랫동안 그 나라를 떠나 있던 사람에 관한 것이다. 그 주인이 자기 몫의 농작물을 가져오라고 종을 보내자 소작농들은 그 종을 때리고 내쫓는다. 다른 두 명의 종을 차례로 보내지만 비슷한 취급을 받는다. 그 후 그 주인은 자신의 사랑하는 아들을 보내기로 결심하고 그들이 그를 존중할 것이라는 희망을 품는다. 그러나 소작농들은 그 아들의 출현이 상속자를 죽여 주인의 재산을 압류할 수 있는 기회를 제공해준다는 이상한 결론을 내린다.

그 포도원은 이스라엘의 불순종을 비난하는 이사야의 예언을 암시한다(사 5:1-7). 비록 이사야서의 경우에는 이스라엘이 소작농이 아닌 포도원의 역할을 하지만 말이다. 또한 그것은 태초에 하나님이 인간에게 주신 명령, 즉 하나님이 에덴에 만드신 동산을 경작하고 돌보라는 하나님의 명령을 상기시킨다. 그리스어 본문은 이 포도원을 임대한 사람들을 단순히 농부라고 밝힘으로써 이 뉘앙스를 잘 살린다. 이러한 암시를 염두에 두면 포도원 이미지는 이스라엘을 통해 창조를 새롭게 회복하려는 하나님의 의지를 재현한 것이라고 할 수 있다. 마찬가지로 주인이 기대하는 농작물은 창조주의 인격과 사명을 반영하는 이 세상에서 장차 얻게 될 질서정연한 삶이라는 열매로도 볼 수 있다. 이러한 의미는 농부들이 그 아들을 죽여 "그 유산을 우리의 것으로 만들자"는 그들의 말을 통해 강조된다. 구약성서에 나타난 유산의 개념은 특정 가족 혹은 사람들의 집단에 속한 영원불변의 소유에 초점을 맞추고 있다. 여호수아서에서 땅은 여러 지파들에게 기업으로 분배되었으며, 레위 지파는 "화제물"을 그들의 유일한 기업으로 받는다(수 13:14-19:46). 포도원으로 상징되는 이스라엘의 기업은 이 세상을 위하여 하나님과 맺은 언약 관계에 입각하여 사는 것을 의미하며, 이는 곧 주인이 그 농부들을 진멸하고 그 포도원을 다른 이들에게 줄 것이라는 예수의 선언이 명확하게 밝히고 있는 사명이다.

예수는 성전에 모인 무리를 향해 비유를 들어 이야기한다. 그리고 소작농의 비유를 들 때, 나중에 누가가 가리키는 바와 같이, 그는 대제사장들과 서기관들을 염두에 두고 있다. 그러나 국가 전체가 그 지도자들이 내린 결정으로 인해 고통을 당한다는 사실을 이스라엘의 이야기가 보여주므로, 사실 국가와 그 지도자들을 구별한다는 것은 이 사건의 결말의 관점에서는 별 차이가 없다. 예수가 말하고 있는 이 사건의 결말은 이해 가능하면서도 폭력적이다. 예수는 먼저 군중들에게 "그런즉 포도원 주인이 이 사람들을 어떻게 하겠느냐?"라고 물으면서 근본적인 정의감에 호소한다. 그 후 그는 공포에 떨게 만들 선언과 함께 그 질문에 답한다. "와서 그 농부들을 진멸하고 포도원을 다른 사람들에게 주리라." 그 주인의 폭력적인 대응은 합당한 것이며, 그러한 행위는 어떤 의미에서는 보복적인 것이라는 결론을 피하기 어렵다.

성전 정화와 세례 요한의 권위에 관한 질문은 하나님과 함께한 이스라엘의 역사를 알레고리적으로 묘사한 것과 그것이 예시하는 하나님의 폭력적 반응을 해석하는 데 필요한 틀을 독자들에게 제공한다. 예수는 두 번째 종(그리고 아마도 세 번째 종도)에 대한 소작농들의 행동을 치욕스런 처우, 즉 의도적으로 명예를 더럽힌 것으로 묘사한다. 그 주인 역시 그 처우를 같은 방식으로 이해하는데, 이는 그가 자기 아들을 보낸 이유가 그들이 이전의 특사들을 존중하지 않았지만, 이번에는 그의 아들을 존중할 것이라는 소망에 근거한 것이기 때문이다(13절). 따라서 그의 아들이 소작농들의 손에 죽은 것은 비열한 폭력적 행위일 뿐만 아니라 주인에 대한 엄청난 모욕을 나타내는 것이다. 즉 이는 너무나 충격적이므로 주인으로부터 대단히 파괴적인 대응을 유발한다.

하나님의 주권과 권위를 무시하는 행위는 성서에 나타난 내러티브 전체에서 하나님의 폭력적인 대응을 유발하는 이슈와 일치한다. 만일 존중하는 마음이 없고, 지도자들과 국가가 직접적이면서 노골적으로 하나님의 권위에 도전한다면 하나님이 이스라엘과 함께 창조세계를 새롭게 회복하시기 위해 일할 이유는 없다. 따라서 하나님은 포도원 주인을 대신하여 폭력으로 대응하고, 다른 사람들을 통해 다시 짓고 심기 위해 모든 것을 허물고 뽑아버린다.

또한 이 알레고리는 노하기를 더디 하시며 변함없는 헌신을 아낌없이 베푸시는 하나님의 관용을 증언한다. 이 알레고리는 예수의 죽음을 이스라엘을 다시 언약에 신실하도록 되돌리려는 반복된 실패의 절정이자 하나님으로 하여금 이에 폭력적으로 대응하도록 자극한 행위로 간주하면서 이 이야기와 하나님의 성품을 현재의 상황으로 확대한다. 하나님은 어떤 인간 권력자가 견뎌낼 것으로 예상되는 기대치를 훨씬 뛰어 넘는 폭력과 모욕으로 고통당하고, 이전에 보냈던 종들을 거듭 학대한 사람들에게 사랑하는 아들을 보내며, 모든 조짐과 징후에 반하여 그 아들이 올바른 토대 위에서 그 관계를 회복할 수 있을 것이라는 희망을 지닌다. 포도원 주인은 피해자이자 폭력의 가해자가 되며, 구약성서 내러티브에 나타난 하나님이 직면한 곤경을 상징적으로 묘사하고 있다. 예수가 하나님이 그 나라를 멸망시키고 그 나라가 소유한 것을 다른 이들(즉 예수에 의해 도래한 하나님 나라의 통치하에 사는 이들)에게 주시겠다는 하나님의 의도를 분명하게 밝히고 있다는 사실과, 또 예수가 구약성서 내러티브에서 서술한 것처럼 이스라엘과 하나님 사이의 폭력적인 역사를 이야기하면서 그 나라의 멸망을 정당화하고 있다는 사실을 회피할 방도는 없다. 이 예수는 다른 본문에서도 그를 따르는 자들에게 이웃을 사랑하고 다른 뺨을 돌려대라고 말씀하신 바로 그 예수다. 이 알레고리와 그 뒤에 나오는 선언은 분명히 예루살렘 성전의 멸망과 그 여파를 하나님의 직접적인 행동의 결과로 본다. 이것은 하나님이 보호를 중단하고 이 문제가 스스로 해결되도록 방치한 경우라고 할 수 없다. 또한 이 알레고리는 마치 사회적으로 형성된 사고 방식이 인지론적인 틀 안에서 하나님이 하고 싶은 말을 예수에게 하듯이 문화적인 영향의 한 사례로 설명할 수도 없다. 뿐만 아니라 예수가 이스라엘 역사를 폭력적으로 개괄한 후 향후의 파멸을 경고한 것은 예수가 오해한 사례로 설명될 수도 없다(적어도 교회의 기독론에 심각한 영향을 미치지 않고서는 말이다). 예수는 하나님이 예루살렘을 멸망시킬 것이라는 것을 군중들에게 분명히 알리고, 하나님이 이전에도 예루살렘을 멸망시킨 적이 있고 하나님이 그렇게 하신 이유를 알고 있는 군중들은 그 의미를 파악하고 즉시 "절대로 그 일이 일어나지 않기를!"(16절)이라고 반응한다. 이 알레고리는 그 앞의 본문들과 함께 하나님이 과거에 하신 일 및 그 일을 하신 이유와 관련하여 임박한 하나님의 폭력의 이유와 필연성을 모두 설명해준다. 이 둘은 모두 성서 내러티브 전반에 걸쳐 묘사된 하나님의 모습과 일치한다.

향후 예수에게 가한 심문과 예수를 십자가에 못 박은 사건은 이 알레고리가 전달하는 모호함과 긴장감을 잘 드러낸다. 누가는 다시 정치 권력을 대표하는 두 인물이 예수를 심문하는 것을 전함으로써 권위의 문제를 정확히 독자들에게 제시한다. 로마 제국을 대표하는 빌라도 총독(23:1-7, 13-25), 로마 제국의 비호를 받으면서 통치하는 헤롯왕(23:8-12). 예수를 빌라도 앞에 데려온 유대교 지도자들의 모임은 상반된 두 왕국의 대립을 초래한다. 그들은 무엇보다도 예수가 자신을 "왕 그리스도"라고 주장한 것을 고발한다(23:2). 그들의 고발 내용을 들은 빌라도는 계속해서 예수를 향하여 질문하며 그가 유대인의 왕인지를 직접 그에게 심문하지만, 단지 "당신이 그렇게 말하였소"라는 애매한 답변만 들을 뿐이다. 이것이 예수가 헤롯과 빌라도에게 한 말의 전부다. 빌라도는 정당한 이유도 없이 예수를 정죄한 후 그를 헤롯왕에게 넘기고, 예수는 헤롯의 질문에 답하지 않는다.

예수와 두 통치자 간의 대화는 이 세상의 체제와 하나님의 체제 간의 차이점을 극명하게 보여주며, 하나님이 이 세상의 체제에서 완전히 분리되어 나오신 것을 강조한다. 하나님은 이집트에서 자연의 힘이 파라오를 대적하게 만들고 적절한 대응 방법을 스스로 결정할 수 있는 인간 왕의 능력을 조종함으로써 인간 권력의 정점에 서 있던 통치자를 치시고 하나님의 절대 주권을 확립하셨다. 그러한 경이로운 능력을 보이신 일은 하나님의 신실하심과 구원 사역을 증언하는 동시에 야웨가 누군지를 모르던 세상에 그분의 이름을 알렸다. 이제 누구도 넘볼 수 없는 로마 제국의 대리인들 앞에서 하나님의 왕은 계속 침묵으로 일관하며 자신의 능력을 드러내지 않는다. 그는 거짓된 고발과 모욕과 학대에 침묵으로 저항하며, 그가 대제사장들과 서기관들 앞에서보다 적게 답변하면서 통치자들의 권세를 인정한다. 또 다른 반전은 예수를 풀어주려고 노력한 사람이 로마 제국을 대표하는 빌라도인 반면, 예수의 죽음을 요구한 자들은 하나님이 파라오의 권력으로부터 해방시킨 자들의 후손이라는 점이다.

예수가 십자가에서 죽으신 사건은 인류를 향한 하나님의 관용적인 성품과 사랑을 지대하게 드러낸 사건이다. 그것은 구약성서 내러티브가 소개하는 하나님의 이야기 전체에서 가장 놀라운 반전이다. 하나님은 십자가에서 그 어떤 보복도 하지 않은 채 인간의 폭력이 지닌 모든 힘과 악의를 그대로 한 몸에 다 받으신다. 인간의 권력 체계에 얽매이지 않는 십자가는 가장 순수한 형태로 창조주의 사랑을 보여준다. 십자가에서, 그리고 십자가에 이르기까지의 사건들에서 예수는 폭력 및 권력을 유지하기 위해 폭력에 의존하는 체계를 단호히 거부하고, 오히려 그를 따르는 자들을 감동시킨, 보복하지 말고 이웃을 사랑하라는 가르침을 실제로 구현한다. 이 예수는 하나님의 뜻에 신실하게 복종하여 온갖 수모와 죽음을 견뎌냄으로써 폭력을 극복한다. 따라서 부활은 죽음 자체를 정복함으로써 인간 체계의 치명적인 메커니즘에 대한 하나님의 주권을 보여준다. 하나님은 예수 그리스도를 통해 그 체제를 전복시키신다. 이로써 폭력의 피해자는 폭력의 승리자가 된다.

십자가 그림자 안에 나타난 하나님의 폭력

하나님이 십자가에서 보여주신 자기희생적인 사랑은 하나님이 인간의 패역함을 다루기 위한 도구인 폭력으로부터 등을 돌리셨다는 의미인가? 사도행전에 나타난 여러 사례는 그렇지 않다는 것을 암시한다. 비교적 가벼운 사례로는 다소 사람 사울이 "주의 제자들에 대하여 여전히 위협과 살기가 등등"하여 다메섹으로 가는 과정을 꼽을 수 있다(9:1). 사울이 예수의 추종자들을 투옥하기 위한 계획을 입증하는 편지를 갖고 다메섹으로 떠날 때 예수는 그를 바닥에 쓰러뜨리고 눈을 멀게 하는 섬광과 함께 그에게 나타난다. 바울이 다메섹으로 가서 지시를 기다리라는 예수의 명령에 순종한 후 예수는 아나니아라는 이름의 추종자를 보내 그에게 안수함으로써 그의 시력을 회복시킨다. 비록 눈이 멀게 된 것은 일시적이며 바울을 위한 하나님의 계획을 이루기 위한 것이지만, 그럼에도 그것은 폭력이며 하나님이 아직도 자신의 목적을 이루기 위해 유해한 힘을 사용하기를 꺼리지 않는다는 점을 암시한다.

바울 역시도 다른 사람의 눈을 멀게 할 때 폭력을 행사하는 하나님의 도구가 된다. 구브로에서 바울과 그의 동료 바나바는 엘루마라는 이름의 마술사를 만나는데, 그는 그 지역의 총독이 바울과 바나바를 대적하게 만들려고 시도한다(13:1-12). 이에 대해 바울은 성령이 충만하여 그 마술사를 주목하고 그를 가리켜 "마귀의 자식"이자 "주의 바른길을 굽게 하기를 그치지 아니"하는 "모든 의의 원수"라고 맹렬히 비난한다

(10절). 그 후 그는 주의 권능이 그 마술사를 대적한다고 선언하며 주께서 그를 치셔서 "얼마 동안" 그가 맹인이 될 것이라고 선언한다. 그러자 엘루마는 맹인이 되어 이리저리 더듬으며 다닌다. 이러한 극적인 대결은 총독을 감동시키고, 그 일어난 일을 본 총독은 바울의 가르침을 듣고 주를 믿게 된다. 다시 한번 강조하지만 한 사람을 치는 것은 하나님의 구원 목적을 이룬다. 대적자를 맹인으로 만든 사건은 바울의 가르침의 장애물을 제거하고 하나님의 능력을 확실하게 보여주는 계기가 된다.

좀 더 심각한 두 가지 사례에서는 하나님이 사람들을 쳐 죽게 만든다. 첫 번째 사례는 자신들의 땅을 팔아 그 수입을 사도들에게 바친 두 신도, 곧 아나니아와 삽비라에 관한 것이다(5:1-11). 이 두 사람은 그 돈의 일부를 감추고 마치 그 나머지가 그 땅을 판 수입의 전부인 것처럼 바친다. 이 사건에서 하나님은 베드로라는 대리인을 통해 역사하셔서 죄를 책망하고 남편과 아내가 각각 들어올 때 죽음을 알리는 심판의 말씀을 선포한다. 이러한 책망은 의미심장한 것이다. 이 상황은 여리고가 멸망한 후 아간이 하나님께 바친 전리품을 훔친 사건을 연상시키는데, 이 사건으로 인해 진노하신 하나님은 그와 그의 가족을 돌로 치라는 명령을 내리신다(수 7:1-26). 베드로는 "어찌하여 사탄이 네 마음에 가득하여 네가 성령을 속이고 땅 값 얼마를 감추었느냐?"로 시작해서 "[네가] 사람에게 거짓말한 것이 아니요 하나님께로다"로 끝을 맺으며 아나니아에 대한 그의 책망과 아나니아가 하나님께 거짓말한 죄를 연결한다.

베드로는 삽비라의 경우에는 다른 방식을 취하여 그녀가 주의 영을 시험했다는 책망으로 그녀와 맞선다. 이 책망은 구약성서에서 하나님의 맹렬한 반응을 불러일으킨 맛사와 므리바에서 이스라엘이 보인 노골적인 불순종 및 배은망덕함과 관련이 있다(출 17:1-7; 신 6:16; 시 106:12-15; 참조. 시 78:56-59). 이 두 사건은 모두 속임수와 기만을 묵인할 수 없는 하나님에 대한 직접적인 모욕으로 간주된다. 아나니아와 삽비라는 모두 베드로의 말에 땅에 엎드러져 죽는다. 그 후 누가는 두 사람의 죽음이 각각 우주의 왕 앞에서 마땅히 드러나야 할 두려움을 불러일으키는 결과를 낳았음을 확인한다. 그들의 죽음에 관하여 들은 모든 사람들은 강한 두려움에 사로잡혔다(5-11절).

두 번째 사례에서는 헤롯 아그립바 왕이 자신을 신이라고 말하는 도에 넘는 찬사를 받아들이자 그가 벌레에게 먹히는데, 이 사례는 좀 더 직접적인 도전을 보여준다(12:20-25). 누가는 헤롯이 왕실의 화려한 의복과 보석으로 치장하고 두로와 시돈 사람들에게 연설하는 장면을 보고한다. 백성들이 그의 환심을 사고자 열심히 "이것은 신의 소리요 사람의 소리가 아니라"고 계속 외치자 주의 사자가 그를 치고, 헤롯은 섬뜩한 죽임을 당한다. 구약성서에 나타나 있듯이 하나님의 지위를 빼앗는 것은, 심지어 간접적이라 할지라도, 하나님의 즉각적인 반응을 초래한다. 누가는 이 사건을 헤롯이 요한의 형제인 야고보를 죽이고 베드로를 투옥함으로써(12:1-19) 교회의 성장을 막고자 폭력적인 노력을 쏟은 문맥 안에 배치하고, 그의 죽음 후에 교회가 더욱더 성장하는 모습을 보고한다(12:24-25). 따라서 이 문맥은 헤롯의 죽음이 예수의 추종자들을 통해 하나님의 사역이 확장되는 것에 반하는 것은 무엇이든 제거하겠다는 하나님의 의지와 연관되어 있음을 암시한다.

말과 행동으로 나타난 하나님의 폭력 검토하기

누가복음은 다윗 왕조의 붕괴 이후 겨우 남아 있던 내러티브의 가닥을 취하여 세상을 새롭게 회복하기 위한 하나님의 새로운 계획과 연결한다. 그 여파로 하나님은 뒤로 물러나 세상을 지배하는 정치 권력과 사회적 경쟁에서 분리된다. 누가복음에서 이 이야기가 재개될 때 하나님은 완전히 다른 방식으로 세상에 다시 관여하기 위한 계획을 밝히신다. 하나님은 여러 사자들을 통해 여러 곳에서 왕들과 맺은 관계를 완전히 단절하지는 않지만, 통치자들이나 그들을 지지하는 체계 안에서 일하지 않으실 것임을 밝히신다. 대신 하나님의 사자들은 사람이 만든 세상의 왕정 체제를 벗어나서 그 체제 밖에 존재하는 한 왕을 세우실 것을 선포한다. 하나님은 더 이상 한 국가와 자신을 동일시하거나 한 왕과 함께 일하지 않을 것이지만, 그것은 하나님이 인간과 자신을 동일시하지 않거나 그들과 함께 일하지 않을 것을 의미하는 것은 아니다. 사자들은 일의 순서에 반전이 있을 것을 묘사하고, 인간의 권력 체계를 전복시킬 한 왕에 대해 말한다. 하나님의 왕은 왕들로 인하여 고통당하는 자들과 자신을 동일시할 것이다.

　이러한 외부로의 움직임은 하나님이 왜 자신의 아들이자 왕이신

예수를 통해 힘에는 힘으로, 폭력에는 폭력으로 대처하기를 거부하시는 지를 이해하는 데 결정적인 역할을 한다. 하나님은 더 이상 사람들과 그 체계를 통해 일하지 않고 그의 아들을 보내심으로써 그 체계를 전복시킨다. 하나님은 인간 폭력의 "거미줄 속으로" 자신을 끌어들인 인간 체계의 뒤로 물러나셨다. 하나님은 밖에 서 계시고, 하나님은 주로 힘이 없는 자들을 통해 구원 사역을 계속 추진해나갈 것이며, 하나님의 왕은 자유를 얻은 인류를 통치하실 것이고, 하나님은 힘 있고 높은 자들을 대적하시기 때문에 마음껏 새로운 인류를 창조하고 구현할 수 있다. 하나님이 그 체계에서 완전히 분리되신 것은 어떤 의미에서는 하나님이 다시 새롭게 시작하고, 하나님의 아들의 인격을 통해 하나님의 성품과 목적을 완전히 드러낼 수 있게 한다.

또한 누가복음은 예수가 인류를 통해 세상을 새롭게 회복하기 위한 하나님의 새로운 접근법을 선언하고 확립하면서 그가 직면한 도전들을 보여준다. 예수가 상대하는 세상은 힘 있고 능력 있는 자들의 목적을 지지하는 힘과 폭력을 사용하고 이에 저항하는 것 외에는 달리 아는 바가 거의 없다. 제자들과 군중들은 그들이 알고 경험한 것 외에 다른 어떤 언어로도 하나님의 왕을 달리 생각할 수 없기 때문에 그들은 그가 이스라엘의 국가적 명예를 다시 회복시켜줄 것이라는 기대를 갖고 그를 만난다(행 1:6). 제자들 역시 예수와 동행하면서도 하나님 나라와 이 세상 나라 간의 크나큰 차이를 파악하지 못한다. 그들은 예수가 세상을 위해 자기 자신을 바치려고 준비하는 순간에도 과연 누가 권력과 지위를 차지할지에 관하여 서로 논쟁을 벌인다(눅 22:24-27).

예수 자신도 세상의 권력을 인정하거나 어떤 식으로든 그것에 관여하기를 거부한다. 심지어 조금이나마 반란을 야기하는 것으로 보일 수 있는 것을 언급하거나 행한다는 것은 예수의 하나님 나라가 저항하는 이 세상의 세속적인 체계를 정당화할 뿐이다(반항의 여지가 조금만 보이더라도 이를 처단하는 로마의 조치로 인해 필연적으로 당하게 될 처참한 고난은 차치하더라도 말이다). 예수는 권력 놀음을 하지 않으며, 그것에 말려들지도 않는다. 예수는 심지어 그 체계의 악의적인 폭력을 온전히 감당하고, 보복보다는 용서로 그것에 대응하는 지경에 이르기까지 기존 체계를 유지하는 모든 활동과 그것을 지탱하는 사탄의 권력에 대한 모든 충성에 대해 단호히 선을 긋는다. 그렇기 때문에 십자가는 실로 하나님의 사랑의 결정적인 계시이며, 따라서 "예수가 구현한 모든 것의 핵심 주제다."[6]

그러나 부활 이후에 이어지는 이야기는 하나님이 자신의 목적을 성취하기 위해, 혹은 구약성서에 나타나 있듯이 인간 권력의 도전을 받을 때 하나님의 절대 주권을 보여주기 위해 폭력을 전략적으로 사용하는 것을 그만두지 않으신다는 것을 드러낸다. 하나님은 거짓으로 속이는 행동을 하는 신도들과 오직 하나님께만 합당한 찬사를 가로채는 왕을 치신다. 뿐만 아니라 하나님은 구약성서의 사례에서처럼 인간과 영적 대리인

6   Gregory A. Boyd, *The Crucifixion of the Warrior God: Interpreting the Old Testament's Violent Portraits of God in Light of the Cross* (Minneapolis: Fortress, 2017), 1:170.

을 사용하여 그런 일들을 행하신다. 하나님이 십자가에서 자신의 사랑을 완전히 드러내시고, 이와 동일한 이유로 이스라엘의 내러티브에서 폭력을 행사한 후에도 선택받은 대리인과 협력하여 여전히 사람들에게 해를 가한다는 사실은 그가 지금도 여전히 이 세상의 일에 관여하신다는 사실을 암시한다.

예수의 가르침은 새로운 인류의 비전과 삶을 형성하는 데 필요한 하나님의 인격과 사역을 완전하고 거침없이 보여주는 계시다. 다시 말하면 예수의 가르침과 십자가의 죽음은 피조물에 대한 하나님의 애정 어린 헌신을 보여주고 인간이 번성하기를 원하시는 하나님의 비전을 이상적이고도 가장 순수한 형태로 전달한다. **하나님의 이상은 오직 이 세상 체계의 밖에서, 그리고 그것으로부터 벗어나서 구현될 수 있는 것이다.**

예수는 폭력과 보복에 관한 가르침을 절대적인 관점에서 표현한다. 그 가르침들은 하나님의 중요한 성품과 기질을 드러내고 이 세상에서의 인간의 삶을 위한 하나님의 이상을 제시한다. 이것은 그 가르침들이 제시한 바를 실제로 모두 준수해야 한다는 것을 의미하는가? 그럴 수도 있지만 반드시 그렇지는 않다. 예수의 말씀은 그를 따르는 자들의 관점과 태도를 분명히 변화시키고 그들에게 경건한 기질을 심어준다. 그렇다면 그의 가르침을 삶에서 실천한다는 것은 어떤 이유로든 폭력에 가담하는 것을 절대적으로 거부해야 한다는 말인가? 하나님처럼 사랑을 실천하는 신자들은 구약성서에서 하나님이 하신 것처럼 하나님의 이상을 폭력과 권력이 지배하고 규정하는 세상의 운영에 적응시키거나 순응시키며 살아야 하는 것일까? 이러한 하나님의 이상은 단호한 태도를 나타내는 것인가? 아니면 주로 방향만을 제시하고 있는 것인가?

원수를 사랑하고 보복하지 말라는 예수의 가르침에 대한 우리의 개요는 해석학적으로 열린 마음이 필요하다는 것을 암시한다. 그 가르침들은 그의 추종자들에게 어떤 이유로든, 그리고 어떤 형태로든 폭력의 행사를 금지하는 명령으로 이해될 수 있다. 하지만 그 가르침의 다른 버전들 및 다른 배경에서 이루어진 그와 동일한 가르침들은 그 가르침에 대한 다른 해석이 있음을 시사한다. 누가의 버전은 그 가르침들을 권력의 가장자리에 있는 자들을 향한 하나님의 정의의 계시로 제시하는 문학적 문맥 안에 배치하며, 억압당하고 정신적 외상을 입은 사람들을 위한 실제적인 치유 행위를 표현할 가능성을 시사하는 역사적 정황 안에 배치한다. 한편 마태의 버전은 모세의 율법을 통해 표현된 하나님의 의를 성취하는 것이 무엇인지에 대한 논의 안에 그 말씀을 배치하며, 따라서 그 말씀들이 태도와 행위에 방향을 제시하는 이상으로서 기능한다는 점을 시사할 수 있다. **핵심은 바로 원수를 사랑하고 보복하지 말라는 예수의 가르침은 그의 절대적인 선언이 기초를 두고 있는 그 가르침의 기반을 불안정하게 만들어버릴 수 있는 해석학적 모호함을 갖고 있다는 것이다.**

예수의 가르침과 사역이 하나님이 자신을 표현하고 세상에 관여하는 방식에 새롭고 급진적인 전환을 이룬다는 데는 의심의 여지가 없다. 세상의 체계에서 분리되어 자신을 힘없는 자들과 동일시한다는 것은 세상의 왕국에 반대하고 그것과 구별된 새로운 인류를 확립하며 비뚤어진 인간의 체계를 내부에서부터 새롭게 회복하려는 계획을 포기하는 하나님의 전략을 나타낸다. 하나님은 그 체계에서 분리되어 예수의 삶과 가르침과 죽음을 통해 하나님의 사랑의 충만함을 보여줄 수 있다. 그렇다면 그것은 그의 추종자들이 이 세상을 새롭게 회복하는 하나님의 사명을 수행하면서 이러한 하나님의 이상을 그들의 삶에서 온전히 실천해야 한다는 것을 의미하는가?

이 세상의 왕국과 대립하는 하나님 나라—하나님과 타인에 대한 사랑을 근간으로 하며 하나님이 선택하신 왕이 다스리는 나라—의 개요를 말하고 있는 예수의 가르침은 모든 유형의 폭력을 단호히 거부하는 분명한 표현, 곧 세상에서 이루어지는 인간의 상호 작용에 만연한 악한 폭력 체계에 반대하는 증언으로 이해될 수 있다. 그러나 이 간략한 개요가 증명했듯이 비보복과 이웃사랑에 대한 예수의 가르침은 관점과 행동을 바꾸기 위한 이상들로 구성된 것이라고 강력히 주장할 수도 있다. 신약성서 내러티브에 대한 다양한 해석학적인 가능성은 신실한 추종자들이 내러티브의 증언 전체와 무슨 관계가 있는지에 관한 질문을 강하게 제기한다. 과연 오늘날의 제자들은 여전히 폭력으로 가득 찬 이 세상에서 역사하시는 하나님과의 관계 속에서 사고하고 행동하는 비전으로서 이 내러티브를 어떻게 읽어야 할까? 우리는 마지막 장에서 이 질문에 답하고자 한다.

9장

하나님의 폭력에 대한 해석

이 책은 성서를 하나님과 인류와 창조세계에 대한 진실을 이야기하는 최종적인 계시 텍스트로서 접근할 때 하나님의 폭력 문제를 가장 적절하게 다룰 수 있다는 제안에서 출발했다. 나는 성서의 역사적 정황과 문화를 재구성하거나 성서를 쓴 사람들의 사상, 세계관 또는 의도의 재구성에 기초하여 하나님의 폭력 문제를 다루는 접근 방법은 이에 관한 논의를 불안정한 토대 위에 올려놓는 것이라고 제안했다. 구체적으로 나는 성서에 나타난 하나님의 폭력을 효과적으로 다룰 수 있을 방법은 성서가 인류의 문제에 관여하시는 하나님의 이야기를 들려주는 방식에 초점을 맞추는 것이라고 제안했다.

성서 본문은 그 모든 복잡성 속에서도—그 당시 저자들과 편집자들이 그 본문을 쓸 때 어떤 생각을 하고 있었는지에 관한 내러티브와는 대조적으로—하나님의 폭력에 관한 그리스도인들의 대화의 중심에 서야 한다. 어렵거나 모욕적인 하나님의 초상은 인간이 고안해낸 것이거나 심지어 잘못된 것이라고 주장하면서 이를 무시하는 것은 이 문제를 너무 쉽게 해결하려는 처사다. 정경의 나머지 증언을 평가하는 데 어떤 특정 본문과 특정 해석(원수 사랑이나 십자가 처형에 관한 예수의 가르침 등)을 결정적인 것으로 간주하는 접근법도 이보다 더 효과적이지 않다. 어떤 특정 본문과 해석에 논쟁의 여지가 없는 지위를 부여하는 행위는 해석학적 속임수와 같은 의심스러운 행동으로 이어지고, 성서의 증언의 중심에 자리하는 긴장과 역설을 균일화하는 경향이 있다. 성서는 신실한 독자들 앞에 비범한 복잡성과 난감한 부조화의 비전을 제시한다. 해석자들에게 주는 도전은 자신이 자행하는 폭력 때문에 궁지에 빠진 하나님을 거기서 벗어나게 하려는 충동을 거부하고, 오히려 평화의 왕을 따르는 자들에게 성서가 제시하는 신학적 도전과 씨름하는 것이라고 나는 제안했다.

이런 방향으로 나아가는 한 단계로서 나는 하나님의 이야기가 창세기에서부터 열왕기하까지, 그리고 누가복음과 사도행전에 이르기까지 서술된 대로 그 하나님의 이야기를 읽어나갔다. 나는 이 이야기 초반에 하나님이 이 세상에 내려오는 다섯 가지 사례, 곧 하나님이 이 세상 안에서 일하시기로 결심하신 내용이 직접 서술된 사례에 주의를 기울였다. 야웨가 바벨에 내려오신 사건은 이 세상 위에서 냉담하게 계시기보다는 이 세상 안으로 들어오시어 그 안에서 일하시기로 하신 야웨의 첫 결심을 나타낸다. 야웨가 소돔 밖에 있는 아브라함에게 내려오신 사건은 인간과 하나님의 관계를 본래의 모습으로 재설정함으로써 이 세상을 복 주시기로 한 야웨의 결정을 확인하고, 야웨와 인간 파트너가 깊이 하나가 되도록 이끈다. 야웨가 이집트에 내려오신 사건은 이 세상에 질서를 세우시는 하나님의 사역을 드러낼 한 백성에게 자유를 주고, 또 비뚤어진 인간 체계를 특징짓는 이방 민족과 통치자와 신들과 경쟁을 벌이기로 작정하신 야웨의 결정을 선포한다. 시내산에서 야웨는 언약을 통해 자신을 한 민족과 묶어 자신을 한 민족과 완전히 동일시하고, 그 민족의 복지와 안전에 대한 책임을 지신다. 시내산에서 또 야웨는 이스라엘이 언약을 위반한 이후 이스라엘과의 언약을 재확인하기 위해 두 번째로 내려오신다.

이 내러티브는 전반적으로 하나님이 폭력에 참여하시는 것을 폭력으로 가득 찬 세상에 들어가셔서 그 안에서 인간 파트너와 일하시려는 하나님의 결정의 결과로 묘사한다. 이 내러티브는 폭력이 없는 세상을 창조하는 것으로 시작한다. 거기서 인류와 모든 생물은 이 세상에 생명이 번성하도록 창조하신 창조주의 축복을 받으며 조화롭게 산다. 하나님은 인간에게 자신이 창조하신 이 세상을 관리하는 임무와 권한을 주신다. 인간은 이 세상을 돌보고, 하나님이 이 땅에 번성하도록 창조하신 동물에 대해 창조주의 권한을 행사한다(창 2:15, 19-20). 따라서 인간은 자신에게 맡겨진 역할과 창조주와의 관계로 인해 창조세계 안에서 높은 위치를 차지하지만, 또한 창조주께 순종하며 살아야 한다(창 2:16-18).

창조 내러티브가 제시하는 본래 비전은 하나님이 의도하신 대로 생명이 번성하기 위해 반드시 유지되어야 하는 서열을 보여준다. 그것은 바로 하나님, 인간, 이 땅과 그 안에 있는 만물 순이다. 시편 저자가 기록하듯이 하나님은 인간을 "하나님보다 조금 못하게 하시고 영화와 존귀로 관을 씌우셨"으며 하나님이 만드신 것을 다스리게 하시고 만물을 그들의 책임 아래에 두셨다(시 8:5-6). 인간 공동체 안에는 권력의 서열이 보이지 않는다. 성별(sex)의 차이는 한 가지 성이 다른 성에 예속되는 것을 의미하지 않으며, 인간들 사이의 차이점들은 한 가지 성이 다른 성에 대해 권력을 행사하지 않는 것을 나타내는 본래의 통일성과 결속되어 있음을 암시한다.

하지만 인간은 창조의 본래 서열을 위반한다. 인간은 자신들을 하나님과 동일한 위치에 둠으로써 오직 창조주만 진정으로 알고 계신 것, 즉 창조세계에 선한 것이 무엇인지를 결정하는 길을 선택했다. 그 결과 인간은 창조세계를 불경스러운 혼란으로 바꾸어버린다. 폭력은 인간의 자만심에서 비롯된다. 폭력의 강도는 점점 더 강해지며, 이는 마침내 창조세계의 경계선을 허물고 만물을 파괴로 이끈다. 하지만 여기에는 하나님이 새롭게 다시 시작하기 위해 보존하신 인간의 한 가정이 제외된다. 하나님은 이 세상의 해체 과정을 가속화하고, 그 이후에 한 명의 의인을 통해 이 세상을 재정비하면서 이 세상을 파괴하는 데 결정적인 역할을 하신다. 인간이 초래한 폭력적이며 부패한 세상에서 의롭게 산 노아를 통해 이 세상을 재창조한 사건은 재창조된 세상이 부패한 세상의 파괴적인 패턴에 빠지지 않을 것이라는 소망을 준다. 하지만 다시 한번 그 일은 실패하고 자신들을 하나님의 공간과 연결시켜 줄 탑과 도시를 세움으로써 흩어짐을 면하여 통일된 공동체를 이루려는 인간의 시도로 끝이 난다. 자신들의 수단과 도구로 흩어짐을 면하여 다시 통일된 공동체를 회복하려는 인간 공동체의 열망은 이제 업적과 자부심으로 유지되는 인간이 만든 통일을 되돌리려고 하나님을 이 세상으로 끌어들인다.

그다음 하나님은 온 인류를 위해 축복을 전하는 하나님의 대리인으로 선택하신 어떤 특정 인물 및 그의 가정과 관계를 맺기 위해 이 세상에 들어오신다. 하지만 이 관계는 하나님을 인간들의 대립과 갈등 속으로 끌어들인다. 하나님이 자신을 아브라함 및 그의 후손들과 동일시하겠다는 결정은 야웨가 압제적인 파라오 정권에 대하여 하나님의 주권을 주장하고 폭력을 사용하여 이름을 떨치면서 결국 하나님의 능력을 극적으로 입증한다. 야웨가 시내산에서 이스라엘과 자신을 동일시한 것은 그 민족의 복지를 증진시키기 위해 이 세상의 권력 체계와 관습에 순응하는 일련의 결단을 촉발시킨다. 야웨는 대규모의 폭력을 이용해 파라오를 제압하고 가나안 왕들을 상대로 정복 전쟁을 일으킨다. 야웨가 인간 권력의 정점에 있는 자들에게 능력을 입증해 보인 것은 자신들의 뜻대로 통치하고 자신들의 힘으로 승리한다는 인간의 허구를 산산조각 낸다. 야웨는 세상에 들어와 왕들의 셈법을 좌절시키고 이 세상의 창조주와 주권자에게 합당한 인정과 존경을 요구한다.

　　하지만 야웨는 이스라엘이 왕을 요구한 것을 용인하기로 결정함으로써 자신이 이전에 대항했던 왕정과 결탁하게 된다. 그 후 이스라엘을 통한 야웨의 사역은 왕들의 문제와 그들의 태도에 긴밀히 결속된다. 그러나 야웨가 왕들을 다루는 방식은 변하지 않는다. 이스라엘과 유다 왕들은 주변 상대국들을 특징짓는 여러 유형의 폭력을 받아들이지만, 야웨는 오직 이 민족을 지키거나 야웨의 역할과 명성을 지키기 위해 참여한다. 야웨는 이들과의 관계를 규정하는 상호 선택을 어기는 것을 용납하지 않을 것이며 인간의 권력을 과시하는 행위에 강력하게 대응한다. 결국 이스라엘의 왕들은 먼저 창조세계를 무너뜨린 이 세상을 다시 세우겠다는 동일한 의지를 드러낸다. 이 계획은 야웨를 노골적으로 거역하고 야웨가 아닌 다른 것에서 나아갈 길과 방향을 모색하며 결국 타락과 예루살렘 멸망과 이스라엘의 포로 생활로 이어진다.

오랜 공백 끝에 하나님은 새로운 전략을 갖고 세상에 다시 들어오신다. 하나님은 이제 인간 국가와 권력에서 분리되어 다른 종류의 왕을 세워 이 세상 체계의 중심이 아닌 가장자리에서부터 세상을 새롭게 회복하려는 신적 사역을 계속 이어나가신다. 하나님은 더 이상 왕들과 제국을 정의하는 권력의 체계 안에서 일하지 않고 권력 간의 대립을 뒤집는 대안적인 나라를 세운다. 하나님이 외부로 이동하신 것은 인간에 대한 원래의 비전을 만들고 선포하는 예수 그리스도를 통해 하나님의 사랑의 충만함을 계시하고 구현하는 것을 가능케 한다. 예수의 사역은 그의 추종자들에게 정의, 자기희생, 타인을 향한 사랑을 지향케 하고, 세상에 연루되는 것과 세상이 주입하는 보복적인 폭력을 단호히 거부한다. 예수의 가르침은 그를 따르는 자들이 세상에서 자기희생적인 하나님의 사랑을 실천할 수 있는 방법을 정의하는데, 이는 인간의 체계를 구성하는 권력에 대한 의지를 뒤집는다.

하나님의 폭력과 인간 대리인

구약성서에서 하나님은 이 세상에서 하나님의 사역을 진척시키고 확고한 힘과 권위를 세우며 다루기 힘든 언약 백성들을 바로잡기 위해 폭력에 관여하신다. 출애굽과 가나안 땅을 침략하는 동안 야웨는 이스라엘 백성을 해방시키고 그들의 조상들에게 약속한 땅에 정착시키기 위해 모든 주민들을 대상으로 대규모의 폭력을 자행하신다. 야웨는 이러한 경우에 인간 대리인을 고용하여 이집트에서는 폭력을 개시하고 가나안에서는 폭력을 자행하신다. 하나님의 폭력은 이스라엘의 기원에 있어 핵심적인 부분이다. 그 후 야웨의 폭력은 이러한 경우들처럼 초점이 있으며, 목적이 있고, 일부 사례에서는 적들로부터 이스라엘을 보호하고, 다른 경우들은 야웨가 아닌 다른 신들을 의지하고, 그 결과 이스라엘의 정체성의 핵심을 이루는 상호 선택을 무시한 왕들에게 공격을 가한다. 신약성서는 하나님이 이 세상에 관여하는 다른 원칙을 증언하지만, 야웨가 인간의 반항을 다루는 수단으로 폭력을 완전히 버린 것은 아니라는 것도 암시한다.

이 내러티브 전체에서 도출할 수 있는 한 가지 결론은 구약성서에 나타난 하나님의 폭력 행위는 대부분 실패한 계획과 연관되어 있다는 것이다. 야웨는 하나님과 인간의 관계를 원래의 기반 위에 다시 복구하는 아브라함과의 관계를 개시함으로써 창조세계를 새롭게 회복하고자 결단한다. 그러나 하나님이 이 세상에 내려오심으로써 일련의 결단과 순응하는 과정이 시작되는데, 그것은 이스라엘과의 관계와 이 세상을 위한 사명을 위한 것이고, 이로 인해 하나님은 이 세상에 만연한 폭력에 더 깊이 연루되고 만다. 그 계획은 결국 실패로 돌아가고, 이는 하나님으로 하여금 이스라엘과 체결한 언약 및 그 왕들을 통해 일하는 것을 포기하고 세상의 체계를 대체하며 그와 대립하는 하나님의 아들을 우두머리로 한 체계를 구축하여 다시 세상에 관여하게 한다. 이 해석에 대해 혹자는 인간의 체계 안에서 일하는 것이 헛되고 무익한 노력이라는 것을 구약성서가 드러낸다고 주장할 수 있다. 모든 계획이 무너진 후 하나님은 이러한 방식으로 이 세상을 새롭게 회복시키는 것을 포기하신다.

이 해석에 의하면 이 세상의 폭력적인 체계에 대항하여 다시 세상에 들어가기로 한 하나님의 결정은 더 나은 구원의 수단을 위해 이전의 계획을 전면적으로 거부한 것으로 해석될 수 있다. 신약성서에서 하나님은 여전히 이스라엘과 자신을 동일시하지만, 주로 고난당하는 사람들과 자신을 동일시한다. 하나님이 다시 이스라엘에 관여하실 때 하나님은 왕권을 행사하는 자가 아닌 피해자들과 자신을 동일시하신다. 예수의 사역과 설교는 제국의 압제적인 체계에 대한 직접적인 도전 및 그것을 유지하는 수단인 폭력에 대한 거부를 나타낸다. 따라서 이웃 사랑과 비보복에 대한 예수의 가르침은 하나님이 행하시는 새롭게 회복시키는 사역의 결정적인 표현으로 받아들여져야 한다. 하나님은 제국주의의 폭력 체계에 참여하기를 거부하시고, 이러한 거부를 자기희생적인 그리스도의 사랑으로 구현하시며, 예수를 따르는 자들에게도 이와 같이 하도록 명령하신다.

이 해석을 따르자면 하나님은 이스라엘과의 경험을 통해 교훈을 얻고 새로운 백성들을 이 세상에 축복을 전하는 하나님의 대리인으로 세우는 새로운 방식을 택하신다. 이 백성들은 그들이 따르는 주님처럼 폭력의 영원한 포로가 된 인류를 거기서 벗어나서 새롭게 회복된 창조세계로 들어갈 수 있는 단 하나의 진정한 길인 대안적 관계로 향하도록 인도함을 받는다. 하나님의 백성들은 이 세상의 체계에 대항하며 하나님의 사랑과 이 땅에서 이루어지는 하나님의 통치에 대한 근본적이며 참된 증인의 역할을 수행하면서 그 체계 밖에 서 있어야 한다. 그 결과 하나님의 백성들은 나라와 권력에 관여하기를 거부하는 예수를 따르며, 부패한 세계의 폭력적 체계에 말려드는 것에 저항한다.

하지만 이것만이 이 내러티브를 읽고 적용할 수 있는 단 하나의 성실한 해석 방법은 아니다. 이스라엘의 내러티브에서 말하는 것처럼 이 체계 안에서 행하신 하나님의 사역은 더 나은 방법에게 자리를 내준 실패한 계획을 반드시 의미해야만 하는가? 예수를 통해 밖으로 이동하기로 한 하나님의 결단은 반드시 타락한 인간의 체계를 포기하는 것을 수반하는 것인가? 우리는 이미 하나님이 밖으로 이동함으로써 자유롭게 자신의 인격의 충만함을 드러내고, 인간의 번영을 위한 비전을 활성화할 수 있게 되었는데, 이는 하나님이 인간의 권력 체계 안에 휘말려 있을 때는 불가능한 것이었다는 점을 주목했다. 그렇다면 이렇게 명확하게 제시된 이상은 추종자들에게 반드시 전체를 채택하도록 요구하는 것인가? 아니면 이것은 주로 선한 결정이 결여된 상황으로 가득 찬 복잡한 세상 속에서도 올바른 비전과 실천적 행위에 초점을 맞출 수 있게 해주는 것인가? 인간의 죄와 폭력에 순응하는 하나님을 묘사한 구약성서 내러티브는 하나님의 백성들이 부패한 체계에 어떻게 참여해야 하는지를 설명하고 있는가? 요컨대 하나님이 예수를 통해 일하시고 가르친다는 것은 추종자들이 인간의 체계 안에서 일해서는 안 된다는 뜻인가, 아니면 하나님은 여전히 그 체계 안에서 일하고 계시며 추종자들에게도 이를 요구하시는 것인가?

그런 의미에서 하나님이 이 세상을 회복하고 인간의 갈등으로 인한 혼란에 질서를 조성하기 위해 그분이 점유하고 계시는 다양한 위치를 지적하는 것은 중요하다. 구약성서에서 하나님은 이스라엘 사회 안의 여러 위치에서 일하시지만 주로 중심부에서 일하신다. 야웨는 이스라엘과 자신을 동일시하고 그들을 보호할 책임을 지시며 그들의 안녕을 보장하신다. 비록 야웨는 가끔씩 기존 권력 밖에 서 있는 예언자들을 통해 말씀하시고 일하시지만, 그럼에도 야웨가 이스라엘 지도자들과의 상호 작용을 통해 일하신 것이 두드러지게 나타난다. 다윗 왕조에게 한 약속과 성전에 거하기로 한 합의와 함께 야웨는 그 당시 사회를 형성하는 군주제를 채택하시고 그 안에서 일하신다. 군주제 안에서 일하기로 한 야웨의 결정은 왕들과 야웨를 하나로 단단히 묶어 이스라엘의 운명이 야웨에 대한 그 왕의 헌신 혹은 불순종에 따라 달라진다. 그러나 신약성서에서 하나님은 가장자리, 곧 그곳에서 태어난 한 농민 안에서 일하시는데, 그가 속한 백성들은 제국주의의 압제하에서 고통당하고 있다. 신약성서에서 하나님은 이 세상의 인간 권력에 철저하게 반대하는 편에 서 계신다.

간단히 말하자면 구약성서는 주로 사회의 중심에서 일하시는 하나님을 보여주는 반면, 신약성서는 주로 가장자리에서 일하시는 하나님을 보여준다. 이 견해에 의하면 문제는 구약성서가 실패한 하나님의 방법을 증언하기 때문에 거부해야 할 내러티브로 보아야 할지, 아니면 하나님이 여전히 권력의 중심에서, 그리고 그 언저리에서 역사하신다고 믿는 이들이 해결해야 하는 혼란과 순응을 보여주는 내러티브로 이해해야 하는지와 관련이 있다.

바꾸어 말하면 대안적인 다른 해석 방법은 인간 사회 안에서 일하시는 하나님에 대한 여러 다른 묘사와 더불어 하나님이 하시는 일에 도구로 사용되는 사람들에 대한 여러 다른 묘사가 정경 안에 존재한다는 것을 발견한다. 이 내러티브 안에서 하나님은 망가진 이 세상과 인간 공동체 안의 여러 다른 위치에서 그 사회가 다른 방식으로 일으키는 폭력에 반응하신다. 성서 전반에 걸쳐 다양한 사회적 위치 안에서 역사하는 하나님의 사역과 임재는 획일적인 틀이 적용되는 것을 거부한다. 예수 그리스도를 통해 대안적인 왕국을 세우시는 하나님에 대한 신약성서의 증언은 참되고 온전한 하나님의 인격과 기질을 실제로 드러낼 수도 있지만, 이 증언은 그리스도인들의 사고와 행위의 방향을 제시하기 위한 이상으로도 간주될 수 있다. 이러한 관점에서 볼 때 구약성서는 하나님과 하나님의 대리인이 저항하는 죄와 폭력으로 가득한 세상 및 그러한 세상의 체계 안에서 모든 것이 반드시 구속사적으로 움직이고 나아가도록 만들기 위한 일종의 적응 과정들에 대한 참되고 온전한 묘사로 간주될 수 있다.

따라서 하나님이 인간의 체계 안에서 계속 일하신다고 믿는 사람들은 구약성서 내러티브를 인간의 권력 체계 안에서 일하도록 부르심을 받은 기독교인들이 직면한 의사 결정과 판단의 복잡성에 대한 현실적인 비전으로 볼 수도 있다. 만약 하나님이 실제로 계속해서 권력의 중심뿐만 아니라 가장자리에도 존재하고 일하신다면 구약성서는 그 영역에서 하나님과 함께 일하라는 하나님의 부르심에 응답하는 사람들이 직면한 위험, 결단, 그리고 그 체계에 대한 꾸밈없이 솔직한 견해를 제시한다. 그것은 심지어 하나님조차 구속사적인 목적을 성취하기 위해 현실에 이상을 순응시키고 폭력적인 체계에 참여해야 했음을 증언한다. 피터 크레이기가 적절하게 논평했듯이 하나님은 "있는 그대로의 세계에서 행동하신다. 만일 하나님의 행동의 전제 조건이 죄 없는 사람과 죄 없는 사회라면 하나님은 인간과 인간 제도를 통해 결코 행동할 수 없기 때문이다."[1]

따라서 폭력에 참여하시는 하나님에 대한 다양한 성서의 묘사를 어떻게 읽느냐는 궁극적으로 한 개인의 성서 읽기에 영향을 미치는 교회론적이고 신학적인 신념에 달려 있다. 그리스도인들은 죄로 가득한 이 세상의 체계로부터 멀리 떨어져 하나님의 비전을 세상의 방식에 대한 근

---

[1] Peter C. Craigie, *The Problem of War in the Old Testament* (Grand Rapids: Eerdmans, 1978), 96.

본적 대안으로 구현해야 하는가? 아니면 그리스도인들은 이 세상을 새롭게 회복하기 위한 하나님의 목적을 성취하기 위해 이 세상에 순응해야 한다는 것을 깨닫고, 타락한 제도 안에서 구속사적으로 일하도록 부르심을 받은 것인가? 예수의 모범과 그의 가르침은 이스라엘에서 행하신 하나님의 사역과 매우 다르기 때문에 그것을 있는 그대로 수용해야 하는가, 아니면 이스라엘 내러티브가 복음서로 계속 이어지기 때문에 전자는 후자에 대한 좀 더 섬세하고 사려 깊은 이해를 요구하고 있는가?

논쟁에서 대화로

성서 내러티브에 대한 나의 간략한 성찰은 한 가지 해석학적 견해가 다른 견해에 비해 더 낫다거나 더 신실한 방법이라는 것을 제안하려는 것이 아니다. 오히려 나는 하나님의 폭력 이야기가 어떻게 그리스도인의 생각과 실천에 좋은 가르침을 줄 수 있는지, 또는 어떻게 주어야 하는지에 관해 충실하게 생각할 수 있는 다양한 방법이 있다는 것을 주장하고자 노력했고, 나는 특히 구약성서에 만연해 있는 하나님의 폭력을 예수 그리스도의 가르침과 삶의 관점에서 이해하는 데 집중했다. 이러한 이야기의 다중적 독법은 정경적 관점의 다양성은 말할 것도 없고 다양한 관점을 지니고 있는 그리스도인 독자들이 하나님의 폭력에 관해 대화할 때 누가 더 올바르게 해석하고, 또 누가 그렇지 않은지에 관해 논쟁을 벌이는 것보다 더 바람직하다는 것을 일러준다.

　나는 성서가 복잡성과 다양성에 있어 그 성서를 신실하게 해석해야만 하는 일종의 독서 공동체에 좋은 본보기가 된다고 제안한다. 이를테면 정경은 그리스도인이 하나님의 폭력에 관해 어떻게 생각하고 적용해야 하는지에 관해 다르게 읽고 생각하는 신실한 독자들 사이에 대화를 불러일으킬 때 진정으로 믿음과 사명에 가장 선한 영향력을 행사한다. 성서는 사물을 상당히 다른 관점에서 바라보시는 참된 한 분 하나님과 체결한 언약과 헌신으로 결속되어 있는 구름 떼와 같은 수많은 사람의 증언으로 인식될 수 있다. 오늘날 교회 집행위원회에서 성령 충만한 그리스도의 종들이 중요한 결정을 놓고 첨예한 의견 차이를 경험하는 것처럼 영감성이 반드시 통일성을 의미할 필요는 없다! 정경은 교회를 반영하고 신실한 독자들이 현대의 사고를 특징짓는 이분법적 사고와 통합적 사고를 넘어 다양한 지역과 성향의 신실한 독자들과 대화를 나누는 길로 나아가기를 촉구한다. 정경은 원칙 있는 논쟁에서 이기는 것보다는 상반된 관점을 들어보고 하나님이 엉망진창이 된 세상 속에서도 모든 것을 새롭게 하기 위해 어떻게 역사하시는지를 함께 파악하는 데 집중하는 공동체를 원한다.

　서로를 존중하는 청자들 사이에서 이루어지는 열린 대화는 그 자체로 매우 가치 있는 해석학적 행위일 수 있다. 나는 이 개념을 팔레스타인-미국 문학 비평가인 고(故) 에드워드 사이드(Edward Said)에게서 가지고 왔는데, 그는 컬럼비아 대학교에서 40년 동안 종신교수로 재직했다.

사이드는 서구 사회의 문학 텍스트에 대한 해석은 지배적인 목소리에 특권을 부여하고, 다른 목소리를 억압하는 권력의 행사에 해당한다고 지적했다. 그는 이에 대한 대안으로 경쟁적인 해석보다는 상호성과 대화를 선호하는 독자들의 앙상블을 구상했다. 이러한 앙상블은 해석가들이 논쟁에서 이기려고 노력하는 옳고 그름의 이분법을 떠나 해석을 관계 유지를 위한 대화로 보는 과정으로 이끈다. 관계적인 방향으로 이끄는 해석의 재구성은 해석 작업에 기여하는 모든 것을 가치 있게 여기는 비(非)서열적인 영역을 창출한다. 해석의 목표가 더 이상 하나의 올바른 해석을 결정하는 데 있지 않기 때문에 이러한 해석학적 과정은 참가자들을 지속적인 대화와 관계적인 통일로 초대한다. 이렇게 본다면 해석은 각자의 특수한 관점에서 말하고 모든 참가자가 문학 작품을 이해하기 위해 서로에게 의존하는 관계임을 인식하는 해석자들 사이에서 열띤 의견 교환을 불러일으킬 수 있다.

사이드는 "대위법적인 독법"(contrapuntal reading)이란 어구를 이러한 공동체적인 독서 전략에 적용한다. 이 어구는 복잡하고 통일된 음성 구조를 창출하기 위해 독자적인 멜로디 라인을 서로 대척시켜 얽어놓는 바로크 음악에서 유래했다. 그는 다음과 같이 말한다. "다양한 주제는 어떤 특정 주제에만 특권을 부여하면서 서로 경쟁을 벌이지만, 그 결과로 주어진 다성 음악(polyphony)에는 화음과 질서, 곧 작품 밖의 엄격하거나 형식적인 원칙에서 비롯된 것이 아닌 주제에서 파생된 조직적인 상호 작용이 존재한다."[2]

나는 사이드의 해석학적 앙상블이라는 개념이 하나님의 폭력과 신앙 및 실천에 주는 함의에 관한 그리스도인들의 대화를 위한 바람직한 모델을 제공해준다고 믿는다. 이 개념은 그리스도인들이 의견을 달리하는 자들의 목소리를 듣고 그들에게 배우며, 우리가 서로, 그리고 예수 그리스도와 공유하는 관계적 연관성을 축소하기보다는 이를 확대할 수 있는 잠재력을 갖고 있다. 이러한 실천은 그리스도인 독자 사이에 해석학적인 겸손을 요구하고 다양한 독법을 우리의 이해를 위한 가치 있는 기여로 받아들이려는 마음을 요구한다. 참석자들은 자신의 입장을 고수하고 변호하기보다는 서로 간의 **상호 의존성**과 각자의 해석을 서로 인정해야 한다. 이러한 대화의 과정은 참가자들로 하여금 폭력적인 세상에서 어떻게 신실하게 살아야 하는지를 파악해나갈 때 고려해야 할 복잡성을 상기시켜줄 것이다. 마지막으로 하나님의 폭력에 대한 해석을 하나의 공동체적인 행위로 접근하는 것은 그리스도인들의 분열을 악화시키기보다는 그리스도인들의 단합에 도움이 될 수 있다. 성서가 그리스도인들의 반응에 대해 어떻게 지도하는지에 관한 문제는 언제나 각 개인과 그리스도인 공동체에 의해, 그리고 그들의 삶을 통해 결정지어져야만 한다. 대위법적 독법은 서로를 존중하는 다른 신실한 제자들과의 지속적인 대화를 통해 얻어진 통찰에 의해 해석되고 해명된 결론을 허용할 것이다.

<hr />

2   Edward Said, *Culture and Imperialism* (New York: Vintage, 1993), 51.

하지만 나는 사이드의 대위법적 은유를 음악과 관련한 다른 관용어로 변환하는 것이 더 좋은 결과를 가져다준다고 믿는다. 바로크 음악을 특징짓는 대위법적 멜로디는 단일 작곡가의 결과물이며, 악보에 적힌 대로 연주하도록 되어 있다. 그러나 성서의 해석은 그리스도인들이 수많은 도전과 문화, 경험, 사고의 변화에 반응하듯이 유동적이며 잠정적인 과정을 수반한다. 다시 말하면 기독교의 해석은 재즈와 같이 이미 정해져 있는 해석인 동시에 즉흥적인 해석이다. 재즈는 다양한 멜로디를 전인적인 음악적 경험으로 통합하는데, 이러한 경험은 각 뮤지션의 목소리를 하나로 통일된 음악의 필수 요소로 높이 평가한다. 재즈는 뮤지션들이 앙상블에 속해 있는 다른 뮤지션들의 소리를 신중하게 듣는 것을 요구한다. 그것이 잘 이루어질 때 앙상블의 서로 다른 소리를 보존하면서도 하나의 통일된 음악 작품을 만들어낸다.

해석의 옳고 그름에 관한 논쟁은 현대 사회의 적대적인 특성을 지속시키며, 성서의 고지를 점령했다는 의기양양한 확신을 불어넣어 주고 기독교의 신앙고백 간의 분열을 지속시킨다. 하지만 분별력을 수반한 지속적인 공동체적 행위로서 이질적인 기독교 단체 사이에 이루어지는 대화는 모든 예수 추종자들이 공유하는 관계적 결속력을 강조하고, 참여자들에게 죄 많은 이 세상에서 윤리적인 결정 과정의 복잡성을 상기시켜 주며, 심지어 성령의 감동에 의한 새로운 통찰을 가져다줄 수 있다. 해석학적 재즈 앙상블은 모든 관점에 귀를 기울일 수 있도록 해주지만, 그 누구에게도 자신의 견해를 바꾸도록 강요하지는 않을 것이다. 오직 타인의 견해를 존중하며 능동적으로 경청하고 성서의 증언에 대한 이해와 현대 사회가 직면한 문제에 대한 올바른 감각을 지닌 해석만이 이러한 대화를 통해 더욱더 풍성해진다.

해석학적 변수

앙상블 해석은 무제한적인 자유가 주어진 해석을 의미하지 않는다. 재즈를 연주하는 뮤지션들은 공통적으로 코드와 리듬만 적혀 있는 악보를 즉흥적으로 연주한다. 이와 비슷한 의미로 내가 제안하는 성서와 폭력 간의 대화는 **모든** 해석이 다 타당하다는 것을 전제하지 않는다. 일부 해석은 음정이 이상하거나 불협화음을 일으킨다. 하지만 성서 본문은 해석학적 대화를 지휘하는 악보를 제공해준다. 나는 성서에 나타난 하나님의 폭력을 연주하는 해석학적 앙상블을 지휘할 수 있는 몇 가지 악보로 나의 논의를 마무리하고자 한다.

첫째, 야웨의 폭력 행위는 개인적으로 모욕을 당하고 보복을 하려는 옹졸한 신의 변덕스러운 마음이나 분노에서 비롯된 것이 아니다. 성서 내러티브의 증언은 야웨가 "노하기를 더디 하시며 인애가 크"신 분임을 확증한다. 비록 진노가 때로는 야웨의 폭력과 연관되어 있지만, 많은 경우—특히 파라오의 경우와 가나안 왕들의 경우—야웨의 파괴적 능력을 대대적으로 보여주면서도 폭력을 하나님의 분노와 연관 짓지 않는다.

우리가 탐구한 내러티브에서 야웨의 분노는 야웨에 대한 이스라엘의 순종과 상호 선택으로 규정된 근본적인 언약 관계를 깨뜨리는 이스라엘의 특별한 죄를 향한 것이다.

둘째, 구약의 내러티브 문학에서는 야웨가 다른 민족을 심판하기 위해 거의 폭력을 사용하지 않는다. 야웨는 이스라엘을 처벌하기 위한 수단으로 폭력을 사용하지만, 다른 민족을 위해서는 이를 거의 사용하지 않으신다. 야웨가 다른 백성을 향해 폭력을 행사할 때는 상황의 종말이 너무나 분명하여 그 악화된 상황을 가속화하고(홍수 및 소돔과 고모라의 경우), 이스라엘을 노예 생활에서 해방하고, 가나안 땅에서 새로운 민족을 세우고, 이스라엘을 그 대적으로부터 방어하기 위함이다. 이 원칙에서 벗어난 예외는 광야에서 이스라엘을 공격하고(출 17:8-16), 야웨가 기억에서 지워버리겠다고 선언한 아말렉인들이라고 할 수 있다(신 25:17-19). 아말렉인들을 멸절하라는 야웨의 명령을 완수하지 못한 사울의 잘못은 야웨가 이스라엘의 첫 번째 왕을 거부하는 결과를 낳는다(왕상 15:1-35).

이집트에 대한 야웨의 재앙도 이스라엘을 억압한 데 대한 심판이라고 할 수 있지만, 야웨나 모세나 내레이터도 폭력의 근거로 심판을 직접 언급하지 않는다. 오히려 내레이터는 하나님의 약속에 대한 야웨의 신실하심과 이스라엘과 이집트가 모두 야웨의 능력과 절대 주권을 인정하도록 하는 야웨의 결단을 강조한다. 또한 가나안 주민들이 그들의 사악함에 대한 하나님의 심판으로 멸절되어야 한다는 주장 역시 그 어디에도 진술되어 있지 않으며 가나안 주민들의 운명에 관한 얼마 되지 않는 간접적인 본문을 통해 추론해야만 가능하다. 가나안 주민들의 멸절에 대한 근거를 제공해주는 이 본문들도 하나님의 약속에 대한 야웨의 신실하심(출애굽 기사에서처럼)이나 이스라엘이 야웨와의 언약을 삶으로 구현할 수 있는 장소를 제공해야 한다는 필요성에 초점을 맞춘다. 대다수의 나머지 경우에 야웨의 **징벌적** 폭력은 이스라엘을 향해 가해지고, 야웨를 섬기거나 야웨의 명령을 지키기를 거부하는 이스라엘에 대한 반응이다.

셋째, 이 책에서 탐구한 내러티브는 본보기(templates)가 아닌 증언(testimonies)으로 보는 것이 가장 바람직하다. 성서 내러티브는 인간의 오만과 반항으로 망가진 세상을 회복하려는 하나님의 결단에 관한 이야기를 전한다. 우리의 연구는 인간 파트너를 회복의 대리인으로 활용하려는 결정에서 비롯된 결과에 대한 하나님의 결정을 부각시켰다. 이러한 결정은 인간의 경험에서, 그리고 특별한 목적을 위해 따로 분리된 순간에 이루어진다. 각 결정은 결과적으로 하나님과 인간 파트너 간의 상호 선택 안에서 드러나는데, 이는 하나님을 점점 더 깊이 인간의 폭력의 소용돌이로 끌어들이는 순응 과정을 유발한다. 이러한 내러티브에 들어 있는 여러 일화는 하나님의 이야기가 말하고자 하는 요점이지, 독자들이 각 시대에 모방해야 할 본보기가 아니다.

특히 이집트와 가나안에서 나타난 것처럼 하나님의 폭력의 두드러진 사례는, 첫째로는 언약 백성을 세우고, 둘째로는 이 세상의 모든 민족에 하나님의 절대 주권적인 임재와 능력을 선포하기 위해 행한 하나님의 행동이다. 야웨는 이스라엘의 조상들에게 주신 하나님의 약속의 성취로, 그리고 하나님과 인간의 관계를 원상태로 복구하는 언약 관계를 체결하기 위한 특별한 목적하에 이스라엘을 노예 생활로부터 해방시키신다. 따라서 성서의 증언은 가장 끔찍한 하나님의 폭력 사례와 이스라엘의 시초를 서로 연결한다. 그 이후로는 그 어떤 시점에서도 이러한 규모의 폭력 사례는 절대 일어나지 않는다(비록 야웨가 산헤립의 군대를 학살한 사건은 이에 버금가긴 하지만 말이다). 따라서 우리는 이러한 사례에 대한 그 어떤 해석도, 과거이건 현재이건 간에, 이와 유사한 집단 폭력을 결코 정당화할 수 없다는 결론에 도달한다.

넷째, 위의 요점을 확대하자면 성서의 내러티브는 절대로 국가나 집단의 목표를 실현하기 위해 전쟁을 정당화하는 데 활용할 수 없다. 야웨는 이스라엘을 한 국가로, 그리고 나중에는 왕조 군주국으로 세우기 위해 전쟁을 지휘하신다. 이러한 사례는 그 당시에 하나님의 목적을 달성하기 위해 필요했던 폭력의 단적인 사례다. 야웨는 여호수아를 통해 가나안의 왕들을 제압하고, 다윗이 대적으로부터 자신을 보호할 수 있도록 도와주신다(삼상 17:38-54; 삼하 5:18-25). 다윗 자신도 스스로 예루살렘 성을 정복하기 위해 전쟁을 벌이고(삼하 5:6-10), 그의 영향력과 명성을 이스라엘의 국경 너머까지 확대한다(삼하 8:1-14; 10:1-11:1; 12:26-31). 그리고 내레이터는 이것들도 야웨가 주시는 능력에 귀속시킨다(삼하 8:14b). 하지만 차기 왕들의 경우 비록 야웨가 보호를 철회하고 언약 관계를 위반하는 왕들에 저항하는 쿠데타를 허용하기도 하지만, 그는 오직 방어 작전의 경우에만 직접 전쟁에 참여하신다(예. 왕하 13:22-23; 18:13-19:37).

야웨는 어떤 특이한 사례에서 아합을 제거하기 위해 아람인들과 전쟁을 벌이기도 하신다(왕상 22:1-40). 이 경우에 야웨는 아합을 길르앗 라못 전투에 끌어들이기 위해 거짓말하는 영을 이용하시는데, 그 전투에서 아합 왕은 자신의 죽음을 맞이한다(19-23절). 예언자 미가야는 그 성읍을 되찾겠다는 아합의 결정이 실제로는 야웨에 의해 촉발되었고, 야웨가 왕의 비참한 종말을 이미 선포하셨음을 밝힌다.

전쟁과 관련된 하나님의 사역에 대한 이 모든 사례는 야웨가 이 세상의 모든 민족을 위해 축복을 전하는 대리인이 되기를 원하는 한 민족과 자신을 동일시하시는 데서부터 비롯된다. 하지만 예수 그리스도를 통해 하나님이 세우시는 왕국은 이 세상을 지배하는, 인간이 만든 체계 밖에 있으며, 그 체계의 운용 방식을 전복시킨다. 그리스도 안에서 하나님은 더 이상 한 민족과 자신을 동일시하거나 국가적 또는 군주적 차원의 목적에 순응하지 않으신다. 비록 야웨가 이스라엘을 방어한 것이 방어를 위한 전쟁이 과연 합법적인지에 대한 의문을 제기하지만, 민족주의적인 목적과 결탁한 폭력이 합법적이지 않다는 데에는 의심의 여지가 없다.

다섯째, 우리가 탐구한 내러티브는 보복성 폭력을 정당화하지 않는다. 예수의 가르침은 자신 또는 타인에게 행한 잘못에 대한 보복을 금지한다. 보복을 위한 폭력은 용납될 수 없다. 여기서 예수는 과거에 야웨가 아말렉인들에 관하여 단언한 관례를 명백하게 뒤엎는다. 광야 생활을 하는 동안 있었던 아말렉인들의 공격은 수 세기 동안 계속되는 혈전을 일으킨다(출 17:8-16). 야웨는 이스라엘이 군주제로 바뀌자 모세가 그 땅의 주민을 멸절하라고 요구하기 위해 사용한 것과 동일한 용어로 아말렉인들을 진멸할 것을 사울에게 명령하신다(삼상 15:1-35). 야웨는 이에 대한 근거도 제시하신다. "아말렉이 이스라엘에게 행한 일 곧 애굽에서 나올 때에 길에서 대적한 일로 [내가 개입했다]"(2절). 내가 "개입했다"로 번역한 동사는 일반적으로 이 문맥에서는 징벌적 또는 보복적으로 해석할 수 있는 하나님의 직접적인 활동을 의미한다. 이 장면은 야웨가 사람들 사이에 혈전을 허용할 뿐 아니라 이를 독려한 특이한 사례를 보여준다. 예수의 말씀은 이 명령이 그 당시의 세상을 수용한 하나님에 대한 특별한 사례임을 드러낸다.

여섯째, 성서에 나타난 폭력에 대한 그리스도인의 해석은 교회 역사 전반에 걸쳐 전쟁과 폭력을 정당화하기 위해 성서를 바라본 유산의 문맥 안에서 일어난다. 기독교화된 사회와 국가들 사이에서 신속하게 폭력을 사용하고 그 폭력을 정당화하는 것은 늘 흔한 일이었다. 가장 비열한 폭력 행위는 대부분 교회가 압제적 체제와 유착한 데서 비롯되었다. 십자군, 종교개혁 전쟁, 서방의 식민지화 등은 기독교의 목적을 추구하며 성서의 지원을 받아 폭력을 정당화하려는 기독교의 고질적인 충동에 관해 가장 잘 알려진 사례에 불과하다. 그리스도인들은 이러한 해석학적 유산이 성서의 폭력에 대한 현대적 논의에 미치는 중요한 영향력을 과소평가해서는 안 된다.

안이하게 폭력을 사용하고 안이하게 성서로 이를 정당화하는 행위는 시대와 문화 전반에 걸쳐 교회의 기본 운영 방식이었다. 하지만 예수의 본보기와 가르침은 이와 전혀 다른 것을 요구한다. 비록 기독교 신자들이 폭력을 용인할 수 있는지에 대해 서로 다른 견해가 있을 수 있지만, 비폭력에 대한 지향과 폭력의 메커니즘 및 선동자에 대한 비판이 기독교 신앙과 실천을 정의해야 한다는 데는 의심의 여지가 없다. 이런 점에서 현대의 비폭력적 비판의 의미는 반드시 고려되어야 한다. 예수의 비(非)보복과 이웃 사랑에 대한 가르침은 세상의 폭력에 대한 모든 그리스도인의 대응 방법의 양보할 수 없는 출발점으로서 철저하게 확인되어야만 한다. 비록 때로는 전쟁 또는 폭력이 필요하다고 주장할 수는 있지만, 폭력은 야웨가 이스라엘을 대상으로 한 것처럼 오직 최후의 수단으로만 사용되어야 한다. 그리스도인의 기본 입장에 대한 근본적인 전환—폭력의 정당화에서 폭력의 저항으로—을 요구하는 것은 수 세기 동안 축적되어온 태도, 관점, 관행을 되돌리기 위한 첫 번째 단계로서 집단적인 자기 성찰을 요구한다.[3]

마지막으로 나는 앞에서 제기한 질문으로 다시 돌아온다. 그렇다면 그리스도인들은 이 세상의 폭력 체계와의 모든 공모, 참여, 유착으로부터 분리되어야 할까? 그것은 평화의 왕의 통치에 대한 급진적인 증인으로서 이 세상과 거리를 두기 위한 것인가? 과연 철저한 분리가 가능할

<hr>

3 이러한 목적을 위한 비판적인 자료는 다음을 보라. Eric A. Seibert, *The Violence of Scripture: Overcoming the Old Testament's Troubling Legacy* (Minneapolis: Fortress, 2012). Seibert는 그리스도인의 자세를 비폭력 모드로 초기화하기 위한 방안으로 취할 수 있는 다양한 종류의 해석학적·실천적 단계를 제시한다.

까? 그렇다면 대안적으로 그리스도인들은 이 세상의 폭력적인 체계 안에서 더 큰 가치가 요구하는 대로 그 체계를 수용함과 동시에, 파괴적이며 억압적인 쪽으로 나가는 것에 저항하면서 그리스도의 임재와 증거를 이 폭력적인 체계 안에서 보여주어야 하는가? 그리고 그것은 심지어 가능한 것인가?

로마 황제 콘스탄티누스가 기독교를 제국의 종교로 승인한 소위 콘스탄티누스적 전환에 대해 최근 많은 논의가 이루어졌다. 간단히 말하자면 이 전환은 그리스도인들을 제국 사회의 변방에서 권력과 의사 결정의 중심으로 이동시켰다. 이 전환은 비폭력에 대한 교회의 사고에 큰 영향을 미쳤다. 교회는 더 이상 제국에 대해 급진적인 반대 입장에 서지 않았다. 대신 그리스도인들은 이제 제국의 안녕에 대한 책임을 지게 되었다. 중앙 지도부의 책임감은 그리스도인들이 이제 수백만 명의 복지와 보호를 책임지게 됨으로써 폭력에 대한 그리스도인들의 시각을 바꾸어 놓았다. 비폭력을 실천하고 자신의 신앙을 위해 기꺼이 목숨을 바치는 것과 자신의 신앙을 위해 타인을 죽음에 취약하게 만드는 것은 전혀 별개의 일이다. 폭력적인 세상에서 시민들은 정부가 자신들을 지켜주길 희망한다. 그리스도인들은 그 중심에서 어떻게 신실하게 말하고 행동해야 할까?

이러한 전환과 그 파장은 하나님을 왕권 체계에 더 단단히 결속시키는 유사한 과정을 가져왔다. 그리스도인들이 제국과 자신들을 동일시하는 행동은 제국과 그 제국이 야기한 폭력의 체계에 기독교를 연루시켰다. 일부 그리스도인들은 기독교와 제국 간의 관계를 그리스도의 추종자들이 결코 다시 회복하지 못한 재앙적인 비극이나 배교로 여긴다. 다른 이들은 이러한 관계를 이제는 정치 체제의 변방이 아닌 그 중심에서 그리스도인들 스스로가 자신들의 윤리적 책임과 실천을 재고하는 것이 필요했던 교회의 삶에서 매우 중요한 순간으로 평가한다.

하나님의 폭력에 대한 현대의 논의는 그리스도인들이 콘스탄티누스 시대 이전에 권력의 중심보다는 변방을 차지하고 있을 때 굳게 지니고 있던 비폭력에 대한 초심을 회복하고 실천하고자 하는 노력에서 그 실마리를 찾는다. 이러한 관점에서 볼 때 콘스탄티누스적 전환 이후에 이루어진 신학적 성찰과 실천은 악마의 흥정과, 기독교의 일관되고 대대적인 폭력 사용이 입증했듯이, 근본적으로 비기독교적인 권력 구조와의 사악한 결탁을 반영한다. 또 다른 실마리는 성서의 가르침으로의 회귀나 그 가르침으로부터의 근본적인 단절이 아니라 성서의 가르침으로부터의 전환에서 찾을 수 있다고 본다. 이러한 관점에서 보면 하나님은 인간 파트너들과 함께, 그리고 여러 시대에 걸쳐 인간의 체계 안에서 항상 지금까지 해오셨던 것처럼 적용하신다. 그리스도인들은 이 체계 안에서 노력해야 한다. 왜냐하면 하나님은 이 체계 안에 계속 존재하시기 때문이다. 윤리적 성찰은 중심에 있는 이들이 수많은 사람의 생명을 보호하기 위해 어려운 결정을 내리는 데 필요한 여러 중요한 요인의 복합체 안에서 일어난다.

이러한 두 극단 사이에는 많은 미묘한 관점이 존재하듯이 이러한 이분법은 당연히 과장된 것이다. 나는 모든 관점은 각기 목소리를 내야 하고, 진지하게 받아들여져야 하며, 모든 상황에서 모든 그리스도인에게 적용되는 원칙이나 입장을 결정하거나 이를 세밀하게 정제하기보다는 오히려 똑같이 신실하고 사려 깊고 성실한 사람으로 존중받는 타인과 대화를 나누는 것이 필요하다고 제안했다. 원칙에 근거한 비폭력을 지지하는 이들은 정치 체제 안에서 일하는 이들에게 종종 교회와 제국의 유착을 규정해온 허가받은 폭력이 어떤 성향을 보였는지를 상기시키고, 평화적 대안이 존재할 때 평화를 추구할 책임을 그들에게 지도록 함으로써 그들에 대한 그리스도인들의 증언을 더욱더 선명하게 보여줄 수 있다. 하나님이 제국의 체계 안에서 일하시는 것을 보는 이들은 결국 급진적 비폭력을 지지하는 이들에게 윤리적 경계가 언제나 명확하지 않으며, 인간 사회에 만연해 있는 사악함은 어려운 결정이 융통성 있는 이상(flexible ideals)을 요구할 수 있는 복잡한 윤리적 환경을 조성한다고 도전할 수도 있다. 하지만 그 무엇보다도 서로 다른 관점을 가진 그리스도인들 사이에서 이루어지는 경청, 대화, 존경으로 점철된 대화가 점점 양극화되어가는 세상에서 그리스도의 빛을 비추는 통합과 화해를 위한 실천의 모범이 될 수 있다.

선별된 참고문헌

Armstrong, Karen. *Fields of Blood: Religion and the History of Violence*. New York: Anchor Books, 2014.

Baker, Sharon L. *Razing Hell: Rethinking Everything You've Been Taught about God's Wrath and Judgment*. Louisville: Westminster John Knox, 2010.

Baloian, Bruce Edward. *Anger in the Old Testament*. New York: Peter Lang, 1992.

Bekkenkamp, Jonneke, and Yvonne Sherwood, eds. *Sanctified Aggression: Legacies of Biblical and Post-Biblical Vocabularies of Violence*. New York: T&T Clark, 2003.

Bergman, Michael, Michael J. Murray, and Michael C. Read, eds. *Divine Evil? The Moral Character of the God of Abraham*. New York: Oxford University Press, 2011.

Bertholet, Katell, Joseph E. David, and Marc G. Hirshman, eds. *The Gif of the Land and the Fate of the Canaanites in Jewish Thought*. New York: Oxford University Press, 2014.

Birch, Bruce C. *Let Justice Roll Down: The Old Testament, Ethics, and the Christian Life*. Louisville: Westminster John Knox, 1991.

Boyd, Gregory. *The Crucifixion of the Warrior God: Interpreting the Old Testament's Violent Portraits of God in Light of the Cross*. 2 vols. Minneapolis: Fortress, 2017.

Brueggemann, Walter. *An Unsettling God: The Heart of the Hebrew Bible*. Minneapolis:

Fortress, 2009.

_____. *Divine Presence amid Violence: Contextualizing the Book of Joshua*. Eugene, OR: Cascade, 2009.

_____. *Old Testament Theology: An Introduction*. Nashville: Abingdon, 2008. 『구약신학』(CLC 역간).

_____. *Theology of the Old Testament: Testimony, Dispute, Advocacy*. Minneapolis: Fortress, 1997.

Carroll, R. P. *Wolf in the Sheepfold: The Bible as a Problem for Christianity*. London: SPCK, 1991.

Carroll R., M. Daniel, and J. Blair Wilgus, eds. *Wrestling with the Violence of God: Soundings in the Old Testament*. BBRSup 10. Winona Lake, IN: Eisenbrauns, 2015.

Collins, John J. *Does the Bible Justify Violence?* Minneapolis: Fortress, 2004.

Copan, Paul. *Is God a Moral Monster? Making Sense of the Old Testament God*. Grand Rapids: Baker Books, 2011.

Copan, Paul, and Matthew Flannagan. *Did God Really Command Genocide? Coming to Terms with the Justice of God*. Grand Rapids: Baker Books, 2014.

Cowles, C. S., Eugene H. Merrill, Daniel L. Gard, and Tremper Longman III. *Show Them No Mercy: Four Views on God and Canaanite Genocide*. Grand Rapids: Zondervan, 2003.

Craigie, Peter. *The Problem of War in the Old Testament*. Grand Rapids: Eerdmans, 1978.

Creach, Jerome F. D. *Violence in Scripture*. Interpretation: Resources for the Use of Scripture in the Church. Louisville: Westminster John Knox, 2013.

Crossan, John Dominic. *How to Read the Bible and Still Be a Christian: Is God Violent? An Exploration from Genesis to Revelation*. New York: HarperCollins, 2015.

Davies, Eryl. *The Immoral Bible: Approaches to Biblical Ethics*. New York: T&T Clark, 2010.

Dell, Katharine, ed. *Ethical and Unethical in the Old Testament: God and Humans in*

Dialogue. New York: T&T Clark, 2010.

Desjardins, Michel. *Peace, Violence and the New Testament.* BibSem 46. Sheffield: Sheffield Academic, 1997.

De Villiers, Pieter, and J. Henten. *Coping with Violence in the New Testament.* Studies in Theology and Religion 16. Boston: Brill, 2012.

Dozeman, Thomas. *Joshua 1-12.* AB. New Haven: Yale University Press, 2015.

Eisen, Robert. *The Peace and Violence of Judaism: From the Bible to Modern Zionism.* New York: Oxford University Press, 2011.

Enns, Peter. *The Bible Tells Me So: Why Defending Scripture Has Made Us Unable to Read It.* New York: HarperOne, 2014.

Eller, Vernard. *War and Peace from Genesis to Revelation.* Eugene, OR: Cascade, 2003.

Fitzgerald, John T., Fika J. van Rensburg, and Herrie F. van Rooy, eds. *Animosity, the Bible, and Us.* Atlanta: Society of Biblical Literature, 2009.

Fretheim, Terence E. *God and World in the Old Testament: A Relational Theology of Creation.* Nashville: Abingdon, 2005.

_____. *The Suffering of God: An Old Testament Perspective.* OBT. Minneapolis: Fortress, 1984.

_____. *What Kind of God? Collected Essays of Terence E. Fretheim.* Edited by Michael J. Chan and Brent A. Strawn. Winona Lake, IN: Eisenbrauns, 2015.

Girard, René. *Things Hidden Since the Foundation of the World.* Translated by Stephen Bann and Michael Meteer. Stanford, CA: Stanford University Press, 1987.

Goldingay, John. *Israel's Life.* Volume 3 of *Old Testament Theology.* Downers Grove, IL: InterVarsity, 2009.

_____. *Israel's Gospel.* Volume 1 of *Old Testament Theology.* Downers Grove, IL: InterVarsity, 2003.

Hamilton, Adam. *Making Sense of the Bible: Rediscovering the Power of Scripture Today.* New York: HarperOne, 2014.

Hawk, L. Daniel. *Joshua.* Berit Olam. Collegeville, MN: Liturgical Press, 2000.

Hess, Richard S., and Elmer A. Martens, eds. *War in the Bible and Terrorism in the Twenty-First Century.* BBRSup 2. Winona Lake, IN: Eisenbrauns, 2008.

Hill, Jim, and Rand Cheadle. *The Bible Tells Me So: Use and Abuses of Holy Scripture.* New York: Doubleday, 1996.

Hobbs, T. R. *A Time for War.* Wilmington, DE: Glazier, 1990.

Jenkins, Philip. *Laying Down the Sword: Why We Can't Ignore the Bible's Violent Verses.* New York: HarperCollins, 2011.

Jersak, Brad, and Michael Hardin, eds. *Stricken by God? Nonviolent Identification and the Victory of Christ.* Grand Rapids: Eerdmans, 2007.

Kelle, Brad E., and Frank Ritchel Ames. *Writing and Reading War: Rhetoric, Gender, and Ethics in Biblical and Modern Contexts.* SymS 42. Atlanta: Society of Biblical Literature, 2008.

Lamb, David T. *God Behaving Badly: Is the God of the Old Testament Angry, Sexist and Racist?* Downers Grove, IL: InterVarsity, 2011.

Leithart, Peter J. *Defending Constantine: The Twilight of Empire and the Dawn of Christendom.* Downers Grove, IL: InterVarsity, 2010.

Levenson, Jon. *Creation and Persistence of Evil.* Princeton: Princeton University Press, 1988.

Lind, Millard. *Yahweh Is a Warrior: The Theology of Warfare in Ancient Israel.* Harrisonburg, VA: Herald Press, 1980.

Longman, Tremper, III, and Daniel G. Reid. *God Is a Warrior.* Grand Rapids: Zondervan, 1995.

Love, Gregory Anderson. *Love, Violence, and the Cross: How the Nonviolent God Saves Us through the Cross of Christ.* Eugene, OR: Cascade, 2010.

Lüdemann, Gerd. *The Unholy in Holy Scripture: The Dark Side of the Bible.* London: SCM, 1997.

Mathews, Shelly, and E. Leigh Gibson, eds. *Violence in the New Testament.* New York: T&T Clark, 2005.

Maties, Gordon H. *Joshua*. Believers Church Bible Commentary. Harrisonburg, VA: Herald Press, 2012.

McConville, J. Gordon, and Stephen N. Williams. *Joshua*. THOTC. Grand Rapids: Eerdmans, 2010.

McDonald, Patricia M. *God and Violence: Biblical Resources for Living in a Small World.* Scotdale, PA: Herald Press, 2004.

McEntire, Mark. *The Blood of Abel: The Violent Plot in the Hebrew Bible*. Macon, GA: Mercer University Press, 1999.

Nelson-Pallmeter, Jack. *Is Religion Killing Us? Violence in the Bible and the Quran.* New York: Continuum, 2003.

Niditch, Susan. *War in the Hebrew Bible: A Study in the Ethics of Violence*. Rev. ed. New York: Oxford University Press, 1993.

Niebuhr, Reinhold. *Moral Man and Immoral Society: A Study in Ethics and Politics*. New York: Scribner's Sons, 1942.

Penchansky, David. *What Rough Beast? Images of God in the Hebrew Bible*. Louisville: Westminster John Knox, 1999.

Pitkänen, Pekka. *Joshua*. AOTC. Downers Grove, IL: InterVarsity, 2010.

Römer, Thomas. *Dark God: Cruelty, Sex, and Violence in the Old Testament*. New York: Paulist, 2013.

Schlimm, Mathew Richard. *This Strange and Sacred Scripture: Wrestling with the Old Testament and Its Oddities*. Grand Rapids: Baker Books, 2015.

Schwager, Raymund. *Must There Be Scapegoats? Violence and Redemption in the Bible.* Translated by Maria L. Assad. 3rd ed. New York: Crossroad, 2000.

Schwartz, Regina M. *The Curse of Cain: The Violent Legacy of Monotheism*. Chicago: University of Chicago Press, 1997.

Seibert, Eric. *The Violence of Scripture: Overcoming the Old Testament's Troubling Legacy.* Minneapolis: Fortress, 2012.

_____. *Disturbing Divine Behavior: Troubling Old Testament Images of God.*

Minneapolis: Fortress, 2009.

Sparks, Kenton. *Sacred Word, Broken Word: Biblical Authority and the Dark Side of Scripture.* Grand Rapids: Eerdmans, 2012.

Spong, John Shelby. *Sins of Scripture: Exposing the Bible's Texts of Hate to Reveal the God of Love.* San Francisco: HarperSanFrancisco, 2005.

Strauss, Mark L. *Jesus Behaving Badly: The Puzzling Paradoxes of the Man from Galilee.* Downers Grove, IL: InterVarsity, 2015.

Thatcher, Adrian. *The Savage Text: The Use and Abuse of the Bible.* Malden, MA: Wiley-Blackwell, 2008.

Thomas, Heath, et al., eds. *Holy War in the Bible: Christian Morality and an Old Testament Problem.* Downers Grove, IL: InterVarsity, 2013.

Travis, Stephen. *Christ and the Judgment of God: The Limits of Divine Retribution in New Testament Thought.* Milton Keynes: Paternoster, 2008.

Weaver, J. Denny. *The Nonviolent God.* Grand Rapids: Eerdmans, 2013.

Wink, Walter. *Engaging the Powers: Discernment and Resistance in a World of Domination.* Minneapolis: Fortress, 1991.

Wright, Christopher J. H. *The God I Don't Understand: Reflections on Tough Questions of Faith.* Grand Rapids: Zondervan, 2008. 『성경의 핵심 난제들에 답하다』(새물결플러스 역간).

Wright, N. T. *Evil and the Justice of God.* Downers Grove, IL: InterVarsity, 2006. 『악의 문제와 하나님의 정의』(IVP 역간).

Yoder, John. *The Politics of Jesus.* Grand Rapids: Eerdmans, 1972. 『예수의 정치학』(IVP 역간).

Yoder, Thomas. *Killing Enmity: Violence and the New Testament.* Grand Rapids: Baker Books, 2011.

하나님은 왜 폭력에 연루되시는가?

성서 내러티브에 나타난 하나님의 폭력

Copyright ⓒ 새물결플러스 2021

1쇄 발행 2021년 7월 16일

지은이 L. 대니얼 호크
옮긴이 홍수연
펴낸이 김요한
펴낸곳 새물결플러스

편 집 왕희광 정인철 노재현 한바울 정혜인
이형일 나유영 노동래 최호연
디자인 윤민주 황진주 박인미 김은경
마케팅 박성민 이원혁
총 무 김명화 이성순
영 상 최정호 곽상원
아카데미 차상희

홈페이지 www.holywaveplus.com
이메일 hwpbooks@hwpbooks.com
출판등록 2008년 8월 21일 제2008-24호
주 소 (우) 04118 서울시 마포구 마포대로19길 33
전 화 02) 2652-3161
팩 스 02) 2652-3191

ISBN 979-11-6129-208-3 93230

책값은 뒤표지에 있습니다.